Die Problematik des Rechts der missbräuchlichen Klauseln
und die EG-Richtlinie über missbräuchliche Klauseln
in Verbraucherverträgen

Europäische Hochschulschriften
Publications Universitaires Européennes
European University Studies

Reihe II
Rechtswissenschaft

Série II Series II
Droit
Law

Bd./Vol. 3367

PETER LANG
Frankfurt am Main · Berlin · Bern · Bruxelles · New York · Oxford · Wien

Roeland van Gool

Die Problematik des Rechts der missbräuchlichen Klauseln und die EG-Richtlinie über missbräuchliche Klauseln in Verbraucherverträgen

PETER LANG
Europäischer Verlag der Wissenschaften

Die Deutsche Bibliothek - CIP-Einheitsaufnahme

Gool van, Roeland:

Die Problematik des Rechts der missbräuchlichen Klauseln und die EG-Richtlinie über missbräuchliche Klauseln in Verbraucherverträgen / Roeland van Gool. - Frankfurt am Main ; Berlin ; Bern ; Bruxelles ; New York ; Oxford ; Wien : Lang, 2002
(Europäische Hochschulschriften : Reihe 2, Rechtswissenschaft ; Bd. 3367)
Zugl.: Mannheim, Univ., Diss., 2001
ISBN 3-631-38609-5

D 180
ISSN 0531-7312
ISBN 3-631-38609-5

www.peterlang.de

INHALTSÜBERSICHT

INHALTSVERZEICHNIS

EINFÜHRUNG

Das Prinzip der Vertragsfreiheit und der Grundsatz der Verbindlichkeit des Vertragsinhalts für die Vertragsparteien (*pacta sunt servanda*) sind grundlegende Voraussetzungen für das gute Funktionieren des Geschäftsverkehrs. Beide Grundsätze sind aber im modernen Geschäftsverkehr in eine Krise geraten. Denn Verträge werden in der Regel zwischen den Vertragsparteien nicht länger in allen Einzelheiten ausgehandelt. Die Verwendung vorformulierter Klauseln führt dazu, dass der Vertragspartner oft nicht über die Möglichkeit verfügt, vom Vertragsinhalt Kenntnis zu nehmen oder darüber zu verhandeln. Die einseitige Ausübung der Vertragsgestaltungsfreiheit durch eine der Vertragsparteien birgt die Gefahr in sich, dass der Vertrag inhaltlich zum Nachteil des anderen Teils ausgestaltet wird. Die Vertragsgerechtigkeit setzt einen Ausgleich der beiderseitigen Parteiinteressen voraus. Die Vertragsfreiheit versagt, wenn sie die Vertragsgerechtigkeit nicht ausreichend gewährleisten kann. Wenn der Vertragsinhalt dem Vertragspartner nicht mehr zumutbar ist, ist er für ihn nicht mehr verbindlich. Das allgemeine Zivilrecht sah am Anfang keine Vorschriften zur Überprüfung des Vertragsinhalts vor. Nicht das Aushandeln des Vertragsinhalts, sondern die Zustimmung der Vertragsparteien ist die Voraussetzung für das gültige Zustandekommen des Vertrages. Nur in bestimmten Extremfällen waren die Vertragsparteien nicht an den Vertragsinhalt gebunden.

Der Gesetzgeber und die Rechtsprechung haben die Aufgabe, die Vertragsfreiheit zu gewährleisten. Der Ministerrat des Europarats forderte die Mitgliedstaaten im November 1976 mit einer Resolution auf, wirksame Maßnahmen zum Schutz des Verbrauchers vor unbilligen Geschäftsbedingungen zu treffen. Die Resolution führte in den meisten Mitgliedstaaten zur Einführung eines Kontrollsystems zur Nachprüfung und Beanstandung von Klauseln. Die Nachprüfung und Beanstandung von missbräuchlichen Klauseln wird aber in den mitgliedstaatlichen Regelungen nicht einheitlich vorgenommen. In den Mitgliedstaaten gibt es verschiedene Auffassungen über die Legitimation und die Grenzen einer Kontrolle des Vertragsinhalts. Des Weiteren beruhen die Kodifikationen auf unterschiedlichen Schutzkonzeptionen. Manche Kodifizierungen knüpfen an eine bestimmte Verhandlungssituation bei Vertragsabschluss und andere an bestimmte Eigenschaften des Klauselgegners an. Die unterschiedlichen Schutzkonzeptionen kommen im Anwendungsbereich der Schutzvorschriften und im Maßstab der Klauselkontrolle zum Ausdruck. In bestimmten Mitgliedstaaten wird die Klauselproblematik generell im Zivilrecht geregelt. Andere Mitgliedstaaten beschränken sich auf den Schutz einiger für schützwürdig angesehenen Personenkreise. Es gibt auch Kodifizierungen, die sich auf eine Überprüfung von allgemeinen Geschäftsbedingungen beschränken, andere erzielen die Kontrolle sämtlicher Klauseln.

Die Überprüfung von Vertragsklauseln kann an Hand einer Generalklausel oder mit Hilfe eines Katalogs von Verbotsklauseln durchgeführt werden. Die mitgliedstaatlichen Generalklauseln sind unterschiedlich formuliert und werden nicht einheitlich ausgelegt. Nicht jede Generalklausel geht von den gleichen Beurteilungskriterien aus. Einige Regelungen beschränken sich auf eine reine Inhaltskontrolle, andere sind wie eine Missbrauchskontrolle im weiten Sinne ausgestaltet. Bei einer Missbrauchskontrolle im weiten Sinne wird bei der Klauselbeurteilung auf die konkret-individuellen Umstände des Vertragsabschlusses und das konkrete Kräfteverhältnis zwischen den Vertragsparteien Rücksicht genommen. Nicht jede Kodifizierung enthält einen Katalog mit Verbotsklauseln und die mitgliedstaatlichen Klauselkataloge sind unterschiedlich ausgestaltet. Auch die Rechtsfolgen der Missbräuchlichkeit sind in den Mitgliedstaaten nicht einheitlich geregelt. Eine missbräuchliche Klausel kann als unwirksam betrachtet werden oder wirksam bleiben und vom Richter abgeändert werden.

Die Variationen in den mitgliedstaatlichen Regelungen haben dazu geführt, dass die Europäische Kommission 1993 eine Richtlinie erlassen hat. In der Richtlinie 93/13 über missbräuchlichen Klauseln in Verbraucherverträgen geht es zunächst um die Harmonisierung der Vorschriften über missbräuchlichen Klauseln. Dabei handelt es sich um eine Mindestharmonisierung. Des Weiteren strebt die Richtlinie 93/13 die Gewährleistung einer sicheren Schutzebene in den Mitgliedstaaten an.

Die Abhandlung gliedert sich in drei Teile auf. Der Teil I besteht aus einer Analyse der Problematik der missbräuchlichen Klauseln. Die Aufmerksamkeit gilt dabei der Theorie der Parteiautonomie. Des Weiteren wird analysiert, wie die einzelnen europäischen Staaten versucht haben, das Problem der missbräuchlichen Vertragsgestaltung zu bewältigen. Dabei werden die Vor- und Nachteile der möglichen Schutzkonzeptionen eines Rechts zum Schutz vor missbräuchlichen Klauseln beleuchtet.

Im Teil II wird die Richtlinie 93/13 ausführlich dargestellt und analysiert. Die Aufmerksamkeit gilt dabei den Auffassungen in der deutschen und der belgischen Literatur. Daneben werden vereinzelt auch, wenn interessant, schwedische Gesichtspunkte aufgenommen.

Die vorliegende Dissertation hat zum Ziel herauszufinden, welche Lösungen die Richtlinie 93/13 für das Problem der missbräuchlichen Klauseln bietet. Beleuchtet werden die Schutzkonzeption und das Einstiegskriterium der Missbrauchskontrolle. Die Aufmerksamkeit gilt dabei vor allem den Unklarheiten in der Richtlinie und den Schutzlücken. Schließlich wird untersucht, inwiefern die Richtlinie ihre Ziele erreicht hat.

Teil III enthält eine Zusammenfassung der Ergebnisse.

TEIL I: DIE PROBLEMATIK DES RECHTS DER MISSBRÄUCHLICHEN KLAUSELN

Kapitel I: Die Privatautonomie und die Vertragsfreiheit: Instrumente einer freien Marktwirtschaft

I. Die Privatautonomie als fundamentales Recht in einer freien Gesellschaft

1. Der Grundsatz der Privatautonomie

Das Zivilrecht und insbesondere das Vertragsrecht der Mitgliedstaaten der EU gründet sich auf dem Grundsatz der Privatautonomie. *Brox* umschreibt die Privatautonomie als „die Freiheit, selbst eine Regelung seiner Lebensverhältnisse zu treffen, die von der Rechtsordnung anerkannt wird"[1]. Die Privatautonomie ist eine Erscheinungsform der allgemeinen Handlungsfreiheit. In freien Gesellschaften wird die allgemeine Handlungsfreiheit, oder die freie Entfaltung der Persönlichkeit, als fundamentales Recht angesehen. Oft wird dieses Prinzip als Grundrecht ausdrücklich in den mitgliedstaatlichen Verfassungen[2] festgelegt, oder es ist Teil des Verfassungsgewohnheitsrechts.

2. Privatautonomie als Instrument der Ideologie des wirtschaftlichen Liberalismus

Das Prinzip der Privatautonomie schließt an die Ideologie des wirtschaftlichen Liberalismus an, welche die mitgliedstaatlichen Kodifizierungen des Zivilrechts im 19. Jahrhundert und am Anfang des 20. Jahrhunderts prägten. Die Ideologie des wirtschaftlichen Liberalismus gründet sich auf zwei Grundgedanken, nämlich auf der abstrakten oder formellen Gleichheit der Individuen zum einen und auf der Freiheit der Person, ihre privaten Lebensverhältnisse ohne staatliche Hilfe oder Bevormundung, selbst zu bestimmen zum anderen. Ein starker Glaube an das „eigennützige Streben des Einzelnen" und das „freie Spiel der Kräfte im Wettbewerb" als Voraussetzung einer „optimalen Ordnung des Zusammenlebens", welche allen zugute kommen soll, charakterisiert diese individualistische, liberalistische Auffassung[3]. Neben der Gewährleistung des Selbst-

---

[1]BROX, Hans, *Allgemeiner Teil des BGB*, 23. Auflage, S. 17, Rdnr. 24.
[2]Zum Beispiel in Deutschland in Artikel 2, Absatz 1 des Grundgesetzes.
[3]BROX, Hans, *Allgemeiner Teil des BGB*, 23. Auflage, S. 17, Rdnr. 24; BRANDNER, Hans Erich und ULMER, Peter, „EG-Richtlinie über missbräuchliche Klauseln in Verbraucherverträgen. Kritische Bemerkungen zum Vorschlag der EG-Kommission", *BB* 1991, S. 704.

bestimmungsrechts der Parteien, kommt der Privatautonomie damit auch eine Ordnungsfunktion auf dem Markt zu[4].

Von dem Staat und dem Recht wird erwartet, dass sie die Rahmenbedingungen für ein gutes Funktionieren der Marktwirtschaft oder des Wirtschaftslebens schaffen. Zu diesen Rahmenbedingungen gehört die Privatautonomie, welche ihre wichtigste Konkretisierung in der Vertragsfreiheit findet. Des Weiteren soll der Staat Rechtssicherheit schaffen. Die Rechtsordnung soll gewährleisten, dass die Vertragsparteien sich an ihre Verpflichtungen halten.

II. Das Rechtsgeschäft und der Vertrag als zivilrechtliche Instrumente der Privatautonomie

1. Die Freiheit zur Vornahme von Rechtsgeschäften - die Vertragsfreiheit und die Funktionen des Vertrages

Die Verwirklichung der Individualinteressen wird im Zivilrecht hauptsächlich durch das Prinzip der Geschäftsfreiheit gewährleistet. Grundsätzlich sind die auf dem Markt tätigen Personen frei, Rechtsgeschäfte vorzunehmen. Das wichtigste Rechtsgeschäft ist der Vertrag.

Der Vertragsfreiheit kommen drei wichtige Funktionen auf dem Markt zu, nämlich eine Selbstbestimmungs-, eine Kompromiss- und eine Ordnungsfunktion. Als Instrument der Privatautonomie gewährleistet die Vertragsfreiheit, dass die Vertragsparteien ihre Interessen ohne staatliche Bevormundung selbst regeln können. Dieses Selbstbestimmungsrecht und die damit verbundene Selbstverantwortung und Wahlfreiheit der Vertragsparteien gehen von dem Gedanken aus, dass die Vertragsparteien wegen ihrer Sachnähe und mit Hilfe der Mechanismen des freien Wettbewerbs am besten selbst ihre Lebensverhältnisse regeln können. Sofern eine der Vertragsparteien urteilt, dass der Vertragsabschluss nicht seinen Interessen entspricht, kann er nach anderen Anbietern oder Abnehmern suchen. Diese Ausweichmöglichkeit ist Merkmal des freien Wettbewerbs.[5] Dem Vertragsmechanismus kommt zum Zweiten auch eine Kompromissfunktion zu. Das freie selbstverantwortliche Verhandeln zwischen zwei Parteien aufgrund von Gleichheit und mit Sach-

---

[4]BRANDNER, Hans Erich und ULMER, Peter, „EG-Richtlinie über missbräuchliche Klauseln in Verbraucherverträgen. Kritische Bemerkungen zum Vorschlag der EG-Kommission", *BB* 1991, S. 704.

[5]zu diesem Theorie der Vertragfreiheit: COESTER-WALTJEN, Dagmar, „Die Inhaltskontrolle von Verträgen außerhalb des AGBG", *AcP* 190 (1990) S. 14 und die Hinweise dort.

kenntnis sollte einen Ausgleich beiderseitiger Vertragsinteressen gewährleisten. Aufgrund der Sachnähe der Vertragsparteien und die Kompromissfunktion des Vertrages wird dem Vertrag in der Rechtsordnung zum Dritten eine Richtigkeitsgewähr[6] oder eine Ordnungsfunktion zugeschrieben.[7] Die Ergebnisse der Selbstbestimmung der Vertragsparteien und der Wirkung der Vertragsmechanismen werden danach von der Rechtsordnung als verbindlich anerkannt. Die Ergebnisse der Ausübung der Vertragsfreiheit werden auch dann respektiert, wenn sie nach objektiven Maßstäben als unvernünftig oder unrichtig erscheinen[8].

Die Grenzen der Vertragsfreiheit sind zunächst sehr eng interpretiert worden. Die liberalistische Vertragslehre geht von der (formellen) Freiheit und Gleichheit von zwei gleichwertigen und selbstverantwortlichen Vertragspartnern aus. Nach dieser Lehre handelte es sich, wie oben schon hervorgehoben wurde, um eine abstrakte Vertragsfreiheit, welche kaum materielle Ungleichheiten zwischen den Vertragsparteien[9] oder fehlendes selbstverantwortliches Handeln anerkennt. Die Grenzen der Vertragsfreiheit beschränkten sich in der Regel auf Vorschriften über die Rechts- und Geschäftsfähigkeit, Formbedürftigkeit, einige Fälle von Kontrahierungszwang und Genehmigungsvorbehalte.

Diese klassische Vertragsfreiheit lässt sich in vier Erscheinungsformen aufteilen.

2. Die vier Erscheinungsformen der Vertragsfreiheit

A. Abschlussfreiheit

Die Parteien sind grundsätzlich frei zu entscheiden, ob, wann und mit wem sie einen Vertrag abschließen[10]. Ob ein Vertrag geschlossen wird, hängt vom Zusammentreffen von zwei Willenserklärungen ab. Die Willenseinigung oder die Zustimmung der Vertragsparteien ist die grundlegende Voraussetzung für das gültige Zustandekommen des Vertrages (Parteiautonomie). Dieser Freiheits- und Gleichheitsgedanke knüpft an

---

[6]SCHMIDT-RIMPLER, Walter, „Grundlagen einer Erneuerung des Vertragsrechts", *AcP* 147 (1941), S. 130.
[7]COESTER-WALTJEN, Dagmar, „Die Inhaltskontrolle von Verträgen außerhalb des AGBG", *AcP* 190 (1990) S. 14 (15).
[8]COESTER-WALTJEN, Dagmar, „Die Inhaltskontrolle von Verträgen außerhalb des AGBG", *AcP* 190 (1990) S. 14.
[9]DE LY, Filip, „Het gelijkheidsbeginsel in het contractenrecht", *RW* 1991-1992, S. 1148.
[10]BROX, Hans, *Allgemeiner Teil des BGB*, 23. Auflage, S. 48, Rdnr. 74; DE LY, Filip, „Het gelijkheidsbeginsel in het contractenrecht", *RW* 1991-1992, S. 1148.

die damalige liberalistische Überzeugung an. Im Ausnahmefällen verpflichtet der Gesetzgeber aber eine Partei zum Abschluss eines Vertrages (Abschluss oder Kontrahierungszwang)[11]. Es handelt sich dabei zum Beispiel um die Nutzung öffentlicher Versorgungsleistungen.

B. Gestaltungsfreiheit oder Inhaltsfreiheit

Die Vertragsparteien sind frei, ihren Vertragsinhalt selbst zu bestimmen[12]. Dazu gehört u.a. auch die freie Preisgestaltung. Die Grenzen dieser Gestaltungsfreiheit sind die Gesetz- und Sittenwidrigkeit[13]. Diese Gestaltungsfreiheit gilt vor allem für das Schuldrecht. Im Sachenrecht, Eherecht und Erbrecht wird die Gestaltungsfreiheit erheblich mehr durch einen Typenzwang eingeschränkt[14].

C. Formfreiheit

Eine andere Erscheinungsform der Vertragsfreiheit ist der Freiheit der Form des Vertragsabschlusses. Die Wahl des Erklärungsmittels ist frei. Der Vertrag kann schriftlich oder mündlich abgeschlossen werden. Die Formfreiheit dient dazu, den Abschluss von Rechtsgeschäften zu erleichtern[15]. Vor allem im Familienrecht, Sachenrecht und Erbrecht gibt es gesetzliche Vorschriften, welche eine Formpflicht enthalten.

D. Beendigungsfreiheit

Vertragsparteien sind nicht nur frei, Verträge zu schließen, sondern können diese grundsätzlich auch einvernehmlich beenden. Dauerschuldverhältnisse können dagegen auch einseitig beendet werden. Häufig ist dabei aber eine Kündigungsfrist zu berücksichtigen.

---

[11] BROX, Hans, *Allgemeiner Teil des BGB*, 23. Auflage, Köln, S. 48, Rdnr. 74.
[12] DE LY, Filip, „Het gelijkheidsbeginsel in het contractenrecht", *RW* 1991-1992, S. 1148.
[13] **Deutschland**: die §§ 134 und 138 BGB; **Belgien**: Artikel 6 und 1133 des belgischen bürgerlichen Gesetzbuches.
[14] BROX, Hans, *Allgemeiner Teil des BGB*, 23. Auflage, S. 48, Rdnr. 75.
[15] BROX, Hans, *Allgemeiner Teil des BGB*, 23. Auflage, S. 142, Rdnr. 252.

Kapitel II: Die Probleme hinsichtlich des guten Funktionierens des Prinzips der Vertragsfreiheit im Laufe des 20. Jahrhunderts: die zunehmende Ungleichheit zwischen den Vertragspartnern

Das individualistisch-liberalistische Konzept aus dem 19. Jahrhundert, nach dem die Vertragsparteien frei sind, einen Vertrag abzuschließen und seinen Inhalt aufgrund von Gleichheit auszugestalten, entspricht nicht der Realität auf dem Markt[16]. Die Krise des liberalistischen Konzepts hängt mit den großen Änderungen des Geschäftsabschlusses auf dem Markt zusammen. Der moderne Geschäftsabschluss ist durch eine zunehmende materielle Ungleichheit zwischen den Geschäftsvertragspartnern gekennzeichnet. Da die liberalistische Auffassung des 19. Jahrhunderts von der abstrakten Gleichheit der Individuen ausging, gab es kein Bedürfnis beim Vorliegen materieller Ungleichheit korrigierend einzugreifen[17]. Diese Ansicht konnte in den europäischen Mitgliedstaaten im 20. Jahrhundert nicht aufrechterhalten bleiben. Die Gesetzgeber haben eingegriffen, um materielle Ungleichheiten auf dem Markt zu sanktionieren.

1. Die Änderungen auf dem Markt

A. Das Entstehen von starken und professionellen Großunternehmen

Die Situation, in der ein Vertrag zwischen zwei gleichstarken Vertragspartnern abgeschlossen wird, liegt heute eher selten vor. Meist ist eine der Parteien dem anderen Teil überlegen. Diese Überlegenheit bzw. Unterlegenheit kann sich aus wirtschaftlicher- oder intellektueller (Un) Erfahrenheit oder aus anderen Gründen ergeben. Vor allem zwischen professionellen Gewerbetreibenden und einfachen Verbrauchern kann diese Ungleichheit beim Vertragsabschluss zu Missbräuchen führen. Nicht nur Verbraucher, sondern auch kleine und mittelgroße Unternehmen können sich gegenüber einem Großunternehmen in einer unterlegenen Position befinden. Des Weiteren kann ein Unternehmen, durch seine Monopolposition auf dem Markt dem anderen Teil überlegen sein.

---

[16]WOLFCARIUS, Pascale, „La protection du consommateur en matière contractuelle: la réglementation des clauses abusives dans la nouvelle loi du 14 juillet 1991 sur les pratiques du commerce et l'information et la protection du consommateur", in *Les pratiques du commerce et la protection et l'information du consommateur depuis la loi du 14 juillet 1991*, 1991, S. 259.

[17]DE LY, Filip, „Het gelijkheidsbeginsel in het contractenrecht", *RW* 1991-1992, S. 1142.

B. Der Abschluss von anonymen Massengeschäften, die Entwicklung neuer Vertragstypen und die Verwendung von vorformulierten Vertragsklauseln

Die Massenproduktion und der Massenverkauf von Waren und Dienstleistungen hat dazu geführt, dass der Produzent von Waren oder der Erbringer von Dienstleistungen aus wirtschaftlichen Gründen nicht mit jedem Vertragspartner über die Vertragsbedingungen verhandeln kann. Ein Verhandeln mit jedem Vertragspartner würde Zeit und Geld kosten. Solches würde einem effektiven und schnellen Vertragsabschluss im Wege stehen. Aus Rationalisierungsgründen[18] verwendet der Anbieter von Waren und Dienstleistungen in seinen Verträgen daher in der Regel Klauseln, die für eine Vielfachverwendung vorformuliert sind (Standardverträge oder AGB). Gleichlautende Lieferungs- und Zahlungsbedingungen vereinfachen die Geschäftsabwicklung[19]. Die Verwendung von AGB hat ihre Wurzeln in der Bank- und Versicherungswirtschaft, die insbesondere auf Einheitlichkeit und Berechenbarkeit angewiesen ist[20]. Die Verwendung von AGB ist nicht mehr aus der heutigen Wirtschaftspraxis wegzudenken. Neben dem Rationalisierungszweck dient die Verwendung von AGB auch dazu, die Geschäftsrisiken zwischen den Vertragsparteien zu verteilen und das Rechtsverhältnis umfassend zu regeln[21]. Eine Abweichung von der dispositivrechtlichen Risikoverteilung ist nicht ungewöhnlich. Bei bestimmten Typen von Verträgen oder Vertragssituationen kann eine vom dispositiven Recht abweichende Risikoverteilung zu rechtfertigen sein[22]. Die Verwendung von AGB ermöglicht des Weiteren die Entwicklung neuer Vertragstypen oder genereller Regelwerke, die den Bedürfnissen der modernen Industriegesellschaft, d.h. den modernen Produktions- und Vertriebsformen und neuen Dienstleistungsformen, entsprechen, aber nicht gesetzlich geregelt sind[23]. Beispiele sind der Leasingvertrag und der Franchisevertrag.

---

[18]KÖTZ, Münchener Kommentar, 3. Auflage, Einleitung AGBG, Rdnr. 1; BERNITZ, Ulf, Standardavtalsrätt, 6. Auflage, 1993, S. 14; BROX, Hans, *Allgemeiner Teil des BGB*, 23. Auflage, S. 110, Rdnr. 204.

[19]BROX, Hans, *Allgemeiner Teil des BGB*, 23. Auflage, S. 110, Rdnr. 204; WOLF, Manfred, in WOLF/HORN/LINDACHER, *AGBG-Kommentar*, 3. Auflage, 1999, Einleitung, Rdnr. 1.

[20]WOLF, Manfred, in WOLF/HORN/LINDACHER, *AGBG-Kommentar*, 4. Auflage, 1999, Einleitung, Rdnr. 1.

[21]BERNITZ, Ulf, *Standardavtalsrätt*, 6. Auflage, Stockholm, Marknadsrättförlaget, 1993, S. 15; BROX, Hans, *Allgemeiner Teil des BGB*, 23. Auflage, S. 110, Rdnr. 204.

[22]BERNITZ, Ulf, *Standardavtalsrätt*, 6. Auflage, 1993, S. 15.

[23]WOLF, Manfred, in WOLF/HORN/LINDACHER, *AGBG-Kommentar*, 4. Auflage, 1999, Einleitung, Rdnr. 2.

Nicht nur in Massengeschäften, sondern auch in Einzelgeschäften ist es gebräuchlich, vorformulierte Klauseln zu verwenden. Es handelt sich dann um Klauseln, die nicht für eine Vielfachverwendung, sondern für einen einzigen Vertragsabschluss vorformuliert wurden. Mit der Vorformulierung wird aber das Gleiche erzielt wie mit der Verwendung von AGB, nämlich ein effektiver und schneller Vertragsabschluss für den Erbringer.

Klauseln, die von einer der Vertragsparteien für eine Vielfachverwendung vorformuliert wurden, sind typischerweise nicht Gegenstand von Vertragsverhandlungen gewesen. In der Regel wird der Vertrag mit einem Angestellten des Anbieters abgeschlossen, der nicht über die Verhandlungsmacht verfügt, Vertragsklauseln abzuändern. Trotzdem ist die Verwendung von AGB nach den Prinzipien des Vertragsrechts zugelassen, weil nicht das Verhandeln, sondern die Zustimmung, die grundlegende Voraussetzung für das gültige Zustandekommen eines Vertrages ist. Dennoch kann die Verwendung von vorformulierten Klauseln zu internen Missbräuchen, d.h. Missbräuchen bei der Gestaltung des Vertragsinhalts führen.

C. Komplizierte Vertragsprodukte

Vor allem im Bereich der Dienstleistungen, und insbesondere bei Bank- und Versicherungsgeschäften, ist das Vertragsprodukt nicht immer materiell von den Vertragsausgestaltungen in den AGB zu unterscheiden. Das Versicherungsprodukt zum Beispiel ist ein vollständig entmaterialisiertes Produkt, das sich in einem, vom Versicherungsunternehmen, vorformulierten und komplizierten Klauselwerk versteckt. Die Technizität des Produktes macht es für den Versicherungsnehmer nicht ohne großen Aufwand möglich, den genauen Inhalt bei Vertragsabschluss zu durchschauen. Dies hat zur Folge, dass er nicht beurteilen kann, ob das Produkt seinen Bedürfnissen entspricht. Aber selbst wenn der Vertragspartner die Möglichkeit hätte, den Vertragsinhalt in seiner Gänze zu erfassen, verfügt er oft nicht über die erforderlichen juristischen oder technischen Kenntnisse, das Klauselwerk zu beurteilen. Die Kompliziertheit des Produktes und dessen Vorformulierung vom Unternehmer führen damit zur Ungleichheit zwischen den Vertragspartnern. Der Klauselverwender verfügt durch die Abfassung der AGB über einen Vorbereitungsvorteil. Andererseits erfordert eine effektive Wirkung des Marktes, dass die Bedingungen von komplizierten Produkten vorformuliert werden.

D. Neue Formen des Vertragsabschlusses und Werbung

Kennzeichnend für den modernen Markt sind seine neuen Formen von Vertragsabschuss und Werbungsmethoden. Aggressive Verkaufstechniken und irreführende Werbung führen häufig dazu, dass die Zustimmung des anderen Teils mit Hilfe von bedenklichen Methoden erlangt wird. Beim Haustürgeschäft zum Beispiel zieht der Verkäufer oft Vorteile aus der Überrumplungssituation. Irreführende Werbung führt dazu, dass der andere Teil über den Gegenstand des Vertragsabschlusses in die Irre geführt wird. Dieses bedeutet, dass seine Zustimmung zum Vertragsabschluss mit unlauteren Mitteln erlangt wurde.

2. Die Folgen der Änderungen auf dem Markt für die Erwerber von Produkten und Dienstleistungen

Oben stehende Änderungen auf dem Markt haben zu einer Störung des Gleichgewichtes in den vertraglichen Beziehungen geführt. Die Situation, in der Vertragsparteien aufgrund von Gleichheit den Vertrag frei ausgestalten, ist die Ausnahme geworden. Dies hat zur Folge, dass der Vertrag nicht immer Ausdruck eines gerechten Ausgleichs der Parteiinteressen ist. Das Ungleichgewicht kann sich zum einen in Missbräuchen bei der Vertragsabschlusssituation (externe Missbräuche) und zum anderen im Inhalt der Vertragsbedingungen (interne Missbräuche) äußern. Externe Missbräuche ergeben sich insbesondere bei der Erlangung der Zustimmung. Interne Missbräuche können die Folge eines externen Missbrauchs oder die Folge der einseitigen Ausnutzung der Vertragsgestaltungsfreiheit sein.

A. Missbräuche zur Erlangung der Zustimmung des anderen Teils

Im modernen Geschäftsverkehr wird die Zustimmung der Vertragspartner häufig durch bedenkliche Methoden erlangt. Der Unternehmer kann durch Ausnützung seiner Machtposition, zum Beispiel Monopol oder wirtschaftliche oder intellektuelle Überlegenheit, den Vertragspartner dazu manipulieren oder zwingen, seine Zustimmung zum Vertragsabschluss zu geben. Dabei macht der Marktanbieter von den oben genannten aggressiven Verkaufsmethoden und irreführender Werbung Gebrauch. Die Zustimmung des anderen Teils kann auch durch das Zurückhalten von wichtigen Informationen oder die Erregung falscher Vorstellungen von der Vertragsrealität erlangt werden.

B. Die Verwendung von vorformulierten Klauseln: Die fehlende Möglichkeit zur Kenntnisnahme oder zum Aushandeln der Vertragsklauseln

Die oben genannten externen Missbräuche können zu internen Missbräuchen führen. Das Vorliegen eines externen Missbrauchs ist aber keine Voraussetzung für einen internen Missbrauch. Eine Unausgewogenheit des Inhalts der Vertragsbedingungen kann sich auch aus der typischen Situation der Verwendung von vorformulierten Klauseln ergeben. Die Ungleichheit zwischen den Vertragsparteien ergibt sich vor allem aus der Tatsache, dass die Vertragsfreiheit des Klauselgegners sich in der Praxis oft auf die Annahme eines Standardvertrags beschränkt. Der Klauselgegner gibt dabei seine Zustimmung zu dem Vertrag, ohne dass er auf seinen Inhalt Einfluss ausüben konnte. Die Tatsache, dass eine der Parteien seine vorformulierten Klauseln, ohne Einflussnahme des anderen Teils, durchsetzen kann, hängt mit einer strukturell überlegenen Verhandlungsmacht zusammen[24]. Die Vorformulierung impliziert, dass der Verwender einerseits über einen „Vorbereitungsvorteil" verfügt, den sein Vertragspartner nicht hat. Andererseits ist der Verwender typischerweise nicht bereit, den Vertragsinhalt zur Disposition zu stellen.

Der Vorbereitungsvorteil besteht darin, dass der Verwender von vorformulierten Vertragsklauseln eine Kenntnis und einen zeitlichen Vorteil hat. Häufig verfügt der Klauselgegner nicht über die Möglichkeit, tatsächlich von den Vertragsbedingungen Kenntnis zu nehmen. Der Klauselgegner verfügt nicht über die vollständigen Vertragsbedingungen oder möchte sich den Aufwand ersparen, den Text zu erhalten. Auch wenn der Klauselgegner über den vollständigen Text der Bedingungen verfügt, wird es für ihn in der Regel schwierig sein, diese in allen Einzelheiten zu verstehen. Häufig lassen die drucktechnische Abfassung des Textes und seine Länge es nicht zu, seinen Inhalt zu verstehen. So können wichtige Klauseln im Kleingedruckten im Vertrag versteckt stehen. In der Regel fehlt ihm auch die Zeit dazu, das Klauselwerk zu analysieren. Selbst wenn der Klauselgegner es schaffen würde, den Vertrag zu lesen, wird er wegen fehlender Fachkenntnis den Inhalt des Klauselwerkes nicht im Ganzen verstehen können.

Falls der Klauselgegner den Inhalt versteht, bedeutet dies noch nicht, dass er die Vertragsklauseln abändern kann. Häufig fehlt ihm die zumutbare Möglichkeit auf den Klauselinhalt Einfluss auszuüben. Die Standardisierung der Verträge, die Erfordernisse des Massenverkehrs und die

---

[24] WOLF, Manfred, in WOLF/HORN/LINDACHER, *AGBG-Kommentar*, 4. Auflage, 1999, Einleitung, Rdnr. 3.

Unpersönlichkeit des Verteilungsnetzes machen es für den Vertragspartner schwierig, über die Vertragsbedingungen zu verhandeln[25]. Wie oben erwähnt, wird der Vertrag häufig durch einen Angestellten des Klauselverwenders, der den Vertragsinhalt nicht eigenständig abändern darf, geschlossen[26]. Des Weiteren gibt es für den anderen Teil nicht immer genügend Zeit, über den Vertragsinhalt zu verhandeln. Insofern der Klauselgegner über die Möglichkeit und Willenskraft verfügt, über den Klauselinhalt zu verhandeln, weiß er wegen fehlender Kompetenz meistens nicht, welche Klauseln seinen Interessen entsprechen. In der Regel hat der Klauselverwender aber nicht vor, über den Vertragsklauseln zu verhandeln. Der Kunde hat den Klauselinhalt zu akzeptieren oder in Gänze abzulehnen *(take it or leave it*-Situation).

In der Praxis wird der Vertrag trotz fehlender Kenntnisnahme des Vertragsinhalts oder fehlenden Aushandelns der Vertragsbedingungen geschlossen. Denn der andere Teil ist oft vom Vertragsabschluss abhängig. Vielfach gibt es keine Ausweichmöglichkeit, d.h. die Möglichkeit nach Konkurrenten auf dem Markt zu suchen, weil die Wettbewerber der Klauselverwender die gleichen, vom Berufsverband empfohlenen AGB verwenden.

Ungeachtet der großen Rationalisierungsvorteile, die mit der Verwendung von vorformulierten Klauseln verbunden sind, kann also die einseitige Abfassung des Vertragsinhalts eine Quelle von Missbräuchen sein. Es besteht die Gefahr, dass der Klauselverwender den Vertrag mit Hilfe von Freizeichnungs- und Risikoeinschränkungsklauseln zu seinem Vorteil und zum Nachteil des anderen Teils ausgestaltet[27].

---

[25]WOLFCARIUS, Pascale, „La protection du consommateur en matière contractuelle: la réglementation des clauses abusives dans la nouvelle loi du 14 juillet 1991 sur les pratiques du commerce et l'information et la protection du consommateur", in *Les pratiques du commerce et la protection et l'information du consommateur depuis la loi du 14 juillet 1991*, 1991, S. 261.

[26]WOLFCARIUS, Pascale, „La protection du consommateur en matière contractuelle: la réglementation des clauses abusives dans la nouvelle loi du 14 juillet 1991 sur les pratiques du commerce et l'information et la protection du consommateur", in *Les pratiques du commerce et la protection et l'information du consommateur depuis la loi du 14 juillet 1991*, 1991, S. 262.

[27]BERNITZ, Ulf, *Standardavtalsrätt*, 6. Auflage, 1993, S. 15; WOLFCARIUS, Pascale, „La protection du consommateur en matière contractuelle: la réglementation des clauses abusives dans la nouvelle loi du 14 juillet 1991 sur les pratiques du commerce et l'information et la protection du consommateur", in *Les pratiques du commerce et la protection et l'information du consommateur depuis la loi du 14 juillet 1991*, 1991, S. 262; BROX, Hans, *Allgemeiner Teil des BGB*, 23. Auflage, S. 111, Rdnr. 204.

Die Wirkung der Instrumente des freien Wettbewerbs kann diese Missbräuche nicht verhindern. Die Privatautonomie versagt wegen des fehlenden Aushandelns in ihrer Marktfunktion, nämlich der Gewährleistung eines für beide Vertragspartnern ausgewogenen Vertragsinhaltes. Das Fehlen einer dem Klauselgegner zurechenbaren freien Zustimmung und Verhandlungsmöglichkeit führt dazu, dass der Klauselgegner seine Interessen nicht auf angemessene Art durchsetzen kann. Der Klauselgegner ist deshalb schutzbedürftig, wenn der Klauselverwender die Vertragsfreiheit einseitig ausgenutzt hat, denn es besteht die Gefahr, dass unausgewogene AGB verwendet werden. Deshalb hat der Klauselverwender bei der Ausgestaltung seiner Vertragsbedingungen auf die nach Treu und Glauben berechtigten Interessen seiner künftigen Vertragspartner Rücksicht zu nehmen[28]. Die Rechtsordnung soll immer dann eine Kontrollmöglichkeit vorsehen, wenn eine der Vertragsparteien die Vertragsgestaltungsfreiheit einseitig in Anspruch nimmt und einseitig ausnutzt.

Nicht nur schwächere Personengruppen, wie zum Beispiel Verbraucher, erscheinen schutzbedürftig. Die Rationalisierung des Marktes hat dazu geführt, dass fast jeder die Möglichkeit hat, einseitig die Vertragsbedingungen im Voraus abzufassen. Die einseitige Abfassung ergibt sich nicht notwendigerweise aus einer Monopolsituation oder einer ähnlichen überlegenen wirtschaftlichen Position des Klauselverwenders[29]. Vorformulierte Klauseln werden auch zwischen „gleichstarken" Vertragsparteien verwendet, weil der moderne Markt mit seinen Massengeschäften und komplizierten Produkten solches erfordert. Zwischen „gleichstarken" Vertragspartnern gibt es aber aufgrund von Gleichheit größere Möglichkeit, über den Vertragsinhalt zu verhandeln, so dass der Klauselverwender seine Klauseln nicht einseitig durchsetzen kann. Im Kapitel V wird näher auf die möglichen Schutzansätze einer Inhaltskontrolle eingegangen.

---

[28]BRANDNER, Hans Erich in ULMER/BRANDNER/HENSEN, *AGB-Kommentar*, 8. Auflage, § 24, Rdnr. 10.

[29]WOLFCARIUS, Pascale, „La protection du consommateur en matière contractuelle: la réglementation des clauses abusives dans la nouvelle loi du 14 juillet 1991 sur les pratiques du commerce et l'information et la protection du consommateur", in *Les pratiques du commerce et la protection et l'information du consommateur depuis la loi du 14 juillet 1991*, 1991, S. 261.

II. Zu den Grundlagen der staatlichen Interventionen in der Vertragsfreiheit

Die Literatur, die Rechtsprechung und später auch die Gesetzgeber der Mitgliedstaaten haben die Probleme hinsichtlich der externen und internen Missbräuche in der Vertragsbeziehung erkannt. Dies hat, vor allem im Laufe der letzten Jahrzehnte, zu Interventionen der Richter und zu Gesetzesinitiativen geführt. Das tragende Prinzip dieser Interventionen ist die Aufrechterhaltung des Grundsatzes der freien Marktwirtschaft. Wenn der freie Wettbewerb die Vertragsgerechtigkeit, d.h. einen angemessenen Ausgleich der Parteiinteressen, nicht genügend gewährleisten kann, drängt sich eine Korrektur auf. Es handelt sich bei diesen Interventionen nicht um Einschränkungen der Vertragsfreiheit, sondern um Bedingungen für ihre Funktionsfähigkeit[30]. Der liberalistische Grundsatz der Funktionsfähigkeit der Vertragsmechanismen aufgrund von zwei gültigen Willenserklärungen kann aufrechterhalten bleiben, aber er gewährleistet als solcher nicht länger die Funktionsfähigkeit des Vertrages. Die marktwirtschaftliche Funktionsfähigkeit oder Richtigkeitsgewähr des Vertrages erfordert neben zwei gültigen Willenserklärungen, dass über den Vertragsinhalt aufgrund von materieller Gleichheit verhandelt wurde. Nur das selbstverantwortliche Handeln beider Vertragsparteien gewährleistet die Funktionsfähigkeit des Vertrages.

Es gehört zu den Aufgaben des Staates, die materielle Gleichheit zwischen den Vertragsparteien zu gewährleisten. Die Schranken der Vertragsfreiheit und die Pflicht der Rechtsordnung zur Bewirkung von materieller Gleichheit ergibt sich aus dem verfassungsrechtlichen Prinzip der Freiheit der Person, dem Gleichheitsgrundsatz und dem Sozialstaatsprinzip. Wie jede Freiheit, findet auch die Vertragsfreiheit ihre Ausübungsschranken an der Vertragsfreiheit von Anderen. Das deutsche Bundesverfassungsgericht urteilte in bezug auf die Privatautonomie ausdrücklich, dass beide Vertragsparteien sich gleichermaßen auf ihre Privatautonomie berufen können, „sie darf nicht nur für den Stärkeren gelten"[31]. „Die kollidierenden Grundrechtspositionen sind in ihrer Wechselwirkung zu sehen und so zu begrenzen, dass sie für alle Beteiligten möglichst weitgehend wirksam werden"[32]. Die verfassungsrechtliche Gewährleistung der allgemeinen Handlungsfreiheit und der Privatautonomie insbesondere setzt voraus, dass diese Rechten für alle gleichermaßen gelten. Individu-

---

[30]WELLENHOFER-KLEIN, Marina, „Strukturell ungleiche Verhandlungsmacht und Inhaltskontrolle von Verträgen", *ZIP* 1997, S. 781.

[31]BVERFG, 7. Februar 1990, *BVERFGE* 81, 242 (255), BVERFG, 19. Oktober 1993, *ZIP* 1993, S. 1775.

[32]BVERFG, 7. Februar 1990, *BVERFGE* 81, 242 (255), BVERFG, 19. Oktober 1993, *ZIP* 1993, S. 1775.

elle Freiheiten sind nicht absolut, sondern werden durch den Gleichheitsgrundsatz bedingt[33]. Dabei handelt es sich in den europäischen Staaten[34] nicht nur um die Gewährleistung formeller, sondern vielmehr materieller oder faktischer Gleichheit. Das Sozialstaatsprinzip verpflichtet die Rechtsordnung im Rahmen einer freiheitlichen Rechtsordnung, in dem Maße, in dem es möglich ist, materielle Gleichheit und Gerechtigkeit zu verwirklichen. Auch aus dem Gleichheitsgedanken entspringt, dass die Rechtsordnung verpflichtet ist, materielle Gleichheit zu bewerkstelligen[35]. Diese Gewährleistung von materieller Gleichheit betrifft zum einen die Abschlussfreiheit und zum anderen die Ausgewogenheit des Vertragsinhalts. Konkret hat die Rechtsordnung zu gewährleisten, dass jeder seine Abschlussfreiheit frei und mit Sachkenntnis ausüben kann. Dies bedeutet, dass solche externen Missbräuche, welche die freie Zustimmung beeinflussen können, und die Zurückbehaltung von Informationen, ohne welche der Vertragspartner den Vertrag nicht mit Sachkenntnis schließen kann, sanktioniert werden müssen. Die Vertragsgestaltungsfreiheit, d.h. das Aushandeln der Vertragsbedingungen zwischen den Vertragsparteien, kann der Sache nach von der Rechtsordnung nicht gewährleistet werden. Die einseitige Ausübung der Vertragsgestaltungsfreiheit mittels Vorformulierung des Vertragsinhalts gehört häufig zu der wirtschaftlichen Notwendigkeit. Das Verhandeln über die Vertragsbedingungen kann, wegen des zeitlichen Aufwands und Kosten, nicht gefordert werden. Das Recht hat aber ein Schutzsystem vorzusehen, wenn der Klauselgegner keine Möglichkeit hat, seine Interessen selbst wahrzunehmen. Insofern der Vertragsinhalt materielle Ungleichheiten, d.h. eine Unausgewogenheit zwischen Rechten und Pflichten, enthält, hat die Rechtsordnung korrigierend aufzutreten. Im Kapitel III folgt ein Überblick der möglichen Methoden mehr materielle Gleichheit beim Vertragsabschluss und beim Vertragsinhalt zu erzielen.

---

[33]VAN GERVEN, Walter, „Schets van een belgisch economisch grondslagenrecht", *SEW* 1971, 404 (428); DE LY, Filip, „Het gelijkheidsbeginsel in het contractenrecht", *RW* 1991-1992, S. 1142.

[34]**Deutschland**: Sozialstaatprinzip in Artikel 20, Absatz I GG; **Belgien**: Nach Artikel 23 der belgischen Verfassung hat der belgische Staat die Verpflichtung wirtschaftlichen, sozialen und kulturellen Rechte zu gewährleisten, sodass jeder ein menschenwürdiges Leben führen kann.

[35]DE LY, Filip, „Het gelijkheidsbeginsel in het contractenrecht", *RW* 1991-1992, S. 1142; RENAULD, J., „Rapport sur les notions d'égalité et de discrimination en droit civil belge", *Travaux de l'association Henri Capitant*, Teil XIV, 1965, 134.

Kapitel III: Die Beseitigung von externen und internen Missbräuchen: Überblick

Der Gegenstand dieser Arbeit ist der Schutz vor missbräuchlichen Klauseln, d.h. vor internen Unangemessenheiten im Vertragsinhalt. Da inhaltliche Missbräuche im Vertragsinhalt häufig die Folge eines externen Missbrauchs beim Vertragsabschluss sind, befasst sich dieses Kapitel auch mit den Maßnahmen gegen externe Missbräuche. Insofern ein Vertrag nichtig ist oder eine Vertragsklausel wegen eines externen Missbrauchs unwirksam bzw. nicht in den Vertrag einbezogen ist, muss die interne Angemessenheit des Vertrags nicht überprüft werden.

Der Schutz vor externen Missbräuchen besteht in den meisten Mitgliedstaaten aus Vorschriften über die Anfechtung der Willenserklärung aufgrund von Willensmängeln oder Ausnutzung der unterlegenen Position des Vertragspartners, über Voraussetzungen für die Einbeziehung der Klauseln in den Vertragsinhalt, über Aufklärungspflichten des Klauselverwenders und aus Verboten bestimmter aggressiver Verkaufsmethoden und dem Verbot irreführender Werbung.

Hinsichtlich interner Missbräuche enthalten die Rechtsordnungen häufig Auslegungsregeln für mehrdeutig formulierte Klauseln. Insofern der Vertrag bzw. die Vertragsklauseln trotz einer Überprüfung der Gültigkeit der Willenserklärung bzw. Einbeziehungsvoraussetzungen samt Auslegungsregeln aufrechterhalten bleibt, kann der Klauselgegner die Klausel im Wege einer verwaltungsrechtlichen oder richterlichen internen Klauselkontrolle anfechten und ihre Verwendung verbieten lassen. Unten folgt einen Überblick dieser von den Mitgliedstaaten verwendeten Schutzinstrumente.

I. Anfechtung der Gültigkeit der Willenserklärung

1. Die Lehre des Willensmangels

Zu den Grundsätzen des Vertragsrechts der Mitgliedstaaten der EU gehört die Lehre des Willensmangels. Dass der Irrtum, die arglistige Täuschung und die widerrechtliche Drohung zu der Nichtigkeit des Rechtsgeschäfts führten, wurde zuletzt nochmals durch die „*Commission on European Contract Law*" bestätigt[36]. Im Kapitel 4 der „*Principles of Eu-*

[36]Diese Kommission (Kommission Lando) ist eine Privatinitiative und besteht aus Professoren aus den Mitgliedstaaten der EU. Im Jahre 1997 legten sie die Grundsätze des europäischen Schuldrechts fest. LANDO, Ole und BEALE, Hugh, Principles of

ropean Contract Law" werden die Willensmängel des Irrtums (Artikel 4.103), der Täuschung (Artikel 4.107) und der Drohung (Artikel 4.108) genannt. Sowohl im deutschen[37] als auch im belgischen[38] Schuldrecht werden diese Willensmängel ausdrücklich geregelt.

Fraglich ist aber, ob der Lehre des Willensmangels hinsichtlich vorformulierter Klauseln, und insbesondere hinsichtlich Standardverträgen große Bedeutung zukommt. Die Anfechtung wegen eines Inhaltsirrtums, zum Beispiel, erfordert, dass der Klauselgegner sich eine Vorstellung über den Inhalt des Klauselinhalts machen konnte. Da der Inhalt von vorformulierten Klauseln vom Klauselgegner häufig nicht gelesen wird, kann er sich darüber auch keine Fehlvorstellungen machen. Eine Anfechtung wegen Irrtum scheidet deswegen aus. Außerdem gibt es für eine Anfechtung wegen eines Irrtums auch kein Raum, wenn der Irrtum sich auf die Rechtsfolgen der Klausel bezieht.[39] Entscheidend ist aber, dass die Lehre des Willensmangels grundsätzlich nicht dafür geeignet ist, die typischen Probleme, die aus der Verwendung von vorformulierten Klauseln entstehen, zu bewältigen. Die Problematik der Vorformulierung liegt nicht in der fehlenden Zustimmung, sondern vielmehr in den Folgen der fehlenden Möglichkeit zur Kenntnisnahme und Einflussnahme auf den Vertragsinhalt. Die Lehre des Willensmangels dient mit der Sanktionierung der unfreien Willensbildung, vor allem die Idee der abstrakten Gleichheit zwischen den Vertragsparteien[40]. Die klassische liberalistische Auffassung ging davon aus, dass Personen, die frei ihren Willen gestalten und ihre Zustimmung geben konnten, selbst die Angemessenheit der Vertragsleistungen überwachen könnten. Demnach gehört die Benachteiligung grundsätzlich nicht zu den klassischen Willensmängeln[41].

European Contract Law: Part I - Performance, Non-Performance, remidies, Text u.a. veröffentlicht auf:
http://ananse.irv.uit.no/trade_law/doc/EU.Contract.Principles.1997.preview.html
Genannte Prinzipien sollen als allgemeinen Vorschriften des Schuldrechts in der EU angewendet werden (Article 1.101 (1)).

[37]Die §§ 119, 123 BGB.

[38]Die Artikel 1109-1117 des belgischen bürgerlichen Gesetzbuches.

[39]BRANDNER, Hans Erich in ULMER/BRANDNER/HENSEN, *AGB-Kommentar*, 8. Auflage, § 9, Rdnr. 40.

[40]DE LY, Filip, „Het gelijkheidsbeginsel in het contractenrecht", *RW* 1991-1992, S. 1148.

[41]in **Belgien**: in Artikel 1118 des belgischen bürgerlichen Gesetzbuches ist ausdrücklich festgelegt, dass Benachteiligung nur hinsichtlich bestimmter Verträge oder bestimmter Personen, welche im Bürgerlichen Gesetzbuch festgestellt sind, zur Nichtigkeit des Vertrags führen können.

2. *Anfechtung des Vertrages wegen eines übermäßigen Gewinns oder unangemessenes Vorteils (Missverhältnis zwischen den Vertragsleistungen und Missbrauch von Umständen)*

Die klassische Lehre des Willensmangels ist in den meisten europäischen Staaten korrigiert worden. Zu den europäischen Grundsätzen des Schuldrechts gehört heute die „Anfechtung" eines Vertrages wegen eines „übermäßigen Gewinns" oder eines „unangemessenen Vorteils" des anderen Vertragsteils. Die „einfache" Benachteiligung des Vertragspartners reicht aber zur Nichtigerklärung des Vertrages nicht aus. Vielmehr wird eine „qualifizierte" Benachteiligung, oder ein Missbrauch von Umständen, erfordert. Die „*Commission on European Contract Law*" nennt zwei Voraussetzungen, um einen Vertrag wegen Benachteiligung anfechten zu können[42]. Zum Ersten soll beim Vertragsabschluss ein Ungleichgewicht zwischen den Vertragspositionen der Parteien vorgelegen haben. Solch eine Situation liegt vor, wenn eine Vertragspartei von dem anderen Teil abhängig war, sich in einer wirtschaftliche Notsituation oder einer Zwangslage befand, oder Unkenntnis, Leichtsinn oder Unerfahrenheit vorlag. Zum Zweiten soll nachgewiesen werden, dass der andere Teil von dieser Unterlegenheit wusste oder wissen konnte und diese Situation zu seinem Vorteil ausgenutzt hat. Dieser Missbrauch wird grundsätzlich mit der Nichtigerklärung des Vertrages sanktioniert. Auf Begehren der Partei, welche die Nichtigkeit geltend macht, kann das Gericht entscheiden, entweder den Vertrag aufrechtzuerhalten oder den Inhalt zu modifizieren. Die Modifikation orientiert sich am Inhalt, der gemäß den Prinzipien von Treu und Glauben und die Billigkeit zwischen den Vertragsparteien vereinbart werden könnte.

Sowohl die deutsche als auch die belgische Rechtsprechung sanktioniert die oben umschriebene Ausbeutung der unterlegenen Position des anderen Vertragsteils. In Belgien wurde von der Rechtslehre und der Rechtsprechung die Lehre der qualifizierten Benachteiligung entwickelt. Eine qualifizierte Benachteiligung liegt vor, wenn ein offensichtliches Ungleichgewicht zwischen den Leistungen der Vertragsparteien vorliegt und wenn dieser Ungleichheit die Ausnutzung der unterlegenen Position von einer der Parteien durch die andere Partei zugrunde liegt. Die benachteiligte Partei darf des Weiteren keinen Fehler, unter der Form „unverzeihbarer Unachtsamkeit" (Fahrlässigkeit) oder Leichtsinn begangen haben[43]. Diese drei Voraussetzungen sollen kumulativ erfüllt sein. Die

---

[42] Artikel 4.109 (Excessive benefit or unfair advantage)

[43] DE BERSAQUES, M., „la lésion qualifiée et sa sanction", *RCJB*, 1977, S. 10 (37); DE BONDT, W., *De leer van de gekwalificeerde benadeling*, 1985; BOSMANS, Marc, „Standaardbedingen", *TPR* 1984, S. 37; WOLFCARIUS, Pascale, „La protec-

theoretische Grundlage dieses Rechtsinstitutes ist umstritten[44]. Das Vorliegen einer qualifizierten Benachteiligung führt, nach der Mehrheitsauffassung, zur Nichtigkeit des ganzen Vertrages[45].

Das deutsche BGB sah schon von Anfang an im § 138 Absatz II BGB die Nichtigkeit von wucherischen Rechtsgeschäften vor[46]. Angenommen wird, dass Wucher gegen die guten Sitten verstößt. Die Anwendung dieser Vorschrift wird an zwei Voraussetzungen gebunden. Objektiv soll nach § 138 Absatz II BGB ein auffälliges Missverhältnis von Leistung und Gegenleistung vorliegen. Subjektiv soll der Wucherer die schwächere Position des Klauselgegners ausgebeutet haben. Der § 138 Absatz II BGB nennt die Ausbeutung der Zwangslage, der Unerfahrenheit, des Mangels an Urteilsvermögen oder der erheblichen Willensschwäche des anderen Teils. Die Sanktion des Wuchers ist die Gesamtnichtigkeit des Rechtsgeschäftes.

II. Die Einbeziehungskontrolle

Wenn ein Vertrag wirksam zustandegekommen ist, verbleibt dem Klauselgegner die Möglichkeit, sich gegen die Einbeziehung bestimmter Klauseln in den Vertrag zu wehren. Der Klauselgegner hat dabei zu beweisen, dass keine Einbeziehungsvereinbarung, d.h. kein Einverständnis über die Einbeziehung der Geschäftsbedingungen vorliegt. Konkret hat der Klauselgegner nachzuweisen, dass eine fehlende Kenntnismöglichkeit des Klauselinhalts oder eine fehlende Zustimmung zu ihrer Geltung vorliegt. Hinsichtlich der Einbeziehung von Vertragsklauseln wird so-

---

tion du consommateur en matière contractuelle: la réglementation des clauses abusives dans la nouvelle loi du 14 juillet 1991 sur les pratiques du commerce et l'information et la protection du consommateur", in *Les pratiques du commerce et la protection et l'information du consommateur depuis la loi du 14 juillet 1991*, 1991, S. 296 (297).

[44] Für einen Überblick dieser Diskussion siehe: WOLFCARIUS, Pascale, „La protection du consommateur en matière contractuelle: la réglementation des clauses abusives dans la nouvelle loi du 14 juillet 1991 sur les pratiques du commerce et l'information et la protection du consommateur", in *Les pratiques du commerce et la protection et l'information du consommateur depuis la loi du 14 juillet 1991*, 1991, S. 297; FLAMÉE, Michel und TROCH, Koen, „De invloed van de EG-Richtlijn van 5 april 1993 betreffende oneerlijke bedingen in consumentenovereenkomsten op het heersend belgisch recht", *TBH* 1996, S. 40, Rdnr. 21.

[45] FLAMÉE, Michel und TROCH, Koen, „De invloed van de EG-Richtlijn van 5 april 1993 betreffende oneerlijke bedingen in consumentenovereenkomsten op het heersend belgisch recht", *TBH* 1996, S. 40, Rdnr. 21.

[46] Für einen Kommentar, siehe BROX, Hans, *Allgemeiner Teil des BGB*, 23. Auflage, S. 156, Rdnr. 296 (298).

wohl in Belgien als auch in der Bundesrepublik Deutschland ein Unterschied zwischen nicht-kaufmännischen und kaufmännischen Geschäften gemacht. Die Einbeziehungsvorschriften hinsichtlich nicht-kaufmännischer Geschäfte sind schärfer als die für kaufmännische Geschäfte. Angenommen wird, dass der Kaufmann weniger schutzbedürftig ist. Deswegen sind strengere Einbeziehungsvoraussetzungen für den kaufmännischen Geschäftsverkehr nicht erforderlich.

1. Nicht-kaufmännische Geschäfte

Zu den nicht-kaufmännischen Geschäften gehört vor allem der Geschäftsverkehr mit dem Verbraucher. Des Weiteren können auch Gewerbetreibende, die keine Kaufleute sind, sich auf den verschärften Einbeziehungsschutz berufen. Dieser Unterschied zwischen Kaufleuten und andere Gewerbetreibenden ist, wie sich später zeigen wird, kritisierbar.

Sowohl nach § 2 des deutschen AGB-Gesetzes als auch nach der belgischen Rechtsprechung werden Vertragsklauseln im nicht-kaufmännischen Geschäftsverkehr nur Vertragsbestandteil, wenn der Verwender beim Vertragsabschluss ausdrücklich auf diese Klauseln hingewiesen hat. Des Weiteren soll der Klauselgegner die Möglichkeit gehabt haben, von ihrem Inhalt Kenntnis zu nehmen. Schließlich soll der Klauselgegner mit ihrer Geltung einverstanden sein.

A. Der ausdrückliche Hinweis durch den Verwender

Der § 2 Absatz I Satz Nr. 1 des deutschen AGBG bestimmt, dass AGB nur dann Bestandteil des Vertrages werden, wenn der Verwender bei Vertragsabschluss die andere Vertragspartei ausdrücklich auf sie hingewiesen hat. Falls ein ausdrücklicher Hinweis wegen der Art des Vertragsabschlusses nur unter unverhältnismäßigen Schwierigkeiten möglich ist[47], sieht die Vorschrift eine Ausnahme von diesem Prinzip vor. Dabei reicht ein deutlich sichtbarer Aushang der AGB am Ort des Vertragsabschlusses als Hinweis. Der bloße Hinweis auf die AGB reicht nicht. Vielmehr soll ihre Verfügbarkeit sichergestellt werden[48]. Gleichartige Prinzipien gelten grundsätzlich im belgischen Recht. Dennoch wird die

---

[47] Bei so genannten Geschäften des Massenverkehrs: die AGB der Kollektivtrafik (PALANDT und HEINRICHS, *BGB*, 60. Auflage, 2001, § 2, Rdnr. 7), Bewachung des Kraftfahrzeugs auf bewachtem Parkplatz; Benutzung eines Schließfachs (BROX, Hans, *Allgemeiner Teil des BGB*, 23. Auflage, S. 113, Rdnr. 204e).

[48] so BGH, 9.11.1989, *NJW* 1990, S. 715; WOLF, Manfred und UNGEHEUER, Christina, „Zum Recht der allgemeinen Geschäftsbedingungen-Teil 1", *JZ* 1995, S. 80.

Einbeziehung von Klauseln, worauf nicht ausdrücklich hingewiesen ist, vielfach als problematisch angesehen[49].

B. Die Möglichkeit der Kenntnisnahme durch den Klauselgegner

Der § 2 Absatz 1 Nr. 2 AGBG erfordert, dass der Verwender beim Vertragsabschluss der anderen Vertragspartei „die Möglichkeit verschafft, in zumutbarer Weise von ihrem Inhalt Kenntnis zu nehmen". Das gleiche Prinzip gilt nach der belgischen Rechtsprechung[50]. Es braucht nicht nachgewiesen werden, dass der Klauselgegner den Klauselinhalt tatsächlich verstanden hat. Bei der Beurteilung der Möglichkeit, in zumutbarer Weise vom Klauselinhalt Kenntnis zu nehmen, orientiert man sich am Kriterium des Durchschnittskunden[51] oder an dem in belgischem Recht erwähnten *bonus pater familias*[52]. Es handelt sich also um ein abstrakt-generelles Verständlichkeitskriterium.

Unklar bleibt, welche Anforderungen an diese Möglichkeit zur Kenntnisnahme zu stellen sind. Handelt es sich dabei um eine globale Einbeziehung der Vertragsklauseln in den Vertrag oder sind daraus umfassenden Transparenzverpflichtungen abzuleiten? Im größten Teil der deutschen Literatur wird die Ansicht vertreten, dass aus dem § 2 AGBG eine Pflicht zur klaren und verständlichen Abfassung der Vertragsklauseln abzuleiten ist[53]. Es handelt sich dabei sowohl um formelle als inhaltliche Aspekte. Auch in der belgischen Literatur und Rechtsprechung sind aus der Voraussetzung der Möglichkeit zur Kenntnisnahme gleichartige Anforderungen abgeleitet worden[54].

C. Einverständnis des Klauselgegners über die Einbeziehung der Klauseln

Der § 2 Absatz I Nr. 2 am Ende des AGB-Gesetzes erfordert schließlich, dass „die andere Vertragspartei mit ihrer Geltung einverstanden ist". Das

---

[49]DIRIX, Eric, „De bezwarende bedingen in de W.H.P.", *RW* 1991-1992, S. 566, Rdnr. 11.

[50]DIRIX, Eric, „De bezwarende bedingen in de W.H.P.", *RW* 1991-1992, S. 566, Rdnr. 11.

[51]BROX, Hans, *Allgemeiner Teil des BGB*, 23. Auflage, S. 113, Rdnr. 204f.

[52]BOSMANS, Marc, „Standaardbedingen", *TPR* 1984, S. 44 (45), Rdnr. 14 (16).

[53]HEINRICHS, Helmut, „Das Transparenzgebot und die EG-Richtlinie über missbräuchliche Klauseln in Verbraucherverträgen", in *Festschrift Reinhold Trinkner*, 1995, S. 159.

[54]BOSMANS, Marc, „Standaardbedingen", *TPR* 1984, S. 45 (46), Rdnr. 17; FLAMÉE, Michel und TROCH, Koen, „De invloed van de EG-Richtlijn van 5 april 1993 betreffende oneerlijke bedingen in consumentenovereenkomsten op het heersend Belgisch recht", *TBH* 1996, S. 50, Rdnr. 29.

Einverständnis kann ausdrücklich oder stillschweigend erklärt werden[55]. Das gleiche Erfordernis ist in der belgischen Rechtsprechung zu finden[56]. Das ausdrückliche Einverständnis mit der Einbeziehung kann zum Beispiel aus der Unterzeichnung einer Akte, in der die AGB vorkommen, sprechen[57]. Ein stillschweigendes Einverständnis liegt nach deutscher Sicht vor, wenn der Verwender in seinem Vertragsangebot ausdrücklich auf die AGB hingewiesen hat und der Klauselgegner das Angebot ohne Erwähnung der AGB annimmt[58]. Aus belgischer Sicht kann das Einverständnis mit der Einbeziehung von bestimmten Bedingungen sich aus einem „konkludenten Stillschweigen"[59] ergeben. Es handelt sich dabei um ein Stillschweigen, „das aufgrund der begleitenden Umstände nicht anders als eine Zustimmung ausgelegt werden kann"[60]. Dieses Prinzip enthält eine Ausnahme zu den belgischen zivilrechtlichen Beweisvorschriften, die nur eine Gebundenheit an einem Vertrag oder Geschäftsbedingungen annimmt, wenn die Gebundenheit sich aus einer Akte, die die Unterschrift des anderen Teils enthält, ergibt. Die Gebundenheit an Geschäftsbedingungen, die auf einseitigen Rechtsakten, wie zum Beispiel Rechnungen oder Fakturen, beruhen, wird von der belgischen Literatur weiterhin als problematisch angesehen[61].

Aus oben stehendem ergibt sich, dass sowohl das deutsche AGBG als auch die belgische Rechtsprechung eine Regelung enthalten, die es ermöglicht, Klauseln, die für den Klauselverwender beim Vertragsabschluss nicht erkennbar waren, als nicht in den Vertrag einbezogen zu halten. Im Gegensatz zum § 2 AGBG schränkt die belgische Rechtsprechung ihre Einbeziehungskontrolle nicht ausdrücklich auf AGB ein. Damit entspricht die belgische Rechtsprechung der Regelung aus Artikel 2.104 der *„Principles of European Contract Law"*, die erfordert, dass nicht im Einzelnen ausgehandelten Klauseln[62] nur dann in den Vertrag einbezogen sind, wenn der Verwender vernünftige Schritte unternommen

---

[55]BROX, Hans, *Allgemeiner Teil des BGB*, 23. Auflage, S. 113, Rdnr. 204g.
[56]Kassationshof, den 11 Dezember 1970, *Arr. Cass.*, 1971, S. 369; *RW* 1970-1971, S. 1129; *BRH*, 1972, S. 608; DIRIX, Eric, „De bezwarende bedingen in de W.H.P.", *RW* 1991-1992, S. 566, Rdnr. 11.
[57]DIRIX, Eric, „De bezwarende bedingen in de W.H.P.", *RW* 1991-1992, S. 566, Rdnr. 11.
[58]BROX, Hans, *Allgemeiner Teil des BGB*, 23. Auflage, S. 113, Rdnr. 204 g.
[59]Kassationshof, den 11 Dezember 1970, *Arr. Cass.*, 1971, S. 369; *RW* 1970-1971, S. 1129; *BRH*, 1972, S. 608 („omstandig stilzwijgen" / „silence circonstancié").
[60]BOSMANS, Marc, „Standaardbedingen", *TPR* 1984, S. 49, Rdnr. 27.
[61]DIRIX, Eric, „De bezwarende bedingen in de W.H.P.", *RW* 1991-1992, S. 566, Rdnr. 11.
[62]Also keine Einschränkung auf AGB.

hat, die Klauseln dem anderen Teil zur Kenntnis zu bringen (Artikel 2. 104, (1)). Es ist nicht erforderlich, dass der anderen Teil den Inhalt tatsächlich verstanden hat. Der bloße Hinweis auf die Klauseln reicht aber nicht aus, sie in den Vertrag einzubeziehen (Artikel 2.104, (2)).

2. Kaufmännische Geschäfte

Die Einbeziehungsvorschrift aus § 2 des AGB-Gesetzes gilt nicht für kaufmännische Geschäfte. Dieses ergibt sich ausdrücklich aus § 24 AGBG, der aussagt, dass § 2 nicht gegenüber Kaufleuten und gegenüber juristischen Personen des öffentlichen Rechts gilt. Der Grund für diese Ausnahme ist das geringe Schutzbedürfnis dieser Personen und die Tatsache, dass der kaufmännische Geschäftsverkehr eine rasche und unkomplizierte Abwicklung der Geschäfte erfordert[63]. Die Einbeziehungsvorschriften sind weniger streng im Vergleich zu denen in Verbrauchergeschäften. Hinsichtlich kaufmännischer Geschäfte gelten die Vorschriften des BGB und HGB. Insgesamt setzt die Einbeziehung der AGB eine ausdrückliche oder stillschweigende Vereinbarung voraus. Ein ausdrücklicher Hinweis auf die AGB wird nicht erfordert. Auch ein konkludenter Hinweis reicht aus. Die Überlassung der AGB ist keine Einbeziehungsvoraussetzung. Der andere Teil soll des Weiteren die zumutbare Möglichkeit haben, vom Inhalt der AGB Kenntnis zu nehmen[64]. Schließlich soll der Vertragspartner sich mit der Geltung der AGB einverstanden erklären. Insofern die AGB branchenüblich sind, ist dieses Einverständnis anzunehmen. Die Einbeziehung der AGB kann sich auch aus der Tatsache ergeben, dass die AGB regelmäßig in der laufenden Geschäftsbeziehung vereinbart werden[65]. Die AGB sind dagegen nicht einbezogen, wenn der andere Teil der Einbeziehung widersprochen hat.

Auch in Belgien ist die Einbeziehung von Geschäftsbedingungen in kaufmännischen Verträgen weniger streng. Im Abweichung von den zivilrechtlichen Beweisvorschriften kann eine Faktur oder eine Rechnung ein Beweis für den Vertragsabschluss sein[66]. Des Weiteren wird nicht erfordert, dass ausdrücklich auf die Geschäftsbedingungen hingewiesen wurde und der Klauselgegner sich ausdrücklich mit der Geltung der Vertragsbedingungen einverstanden erklärt hat. Die Einbeziehung kann sich

---

[63]WOLF, Manfred, in WOLF/HORN/LINDACHER, *AGBG-Kommentar*, 4. Auflage, 1999, § 2, Rdnr. 57.
[64]ULMER, Peter in ULMER/BRANDNER/HENSEN, *AGB-Kommentar*, 8. Auflage, § 2, Rdnr. 79.
[65]ULMER, Peter in ULMER/BRANDNER/HENSEN, *AGB-Kommentar*, 8. Auflage, § 2, Rdnr. 86.
[66]BOSMANS, Marc, „Standaardbedingen", *TPR* 1984, S. 48, Rdnr. 25.

aus einem konkludenten Hinweis oder einer konkludenten Zustimmung ergeben. Eine Einbeziehung liegt aber nicht vor, wenn der Vertragspartner der Einbeziehung widersprochen hat. Es wird anerkannt, dass Klauseln, die zum Ersten Mal in der Faktur auftauchen, wirksam einbezogen sind, wenn der Vertragspartner der Einbeziehung nicht widerspricht.

Neben oben stehenden allgemeinen Einbeziehungsregeln wird im deutschen Recht angenommen, dass überraschende Klauseln, sowohl im privatrechtlichen als auch im handelsrechtlichen Geschäfte nicht wirksam einbezogen sind. Dieses Prinzip wurde in Deutschland ausdrücklich im § 3 AGBG kodifiziert. Im belgischen Recht gibt es keine vergleichbare Vorschrift.

III. Aufklärungspflichten

Im Anschluss an die Darstellung der Einbeziehungskontrolle soll erwähnt werden, dass die meisten mitgliedstaatlichen Rechtsordnungen Vorschriften vorsehen, die den Klauselverwendern umfassende Informationspflichten auferlegen. Zu nennen sind eine Reihe von Richtlinien des Rates, welche die Unterrichtung, die Aufklärung und der Schutz der wirtschaftlichen Interessen des Verbrauchers regeln[67]. Die erwähnten Richtlinien umfassen Vorschriften zur Angabe des Verkaufspreises und des Preises je Maßeinheit von Erzeugnissen, die dem Verbraucher angeboten werden. Die Richtlinien tragen zur Verbesserung der Verbraucherinformation bei, „da sie den Verbrauchern auf einfachste Weise optimale Möglichkeiten bieten, die Preise von Erzeugnissen zu beurteilen und miteinander zu vergleichen und somit anhand einfacher Vergleiche fun-

[67]Richtlinie 79/581/EWG des Rates vom 19. Juni 1979 über den Schutz der Verbraucher bei der Angabe der Lebensmittelpreise, *ABl.* vom 26. Juni 1979, Nr. L. 158, S. 19 (21); Richtlinie 88/314/EWG des Rates vom 7. Juni 1988 über den Schutz der Verbraucher bei der Angabe der Preise von anderen Erzeugnissen als Lebensmittel, *ABl* vom 9. Juni 1988, Nr. L. 142, S. 19 (22); Richtlinie 88/315/EWG des Rates vom 7. Juni 1988 zur Änderung der Richtlinie 79/581/EWG über den Schutz der Verbraucher bei der Angabe der Lebensmittelpreise, *ABl* vom 9. Juni 1988, Nr. L. 142, S. 23 (26); Richtlinie 95/58/EG des Europäischen Parlaments und des Rates vom 29. November 1995 zur Änderung der Richtlinie 79/581/EWG über den Schutz der Verbraucher bei der Angabe der Preise für Lebensmittel und der Richtlinie 88/314/EWG über den Schutz der Verbraucher bei der Angabe der Preise für andere Erzeugnisse als Lebensmittel, *ABl* vom 12. Dezember 1995, Nr. L. 299, S. 11 (12); Richtlinie 98/6/EG des Europäischen Parlaments und des Rates vom 16. Februar 1998 über den Schutz der Verbraucher bei der Angabe der Preise der ihnen angebotenen Erzeugnisse, *ABl.* vom 18. März 1998, Nr. L. 080, S. 27 (31).

dierte Entscheidungen zu treffen"[68]. Die Vorschriften sollen die Markttransparenz gewährleisten, so dass der Verbraucher in der Lage sein wird, selbstverantwortlich seine Vertragsfreiheit auszuüben.

III. Regelung bestimmter aggressive Verkaufsmethoden und irreführender Werbung

Bestimmte Vertragstypen, die für den Verbraucher als besonders risikovoll angesehen werden, sind von den nationalen Gesetzgebern zwingend geregelt worden. Dabei handelt es sich um die Regelung bestimmter aggressiver Verkaufsmethoden und um den Schutz vor irreführender Werbung. In diesen Bereichen wurden auch von der EG Harmonisierungsrichtlinien erlassen. Dazu gehören die Richtlinie über Haustürgeschäfte[69] und die Richtlinie über irreführende Werbung[70]. Diese Gesetzgebung soll gewährleisten, dass der Verbraucher vor der Überrumpelungssituation bei Haustürgeschäften geschützt wird. Der Gesetzgebung über irreführende Werbung geht es darum, den Verbraucher bei seiner Untersuchung des Marktes zu unterstützen. Mit dem Verbot der irreführenden Werbung wird vermieden, dass der Verbraucher beim Erwerb von Gütern oder bei der Inanspruchnahme von Dienstleistungen aufgrund von irreführender Werbung eine für ihn nachteilige Entscheidungen trifft.

IV. Die verdeckte Inhaltskontrolle durch Anwendung von Auslegungsregeln

Insofern eine umstrittene Klausel mehrdeutig ist, kann der Klauselgegner fordern, dass die Klausel zu seinem Gunsten interpretiert wird. Diese *in dubio contra stipulatorem*-Regel wurde ausdrücklich in die *„Principles of European Contract Law"* aufgenommen[71]. Im deutschen Recht wurde diese Auslegungsregel ausdrücklich im § 5 AGBG festgelegt. Danach gehen „Zweifel bei der Auslegung Allgemeiner Geschäftsbedingungen

---

[68]6. Erwägungsgrund der Richtlinie 98/6/EG des Europäischen Parlaments und des Rates vom 16. Februar 1998 über den Schutz der Verbraucher bei der Angabe der Preise der ihnen angebotenen Erzeugnisse, *ABl.* vom 18. März 1998, Nr. L. 080, S. 27.

[69]Richtlinie 85/577/EWG des Rates vom 20. Dezember 1985 betreffend den Verbraucherschutz im Falle von außerhalb von geschäftsräumen geschloßenen Verträgen, *ABl*, Nr. L. 372 vom 31. Dezember 1985, S. 31 (33).

[70]Richtlinie 84/450/EWG des Rates vom 10. September 1984 zur Angleichung der Rechts- und Verwaltungsvorschriften der Mitgliedstaaten über irreführende Werbung, *ABl.*, Nr. L 250 vom 19. September 1984, S. 17 (20).

[71]Article 5.103 *Contra proferentem Rule*
Where there is doubt about the meaning of a contract term not individually negotiated, an interpretation of the term against the party who supplied it is to be preferred.

zu Lasten des Verwenders". Auch in der belgischen Rechtspraxis gibt es eine vergleichbare Regelung. Artikel 1162 des Bürgerlichen Gesetzbuches bestimmt, dass eine Klausel im Zweifel „zugunsten desjenigen der sich gebunden hat und im Nachteil desjenigen, der sich bedungen hat" auszulegen ist. Diese Vorschrift soll so verstanden werden, dass die Klausel zugunsten des Schuldners zu interpretieren ist[72]. Sowohl der Klauselverwender als auch der Klauselgegner können deshalb den Auslegungsvorteil genießen. In diesem Punkt weicht Artikel 1162 des Bürgerlichen Gesetzbuches vom deutschen § 5 AGBG ab, in dem es um den Schutz des Klauselgegners geht. Dennoch gibt es in der belgischen Rechtsprechung hinsichtlich Standardverträge eine Tendenz, den Artikel 1162 so auszulegen, dass die AGB nicht zum Nachteil des Gläubigers, sondern des Klauselverwenders, ausgelegt werden[73]. Insofern die Vertragsbedingungen von den Vorschriften des allgemeinen Rechts abweichen, ist der „Bedinger" derjenige, der die Klauseln verwendet (der Verwender)[74].

Neben der *in dubio contra stipulatorem*-Regel gibt es in den Mitgliedstaaten oft eine Auslegungsregel, die bei Kollision zwischen ausgehandelten und nicht-ausgehandelten Klauseln, ausgehandelten Klauseln den Vorrang gewährt. Dieser Grundsatz wurde ausdrücklich in Artikel 5.105 der „*Principles of European Contract Law*" aufgenommen[75]. Auch § 4 des deutschen AGB-Gesetzes enthält eine vergleichbare Regelung. Nach dieser Vorschrift haben „individuelle Vertragsabreden Vorrang vor Allgemeinen Geschäftsbedingungen". Auch nach der belgischen Rechtsprechung haben die speziellen Bedingungen vor den AGB Vorrang[76]. Alle genannten Regelungen gehen von der Ratio aus, dass die ausgehandelten Bedingungen oder speziellen Bedingungen am besten dem Parteiwillen entsprechen.

---

[72]FLAMÉE, Michel und TROCH, Koen, „De invloed van de EG-Richtlijn van 5 april 1993 betreffende oneerlijke bedingen in consumentenovereenkomsten op het heersend belgisch recht", *TBH* 1996, S. 51, Rdnr. 30.

[73]WOLFCARIUS, Pascale, „La protection du consommateur en matière contractuelle: la réglementation des clauses abusives dans la nouvelle loi du 14 juillet 1991 sur les pratiques du commerce et l'information et la protection du consommateur", in *Les pratiques du commerce et la protection et l'information du consommateur depuis la loi du 14 juillet 1991*, 1991, S. 294.

[74]DIRIX, Eric, „De bezwarende bedingen in de W.H.P.", *RW* 1991-1992, S. 566, Rdnr. 12.

[75]Article 5.104: Preference to Negotiated Terms
Terms which have been individually negotiated take preference over those which are not.

[76]DIRIX, Eric, „De bezwarende bedingen in de W.H.P.", *RW* 1991-1992, S. 566, Rdnr. 12.

VI. Die offene interne Überprüfung des Vertragsinhaltes

Die Vorschriften über die Sanktionierung bestimmter externer Missbräuche sind aber nicht in der Lage, einen Schutz vor der missbräuchlichen Ausgestaltung des Vertragsinhaltes durch den Klauselverwender zu gewährleisten. Die Instrumente der externen Missbrauchskontrolle sanktionieren bestimmte Missbräuche beim Zustandekommen des Vertrages. Sie schützen den Vertragspartner aber nicht vor den Folgen einseitiger Ausübung der Vertragsgestaltungsfreiheit. Insofern der Vertrag regelgemäß zustandegekommen ist und der Vertragspartner die tatsächliche Möglichkeit hatte, von seinem Inhalt Kenntnis zu nehmen, bieten die Vorschriften zur Sanktionierung der externen Missbräuche keine Lösungen. Auch die Auslegungsvorschriften haben nur eingeschränkte Wirkung. Sie kommen nur zur Anwendung, wenn die umstrittene Klausel mehrdeutig ist bzw. mit einer Individualabrede kollidiert. Daher entstanden in den meisten Mitgliedstaaten in der Rechtsprechung und später auch durch den Gesetzgeber Initiativen zu offener Überprüfung der internen Gültigkeit des Vertragsinhalts. Diese interne Überprüfung des Vertragsinhalts gibt dem Klauselgegner unter bestimmten Voraussetzungen die Möglichkeit den Klauselinhalt von einem Gericht oder einer Verwaltungsbehörde überprüfen zu lassen und die Feststellung der Unwirksamkeit einer Klausel zu fordern.

1. Die Initiativen der Rechtsprechung

Die ersten Maßnahmen gegen die Verwendung von missbräuchlichen Klauseln wurden sowohl in Deutschland als auch in Belgien durch die Rechtsprechung ergriffen. Im Gegensatz zur deutschen Rechtspraxis ist die Grundlage der gerichtlichen Klauselkontrolle in der belgischen Rechtsprechung immer unklar gewesen. In Deutschland gründet die vom Reichsgericht und später vom BGH entwickelte offene Inhaltskontrolle sich zunächst auf dem § 138 BGB, und nach dem BGH-Urteil vom 29. Oktober 1956[77] in steigendem Maße auf dem § 242.

Die Inhaltskontrolle auf der Grundlage des § 138 BGB betraf in der Regel die Ausnutzung von Monopolstellungen, die unangemessene Beeinträchtigung von Drittinteressen und im generellen jede Verletzung von Belangen der Allgemeinheit[78]. Insbesondere könnte eine Vielzahl unangemessener Klauseln in einem Vertrag, oder die Verwendung einer unangemessenen Klausel kombiniert mit anstößigen Umständen, wie zum

---

[77] BGH, den 29. Oktober 1956, *BGHZ*, 22, 90, 97 ff.

[78] BRANDNER, Hans Erich in ULMER/BRANDNER/HENSEN, *AGB-Kommentar*, 8. Auflage, § 9, Rdnr. 32.

Beispiel unverständlicher, unübersichtlicher oder unlesbarer Klauselinhalt, zur Anwendung des Maßstabs der Sittenwidrigkeit führen[79]. Nach belgischem Recht kann der Verstoß gegen die guten Sitten zu der Feststellung einer „unerlaubten Ursache"[80] führen. Die Sittenwidrigkeit wird in der belgischen Literatur des Weiteren auch als theoretische Grundlage für das oben erwähnte Rechtsinstitut der qualifizierten Benachteiligung angesehen. Die guten Sitten sind aber als Grundlage der offenen Inhaltskontrolle in Belgien nahezu bedeutungslos. Anwendungsfälle in der belgischen Rechtsprechung sind beispielsweise das Verbot der Verwendung von Freizeichnungsklauseln für Täuschung, absichtliche Fehler und böser Glauben des Klauselverwenders[81]. Daneben können Klauseln, die dem Klauselgegner unverhältnismäßige Entschädigung beim Nichtnachkommen seiner Verpflichtungen auferlegen, unter bestimmten Voraussetzungen gegen die guten Sitten verstoßen[82].

Sowohl die deutsche als die belgische gerichtliche Inhaltskontrolle auf der Grundlage des Sittenwidrigkeitsverbots beschränken sich auf die Sanktionierung von Verletzungen der Interessen der Allgemeinheit. Die reine Missachtung der Interessen des anderen Vertragsteils durch den Klauselverwender allein reicht deshalb nicht aus, gegen das Sittenwidrigkeitsverbot zu verstoßen. Andererseits ist die Wirksamkeitsschranke der Sittenwidrigkeit nicht geeignet, um alle Missbräuche aus der missbräuchlichen Ausgestaltung des Vertragsinhalts zu bewältigen. Denn nur vereinzelt ist eine Missachtung der Vertragsinteressen des anderen Teils auch ein Verstoß gegen die allgemeine Rechtsordnung oder die Sittlichkeit. Die Sanktion der Sittenwidrigkeit ist nach deutschem und belgischem Recht die Gesamtnichtigkeit des Vertrages. Dieses deutet darauf hin, dass es sich beim Verstoß gegen die guten Sitten um erhebliche Missbräuche handelt. In der Regel handelt es sich dabei um die Sanktionierung von externen Missbräuchen, wie zum Beispiel die Ausnutzung einer Monopolstellung auf dem Markt, oder um eine Kombination von unangemessenen Klauseln und anstößigen Vertragsumständen. Diese Sanktion der Gesamtnichtigkeit des Vertrags ist für die Sanktionierung von Missbräuchen aus der einseitigen Ausnutzung der Vertragsgestaltungsfreiheit nicht immer geeignet.

---

[79]BRANDNER, Hans Erich in ULMER/BRANDNER/HENSEN, *AGB-Kommentar*, 8. Auflage, § 9, Rdnr. 32.

[80]Eine unerlaubte Ursache liegt nach Artikel 1133 des belgischen bürgerlichen Gesetzbuches vor, wenn die Ursache des Vertrages sittenwidrig ist oder gegen die öffentliche Ordnung verstößt.

[81]BOSMANS, Marc, „Standaardbedingen", *TPR* 1984, S. 57, Rdnr. 35.

[82]BOSMANS, Marc, „Standaardbedingen", *TPR* 1984, S. 57, Rdnr. 35.

Wegen des beschränkten Umfangs der oben genannten „Sittlichkeitskontrolle" wurde vom deutschen Bundesgerichtshof schrittweise eine Inhaltskontrolle auf der Grundlage der Gebote von Treu und Glauben entwickelt (§ 242 BGB). Diese Rechtsprechung geht allgemein von dem Gedanken aus, dass der Klauselverwender bei der einseitigen Ausgestaltung des Klauselinhalts, gemäß den Geboten von Treu und Glauben auf die berechtigten Interessen des anderen Teils Rücksicht zu nehmen habe. Im Gegensatz zur Inhaltskontrolle nach § 138 BGB steht nicht die Beanstandung von Verstößen gegen die Interessen der Allgemeinheit im Mittelpunkt, sondern es handelt sich entscheidend um die treuwidrige Missachtung der Vertragsgerechtigkeit, d.h. die Interessen des anderen Teils. Diese vom BGH entwickelte Inhaltskontrolle ist die wesentliche Grundlage der heutigen Generalklausel des § 9 AGBG.

Auch in der belgischen Rechtsprechung gab es Ansätze zu einer gerichtlichen Inhaltskontrolle. Im Gegensatz zur deutschen Entwicklung, hat sich in Belgien eine Inhaltskontrolle auf der Grundlage der Gebote von Treu und Glauben nicht durchsetzen können. Die Anwendung von generalklauselartigen Begriffe, wie den Geboten von Treu und Glauben, wird von einigen Autoren als eine Gefahr einer Aushöhlung der Vertragsfreiheit und der Rechtsunsicherheit angesehen[83]. Andere Autoren[84] befürworten, dass die Gebote von Treu und Glauben auch beim Vertragsabschluss, und deshalb beim Ausgestaltung der Vertragsklauseln gelten sollen. Diese Auffassung hat sich aber niemals richtig durchgesetzt. Die von den Gerichten entwickelte Inhaltskontrolle gründete sich in Belgien vor allem auf der Lehre des Rechtsmissbrauchs (Missbrauch der Vertragsfreiheit), der *culpa in contrahendo* und der Lehre der qualifizierten Benachteiligung. Problematisch bei diesen Grundlagen ist, dass es sich um die Anwendung von schon bestehenden Prinzipien handelt, denen „Gewalt angetan werde"[85]. Der Rechtsmissbrauch betrifft die Ausführung des Vertrages und nicht sein Zustandekommen. Des Weiteren orientieren sich die Lehren des Rechtsmissbrauchs, der *culpa in contrahendo* und der qualifizierten Benachteiligung entscheidend an externen Missbräuchen beim Vertragsabschluss. Bei einer Inhaltskontrolle handelt es sich aber um die Kontrolle des Vertragsinhalts[86], d.h. um die Sanktionierung von internen Missbräuchen. Trotz der unklaren juristischen Grundlage

---

[83]CORNELIS, Ludo, „Rechterlijke toetsing van onrechtmatige bedingen", in *Liber amicorum Paul De Vroede*, 1994, S. 314.
[84]KRUITHOF, R., MOONS, H. und PAULUS, C., „Overzicht van rechtspraak (1965-1973), Verbintenissen", *TPR* 1975, Rdnr. 505-508.
[85]BOSMANS, Marc, „Standaardbedingen", *TPR* 1984, S. 64 , Rdnr. 47.
[86]DIRIX, Eric, „De bezwarende bedingen in de W.H.P.", *RW* 1991-1992, S. 567, Rdnr. 14.

sanktionierte die belgische Rechtsprechung systematisch bestimmte Klauseln, die sie für unangemessen hielt. Zu denken ist dabei an die Rechtsprechung des belgischen Kassationsgerichts hinsichtlich unverhältnismäßiger Entschädigung bei der Verletzung oder Nichterfüllung der Vertragspflichten, sowie bestimmter Freizeichnungsklauseln und Haftungsbeschränkungen[87].

2. Der Ruf nach einer Kodifizierung des Rechts der missbräuchlichen Klauseln

Die oben stehende Initiativen der Rechtsprechung waren oft unübersichtlich und ihre Grundlagen unsicher. Diese Rechtsunsicherheit führte dazu, dass die Verbraucher die Gerichte nicht anriefen. Daher gab es schon seit den siebziger Jahren Initiativen des Europarats und der Europäischen Gemeinschaften zur Kodifizierung und Angleichung der Vorschriften über missbräuchliche Klauseln im Verbraucherbereich[88]. Der Ministerrat des Europarats nahm im November 1976 eine Resolution an, die Resolution 76 (47), die den Mitgliedstaaten empfiehlt, wirksame Maßnahmen zum Schutz des Verbrauchers vor unbilligen Geschäftsbedingungen zu treffen. Die Mitgliedstaaten sollten ein Kontrollsystem zur Nachprüfung von Klauseln vorsehen.[89] Diese Aufforderung des Europarates führte in den meisten Mitgliedstaaten zu Kodifizierungen des Rechts der missbräuchlichen Klauseln.

Daneben hat auch die Europäische Gemeinschaft sich mit der Problematik der missbräuchlichen Klauseln beschäftigt. In einer Entschließung von 1975 strebte der Rat schon nach einem Schutz der Verbraucher vor einseitig festgelegten Standardverträgen und vor dem Ausschluss wesentlicher Rechte in Verträgen[90]. Es dauerte aber bis zum 5. April 1993, bevor die Richtlinie 93/13/EWG des Rates über missbräuchliche Klauseln in Verbraucherverträgen erlassen wurde. Auf die Entstehungsge-

---

[87] für einen Überblick siehe: BOSMANS, Marc, „Standaardbedingen", *TPR* 1984, S. 59, Rdnr. 37 ff.; WOLFCARIUS, Pascale, „La protection du consommateur en matière contractuelle: la réglementation des clauses abusives dans la nouvelle loi du 14 juillet 1991 sur les pratiques du commerce et l'information et la protection du consommateur", in *Les pratiques du commerce et la protection et l'information du consommateur depuis la loi du 14 juillet 1991*, 1991, S. 300 (307).

[88] ULMER, Peter in ULMER/BRANDNER/HENSEN, *AGB-Kommentar*, 8. Auflage, Einleitung, Rdnr. 71.

[89] ULMER, Peter in ULMER/BRANDNER/HENSEN, *AGB-Kommentar*, 8. Auflage, Einleitung, Rdnr. 71.

[90] „Entschließung betreffend ein Erstes Programm der Europäischen Wirtschaftsgemeinschaft für eine Politik zum Schutz und zur Unterrichtung der Verbraucher", 14.04.1975, *ABl.EG* vom 25.04.1975, Nr. C. 92, S. 1, 6, 7.

schichte der Richtlinie 93/13 wird an zutreffender Stelle näher eingegangen werden. Der Richtlinie 93/13 geht es um eine Mindestharmonisierung der in den Mitgliedstaaten entstandenen Kodifizierungen.

3. Die Initiativen des Gesetzgebers

Die Initiativen des Gesetzgebers bestehen einerseits aus sektoriellen Vorschriften und Vorschriften, welche die Verwendung von bestimmten Klauseln im Allgemeinen verbieten, und andererseits aus allgemeinen Vorschriften, welche die Verwendung von missbräuchlichen Klauseln im Allgemeinen, d.h. in allen Arten von Verträgen hinsichtlich aller oder bestimmter als schutzwürdig angesehenen Marktteilnehmer regeln.

A. Sektorielle Vorschriften und bestimmte generelle Klauselverbote

Mit sektoriellen Vorschriften bezweckt der Gesetzgeber, bestimmte Verträge zwingend zu regeln. Diese punktuelle Reglementierung bestimmter Verträge wird vielfach mit der besonderen Schutzbedürftigkeit einer der Vertragsparteien motiviert. Dabei handelt es sich vielfach um Vorschriften, die das Verhältnis zwischen einem Professional und einem privaten Verbraucher regeln. Bei der zwingenden Gesetzgebung handelt es häufig um das Verbot der Verwendung bestimmter einseitig abgefasster AGB[91]. Wichtige Beispiele sind die mitgliedstaatlichen Gesetze, die den Verbraucherkreditvertrag[92], die Haustürgeschäfte[93], bestimmte Versicherungsverträge und Mietverträge regeln.

Des Weiteren enthalten die mitgliedstaatlichen Gesetzgebungen vielfach auch Vorschriften, die bestimmte Klauseln im Generellen verbieten. Beispiele sind das Verbot von übertriebenen und anormalen Preisen[94] und die Klauseln, die die Produkthaftung betreffen[95].

---

[91]BERNITZ, Ulf, *Standardavtalsrätt*, 6. Auflage, 1993, S. 55.

[92]**Deutschland**: Verbraucherkreditgesetz, vom 17. Dezember 1990, *BGBl.* I, S. 2840; Belgien: Wet van 12 juni 1991 op het consumentenkrediet / Loi du 12 juin 1991 relative au crédit à la consommation, *BS*, 9. Juli 1991.

[93]**Deutschland**: Gesetz über den Widerruf von Haustürgeschäften und ähnlichen Geschäften, vom 16. Januar 1986, BGBl. 1, S. 122; **Belgien**: Gesetz vom 14. Juli 1991 über die Handelspraktiken sowie die Aufklärung und den Schutz der Verbraucher: Abteilung 11: von den Verkäufen an den Konsumenten, die außerhalb des Unternehmens des Verkäufers abgeschlossen werden.

[94]Wet van 22 januari 1945 betreffende de economische reglementering en de prijzen / Loi du 22 janvier 1945 sur la réglementation économique et les prix, *BS*, 24 Januar 1945, err. *BS*, 11. Februar 1945.

[95]insofern sie den Hersteller verbietet seine gesetzliche Verantwortlichkeit in den AGB auf dem anderen Teil zu übertragen. **Belgien**: Artikel 10 Wet betreffende de

Die zwingende Regelung bestimmter Vertragstypen und das generelle Verbot bestimmter Klauseln haben den Vorteil, dass es für beide Vertragsparteien, wegen der konkreten Vorschriften, besser voraussehbar ist, welche Vertragsklauseln wohl oder nicht verwendet werden dürfen. Andererseits handelt es sich um Regelungen, die sich auf bestimmte Verträge, Klauseln und Schutzpersonen beschränken. Demnach haben diese Vorschriften nur eine eingeschränkte Wirkung. Die zwingenden Regulierungen sind häufig sehr detailliert[96]. Deshalb besteht die Gefahr, dass mit dem Erlass zwingender Vorschriften eine Überregulierung entsteht.

B. Allgemeine Regelung des Rechts der missbräuchlichen Klauseln

Die meisten mitgliedstaatlichen Rechtsordnungen umfassen Kodifizierungen, die das Recht der missbräuchlichen Klauseln im Generellen oder zum Schutz von Verbrauchern regeln. Es handelt sich dabei um Normen, die sich nicht auf die Verwendung bestimmter Klauseln in bestimmten Sektoren einschränken. Vielmehr wird eine allgemeine Regelung des Problems der missbräuchlichen Klauseln beabsichtigt. *Ratione personae* können diese Kodifizierungen aber variieren. Der persönliche Anwendungsbereich bestimmter Normierungen umfasst alle Marktteilnehmer, andere beschränken sich auf bestimmte für schutzwürdig angesehenen Gruppen. Unten folgt ein kurzer Überblick über mitgliedstaatliche Kodifizierungen vor der Umsetzung der Richtlinie 93/13.

Italien: 1942: Artikel 1341, 1342 und 1370 Codice civile.

Schweden: 1976: § 36 Vertragsgesetz (Generalklausel) in Verbindung mit zwei Gesetzen über missbräuchlichen Klauseln: *Lagen om avtalsvillkor i konsumentförhållanden (1971)*[97] und *Lagen om avtalsvillkor mellan näringsidkare (1984)*[98].

Dänemark : *Markedsfloringslov* 1974.

Deutschland: 1976: Gesetz zur Regelung des Rechts der Allgemeinen Geschäftsbedingungen.

Großbritanien: 1977: *Unfair contract terms act* 1977. (Der Sache nach regelt dieses Gesetz nur die Verwendung von Freischreibungsklauseln).

Finnland: 1978: Gesetz vom 20. Januar 1978 Kapitel 3.

---

aansprakelijkheid voor produkten met gebreken / Loi du 25 février 1991 relative à la responsabilité du fait des produits défectueux, *BS*, den 22. März 1991; **Deutschland**: § 14 (Unabdingbarkeit) des Gesetzes über die Haftung für fehlerhafte Produkte vom 15. Dezember 1989, *BGBl.* I, S. 2198.

[96]BERNITZ, Ulf, *Standardavtalsrätt*, 6. Auflage, 1993, S. 111.

[97]Gesetz über das Verbot unbilliger Vertragsbedingungen in Verbraucherverhältnissen.

[98]Gesetz über das Verbot unbilliger Vertragsbedingungen zwischen Gewerbetreibenden.

Frankreich: 1978: *Loi sur la protection et l'information des consommateurs de produits et de services (Loi scrivener)* 1978[99].
die Niederlande: Abteilung 6.5.2.A „Allgemeine Bedingungen" des niederländischen neuen bürgerlichen Gesetzbuches.
Österreich: 1979: Konsumentschutzgesetz.
Irland: 1980: *Sale of Goods and Supply of Services Act.*
Luxemburg: 1983: Gesetz zum Rechtsschutz des Verbrauchers.
Spanien: 1984: *Ley General para la Defensa de los Consumidores y Usirios.*
Portugal: 1985: Aufnahme einer Regelung hinsichtlich missbräuchlicher Klauseln in das bürgerliche Gesetzbuch.
Griechenland: 1991: *Consumer Protection Act.*
Belgien: 1991: Gesetz über die Handelspraktiken sowie die Aufklärung und den Schutz der Verbraucher: Kapitel V.

Oben stehende mitgliedstaatliche Kodifizierungen des Rechts der missbräuchlichen Klauseln enthalten im Einzelnen unterschiedliche Schutzkonzepte, Schutzmethoden und Schutzgegenstände. In den nächsten Kapiteln werden diese möglichen Optionen analysiert.

---

[99] BERGER-WALLISER, Gerlinde, „Missbräuchliche Klauseln in Verbraucherverträgen nach Inkrafttreten des code de la consommation und Umsetzung der EG-Richtlinie 93/13 in Frankreich", *RIW* 1993, S. 459 (463).

Kapitel IV: Die Legitimation und die Grenzen der Inhaltskontrolle

I. Problemstellung

Bei der Darstellung der Problematik der Krise des individualistisch-liberalistischen Vertragskonzeptes wurde darauf hingewiesen, dass die Ergebnisse der Vertragsfreiheit nur dann von der Rechtsordnung anerkannt werden müssen, wenn die Vertragsmechanismen funktionsfähig sind. Sofern die Richtigkeitsgewähr des Vertrages gestört ist, darf der Gesetzgeber deshalb in die Vertragsfreiheit eingreifen. Die modernen Vertragsumstände haben dazu geführt, dass nicht jeder Vertragspartner seine Vertragsfreiheit selbstverantwortlich ausüben kann. Auf die verschiedenen Ursachen und Folgen der Krise der Richtigkeitsgewähr des Vertrages wurde oben hingewiesen. Dieses Disfunktionieren des Vertragsmechanismus hat zu Interventionen der mitgliedstaatlichen Gesetzgeber und Gerichten geführt.

Aus oben stehendem Überblick der Maßnahmen zur Korrektur externer und interner Missbräuche bei der Vertragsabschlusssituation bzw. beim Vertragsinhalt hat sich ergeben, dass die Vertragsfreiheit in den Mitgliedstaaten zunächst ihre Grenzen in zwingenden gesetzlichen Vorschriften und in der Sittenwidrigkeit findet. Die genannten zwingenden Rechtsvorschriften betreffen bestimmte externe missbräuchliche Umstände beim Vertragsabschluss, Aufklärungspflichten gegenüber dem Vertragspartner und Vorschriften, die der Inhalt bestimmter Verträge teilweise oder im Ganzen zwingend regeln. Die Grenzen der Vertragsfreiheit, die sich aus den zwingenden Rechtsvorschriften und dem Gebot der Sittenwidrigkeit ergeben, werden als unbestritten angesehen[100].

Die Vertragsfreiheit kann aber nicht nur ihre Grenzen an der Gesetz- und Sittenwidrigkeit finden. Denn das Problem geht über Verstöße gegen zwingende Vorschriften und die guten Sitten hinaus. Ein Verstoß gegen die guten Sitten liegt nur unter sehr strengen Voraussetzungen vor. Außerdem sind nur die wenigsten Verträge zwingend geregelt, weil eine zwingende Regelung aller Verträge die Vertragsfreiheit der Parteien zu sehr beeinträchtigen würde. Daher wurde von den Rechtsordnungen der Mitgliedstaaten eine gerichtliche Inhaltskontrolle entwickelt, die teilweise oder im Ganzen kodifiziert worden ist. Mit dieser Inhaltkontrolle wurde eine zusätzliche Schranke der Vertragsfreiheit und insbesondere der Vertragsgestaltungsfreiheit ins Leben gerufen. Unklar ist aber, wann eine

---

[100] für **Deutschland**: COESTER-WALTJEN, Dagmar, „Die Inhaltskontrolle von Verträgen außerhalb des AGBG", *AcP* 190 (1990) S. 2 (3).

inhaltliche Überprüfung des Vertragsinhalts und die damit verbundene Einschränkung der Vertragsfreiheit zu rechtfertigen ist. Damit ist die Frage nach der Legitimation und den Grenzen der Inhaltskontrolle gestellt.

II. Das Einstiegskriterium in die Inhaltskontrolle

1. Die fehlende Richtigkeitsgewähr des Vertrages - Die Gebundenheit an das Angemessene

Der Ansatzpunkt einer Inhaltskontrolle soll das Disfunktionieren des Vertragsmechanismus sein. Wie die anderen Schranken der Vertragsfreiheit kann auch eine Inhaltskontrolle nur eingreifen, wenn die Richtigkeitsgewähr des Vertrages gestört ist. *Coester-Waltjen* verwirft eine generelle Einschränkung der Vertragsfreiheit und die Einführung einer generellen Inhaltskontrolle. Die Verfasserin deutet auf die wichtige Funktion der Eigeninitiative, Selbstverantwortung und die Wirkung der Wettbewerbsmechanismen hin. Dennoch soll überprüft werden, inwiefern die Wettbewerbsmechanismen die Vertragsgerechtigkeit noch gewährleisten können[101].

Coester-Waltjen begründet die Inhaltskontrolle damit, dass die Vertragsparteien bei gestörter Richtigkeitsgewähr an das (objektiv) Angemessene gebunden seien. Wenn eine der Parteien beim Vertragsabschluss nicht selbstverantwortlich handeln konnte oder der Vertragsmechanismus nicht funktionierte, sollte der Vertragsinhalt auf seine inhaltliche Angemessenheit überprüft werden. Dies ergibt sich nach der deutschen Literatur aus dem allgemeinen Rechtsprinzip von Treu und Glauben, wonach die Vertragsparteien in Ausübung ihrer Vertragsfreiheit auf die Interessen des anderen Teils Rücksicht zu nehmen haben[102].

2. Mögliche Einstiegskriterien der Inhaltskontrolle

Da die Vertragsfreiheit nicht generell versagt, ist in der Literatur nach Merkmalen gesucht worden, welche die Eröffnung einer Inhaltskontrolle rechtfertigen. Es handelt sich dabei um die Suche nach typischen Merkmalen der fehlenden Richtigkeitsgewähr. *Coester-Waltjen* stellte in einem Beitrag einen Katalog von „krankhaften Vertragsabschlusssituatio-

---

[101]COESTER-WALTJEN, Dagmar, „Die Inhaltskontrolle von Verträgen außerhalb des AGBG", *AcP* 190 (1990) S. 17.

[102]COESTER-WALTJEN, Dagmar, „Die Inhaltskontrolle von Verträgen außerhalb des AGBG", *AcP* 190 (1990) S. 16 und der Hinweis auf FASTRICH, *Richterliche Inhaltskontrolle im Vertragsrecht*, Habilitationsschrift München, 1990, 2. Kapitel § 5 I, II.

nen" her, die nach dem deutschen Schrifttum eine Inhaltskontrolle rechtfertigen können. Die Merkmale einer gestörten Richtigkeitsgewähr lassen sich nach Ansicht der Verfasserin in drei Gruppen aufteilen. Eine erste Gruppe umfasst Merkmale, die sich auf die inhaltliche Gestaltung des Vertrages beziehen. Eine zweite Kategorie umfasst Merkmale der gestörten Vertragsparität. Eine dritte Kategorie betrifft bestimmte externe Faktoren[103].

Die erste Gruppe von Merkmalen der fehlenden Richtigkeitsgewähr bezieht sich auf die Unausgewogenheit des Vertragsinhaltes[104]. Danach könnte eine Inhaltskontrolle immer dann stattfinden, wenn der Richter oder die zuständige Verwaltungsbehörde urteilt, dass der Klauselinhalt unbillig oder sachfremd ist. Dieses Einstiegskriterium des unausgewogenen Vertragsinhalts ist in der Literatur stark abgelehnt worden. Denn die Anknüpfung an das Vorliegen eines unangemessenen Vertragsinhalts würde den Einstieg in eine generelle Inhaltskontrolle implizieren. Oben wurde schon darauf hingewiesen, dass eine generelle Inhaltskontrolle die Vertragsfreiheit der Vertragsparteien zu stark einschränken würde. *Coester-Waltjen* ist aber zuzugestehen, dass dann, wenn der Vertragsmechanismus funktionsfähig ist und die Vertragsparteien, beim Vertragsabschluss selbstverantwortlich handelten, eine Inhaltskontrolle ausbleiben muss. Insofern der Vertragsinhalt aus objektiven Gesichtspunkten als unvernünftig oder unrichtig erscheint, ist dies von der Rechtsordnung hinzunehmen. Der unangemessene Vertragsinhalt kann nach der Verfasserin nur als Indiz, aber nicht allein als Ursache einer fehlenden Richtigkeitsgewähr angesehen werden[105]. Die Frage nach der Unangemessenheit des Vertragsinhaltes betrifft nicht das Einstiegskriterium, sondern das Eingriffskriterium oder das Ergebnis der Inhaltskontrolle.

Die zweite Gruppe lässt sich als Konkretisierungen gestörter Vertragsparität umschreiben. Zu diesen Einstiegskriterien gehören die wirtschaftliche oder intellektuelle Unterlegenheit eines Vertragspartners[106], die fehlende Möglichkeit der Einflussnahme auf die Vertragsgestaltung oder

---

[103]COESTER-WALTJEN, Dagmar, „Die Inhaltskontrolle von Verträgen außerhalb des AGBG", *AcP* 190 (1990) S. 17 (27).
[104]REICH, Norbert und MICKLITZ, Hans-W., *Verbraucherschutz in der Bundesrepublik*, 1980, S. 333.
[105]COESTER-WALTJEN, Dagmar, „Die Inhaltskontrolle von Verträgen außerhalb des AGBG", *AcP* 190 (1990) S. 14 und17 (18).
[106]WOLF, Manfred, in WOLF/HORN/LINDACHER, *AGBG-Kommentar*, 4. Auflage, 1999, § 1, Rdnr. 42.

zum Aushandeln[107], die fehlende Selbstbestimmungsmöglichkeit eines Vertragspartners[108] und die existentielle Angewiesenheit eines Vertragspartners auf den Vertragsabschluss[109].

Coester-Waltjen hat die oben genannten Einstiegskriterien kritisch gewürdigt. Nach der Verfasserin ist keines dieser Kriterien geeignet, „krankhafte Vertragsabschlusssituationen" abstrakt zu kennzeichnen[110] und deshalb seien sie nicht geeignet, als Einstiegskriterium der Inhaltskontrolle verwendet zu werden. Das Kriterium der intellektuellen oder/und wirtschaftlichen Unterlegenheit einer der Vertragsparteien sei kein schließendes Kriterium, weil fraglich sei, ob der wirtschaftlich oder intellektuell Überlegene immer seine Interessen durchsetzen könne. Die Verfasserin weist darauf hin, dass der andere Teil auf einem freien Markt über Ausweichmöglichkeiten oder Alternativen verfüge und deshalb von dem Vertragsabschluss absehen könne. Des Weiteren versage dieses Kriterium auch, wenn auf einer Seite der wirtschaftlich Überlegene und auf der andere Seite der intellektuell Überlegene stehe. Außerdem weist *Coester-Waltjen* auf die Schwierigkeiten bei der Feststellung der Überlegenheit eines der Vertragspartner hin. Die Verfasserin lehnt eine Typisierung der Frage der Unterlegenheit ab. Denn die Typisierung der Unterlegenheitsfrage könne zu Ergebnissen führen, die nicht mit der Realität auf dem Markt zu vereinbaren seien. Des Weiteren, und dieses sei entscheidend, führe die Typisierung der Unterlegenheitsfrage zur Aushöhlung der Geschäftsfähigkeit bestimmter Personengruppen. Dieser Kritik der Verfasserin ist beizutreten, auch schon darum, weil die Problematik der missbräuchlichen Klauseln sich nicht nur auf Verhältnisse zwischen Vertragsparteien, die sich in einer Ungleichgewichtslage befinden, beschränkt.

Auch das Kriterium der fehlenden Möglichkeit der Einflussnahme auf die Vertragsgestaltung oder die fehlende Aushandlungsmöglichkeit können nach *Coester-Waltjen* nicht als typische Anhaltspunkte für gestörte Vertragsparität angesehen werden. Denn selbst wenn eine der Vertragsparteien keinen Einfluss oder Verhandlungsmöglichkeit hatte, kann sie,

---

[107]KRAMER, „Nicht ausgehandelter Individualvertrag, notariell beurkundeter Vertrag und AGB", *ZHR* 146 (1982), S. 110; DAMM, Reinhard, "Europäisches Verbrauchervertragsrecht und AGB-Recht", *JZ* 1994, S. 164 (165).

[108]COESTER-WALTJEN, Dagmar, „Die Inhaltskontrolle von Verträgen außerhalb des AGBG", *AcP* 190 (1990), S. 21 und die Hinweise dort.

[109]WELLENHOFER-KLEIN, Marina, „Strukturell ungleiche Verhandlungsmacht und Inhaltskontrolle von Verträgen", *ZIP* 1997, S. 775 ff.

[110]COESTER-WALTJEN, Dagmar, „Die Inhaltskontrolle von Verträgen außerhalb des AGBG", *AcP* 190 (1990) S. 23.

wenn auf dem Markt Alternativen vorliegen, von dem Vertragsabschluss absehen und zu einem anderen Angebot ausweichen. Auch die Vorformulierung ist kein typisches Indiz dafür, dass der Vertrag unangemessene Klauseln umfasst. Denn nicht immer hat der Klauselverwender die Vertragsgestaltungsfreiheit einseitig zum Nachteil des anderen Teils ausgenutzt. Oben wurde darauf hingewiesen, dass die Vorformulierung dem Rationalisierungsinteresse auf dem Markt dient.

Des Weiteren ist auch das Kriterium der fehlenden Selbstbestimmung wegen seiner Abstraktheit als Einstiegskriterium der Inhaltskontrolle nicht geeignet. *Coester-Waltjen* ist der Ansicht, dass dieses Kriterium nur die ursprüngliche Fragestellung, nämlich wenn eine fehlende Richtigkeitsgewähr vorliegt, paraphrasiert[111]. Denn die Richtigkeitsgewähr baut genau auf der Möglichkeit zur Selbstbestimmung beider Vertragsparteien auf. Des Weiteren weist die Verfasserin darauf hin, dass es bei der Konkretisierung der fehlenden Selbstbestimmungsmöglichkeit nicht auf den Einzelfall ankommen kann. Der Grundsatz der Selbstverantwortung und die Rechtssicherheit lassen einen Eingriff in die Vertragsfreiheit nur dann zu, wenn es Situationen gibt, die typischerweise zur Folge haben, dass das Selbstbestimmungsrecht einer der Vertragsparteien ausscheidet[112].

Schließlich verwirft die Autorin das Kriterium der existentiellen Angewiesenheit auf den Vertragsabschluss. Das wichtigste Beispiel solcher existentiellen Angewiesenheit ist die Monopolsituation. Oben wurde schon darauf hingewiesen, dass die missbräuchliche Ausnutzung einer Monopolposition zu einer Sittlichkeitskontrolle führen kann. Fraglich ist, ob es neben Monopolsituationen auch andere Fallgestaltungen gibt, die auf eine existentielle Angewiesenheit des anderen Vertragsteils deutet. *Coester-Waltjen* hat zurecht angemerkt, dass es schwierig ist festzustellen, wo die Grenzen einer existentiellen Abhängigkeit liegen. Des Weiteren stellt sich wiederum die Frage, ob es eine existentielle Abhängigkeit gibt, wenn auf dem Markt Alternativen oder Ausweichmöglichkeiten vorliegen.

Coester-Waltjen stellt fest, dass alle oben genannten Einstiegskriterien der Sache nach zu einer Einzelfallüberprüfung führen würden. Die Verfasserin hat daher untersucht, ob es externe Faktoren gibt, die unabhän-

---

[111]COESTER-WALTJEN, Dagmar, „Die Inhaltskontrolle von Verträgen außerhalb des AGBG", *AcP* 190 (1990) S. 22.
[112]COESTER-WALTJEN, Dagmar, „Die Inhaltskontrolle von Verträgen außerhalb des AGBG", *AcP* 190 (1990) S. 21 (22).

gig vom Einzelfall, generell auf eine Störung der Richtigkeitsgewähr hindeuten[113]. Konkret handelt es sich dabei um die Frage welche externen Faktoren eine generelle Störung der Richtigkeitsgewähr verursachen. Die Verfasserin entwickelte ein Einstiegskriterium, in dem die Mehrfachverwendung und die Marktintransparenz des Vertragsproduktes mit einander kombiniert werden. Mit der Anknüpfung an die Mehrfachverwendung geht *Coester-Waltjen* nicht von der konkreten Unbilligkeit von mehrfachverwendeten Klauseln, sondern von der irreführenden Wirkung von Regelungsmustern, die das Vorverständnis eines ausgewogenen Vertragsinhaltes des anderen Teils prägen, aus. Denn Regelungsmuster würden eine Realität auf dem Markt bilden, die neben dem dispositiven Recht, das Verständnis von dem, was ein ausgewogenes oder unausgewogenes Klauselwerk ist, beeinflussen. Das Vorliegen von Regelungsmustern wäre gefährlich, wenn die Kunden auf dem Markt Klauseln, die objektiv unangemessen sind, als üblich ansehen. Die Autorin modifiziert diesen Ansatz mit einem zusätzlichen Kriterium, weil nicht alle mehrfachverwendeten Klauseln notwendigerweise unangemessen sind. Mit dem zweiten Kriterium der Marktintransparenz schränkt *Coester-Waltjen*, den Kreis von kontrollfähigen mehrfachverwendeten Klauseln auf solche Klauseln ein, die nicht dem freien Wettbewerb unterlagen. Insofern das Vertragsprodukt nicht transparent ausgestaltet worden sei, könne es nicht mit anderen Angeboten verglichen werden. Eine marktwirtschaftliche Ausweichmöglichkeit würde also ausscheiden. Ein Produkt ist nach der Verfasserin intransparent und führt zum Versagen des Wettbewerbs, wenn dem Vertragspartner „eine Klärung der nachteiligen Rechtsfolge wegen des dafür notwendigen und verhältnismäßig hohen Aufwandes nicht zuzumuten ist"[114].

[113]COESTER-WALTJEN, Dagmar, „Die Inhaltskontrolle von Verträgen außerhalb des AGBG", *AcP* 190 (1990) S. 23 (27).
[114]COESTER-WALTJEN, Dagmar, „Die Inhaltskontrolle von Verträgen außerhalb des AGBG", *AcP* 190 (1990) S. 25.

3. Würdigung

A. Die Ablehnung einer generellen Inhaltskontrolle

Die Frage nach der Legitimation der Inhaltskontrolle und die damit verbundene Beeinträchtigung der Vertragsfreiheit ist unter Bezugnahme des Ziels und Zwecks der Vertragsfreiheit zu lösen. Sofern die Vertragsfreiheit funktionsfähig ist, sollte eine Inhaltskontrolle ausbleiben. Dieser überwiegend im deutschen Schrifttum vertretenden Ansicht ist zuzustimmen. Denn die Vertragsfreiheit soll so weit wie möglich aufrechterhalten bleiben. Die fundamentalen Grundlagen der freien Marktwirtschaft und insbesondere des Vertragsrechts dürfen nicht ausgehöhlt werden. Auf jedem Fall soll vermieden werden, dass das fundamentale Recht jedes Individuums, sich selbst auf dem Markt nach seinen eigenen Bedürfnissen zu verwirklichen, zu stark beeinträchtigt wird. Die Rechtsordnung soll gewährleisten, dass der selbstverantwortliche Kunde sein freies Wahlrecht, d.h. die freie Wahl zwischen Waren und Dienstleistungen, auf dem Markt ausüben kann.

Die Einführung einer generellen Inhaltskontrolle ist mit *Coester-Waltjen* abzulehnen, weil sie die Vertragsfreiheit zu stark beeinträchtigt. Die Ergebnisse eines selbstverantwortlichen Aushandelns des Vertrages zwischen den Vertragsparteien sind, selbst wenn sie als unangemessen erscheinen, von der Rechtsordnung zu respektieren. Der Kunde soll nicht vor sich selbst geschützt werden. Diese Aushandlungsvereinbarungen dürfen aber nicht gegen zwingende Gesetzesvorschriften oder die guten Sitten verstoßen. Die Kodifizierung im deutschen AGBG und die Regelung im niederländischen Bürgerlichen Gesetzbuch entsprechen in der EU am besten dieser Theorie der fehlenden Richtigkeitsgewähr.

Oben stehendem Ansatz wird aber nicht in allen mitgliedstaatlichen Rechtsordnungen gefolgt. In den nordischen Mitgliedstaaten[115] ist in der Regel eine Inhaltskontrolle sämtlicher Vertragsklauseln aller Arten von Geschäften möglich. Daneben enthält auch der britische *Uniform Contract Terms Act* eine generelle Regelung[116]. Auch im französischsprachigen Teil Belgiens gibt es Stimmen, die eine Kontrolle sämtlicher Vertragsklauseln befürworten. Die belgischen Vorschriften beschränken sich aber auf Verbraucherverträge. Der § 36 des schwedischen Vertragsgesetzes ist ein schönes Beispiel der nordischen Rechtslage. Es handelt

---

[115]Drei nordische Staaten sind Mitglied der EU: Dänemark, Schweden und Finnland. Norwegen dagegen ist kein vollwertiges Mitglied, sondern ist durch den EWR-Abkommen im Wesentlichen am EWG-Recht gebunden.
[116]Unfair contract Terms act aus 1977.

sich dabei um eine Generalklausel, die grundsätzlich die Verwendung von missbräuchlichen Klauseln verbietet. Im Ergebnis kann der Richter immer dann den Vertragsinhalt kontrollieren, wenn er ihn für unangemessen hält. Dieses impliziert, dass der schwedische Richter in der Lage ist, nicht nur AGB, sondern auch Aushandlungsvereinbarungen zu überprüfen. Des Weiteren lässt § 36 auch eine Überprüfung der Hauptleistung und des Preises zu. Es handelt sich dabei aber nicht um eine allgemeine Preiskontrolle der Gerichte. Vielmehr soll der einzelnen Preis dem normalen Preis auf dem Markt entsprechen. Die dänischen, finnischen und norwegischen Vertragsrechte kennen gleichartige Generalklauseln. Das nordische Vertragsrecht schreibt dem Vertrag nur Richtigkeitsgewähr zu, insofern er zu angemessenen Ergebnissen führt[117]. Genau dieser Ansatzpunkt der inhaltlichen Unangemessenheit des Vertragsinhaltes wird von *Coester-Waltjen* und dem größten Teil der deutschen Literatur verworfen.

Daneben gibt es Mitgliedstaaten, welche die Kontrolle sämtlicher Vertragsklauseln vorsehen, aber diese Kontrolle auf Klauseln in Verbraucherverträgen einschränken. Zu diesen Staaten gehörten bislang Belgien, Luxemburg und Frankreich. Unter Kapitel V wird weiter auf die möglichen Schutzansätze eingegangen werden.

B. Das Einstiegskriterium der Inhaltskontrolle

Insofern eine generelle Missbrauchskontrolle abgelehnt wird, stellt sich die Frage nach dem Einstiegskriterium der Inhaltskontrolle. Aus der oben dargestellten Untersuchung von *Coester-Waltjen* hat sich ergeben, dass die Frage nach dem angemessenen Einstiegskriterium im deutschen Recht sehr umstritten ist. Da das AGBG nur eine Teilkodifizierung des Rechts der missbräuchlichen Klauseln ist und ihm keine Sperrwirkung zukommt, ist die Beantwortung der Frage besonders wichtig. Die Verfasserin befürwortet ein abstraktes Einstiegskriterium, das keine Untersuchung des Einzelfalles voraussetzt. *Coester-Waltjen* schlägt ein doppeltes Kriterium vor, nämlich die Mehrfachverwendung und die Markttransparenz. Dieser Ansatz der Inhaltskontrolle kann aber nicht ganz überzeugen. Mit der Anknüpfung an die Mehrfachverwendung fallen Individualvereinbarungen aus dem kontrollfähigen Bereich heraus. Fraglich ist aber, ob die Selbstverantwortung und die Sittenwidrigkeitskontrolle den Gegner immer ausreichend schützen können. Das zusätzliche Kriterium der Markttransparenz ist vor allem von *Damm* kritisiert wor-

---

[117]WILHELMSSON, Thomas, „Control of Unfair Contract Terns and Social Values: EC and Nordic Approaches", *Journal of Consumer Policy*, 1993, S. 441.

den. Der Autor stellt sich die Frage, ob die Untersuchung nach der Transparenz der Klauseln nicht eher bereits ein Kontrollkriterium als ein Einstiegskriterium ist[118].

Insgesamt erscheint die Suche nach einem Einstiegskriterium für die Inhaltskontrolle weiterhin als umstritten. Die schwierige Typisierung von Merkmalen, die eine Inhaltskontrolle rechtfertigen, ist wahrscheinlich der Grund dafür, dass bestimmte Mitgliedstaaten eine Inhaltskontrolle beim Vorliegen unangemessener Klauseln immer zulassen oder ihr Recht der missbräuchlichen Klauseln nur teilweise kodifiziert haben. Im nächsten Kapitel gilt die Aufmerksamkeit den möglichen Schutzkonzeptionen, die den mitgliedstaatlichen Kodifizierungen zugrunde liegen.

---

[118] DAMM, Reinhard, „Europäisches Verbrauchervertragsrecht und AGB-Recht", *JZ* 1994, S. 164, in Fußnote 40.

Kapitel V: Die möglichen Schutzkonzeptionen einer Kodifizierung der Klauselkontrolle

I. Schutzkonzept

Wie oben schon erwähnt wurde, umfasst das Vertragsrecht der nordischen Staaten eine generelle Inhaltskontrolle. Der zivilrechtliche Schutz besteht aus einer Generalklausel, die den Richtern allgemein die Möglichkeit gibt, Klauseln für unangemessen zu erklären. Dabei kommt es nicht auf die Art der Klausel oder der Vertragspartner an. Der größte Teil der Mitgliedstaaten der EU verfügt nicht über eine vollständige Kodifizierung des Rechts der missbräuchlichen Klauseln. Ein Teil der Mitgliedstaaten schränkt seine Kodifizierungen auf den Schutz bestimmter als schutzbedürftig angesehener Personengruppen ein. Andere Kodifizierungen orientieren sich an einer als risikoreich angesehenen Vertragsabschlusssituation. Unten folgt eine Besprechung der zwei genannten Schutzkonzeptionen.

II. Anknüpfung an eine bestimmte Verhandlungssituation bei Vertragsabschluss

Die Bundesrepublik gehört zu den Mitgliedstaaten, die eine inhaltliche Kontrolle des Vertragsinhalts immer dann zulassen, wenn eine bestimmte Verhandlungssituation beim Vertragsabschluss vorliegt. Es handelt sich dabei um eine generalisierende Schutzkonzeption, die im Allgemeinen vor den typischen Risiken bestimmter Vertragsabschlusssituationen schützt. Beim Einstiegskriterium kommt es dabei nicht auf die Eigenschaften der Vertragsparteien an[119]. Das deutsche AGBG knüpft an die Verwendung von Allgemeinen Geschäftsbedingungen an. Diese liegen nach § 1 Absatz I AGBG vor, wenn die Klausel für eine Vielzahl von Verträgen vorformuliert sind und von einer der Vertragsparteien gestellt worden ist. Außerdem dürfen die Klauseln nach § 1 Absatz II AGBG nicht im Einzelnen ausgehandelt sein. Die Kontrolle von Klauseln, die keine AGB im Sinne des § 1 AGBG sind, wird der Rechtsprechung überlassen.

Auch die niederländische Kodifizierung des Rechts der missbräuchlichen Klauseln in Titel 5, Abteilung 2 (die Artikel 231-247) des neuen Bürgerlichen Gesetzbuches vom 1. Januar 1992 knüpft an eine bestimmte Verhandlungssituation an. Wie im deutschen Recht handelt es sich dabei um die Kontrolle von AGB. Artikel 231 definiert AGB als schriftliche Be-

---

[119] ULMER, Peter in ULMER/BRANDNER/HENSEN, *AGB-Kommentar*, 8. Auflage, § 1 Rdnr. 8.

dingungen, die für eine Mehrfachverwendung abgefasst sind. Ausdrücklich ausgenommen sind die sogenannten Kernbedingungen, die den Kern der Leistungen betreffen. Die niederländische Regelung enthält aber nicht das Erfordernis eines Nicht-Aushandelns[120]. Ein beachtliches Teil des Schrifttums sieht aber auch das Nicht-Aushandeln als eine Voraussetzung für die Anwendbarkeit der Schutzvorschriften[121].

Die Anknüpfung an die Verwendung von AGB beruht in Deutschland[122] und auch wohl in den Niederlanden auf dem Gedanken, dass das Vertragsgleichgewicht durch die Verwendung von AGB typischerweise gefährdet wird. Es wird von der Vermutung ausgegangen, dass der andere Teil typischerweise nicht die Möglichkeit gehabt hat, auf den Vertragsinhalt Einfluss auszuüben. Der Vorteil dieser Anknüpfung an die Verwendung von AGB liegt darin, dass nicht nur Verbraucher, sondern auch andere schutzbedürftige Personen sich auf den Schutz berufen können. Das AGB-bezogene Konzept hat aber auch Nachteile, denn die Problematik der missbräuchlichen Klauseln beschränkt sich nicht auf die Verwendung von AGB. Auch Individualvereinbarungen können einen unangemessenen Inhalt haben.

Zu erwähnen ist des Weiteren auch Artikel 4.110 der *Principles of European Contract Law*[123]. Dieser Artikel enthält eine Regelung über missbräuchliche Klauseln. Auch diese Regelung beschränkt sich auf eine be-

---

[120] JONGENEEL, R.H.C., „Een Richtlijn die weinig schade aanricht", *Tijdschrift voor consumentenrecht*, 1993, S. 121.

[121] Siehe die Nachweise bei JONGENEEL, R.H.C., „Een Richtlijn die weinig schade aanricht", *Tijdschrift voor consumentenrecht*, 1993, S. 121 (Hinweise nach E.H. HONDIUS und van der WERF).

[122] ULMER, Peter in ULMER/BRANDNER/HENSEN, *AGB-Kommentar*, 8. Auflage, § 1, Rdnr. 6.

[123] Article 4.110 -Unfair terms which have not been individually negotiated

(1) A party may avoid a term which has not been negotiated individually if, contrary to the requirements of good faith and fair dealing, it causes a significant imbalance in the parties' rights and obligations arising under the contract to the detriment of that party, taking into account the nature of the performance to be made under the contract, all the other terms of the contract and the circumstances at the time the contract was concluded.

(2) This Article does not apply to

(a) a term which defines the main subject matter of the contract, provided the term is in plain and intelligible language, or to

(b) the adequacy in value of one party's obligations compared to the value of the obligations of the other party.

stimmte Vertragsschlusssituation, nämlich auf das Nicht-Aushandeln. Wie in der deutschen Regelung beschränkt die Inhaltskontrolle sich auf die Kontrolle von nicht im Einzelnen ausgehandelten Klauseln. Im Gegensatz zum AGBG erfordert Artikel 4.110 keine Vielfachverwendung. Demnach können auch nicht ausgehandelte Individualvereinbarungen einer Inhaltskontrolle unterzogen werden.

III. Personelle Anknüpfung - Anknüpfung an die Verbrauchereigenschaft

1. Überblick

Ein großer Teil der mitgliedstaatlichen Kodifizierungen des Rechts der missbräuchlichen Klauseln beschränkt sich auf den Verbraucherschutz. Beispiele sind das luxemburgische Gesetz zum Rechtsschutz des Verbrauchers vom 25. August 1983, das belgische Gesetz über die Handelspraktiken sowie die Aufklärung und den Schutz der Verbraucher vom 14. Juli 1991, das französische *Loi sur la protection et l'information des consommateurs de produits et de services (Loi scrivener)* vom 10. Januar 1978, das spanische *Ley General para la Defensa de los Consumidores y Usuarios* vom 19. Juli 1984 und das griechische *Consumer Protection Act.*

Andere Mitgliedstaaten besitzen nicht nur eine spezielle Kodifizierung des Rechts der missbräuchlichen Klauseln zugunsten des Verbrauchers, sondern im gleichen Gesetz oder in einem Parallelgesetz findet sich auch ein angepasster Schutz für Nichtverbraucher. Beispiele sind die österreichischen und portugiesischen Regelungen. In Österreich besteht die Kodifizierung einerseits aus dem Konsumentenschutzgesetz, das die Rechtslage der Verbraucher regelt und andererseits aus der Generalklausel des § 879 Absatz III des Allgemeinen Bürgerlichen Gesetzbuches (ABGB), worauf sich nicht nur der Verbraucher, sondern auch der Gewerbetreibende, berufen kann. Diese Vorschriften im ABGB beschränken sich aber auf AGB. Das Verbraucherschutzgesetz regelt neben der AGB-Problematik auch andere missbräuchliche Klauseln. Das portugiesische Gesetzesdekret Nr. 446/85 vom 25. Oktober 1985 führte in das Bürgerliche Gesetzbuch einen generellen Schutz vor missbräuchlichen Klauseln ein. Diese Regelung umfasst aber unterschiedliche Kontrollmaßstäbe für Verträge mit Verbrauchern und für Verträge mit Kaufleuten und Freiberuflern.

Die oben stehende Kodifizierungen kennzeichnen sich überwiegend durch einen breiten sachlichen Anwendungsbereich. Der Verbraucher wird nicht nur vor der Verwendung von AGB, sondern auch vor der Verwendung von Individualvereinbarungen geschützt.

Der Gedanke des Verbraucherschutzes lag auch den europäischen Maßnahmen gegen die Verwendung missbräuchlicher Klauseln zugrunde. Die oben erwähnte Resolution 76 (47) zum Schutz der Verbraucher vor unbilligen Geschäftsbedingungen aus dem Jahre 1976 forderte die Mitgliedstaaten des Europarates auf, zugunsten des Verbrauchers effektive Regelungen vor der Verwendung unbilliger Geschäftsbedingungen zu treffen. Auch die Europäische Gemeinschaft hat die Problematik der missbräuchlichen Klauseln immer mit dem Verbraucherschutz in Verbindung gebracht. Zu erwähnen sind die zwei Programme der Gemeinschaft für eine Politik zum Schutz und zur Unterrichtung der Verbraucher aus dem Jahre 1975[124] und 1981[125] und die Richtlinie 93/13/EWG mit ihren umfassenden Vorarbeiten.

2. Verbraucherschutz als rechtspolitische Entscheidung

A. Problemstellung

Obwohl ein großer Teil der europäischen Mitgliedstaaten ihre Kodifizierungen als Instrument des Verbraucherschutzes ausgestaltet hat, ist diese Lösung keine Selbstverständlichkeit. Ein verbraucherbezogener Schutzansatz stößt vor allem in der deutschen Literatur auf Kritik. Die Bedenken gegen eine Verbraucherschutzkonzeption begleiteten nicht nur das Zustandekommen des AGB-Gesetzes, sondern auch die Erarbeitung der am Verbraucherschutz anknüpfenden Richtlinie 93/13/EWG. Gegen die Anknüpfung an den Verbraucherschutz bei der Kodifizierung des Rechts der missbräuchlichen Klauseln werden zwei große Einwände erhoben. Zum Ersten wird die Frage gestellt, ob eine Einschränkung der Kodifizierung auf eine Verbraucherschutzregelung überhaupt gerechtfertigt ist. Zum Zweiten besteht in der Literatur die Befürchtung, dass durch die Einführung spezieller Verbraucherschutzregeln ein Sonderprivatrecht entsteht, das die Einheit des Privatrechts in Gefahr bringt.

[124]"Entschließung betreffend ein Erstes Programm der Europäischen Wirtschaftsgemeinschaft für eine Politik zum Schutz und zur Unterrichtung der Verbraucher", 14.04.1975, *ABl.EG* vom 25.04.1975, Nr. C. 92, S. 1, 6, 7.
[125]*ABl. EG* vom 3.06. 1981, S. 1.

B. Die Einschränkung auf den Verbraucherschutz

Gegen eine Einschränkung der Kodifizierung auf Verträge mit Verbrauchern ist vor allem in der Entstehungsgeschichte des deutschen AGB-Gesetzes Kritik erhoben worden. Anfänglich gingen die deutschen Entwürfe von einem spezifischen Verbraucherschutzgesetz aus[126]. Die Handelsgeschäfte sollten nach dem Ersten Teilbericht aus dem Jahre 1974[127] vom Anwendungsbereich des AGB-Gesetzes ausgenommen werden[128]. Es handelte sich dabei nur um den Schutz des Letztverbrauchers[129]. Der entscheidende Grund für die Ausklammerung der (damaligen) Vollkaufleute von den Schutzvorschriften, lag in der Ansicht, dass eine generalisierende Regelung zu einer Abschwächung des Schutzniveaus führen würde[130]. Denn der Handelsverkehr erfordere weniger strenge Schutzvorschriften. Dadurch würde aber auch das Verbraucherschutzniveau auf eine niedrigere Ebene verlagert werden. Der 50. Deutsche Juristentag vom September 1974 war ein Wendepunkt der deutschen Diskussion. Insbesondere *Ulmer* hat in seinem Referat auf die Bedeutung der Geltung der Schutzvorschriften für Handelsgeschäfte hingewiesen[131]. Aufgrund der vorgebrachten Kritik des Juristentages wurde das Konzept des Verbraucherschutzes verlassen und im AGBG an die typische Situation der Verwendung von AGB angeknüpft.

Ulmer hat darauf hingewiesen, dass die Problematik der missbräuchlichen Klauseln, insbesondere der AGB-Problematik, sich nicht nur auf Verbraucherverträge beschränkt. Auch der Kunde im Handelsgeschäft kann schutzbedürftig sein. Handelsgeschäfte wurden häufig durch AGB, die von einem der Vertragspartnern einseitig ausgestaltet wurden, geregelt, so dass sich auch hier das typische AGB-Problem stellt. *Ulmer* nimmt dabei auf die Rechtsprechung des Bundesgerichtshofes Bezug, der eine Differenzierung je nach Status des Klauselgegners nicht für angebracht hält[132]. Der Bundesgerichtshof deutet darauf hin, dass die Aufstel-

---

[126]ULMER, Peter in ULMER/BRANDNER/HENSEN, *AGB-Kommentar*, 8. Auflage, Einleitung, Rdnr. 20.

[127]Der im 1972 durch den Bundesminister der Justiz ins Leben gerufene Arbeitsgruppe legte im März 1974 ein erstes Teilbericht vor.

[128]ULMER, Peter in ULMER/BRANDNER/HENSEN, *AGB-Kommentar*, 8. Auflage, Einleitung, Rdnr. 12 und § 24, Rdnr. 3.

[129]ULMER, Peter in ULMER/BRANDNER/HENSEN, *AGB-Kommentar*, 8. Auflage, § 24, Rdnr. 4.

[130]ULMER, Peter in ULMER/BRANDNER/HENSEN, *AGB-Kommentar*, 8. Auflage, § 24, Rdnr. 4

[131]Referat H 21 ff und der Diskussion H 93 ff.

[132]ULMER, Peter in ULMER/BRANDNER/HENSEN, *AGB-Kommentar*, 8. Auflage, Einleitung, Rdnr. 29; auch BRANDNER, § 24, Rdnr. 12.

lung unbilliger Geschäftsbedingungen häufig ihren Grund in der wirtschaftlichen Überlegenheit und größeren Geschäftserfahrung eines Vertragspartners hat[133]. Diese wirtschaftliche und/oder intellektuelle Überlegenheit kann es aber auch zwischen zwei Kaufleuten oder anderen Gewerbetreibenden geben[134]. Deshalb hat es keinen Zweck, zwischen unterschiedlichen Personengruppen zu unterscheiden. *Brandner* ist außerdem der Ansicht, dass der entscheidende Grund für die Inhaltskontrolle nicht die Überlegenheit einer der Vertragsparteien, sondern die einseitige Inanspruchnahme des Rechts zur inhaltlichen Gestaltung des Vertrages ist[135].

Brandner und *Ulmer* haben daneben mehrmals auf die Problematik der Absatzketten hingewiesen[136]. Eine Ausklammerung von Kaufleuten aus dem persönlichen Anwendungsbereich der Schutzregelung wird für Handelsunternehmen der Einzelhandelsstufe als besonders problematisch erfahren. Denn ein Einzelhändler unterliegt als Zwischenperson in der Absatzkette den Schutzvorschriften gegenüber einem Endverbraucher als Klauselverwender. Beim Vorliegen eines endverbraucherbezogenen Schutzansatzes kann er sich aber selbst nicht auf die Schutzvorschriften in seinen Beziehungen mit seinen Lieferanten berufen. Das könnte dazu führen, dass der Einzelhändler für sämtlichen Vertragsrisiken verantwortlich wird. Denn sein Lieferant kann die Vertragsrisiken auf den Einzelhändler übertragen, während der Einzelhändler sie nicht an den Endverbraucher weitergeben darf. Dieses würde zu einer Verlagerung des Problems der missbräuchlichen Klauseln auf die Stufe des Einzelhändlers führen[137].

Ulmer und *Brandner*[138] erkennen aber, dass die Kunden der Verwender von Klauseln unterschiedlich schutzbedürftig sein können. Dies rechtfertigt aber nicht, dass eine gesetzliche Regelung sich nur auf Verbraucher-

---

133 BGH, *WM*, 1976, S. 960.

134 BRANDNER, Hans Erich in ULMER/BRANDNER/HENSEN, *AGB-Kommentar*, 8. Auflage, § 24, Rdnr.12.

135 BRANDNER, Hans Erich in ULMER/BRANDNER/HENSEN, *AGB-Kommentar*, 8. Auflage, § 24, Rdnr.12.

136 BRANDNER, Hans Erich und ULMER, Peter, "EG-Richtlinie über missbräuchliche Klauseln in Verbraucherverträgen. Kritische Bemerkungen zum Vorschlag der EG-Kommission", *BB* 1991, S. 703; BRANDNER, Hans Erich in ULMER/BRANDNER/HENSEN, *AGB-Kommentar*, 8. Auflage, § 24, Rdnr.11.

137 BRANDNER, Hans Erich in ULMER/BRANDNER/HENSEN, *AGB-Kommentar*, 8. Auflage, § 24, Rdnr.11.

138 BRANDNER, Hans Erich in ULMER/BRANDNER/HENSEN, *AGB-Kommentar*, 8. Auflage, § 24, Rdnr. 7 (8).

verträge beschränkt. Denn eine Ausklammerung der Handelsgeschäfte von dem Schutz bedeutet nicht nur eine Missachtung des Schutzbedürfnisses von Kaufleuten und anderen Gewerbetreibenden, sondern pauschalisiert daneben auch das Schutzbedürfnis der Verbraucher. Es kann Verbraucher geben, die überhaupt nicht schutzbedürftig sind. Danach wäre ein, an der typischen Schutzbedürftigkeit des Verbrauchers orientierter, Schutzansatz zu undifferenziert. Die Autoren sind daher der Ansicht, dass primär an einen bestimmten Umstand beim Vertragsabschluss anzuknüpfen sei, nämlich der einseitigen Ausübung der Vertragsgestaltungsfreiheit, und erst sekundär zwischen den typischen Schutzbedürfnissen der Klauselgegner zu unterscheiden sei. Das typische Schutzbedürfnis bestimmter Personen, könnte dann bei der Klauselwürdigung in Betracht gezogen werden[139].

Die Kritik gegen eine Verbraucherschutzkonzeption richtet sich aber nicht nur gegen die Ausklammerung der Handelsgeschäfte aus dem Anwendungsbereich, sondern auch gegen die Gefahr einer Zersplitterung des Privatrechts in verschiedene Sonderprivatrechte.

C. Einheitliches Privatrecht oder Sonderprivatrecht?

Gegen die Ausgestaltung des Rechts der missbräuchlichen Klauseln als Verbraucherschutz bestehen auch rechtstechnische Bedenken. In der Literatur ist vor einer Zersplitterung des Privatrechts in Sonderprivatrechte gewarnt worden. In Belgien ist im Schrifttum bedauert worden, dass die belgische Regelung über missbräuchliche Klauseln in Verbraucherverträgen nicht in das Bürgerliche Gesetzbuch aufgenommen wurde[140]. Denn es handele sich bei der Inhaltskontrolle um die Korrigierung der Prinzipien der Vertragsautonomie und des *pacta sunt servanda,* die im bürgerlichen Gesetzbuch festgelegt sind. Die Spezialregelung der Problematik der missbräuchlichen Klauseln in einem Verbrauchersondergesetz lässt jede Verbindung mit der Lehre der Vertragsautonomie aus dem bürgerlichen Gesetzbuch vermissen. Man könnte außerdem urteilen, dass das Problem der missbräuchlichen Klauseln nicht nur im Hinsicht auf Geschäfte mit Verbrauchern, sondern generell im Privatrecht gelöst werden muss.

---

[139]BRANDNER, Hans Erich in ULMER/BRANDNER/HENSEN, *AGB-Kommentar*, 8. Auflage, § 24, Rdnr. 11.

[140]HERBOTS, Jacques, „De codificatie in het privaatrecht", in *Liber memoralis Fr. Laurent*, Brussel, 1989, S. 470; DIRIX, Eric, „De bezwarende bedingen in de W.H.P.", *RW* 1991-1992, S. 567, Rdnr. 14; DE VROEDE. Paul, „De wet betreffende de handelspraktijken en de voorlichting en de bescherming van de consument", *RW* 1991-1992, S. 803, Rdnr. 81.

Auch eine Kodifizierung in zwei Parallelgesetzen, nämlich in eines für Verbrauchergeschäfte und eines für Handelsgeschäfte, ist vor allem in der deutschen Literatur abgelehnt worden. Die Diskussion über die Einführung eines Parallelgesetzes ist neuerdings bei Gelegenheit der Umsetzung der Richtlinie 93/13/ EWG in Deutschland wieder entflammt. Eine spezielle Kodifizierung für Verbrauchergeschäfte wäre nach *Brandner* und *Ulmer* sachlich nicht gerechtfertigt und würde zu einer Zweitteilung des Vertragsrechts führen[141]. Nur insofern eine spezifische sachbedingte Schutzbedürftigkeit der Verbraucher besteht, könnte eine Sonderregelung für diese Personengruppe begründet sein. Solche spezielle Schutzbedürftigkeit gibt es zum Beispiel in bezug auf Haustürgeschäfte und Verbraucherkredite. Ein Sonderrecht für die Verbraucher hinsichtlich missbräuchlicher Klauseln könnte es nach *Ulmer* und *Brandner* aber nicht geben. Denn dieses Sonderrecht würde nicht nur für eine bestimmte Art des Vertragsabschlusses, sondern generell gelten. Ein generelles Sonderrecht wäre schon aus sachlichen Gründen nicht zu rechtfertigen, weil die Problematik der missbräuchlichen Klauseln sich nicht auf Verbraucherverträge beschränkt. Dieses Sonderrecht würde nach den beiden Autoren zu einer „generellen Zweiteilung des Vertragsrechts nach dem Muster sozialistischer Rechtsordnungen"[142] führen. Danach würde das Privatrecht mit einer starken Einschränkung der Privatautonomie der Verbraucher in ein Verbraucher- und ein Wirtschaftsrecht aufgeteilt werden. Demnach würden die Allgemeinheit und Einheit des Privatrechts gefährdet werden.

Damm[143] hat sich mit diesen Überlegungen von *Ulmer* und *Brandner* kritisch auseinander gesetzt. Er weist zunächst darauf hin, dass das Verbraucherschutzkonzept nicht notwendigerweise ein sozialistisches Regelungsmuster sei[144]. Zu denken sei dabei an die Verbraucherschutzgesetze in Luxemburg, Frankreich und Belgien, die eindeutig nicht als sozialistische Regelungsmuster angesehen werden. Des Weiteren relativiert *Damm* die Gegenüberstellung „Einheit des Privatrechts" und „Sonderprivatrecht" dadurch, dass es sich dabei nicht um zwei Alternativen

---

[141] BRANDNER, Hans Erich und ULMER, Peter, „EG-Richtlinie über missbräuchliche Klauseln in Verbraucherverträgen. Kritische Bemerkungen zum Vorschlag der EG-Kommission", *BB* 1991, S. 702.

[142] BRANDNER, Hans Erich und ULMER, Peter, „EG-Richtlinie über missbräuchliche Klauseln in Verbraucherverträgen. Kritische Bemerkungen zum Vorschlag der EG-Kommission", *BB* 1991, S. 702 (703).

[143] DAMM, Reinhard, „Europäisches Verbrauchervertragsrecht und AGB-Recht", *JZ* 1994, S. 167 ff.

[144] DAMM, Reinhard, „Europäisches Verbrauchervertragsrecht und AGB-Recht", *JZ* 1994, S. 168.

handele. Ein striktes Festhalten an einem einheitlichen Vertragsrecht würde nicht die Entwicklungen auf dem Markt und die dort entstandenen Schutzbedürfnisse berücksichtigen. Unter bestimmten Voraussetzungen könnte es gerechtfertigt sein, bestimmte Personengruppen je nach Schutzbedürftigkeit unterschiedlich zu behandeln. Dieses ergibt sich nach *Damm* aus dem negativen Gleichheitsprinzip Ungleiches ungleich zu behandeln.[145] Andererseits weist er auf die Relativität eines Sonderprivatrechts hin. Ein Sonderprivatrecht hätte nur Sinn, wenn das allgemeine Privatrecht nicht hinreichend auf bestimmte soziale Schutzgedanken Rücksicht nähme. Außerdem könne die Sozialisierung des Rechtes zu einer Überreglementierung und zum Überschutz oder zu Autonomieverlusten bestimmter Personenkreise führen.[146] Schließlich befürwortet der Autor, dass die Wahl für eine personenbezogene statt einer situativen Anknüpfung, d.h. Anknüpfung an eine bestimmte Vertragsabschlusssituation, nicht als eine Gefährdung der grundlegenden Prinzipien des Vertragsrechts angesehen werden könnte. Er verweist gleichzeitig auf die Relativität einer situationsspezifischen und personellen Anknüpfung. Beide Schutzkonzeptionen seien nicht trennscharf und außerdem nicht in der Lage, das Problem der missbräuchlichen Klauseln generell in den Griff zu kriegen. Denn beide Kriterien ließen Schutzlücken.[147]

3. Würdigung

Oben wurde auf die zwei Schutzkonzeptionen der mitgliedstaatlichen Kodifizierungen des Rechts der missbräuchlichen Klauseln hingewiesen. Dabei hat sich herausgestellt, dass ein großer Teil der Mitgliedstaaten ihre gesetzliche Regelung für Verbraucherverträge einschränken oder die Verbraucher als Personengruppe einer Sonderregelung unterziehen. Vor allem in der deutschen Literatur sind Einwände gegen eine Verbraucherschutzkonzeption erhoben worden. Mit *Ulmer* und *Brandner* ist anzunehmen, dass die Klauselproblematik sich nicht auf Verträge mit dem Verbraucher beschränkt. Die Anknüpfung an den Verbraucherschutz hat den Nachteil, dass bestimmte schutzwürdige Personen sich nicht auf die Schutzvorschriften berufen können. Diese Schutzlücken führen zu Rechtsunsicherheit und analoger Rechtsanwendung der Verbraucherschutzvorschriften auf Geschäfte zwischen Gewerbetreibenden. Andererseits ist auch die Anknüpfung an eine bestimmte Situation beim Ver-

---

[145] DAMM, Reinhard, „Europäisches Verbrauchervertragsrecht und AGB-Recht", *JZ* 1994, S. 168 (169).

[146] DAMM, Reinhard, „Europäisches Verbrauchervertragsrecht und AGB-Recht", *JZ* 1994, S. 169.

[147] DAMM, Reinhard, „Europäisches Verbrauchervertragsrecht und AGB-Recht", *JZ* 1994, S. 169.

tragsabschluss nicht immer legitim, denn es besteht die Gefahr, dass sie zu wenig auf die unterschiedlichen Schutzbedürfnisse der Vertragsgegner Rücksicht nimmt. Die meisten Verbraucherkodifizierungen knüpfen außerdem nicht an die AGB-Problematik an, sondern unterziehen auch Individualvereinbarungen der Inhaltskontrolle. *Damm* ist darin zuzustimmen, dass keines von beiden Kriterien schlüssig ist.

Gegen eine spezielle Verbraucherschutzregelung wurde des Weiteren eingewendet, dass sie eine Zweiteilung des Privatrechts zur Folge habe. Eine Sonderregelung für Klauseln, die in Verbraucherverträgen verwendet werden, könnte die einheitliche Geltung der Grundsätze des allgemeinen Vertragsrechts für den Verbraucherbereich beeinträchtigen. *Damm* hat diese Ansicht durch die Verweisung auf spezielle Schutzbedürfnisse der Verbraucher nuanciert. Er hat aber auch anerkannt, dass Sonderregelungen zu einer Überreglementierung und zum Autonomieverlust des Verbrauchers führen können.

Die situative Anknüpfung im deutschen und niederländischen Recht bietet den Vorteil, dass die Klauselproblematik zugunsten aller Arten von Klauselgegnern geregelt wird. Solche Anknüpfung schließt nicht notwendigerweise eine Rücksichtnahme auf die unterschiedlichen Schutzbedürfnisse der Klauselgegner aus. Denn bei der Anwendung des Kontrollmaßstabes der Inhaltskontrolle kann auf die typischen Schutzbedürfnisse bestimmter Personengruppen Rücksicht genommen werden. Der Nachteil der deutschen und niederländischen Regelungen liegt darin, dass sie sich auf die AGB-Problematik beschränken. Die Verbraucherschutzkodifizierungen lassen dagegen in der Regel auch eine Überprüfung von Individualvereinbarungen zu.

Dennoch erscheint es möglich, beide Schutzkonzeptionen in einem Gesetz zu kombinieren, wenn als Ansatzpunkt für die Inhaltskontrolle an die Möglichkeit zum Aushandeln angeknüpft wird. Dieses Kriterium hat den Vorteil, dass es genau auf das Problem der fehlenden Funktionsfähigkeit des Vertragsmechanismus oder der Selbstverantwortung der Klauselgegner Bezug nimmt. Andererseits ist schon oben darauf hingewiesen worden, dass dieses Einstiegskriterium eine Einzelfallüberprüfung voraussetzt und nicht den Ausweichmöglichkeiten des Klauselgegners Rechnung trägt.

Die Einschränkung der gesetzlichen Regelung auf Verbrauchergeschäfte ist aufgrund oben genannter Gründe abzulehnen. Eine Variante ist eine Kodifizierung in zwei Parallelgesetzen, nämlich einem für Verbrauchergeschäfte und einem für Geschäfte mit Kaufleuten oder mit anderen Gewerbetreibenden. Entgegen *Ulmer* und *Brandner* muss diese rechtstechnische Zweiteilung nicht zu einer Gefährdung der Geltung der allgemeinen Prinzipien des Privatrechts, wie der Privatautonomie, führen. Diese Befürchtung der beiden Autoren ist aber begründet, wenn festzustellen ist, dass verschiedene der genannten Verbraucherschutzkodifikationen ihre Inhaltskontrolle auf sämtliche Vertragsklauseln beziehen und dadurch die Vertragsfreiheit der Verbraucher zu sehr einschranken. Zu erwähnen sind die belgischen und französischen Kodifizierungen, die auch eine Überprüfung von ausgehandelten Klauseln zulassen.

Zusammenfassend kann man sagen: Eine Sonderregelung zugunsten des Verbrauchers ist nur gerechtfertigt, insofern diese sachlich begründet ist. Eine sachliche Rechtfertigung könnte sich daraus ergeben, dass Verbraucher auch für die Verwendung von nicht im Einzelnen ausgehandelten Individualvereinbarungen schutzbedürftig sind. Dagegen scheint es nicht gerechtfertigt, die Verbraucher auch vor dem Inhalt von im Einzelnen ausgehandelten Klauseln zu schützen. Insofern die Sonderregelung ohne sachliche Gründe zu solchen schwerwiegenden Eingriffen in die Privatautonomie führt, kann *Brandner* und *Ulmer* darin zugestimmt werden, dass dieses zu einer Missachtung des Grundsatzes der Privatautonomie aus dem allgemeinen Privatrecht und zu einer Zweitteilung des Privatrechts führen würde.

Die Rechtfertigung einer Sonderregelung für Verbraucher wird deshalb davon abhängen, ob die Verbraucherschutzvorschriften hinreichend die Grundsätze des allgemeinen Privatrechts respektieren. Wie umfassend die Verbraucherschutzvorschriften in die Privatautonomie der Verbraucher eingreifen werden, hängt mit dem Verbraucherleitbild der Rechtsordnung zusammen.

IV. Das Verbraucherleitbild

Im Verbraucherrecht sind zwei Verbraucherleitbilder anzutreffen. In den europäischen Mitgliedstaaten wird der Verbraucher häufig als hilflos, unmündig und schutzbedürftig dargestellt. Ein anderes Leitbild prägt die europäische Verbraucherpolitik, wo der Verbraucher eher als aufgeklärt oder aufklärbar angesehen wird.

1. Das mitgliedstaatliche Leitbild des schwachen, schutzbedürftigen, hilflosen und passiven Verbrauchers

Im mitgliedstaatlichen Verbraucherrechten wird der Verbraucher oft als schwach, hilflos, unverständig und unmündig dargestellt. Die deutschen und belgischen Verbraucherschutzbestimmungen sind durch Protektionismus und Überregulierung gekenzeichnet. Der Verbraucher erscheint dabei als Objekt staatlicher Fürsorge[148]. Die deutschen und die belgischen Umsetzungsmaßnahmen europäischer Verbraucherschutzrichtlinien gehen außerdem häufig über die Mindestanforderungen hinaus. Als Beispiel ist die Verbraucherkredit-Richtlinie zu nennen. Diese Richtlinie soll einen gemeinsamen Minimalschutz zugunsten der Verbraucherkreditnehmer gewährleisten. Im Mittelpunkt stehen Aufklärungspflichten, die die Transparenz des Produktes sichern sollen. Die deutsche Umsetzungsregelung enthält aber ein über die Anforderungen der Richtlinie hinausgehendes Widerrufsrecht[149] und das belgische Umsetzungsgesetz sieht eine detaillierte Regelung der Werbung vor[150].

Das Verbraucherrecht auf der Grundlage des Leitbilds des schwachen und hilflosen Verbrauchers beschränkt sich nicht auf den Schutz des Verbrauchers vor dem Disfunktionieren der Grundsätze des Privatrechts, sondern führt zu einer Aushöhlung oder einer „Erosion"[151] des Privatrechts. Diese Aushöhlung des Privatrechts zeigt sich vor allem in dem Befund, dass die mitgliedstaatlichen Verbraucherschutzregelungen der Privatautonomie des Verbrauchers unzureichend Rechnung tragen. Das Leitbild des schwachen und hilflosen Verbrauchers geht zu sehr von dem Gedanken aus, dass der Verbraucher sich nicht selbst vor den Gefahren des Marktes schützen kann und eine breite oder allumfassende staatliche Bevormundung braucht. Der Verbraucher wird dabei zu einem passiven Marktteilnehmer degradiert, der niemals in der Lage ist, seine Interessen selbst wahrzunehmen. Dieser Verbraucherschutzansatz hat zu Passivität und Autonomieverlust der Verbraucher geführt. Die umfassenden Schutzvorschriften haben zur Folge, dass von dem Verbraucher nicht erwartet wird, dass er selbstverantwortlich seine Interessen wahrnimmt. Die Zunahme von zwingenden Verbraucherschutzvorschriften hat auch zu einem Autonomieverlust des Verbrauchers geführt. Der Vertrag und seine Richtigkeitsgewähr ist häufig durch zwingende Rechtsvorschriften ersetzt worden. Die zwingenden Rechtsvorschriften und nicht länger das von den Vertragsparteien Vereinbarte werden als legitim angesehen.

---

[148] DREHER, Meinrad, „Der Verbraucher - Das Phantom in den opera des europäischen und deutschen Rechts?", *JZ* 1997, S. 175.

[149] DREHER, Meinrad, „Der Verbraucher - Das Phantom in den opera des europäischen und deutschen Rechts?", *JZ* 1997, S. 172.

[150] STRAETMANS, Gert, „Naar een Europees consumentenbegrip?", *Jura Falconis* 1992, S. 34.

[151] DREHER, Meinrad, „Der Verbraucher - Das Phantom in den opera des europäischen und deutschen Rechts?", *JZ* 1997, S. 176 (177).

Das genannte Leitbild des schwachen und hilflosen Verbrauchers entspricht nicht der Realität auf dem Markt. Nicht jeder Verbraucher ist schwach und hilflos, sondern kann im Ganzen oder teilweise seine Interessen selbstverantwortlich berücksichtigen. Die Einschränkung der Privatautonomie ist nur dann zu rechtfertigen, wenn der andere Teil seine Interessen nicht selbst wahren kann. Dieses Gleichgewicht zwischen Verbraucherschutz und der Wirkung der Grundsätze des Privatrechts wird durch das Leitbild der schwachen und hilflosen Verbraucher häufig gestört und soll wieder hergestellt werden. Insofern die mitgliedstaatliche Gesetzgebung den Grundsatz der Vertragsfreiheit nicht hinreichend respektiert, ist mit *Ulmer* und *Brandner* anzunehmen, dass die Gefahr besteht, dass das Privatrecht sich in ein Wirtschaftsrecht und ein Verbraucherrecht aufteilt. Denn das grundlegende Prinzip der Parteiautonomie würde für den Markteilnehmer nicht mehr in gleicher Weise gelten. Bei der Suche nach dem Gleichgewicht zwischen Verbraucherschutz und allgemeinem Privatrecht könnte das europäische Verbraucherleitbild hilfreich sein.

2. Das europäische Leitbild des aufgeklärten und selbstverantwortlich handelnden Verbrauchers

In der deutschen[152] und belgischen[153] Literatur ist untersucht worden, welches Verbraucherleitbild dem europäischen Verbraucherrecht zugrunde liegt. Aufgrund einer Analyse der EuGH-Rechtsprechung und der Verbraucherschutzrichtlinien kommt der größte Teil des Schrifttums zum Ergebnis, dass in der europäischen Verbraucherpolitik vom Leitbild eines verständigen, aufgeklärten oder aufklärbaren Verbrauchers ausgegangen wird[154]. Die Untersuchung der EuGH-Rechtsprechung hinsichtlich des freien Waren- und Dienstleistungsverkehrs und Wettbewerbsrechts führt zu dem Befund, dass die europäische Rechtsprechung das freie Wahlrecht der Verbraucher immer wieder betont hat. Dabei gilt das Leitbild einer solchen Verbrauchers, der selbstverantwortlich und informiert im freien Wettbewerb auf dem europäischen Binnenmarkt nach Waren und Dienstleistungen, die seinen Interessen entsprechen, suchen kann. Die europäischen und mitgliedstaatlichen Rechtsordnungen sollen

---

[152] DREHER, Meinrad, „Der Verbraucher - Das Phantom in den opera des europäischen und deutschen Rechts?", *JZ* 1997, S. 167 (178).

[153] STRAETMANS, Gert, „Naar een Europees consumentenbegrip?", *Jura Falconis* 1992, S. 11 (41).

[154] **Anders**: HOMMELHOFF, Peter, *Verbraucherschutz im System des deutschen und europäischen Privatrechts*, 1996, S. 4 ff.; BARENTS, R., „The image of the consumer and the case law of the European Court", *EFLR* 1991, S. 6. (beide Verfasser sind der Ansicht, dass das europäische Verbraucherbild nicht durchdacht, bzw. neutral ist).

diesem freien Wahlrecht und den damit verbundenen Aufklärungsbedürfnissen des Verbrauchers Rechnung tragen. Auch die europäische Verbraucherpolitik und Normsetzung wird durch dieses Verbraucherleitbild geprägt. Die europäischen Programme zur Verbraucherpolitik haben immer wieder auf das große Interesse der Unterrichtung des Verbrauchers hingewiesen, und es zu einer Priorität erhoben[155]. Der europäische Gesetzgeber geht deswegen vom Gedanken aus, dass der aufgeklärte Verbraucher sich selbst am Besten auf dem Markt schützen kann[156].

Oben stehendes Leitbild führt zu der Folgerung, dass bestimmte mitgliedstaatliche Verbraucherschutzmaßnahmen aus doppelter Sicht als Wettbewerbsverzerrungen angesehen werden können. Zum einen könnten sie es den ausländischen Anbietern erschweren, auf den nationalen Märkten tätig zu werden. Zum anderen könnte das freie Wahlrecht des Verbrauchers, und insbesondere die Ausnützung der Vorteile des europäischen Binnenmarkts, beeinträchtigt werden[157]. Denn der Verbraucher wird wegen der Abwesenheit von ausländischen Anbietern verpflichtet sein, selbst ins Ausland fahren zu müssen, um einen bestimmten Vorteil eines ausländischen Produktes zu genießen.

Gemäß der europäischen Rechtsprechung kann die Freiheit des Waren- und Dienstleistungsverkehrs nur eingeschränkt werden, insofern dieses durch zwingende Erfordernisse[158] oder Gründe des Allgemeininteresses[159] gerechtfertigt ist. Zu diesen Gründen gehört der Verbraucherschutz. Die Einschränkungen der Freiheit des Waren- bzw. Dienstleistungsverkehrs sollen außerdem die Grundsätze der Proportionalität und Nichtdiskriminierung beachten. Der Grundsatz des freien Wahlrechts des Verbrauchers und der Erlass von zwingend erforderlichen Verbraucherschutzvorschriften stehen deshalb miteinander in einem Zielkonflikt. Zwischen den beiden Zielsetzungen soll ein Gleichgewicht gefunden werden. Maßstab dieses Gleichgewichts ist das Funktionieren des freien

---

[155]DREHER, Meinrad, „Der Verbraucher - Das Phantom in den opera des europäischen und deutschen Rechts?", *JZ* 1997, S. 170.
[156]DREHER, Meinrad, „Der Verbraucher - Das Phantom in den opera des europäischen und deutschen Rechts?", *JZ* 1997, S. 171.
[157]STRAETMANS, Gert, „Naar een Europees consumentenbegrip?", *Jura Falconis* 1992, S. 25.
[158]die so genannte *Cassis de Dijon*-Rechtsprechung auf der Grundlage des Artikels 30 EGV (freie Warenverkehr).
[159]Anerkennung der *Cassis de Dijon-Formel* für das freie Dienstleistungsverkehr in der Rechtsprechung auf der Grundlage des Artikels 59 EGV (Beispiel: die Versicherungsurteile aus dem Jahre 1986: EuGH, den 4. Dezember 1986, *VersR* 1986, S. 1225).

Wettbewerbs. Danach soll es bei der Beurteilung auf das Maß des Wettbewerbs auf dem Markt ankommen, ob die Schutzvorschriften zwingend erforderlich sind[160]. Denn insofern der Verbraucher auf dem Markt wohlinformiert und selbstverantwortlich zwischen transparenten Angeboten wählen kann, funktionieren die Mechanismen des freien Wettbewerbs. Nur wenn der Verbraucher wegen des Versagens des Wettbewerbs seine Interessen nicht mehr selbstverantwortlich wahren kann, braucht er den Schutz. Dem Verbraucher soll auf keinem Fall ein Schutz gewährleistet werden, welcher die Ausübung seines freien Wahlrechts unnötig beeinträchtigt. Zu strenge Verbraucherschutzvorschriften und Überregulierung führen zu einer Abschirmung des nationalen Marktes und zu einer Benachteiligung von ausländischen Unternehmen[161] und letztlich zum Nachteil des freien Wahlrechts des Verbrauchers.

Auch die europäischen Verbraucherschutzrichtlinien beschränken sich auf ein Niveau, das es dem Verbraucher ermöglicht, selbstverantwortlich ohne Bevormundung auf dem Markt aktiv zu sein. In den Verbraucherschutzrichtlinien steht deshalb die Aufklärung des Verbrauchers im Mittelpunkt. Obwohl der EGV in Artikel 129a Absatz I ein hohes Verbraucherschutzniveau fordert, enthalten die Verbraucherschutzrichtlinien nicht das höchstmögliche Schutzniveau. Häufig beschränken die Richtlinien sich auf eine Mindestharmonisierung, und gestatten den Mitgliedstaaten, eine strengere Regelung zu treffen. Diese Technik der Mindestregelung entspricht nach *Dreher* nicht nur dem Grundsatz der Subsidiarität, sondern deutet auch darauf hin, dass der europäische Gesetzgeber nicht dem Leitbild des völlig unmündigen Verbrauchers folgt[162].

Zusammengefasst heißt das: Die europäische Verbraucherpolitik geht von einem Verbraucher aus, von dem erwartet wird, dass er selbstverantwortlich die Vorteile des freien Binnenmarktes nutzt. Mitgliedstaatliche Verbraucherschutzregelungen, die den freien Wettbewerb auf dem Binnenmarkt verzerren, sollen auf das notwendige Niveau beschränkt bleiben. Verbraucherschutzvorschriften, die nicht durch die Schutzbedürftigkeit des Verbrauchers gerechtfertigt sind, können, nicht aufrechterhalten werden.

---

[160] STRAETMANS, Gert, „Naar een Europees consumentenbegrip?", *Jura Falconis* 1992, S. 31.

[161] STUYCK, Jules und STRAETMANS, Gerhard, *Financiele Diensten en de consument*, 1994, S. 270, Rdnr. 829.

[162] DREHER, Meinrad, „Der Verbraucher - Das Phantom in den opera des europäischen und deutschen Rechts?", *JZ* 1997, S. 171.

V. Ergebnisse

Obenstehendes führt zu dem Ergebnis, dass die mitgliedstaatlichen Kodifizierungen des Rechts der missbräuchlichen Klauseln sich in drei große Schutzkonzeptionen aufteilen lassen. Eine erste Gruppe von Mitgliedstaaten beschränkt die Inhaltskontrolle nicht auf eine bestimmte Vertragsabschlusssituation oder einen bestimmten Personenkreis, sondern lässt die Inhaltskontrolle immer dann eingreifen, wenn der Richter urteilt, dass eine unangemessene Regelung vorliegt. Diese generelle Inhaltskontrolle ist die Grundlage der dänischen, schwedischen und finnischen Kodifikationen. Die deutschen und niederländischen Vorschriften beschränken sich dagegen auf die Regelung einer bestimmten Vertragsabschlusssituation, nämlich die Verwendung von AGB. Der größte Teil der mitgliedstaatlichen Kodifizierungen enthält eine spezielle Verbraucherschutzregelung oder beschränkt sich auf die Kodifizierung des Rechts der missbräuchlichen Klauseln in Verbraucherverträgen. Keine der drei Konzeptionen führt zu einer vollständig befriedigenden Regelung des Rechts der missbräuchlichen Klauseln. Die situationsbezogene Konzeption entspricht am Besten dem Versagen der Richtigkeitsgewähr des Vertrages, aber beschränkt sich auf die Problematik der AGB. Die generelle Inhaltskontrolle kann ohnehin abgelehnt werden, weil sie den Grundsatz des Privatrechts aushöhlt. Auch der verbraucherschutzbezogene Ansatz hat sich als problematisch erwiesen. Die Einschränkung der Kodifikation auf Verbraucherverträge nimmt keine Rücksicht auf andere schutzbedürftige Personen. Es handelt sich beim Recht der missbräuchlichen Klauseln um die Einschränkung von allgemeinen Prinzipien des Privatrechts. Diese Einschränkungen müssen deshalb vorzugsweise nicht nur zugunsten des Verbrauchers, sondern zugunsten jedes Klauselgegners vorgesehen werden.

Eine spezielle modifizierte Verbraucherschutzregelung ist nur gerechtfertigt, insofern der Schutz des Verbrauchers dieses erfordert. Verbraucherschutzvorschriften, welche die Privatautonomie unnötig stark einschränken, sind nicht legitim. Bei der Suche nach dem Gleichgewicht zwischen Privatautonomie und Verbraucherschutz ist auf die Möglichkeit des Verbrauchers, seine Interessen auf dem Markt selbstverantwortlich zu wahren, Rücksicht zu nehmen. Nur insofern die Richtigkeitsgewähr des Vertragsmechanismus gestört ist, kann eine Inhaltskontrolle eingreifen. Die deutsche und belgische Verbraucherschutzkonzeption, die den Verbraucher als ein hilfloses Objekt der staatlichen Bevormundung ansieht, ist zu verwerfen. Vielmehr muss von einem aufgeklärten oder zumindest aufklärbaren Verbraucher ausgegangen werden, der sich selbstverantwortlich im freien Wettbewerb verhalten kann. Nur wenn von dem

Verbraucher kein selbstverantwortliches Handeln auf dem Markt zugemutet werden kann, können die Schutzvorschriften eingreifen.

Bei der Suche nach dem Gleichgewicht zwischen Verbraucherschutz und allgemeinem Privatrecht bietet das Europarecht Ansatzpunkte. Die Verbraucherschutzvorschriften stehen als mögliche Wettbewerbsverzerrungen mit der europäischen Idee des freien Marktes in einem Spannungsverhältnis. Nur wenn Verbraucherschutzvorschriften zwingend erforderlich oder aus Gründen des Allgemeininteresses gerechtfertigt sind, können sie aufrechterhalten werden. Bei dieser Abwägung ist auf das freie Wahlrecht des Verbrauchers auf dem Binnenmarkt Rücksicht zu nehmen. Zu bezweifeln ist, ob alle Verbraucherschutzregelungen der Mitgliedstaaten diesen europäischen Erfordernissen entsprechen. In diesem Punkt gibt es eine wichtige Aufgabe für den EuGH. Bis zur Klärung des Schicksals bestimmter weitgehender mitgliedstaatlicher Verbraucherschutzregelungen bleibt die Rechtslage auch für den Verbraucher unsicher.

Kapitel VI: Klauselwürdigung im Individualprozess oder generelle Prüfung in einer Marktperspektive?

Eine Klauselkontrolle kann zunächst in einem konkreten privaten Konflikt zwischen einem Verwender von Klauseln und einem Klauselgegner Bedeutung haben. Dem Richter kann die Möglichkeit gegeben werden, in einem Individualprozess den Klauselinhalt auf seine Angemessenheit zu überprüfen. Dieses Vorgehen hat aber Nachteile[163]. Zunächst hat das Urteil des Gerichts nur eine relative Wirkung zwischen den Vertragsparteien. Außerdem gibt es nur wenige Klauselgegner, die beim Vorliegen einer vermeintlichen missbräuchlichen Klausel zu Gericht gehen, allein schon deshalb weil die Klauselkontrolle viel zu spät kommt. Daher hat der schwedische Gesetzgeber[164], als der erste in Europa, das Konzept der zivilrechtlichen Prüfung mit dem Konzept einer Unterlassungsklage kombiniert. Der Verbraucherombudsmann[165] und der Marktgerichtshof[166] können die zukünftige Verwendung von bestimmten Klauseln verbieten, wenn sie die Klauseln, aus allgemeinen Gesichtspunkten, für missbräuchlich achten. Eine Unterlassungsklage gibt dem Gericht oder den Kontrollbehörden die Möglichkeit, die Verwendung von bestimmten missbräuchlichen Klauseln auf dem Markt für die Zukunft zu verbieten. Dieses Verbot beschränkt sich nicht auf den Einzelfall, sondern gilt gegenüber allen Klauselverwendern. Das Klagerecht kommt primär dem Verbraucherombudsmann zu. Dieses Modell wurde durch die meisten europäischen Staaten übernommen und an ihre eigenen Bedürfnisse angepasst. So liegt die Verantwortlichkeit in Deutschland zum Beispiel nicht bei einem Verbraucherombudsmann, sondern bei den Verbraucherverbänden. Nur Italien und Spanien kannten bislang die ausschließliche Kontrolle von Klauseln in einem Individualprozess.

In der Praxis hat der schwedische Verbraucherombudsmann dem Marktgerichtshof nur im Ausnahmefall missbräuchliche Klauseln zur Überprüfung vorgelegt. Statt den Verwender von missbräuchlichen Klauseln unmittelbar zu verklagen, führt der Verbraucherombudsmann mit dem

---

[163]HONDIUS, Ewoud, H., „Oskäliga Avtalsvillkor. Konsument ska vara vakthund mot dåliga avtalsvillkor", *K&E*, 1988, Nr. 6, S. 21.

[164]Lag (1971: 112) om avtalsvillkor i konsumentförhållanden: § 1 und § 6. Dieses Gesetz ist durch das neue Gesetz vom 1994 (Lag 1994: 1512 om avtalsvillkor i konsumentförhållanden) ersetzt worden, aber das doppelte Modell bleibt weiterbestehen. Auch im Bereich der Gewerbetreibenden existiert in Schweden eine Möglichkeit zur Unterlassungsklage: Lag om avtalsvillkor mellan näringsidkare (1984: 292, abgeändert 1985: 220) § 1; BERNITZ, Ulf, *Standardavtalsrätt*, 6. Auflage, 1993, S. 94.

[165]„Konsumentombudsmannen": in nicht erheblichen Fälle kann er selbst, ohne Klage beim Marktgerichtshof, die zukünftige Verwendung der Klauseln verbieten.

[166]„Marknadsdomstolen".

betreffenden Verwender oder seinem Verband Verhandlungen über die Sanierung und Verbesserung der verwendeten Klauseln. Hinsichtlich der meisten Standardverträge im Verbraucherbereich wurde zwischen dem Verbraucherombudsmann und den Unternehmen oder ihren Verbänden Muster-AGB erarbeitet. Diese Muster-AGB sind aber nicht verbindlich.[167] Die Unternehmen sind frei, andere AGB anzuwenden. Es handelt sich deshalb nicht um ein behördliches Genehmigungsverfahren. Die Verhandlungsbereitschaft der Unternehmen hat aber dazu geführt, dass der Verbraucherombudsmann nur im Ausnahmefall den Marktgerichtshof angerufen hat, um eine Klausel verbieten zu lassen.

Eine generelle Überprüfung der Vertragsbedingungen für alle künftigen Verträge kann aber, außer durch Einführung einer Unterlassungsklage, auch im Wege eines behördlichen Genehmigungsverfahrens oder eines kollektiven Aushandelns gewährleistet werden. Ein behördliches Genehmigungsverfahren hat den Nachteil, dass es zur Bürokratisierung führt und nicht mit einer freien Marktwirtschaft zu vereinbaren ist[168]. Dazu kommt, dass die wichtigsten behördlichen Genehmigungsverfahren im Wege der Freimachung des europäischen Marktes verboten wurden. Beispiel ist die dritte Generation Versicherungsrichtlinien[169], die eine *a priori*-Kontrolle der Tarife und der allgemeinen und besonderen Versicherungsbedingungen untersagt. Ein freier Binnenmarkt erfordert eine freie Produkt- und Preisgestaltung, die mit einem System von Vorabgenehmigung nicht zu vereinbaren ist. Auch ein kollektives Aushandeln der Vertragsbedingungen zwischen den beteiligten Verkehrskreisen kann durch das Fehlen geeigneter Verbände zu Problemen führen[170].
Das behördliche Genehmigungsverfahren und das kollektive Aushandeln haben sich in den Mitgliedstaaten nicht richtig durchsetzen können. Die generelle Prüfung von Klauseln in einer Marktperspektive geschieht

---

[167]BERNITZ, Ulf, *Standardavtalsrätt*, 6. Auflage, 1993, S. 96.
[168]WOLF, Manfred, in WOLF/HORN/LINDACHER, *AGBG-Kommentar*, 4. Auflage, 1999, Einleitung, Rdnr. 9.
[169]Dritte Richtlinie 92/49/EWG des Rates vom 18. Juni 1992 zur Koordinierung der Rechts- und Verwaltungsvorschriften für die Direktversicherung (mit Ausnahme der Lebensversicherung) sowie zur Änderung der Richtlinie 73/239/EWG und 88/357/EWG, *ABl.EG*, Nr. L. 228/1 von 11. 08.1992; Richtlinie 92/96/EWG des Rates vom 10.11.1992 zur Koordinierung der Rechts- und Verwaltungsvorschriften für die Direktversicherung (Lebensversicherung) sowie zur Änderung der Richtlinien 79/267/EWG und 90/619/EWG /Dritte Richtlinie Lebensversicherung), *ABl.EG*. Nr. L 360 vom 9.12.1992.
[170]WOLF, Manfred, in WOLF/HORN/LINDACHER, *AGBG-Kommentar*, 4. Auflage, 1999, Einleitung, Rdnr. 9.

vielmehr im Wege einer Unterlassungsklage. Diese Unterlassungsklage ist in den Mitgliedstaaten unterschiedlich ausgestaltet. Zum Ersten können einige verfahrensrechtliche Unterschiede festgestellt werden. In den nordischen Staaten ist es entscheidend der Verbraucherombudsmann, der eine Unterlassungsklage vor Gericht bringt. Die Verbraucherverbände haben nur ein sekundäres Klagerecht, dem in der Praxis kaum Bedeutung zukommt[171]. Im deutschen System liegt die Verantwortlichkeit dagegen entscheidend bei den Verbraucherverbänden. Des Weiteren wird in Deutschland und Belgien die Klage bei den normalen Zivil- oder Handelsgerichten eingereicht. Dagegen gibt es in Schweden und Finnland spezielle Marktgerichtshöfe. Zum Zweiten ist auch die materielle Kontrolle in den Mitgliedstaaten unterschiedlich ausgestaltet. Im nordischen Recht gibt es unterschiedliche Generalklauseln je nach dem, ob es sich um die Würdigung einer Klausel in einem Individualprozess oder in einem kollektiven Verfahren handelt[172]. Die Generalklauseln für den Individualprozess lassen eine Berücksichtigung der individuellen Umstände zu. Beim abstrakten Kontrollverfahren kann dagegen grundsätzlich nicht auf individuelle Umstände Rücksicht genommen werden. Es soll sich um eine generelle Beurteilung der Angemessenheitsfrage handeln. Im deutschen Recht zum Beispiel gibt es dagegen keinen formellen Unterschied zwischen den Generalklauseln, die im Individualprozess oder im abstrakten Kontrollverfahren verwendet werden. In beiden Verfahren steht der Maßstab aus dem § 9 AGBG im Mittelpunkt. Dass im deutschen Recht in beiden Verfahren von einem generalisierenden Maßstab ausgegangen wird, hängt aber damit zusammen, dass es sich nach dem AGBG um die Kontrolle von AGB handelt, welche nur schwierig mit einer individuellen Prüfung zu vereinbaren ist. Auf dieser Problematik wird an zutreffender Stelle näher eingegangen werden.

Zunächst gilt die Aufmerksamkeit der Frage, wie eine Missbrauchskontrolle ausgestaltet werden kann. Die mitgliedstaatlichen Vorschriften umfassen zunächst eine gesetzliche Generalklausel, woran die Klauseln geprüft werden können. Ein großer Teil der mitgliedstaatlichen Kodifizierungen ergänzen diese Generalklauseln mit Klausellisten, die Verbotsklauseln enthalten.

---

[171] Lag 1994: 1512 om avtalsvillkor i konsumentförhållanden, § 4; WILHELMSSON, Thomas, „Control of Unfair Contract Terms and Social Values: EC and Nordic Approaches", *Journal of Consumer Policy*, 1993, S. 438 (439).

[172] WILHELMSSON, Thomas, „Control of Unfair Contract Terms and Social Values: EC and Nordic Approaches", *Journal of Consumer Policy*, 1993, S. 439 (440).

Kapitel VII: Die Verwendung einer Generalklausel

I. Definition

Der größte Teil der mitgliedstaatlichen Kodifizierungen enthalten als Kernbestandteil der Missbrauchskontrolle eine Generalklausel, die es dem Richter ermöglicht, Klauseln, die er für unangemessen hält, für unwirksam zu erklären. Die Generalklauseln der Mitgliedstaaten bestehen aus einer Reihe von abstrakten Beurteilungskriterien, die bei der Missbrauchskontrolle in Betracht zu ziehen sind. Der größte Teil der Generalklauseln orientiert sich bei der Missbrauchsdefinition an einem Verstoß gegen die Gebote von Treu und Glauben. Treuwidrigkeit liegt vor, wenn eine der Vertragsparteien die Interessen des anderen Teils nicht hinreichend berücksichtigt[173]. Der Grundsatz von Treu und Glauben sanktioniert deshalb die Missachtung der Interessen des anderen Teils durch eine der Vertragsparteien. Bei der Beurteilung, ob ein Rechtsmissbrauch des Klauselverwenders vorliegt, ist eine Abwägung der beiderseitigen Parteiinteressen vorzunehmen.

Häufig enthalten die Generalklauseln Beurteilungskriterien wie zum Beispiel eine unangemessene Benachteiligung des Vertragspartners[174] oder eine Ungleichheit in Rechten und Pflichten[175]. Auch die von der *Commission of European Contract Law* entwickelten *Principles of European Contract Law* enthalten eine Generalklausel, die sich an den Geboten von Treu und Glauben orientiert[176] und ein Ungleichgewicht zwischen den Rechten und Pflichten der Vertragsparteien zum Nachteil des Klauselgegners voraussetzt[177].

Eine offene Ermächtigungsnorm hat im Vergleich mit der Verwendung einer „schwarzen Liste" mit konkreten Klauselverboten viele Vorteile. Zunächst kommt dem Richter eine aktivere Rolle zu. Die Kompetenz des Richters beschränkt sich nicht auf die Überwachung bestimmter Klauselverbote, sondern er hat zu prüfen, ob eine Klausel anhand der Maßstäben der Generalklausel angemessen ist. Des Weiteren wird mit einer Generalklausel vermieden, dass die Klauselverwender die Klauselverbote aus

---

[173]COESTER-WALTJEN, Dagmar, „Die Inhaltskontrolle von Verträgen außerhalb des AGBG", *AcP* 190 (1990) S. 16 und der Hinweis auf FASTRICH, *Richterliche Inhaltskontrolle im Vertragsrecht*, Habilitationsschrift München, 1990, 2. Kapitel § 5 I, II.

[174]§ 9, Absatz I AGBG.

[175]Artikel 31 des belgischen Gesetz über die Handelspraktiken sowie die Aufklärung und den Schutz der Verbraucher.

[176]„the requirements of good faith and fair dealing".

[177]„a significant imbalance in the parties' rights and obligations".

einer Klauselliste umgehen können. Insofern eine Klausel nicht nach der „schwarzen Liste" verboten ist, kann sie immer noch nach der Generalklausel überprüft werden. Von Bedeutung ist daneben auch, dass der Richter in der Anwendung einer Generalklausel auf die Interessen der Vertragsparteien Rücksicht nehmen kann. Nicht jede Klausel ist gegenüber jedem Klauselgegner unangemessen. Eine solche Differenzierung ist bei der Verwendung einer „schwarzen Liste" in der Regel nicht möglich.

Generalklauseln haben aber den Nachteil, dass sie abstrakt abgefasst sind und deshalb Unklarheit darüber bestehen lassen, wann im konkreten Fall eine unangemessene Klausel vorliegt. Unklar bleibt, unter welchen Voraussetzungen eine Klausel nicht dem Gebot von Treu und Glauben entspricht. Auch die Frage, inwiefern eine unangemessene Benachteiligung oder ein Ungleichgewicht zwischen Rechten und Pflichten vorliegt, ist auslegungsbedürftig. Die Auslegung und Konkretisierung von Generalklauseln obliegt der Rechtsprechung und insbesondere der Rechtsprechung der höchsten Gerichtsinstanzen. Die Gerichte haben Leitsätze oder Kriterien entwickelt, die bei der Missbrauchskontrolle zu berücksichtigen sind. Unter Ziffer II folgt einen Überblick der inhaltlichen Gesichtspunkte und Umstände, die bei der Beurteilung der Angemessenheitsfrage in Betracht gezogen werden können. Unter Ziffer III wird auf zwei mögliche Optionen der Konkretisierung der Missbrauchskontrolle auf der Grundlage des Gebots von Treu und Glauben hingewiesen, nämlich auf konkret-individuelle Beurteilung (subjektiver Maßstab) und auf die abstrakte Beurteilung (objektiver Maßstab) der Angemessenheitsfrage.

II. Beurteilungskriterien der Missbrauchskontrolle: Inhaltliche Maßstäbe und zu berücksichtigende Umstände

1. Inhaltliche Maßstäbe

A. Ein ungerechtfertigtes Ungleichgewicht zwischen Rechten und Pflichten oder eine unangemessene Benachteiligung

Oben wurde schon darauf hingewiesen, dass die meisten Generalklauseln das Bestehen einer unangemessenen Benachteiligung des Klauselgegners oder ein ungerechtfertigtes Ungleichgewicht (Missverhältnis) zwischen den Rechten und Pflichten der Vertragsparteien erfordern. Nach beiden genannten Kriterien kommt es auf eine Abwägung von Rechten und Pflichten an. Die Beurteilung, ob ein Missverhältnis vorliegt, setzt voraus, dass der Richter eine Idee davon hat, was ein ausgewogener Vertragsinhalt ist. Zu diesem Zweck wurden von den Rechtsordnungen Leitsätze entwickelt. Zu diesen Leitsätzen eines ausgewogenen Vertragsinhalts gehören die Grundgedanken der dispositiven Regelung, der Vertragszweck und die Verkehrssitte.

a. Die Grundgedanken der dispositiven Regelung, von der abgewichen wurde

Eine der wichtigsten Leitsätze bei der Beurteilung der Missbräuchlichkeit sind die Grundgedanken der dispositiven Regelung, wovon abgewichen wurde. Das dispositive Recht besteht aus den Vorschriften, die zwischen den Vertragsparteien gelten würden, wenn sie nichts Spezielles vereinbart hätten. Es ist davon auszugehen, dass die dispositiven Vorschriften eine ausgewogene Regelung der Parteiinteressen darstellen. Der Charakter des dispositiven Rechts lässt aber zu, dass davon abgewichen wird. Dennoch kommt dem dispositiven Recht eine Leitbild- oder Ordnungsfunktion zu. Von ihren rechtspolitischen Grundgedanken kann durch die Vertragsparteien nicht abgewichen werden[178]. Dieses bedeutet, dass die Vertragsparteien nur insofern vom dispositiven Recht abweichen können, als diese Abweichung dem Zweck der dispositiven Regelung entspricht. Dieser Grundsatz ist im deutschen AGBG ausdrücklich festgelegt worden. In vielen anderen Mitgliedstaaten ist ein gleichartiger Leitsatz in der Rechtsprechung wiederzufinden[179].

Eine Abweichung von der dispositiven Regelung ist eine Indiz dafür, dass eine unangemessene Klausel vorliegt, sie muss aber nicht immer zur Feststellung eines Missbrauches führen. Entscheidend ist, dass es sich um ein Ungleichgewicht oder eine Benachteiligung handelt, die ungerechtfertigt oder treuwidrig ist.

Nicht alle Autoren teilen die Ansicht, dass die Grundgedanken des dispositiven Rechts bei einer Klauselwürdigung Bedeutung haben. Das Leitbild des dispositiven Rechts wäre zu abstrakt und würde zu wenig auf die konkreten Interessen der Vertragsparteien Rücksicht nehmen. Vertreter dieser Ansicht sind vor allem in Belgien und im Norden Europas anzutreffen.

---

[178]BERNITZ, Ulf, *Standardavtalsrätt*, 6. Auflage, 1993, S. 84; WOLF, Manfred, in WOLF/HORN/LINDACHER, *AGBG-Kommentar*, 4. Auflage, 1999, § 9, Rdnr. 70; BRANDNER, Hans Erich in ULMER/BRANDNER/HENSEN, *AGB-Kommentar*, 8. Auflage, § 9, Rdnr. 124 ff.

[179]**Schweden**: BERNITZ, Ulf, *Standardavtalsrätt*, 6. Auflage, 1993, S. 84; **Belgien**: DIRIX, Eric, „De bezwarende bedingen in de W.H.P.", *RW* 1991-1992, S. 564, Rdnr. 6.

b. Der Vertragszweck

Wenn der vorliegende Vertrag nicht durch dispositive Vorschriften geregelt wird, kann der Vertragszweck als Leitsatz der Missbrauchskontrolle dienen. Der Vertragszweck besteht aus den wesentlichen Rechten und Pflichten, die sich aus der Natur oder Regelungsabsicht des Vertrages ergeben. Dieser Leitsatz ist im deutschen AGBG ausdrücklich festgelegt worden. Insofern die Geschäftsbedingungen die wesentlichen Rechte des Klauselgegners oder die Pflichten des Klauselverwenders aushöhlen, so dass die Erreichung des Vertragsziels beeinträchtigt wird, liegt ein Indiz der Missbräuchlichkeit vor. Auch hier gilt, dass eine Abweichung des Vertragszwecks nicht notwendigerweise eine Unangemessenheit begründen muss. Entscheidend ist, dass die Unausgewogenheit unangemessen oder treuwidrig ist.

c. Der Gedanke des Vertrauensschutzes und die Verkehrssitte

Was die Parteien objektiv von dem Vertrag erwarten dürfen, orientiert sich an der Verkehrsitte. Dazu gehört unter anderem der Handelsbrauch[180]. Es gibt regelmäßig starke Gründe dafür, eine Klausel als unangemessen zu beurteilen, wenn sie gegen die guten Verkehrssitten verstößt[181]. Die „schlechten Verkehrsitten" sind deshalb nicht zu berücksichtigen. Die bloße Üblichkeit einer Klausel führt nicht automatisch zu ihrer Angemessenheit[182]. Entscheidend ist die Rücksichtnahme auf die Gebote von Treu und Glauben. Danach kann die Verkehrsitte nur Bedeutung haben, wenn sie aufgrund ständiger Übung für die Parteien ein Vertrauen entstehen lässt[183]. Entscheidend ist, dass die Verkehrssitte nicht von einer, sondern von beiden Vertragsparteien anerkannt wurde[184].

B. Ein Verstoß gegen die Gebote von Treu und Glauben

Die Klauselkontrolle orientiert sich in einigen Mitgliedstaaten an einem Verstoß gegen die Gebote von Treu und Glauben. Die Rechtsprechung hat aus diesen Geboten konkrete Missbrauchskriterien abgeleitet. Auch beim Kriterium der Treuwidrigkeit steht die Abwägung beiderseitiger Parteiinteressen im Mittelpunkt.

---

[180] WOLF, Manfred, in WOLF/HORN/LINDACHER, *AGBG-Kommentar*, 4. Auflage, 1999, § 9, Rdnr. 115 i. V.m. 131.
[181] BERNITZ, Ulf, *Standardavtalsrätt*, 6. Auflage, 1993, S. 84.
[182] BERNITZ, Ulf, *Standardavtalsrätt*, 6. Auflage, 1993, S. 84.
[183] WOLF, Manfred, in WOLF/HORN/LINDACHER, *AGBG-Kommentar*, 4. Auflage, 1999, § 9, Rdnr. 131.
[184] WOLF, Manfred, in WOLF/HORN/LINDACHER, *AGBG-Kommentar*, 4. Auflage, 1999, § 9, Rdnr. 131.

Auch bei der Beurteilung nach Treu und Glauben handelt es sich um eine Gesamtabwägung aller Vertragsbestandteile. Aufmerksamkeit gilt dabei insbesondere der Frage, ob bestimmte nachteilige Klauseln durch bestimmte Vorteile ausgeglichen werden können, oder durch ein höheres- oder zumindest gleichwertiges Verwendersinteresse gerechtfertigt sind[185]. Die Nachteile können aber als so erheblich angesehen werden, dass sie nicht mehr zu rechtfertigen sind.

Bei der Interessenabwägung nach Treu und Glauben soll nach den verschiedenen Wertungen, die ihre Grundlage in den Geboten von Treu und Glauben gefunden haben, geurteilt werden. Zu diesen Wertungen gehören unter anderem die verfassungsrechtlich festgelegten Grundsätze und das Transparenzgebot.

a. Die Wirkung der verfassungsrechtlich festgelegten Grundsätze

Die mitgliedstaatlichen Verfassungen umfassen bestimmte Grundrechte und Prinzipien, die über Generalklauseln mittelbar zwischen den Vertragsparteien Wirkung haben (die sogenannte Drittwirkung der Grundrechte)[186]. Zu diesen verfassungsrechtlichen Grundrechten und Prinzipien gehören unter anderem :
Der Freiheitsgrundsatz: Die Freiheit und insbesondere die Vertragsfreiheit ist eine der grundlegenden Prinzipien einer Marktwirtschaft. Daher werden Klauseln, welche die Vertragsfreiheit des anderen Teils für eine unbillige Zeit einschränken, als treuwidrig angesehen.[187]

Der Grundsatz der Privatautonomie: Klauseln, die dem Klauselverwender gestatten, ohne objektiven und triftigen Grund den Vertragsinhalt einseitig abzuändern, können als eine Beeinträchtigung der Autonomie des Klauselverwenders angesehen werden.[188]

Die Verantwortlichkeit: Klauseln, die dem Klauselverwender gestatten, sich von seiner Verantwortlichkeit zur Durchführung des Vertrages zu entziehen, können als treuwidrig beurteilt werden. Danach können Frei-

---

[185]WOLF, Manfred, in WOLF/HORN/LINDACHER, *AGBG-Kommentar*, 4. Auflage, 1999, § 9, Rdnr. 68.
[186]WOLF, Manfred, in WOLF/HORN/LINDACHER, *AGBG-Kommentar*, 4. Auflage, 1999, § 9, Rdnr. 113.
[187]WILHELMSSON, Thomas, „Control of Unfair Contract Terms and Social Values: EC and Nordic Approaches", *Journal of Consumer Policy*, 1993, S. 446 (447).
[188]WILHELMSSON, Thomas, „Control of Unfair Contract Terms and Social Values: EC and Nordic Approaches", *Journal of Consumer Policy*, 1993, S. 445.

zeichnungsklauseln nur im eingeschränkten Maße verwendet werden.[189] Zu umfassende Freizeichnungsklauseln würden das Prinzip des *pacta sunt servanda* aushöhlen. Denn der Klauselverwender wäre durch sein Vertragsversprechen nicht gebunden.

Der Grundsatz der Verhältnismäßigkeit: Klauseln, die den Vertragspartner beim Nichtnachkommen seiner Verpflichtungen eine unverhältnismäßig hohe Vertragsstrafe auferlegen, werden als ein Verstoß gegen den Grundsatz der Verhältnismäßigkeit angesehen[190].

Die Behinderung des Rechtswegs: Zu den Prinzipien eines Rechtsstaates gehört, dass die Rechtspersonen ihre Rechte im Prozess frei durchsetzen können. Klauseln, die den Zugang zum Rechtsweg oder die Durchsetzung von Rechten im Prozess verhindern, werden danach als treuwidrig angesehen.

Oben genannten verfassungsrechtliche Prinzipien knüpfen überwiegend an die Gedanken des traditionellen marktrationalen Vertragsrechts an. Sie bezwecken zu gewährleisten, dass beide Vertragsparteien, also auch der Schwächere, ihre Vertragsautonomie aufgrund von Gleichheit ausüben können. Neben diesen marktwirtschaftlich bezogenen Maßstäben können aber auch bestimmte soziale Schutzzwecke berücksichtigt werden. Diese mögliche Konkretisierung des Maßstabs von Treu und Glauben ist vor allem vom finnischen Autor *Wilhelmsson* betont worden[191]. Beispiele dieser sozialen Schutzzwecke sind die Grundsätze der Sicherheit und der sozialen Verantwortlichkeit:

Die Sicherheit: Das Recht auf Sicherheit im Leben, wie zum Beispiel das Recht auf eine eigene Wohnung, ist grundlegend in einem Sozialstaat. Deswegen bestehen zwingende Regelungen in den Bereichen Arbeitsrecht und Mietrecht über Wohnräume. Auch andere Bereiche, die nicht zwingend reguliert sind, können die Sicherheit einer Person beeinträchtigen. In solchen Bereichen könnte mit Hilfe des Grundsatzes von Treu und Glauben eingegriffen werden[192].

---

[189] WILHELMSSON, Thomas, „Control of Unfair Contract Terms and Social Values: EC and Nordic Approaches", *Journal of Consumer Policy*, 1993, S. 446.
[190] WILHELMSSON, Thomas, „Control of Unfair Contract Terms and Social Values: EC and Nordic Approaches", *Journal of Consumer Policy*, 1993, S. 447.
[191] WILHELMSSON, Thomas, „Control of Unfair Contract Terms and Social Values: EC and Nordic Approaches", *Journal of Consumer Policy*, 1993, S. 448 (449).
[192] WILHELMSSON, Thomas, „Control of Unfair Contract Terms and Social Values: EC and Nordic Approaches", *Journal of Consumer Policy*, 1993, S. 448.

Die soziale Verantwortlichkeit: Nach gewissen „Ideologien" müssen nicht nur der Staat, sondern auch die Unternehmen und ähnliche Vertragsparteien eine soziale Verantwortlichkeit tragen. Wenn dies nicht freiwillig geschieht, sollen die Gerichte über Treu und Glauben eingreifen können[193].

Wilhelmsson plädiert für eine – wie er es nennt - wohlfahrtsorientierte Konkretisierung des Maßstabes von Treu und Glauben. Danach wäre Treu und Glauben als Instrument für Wohlstandsumverteilung anzusehen[194]. Diese Ansicht impliziert auch eine Umprüfung des Preis-/Leistungsverhältnisses nach materiellen Kriterien. Die Konkretisierungen der Generalklauseln finden ihre Grenzen an der politisch-philosophischen Grundauffassung der Rechtsordnung.

b. Markttransparenz

Auch das Gebot zur transparenten Abfassung der Vertragsklauseln könnte als eine Konkretisierung der Grundsatz von Treu und Glauben angesehen werden. Die unklare und unverständliche Abfassung der Vertragsklauseln führt dazu, dass der Klauselgegner nicht auf zumutbare Weise von dem Klauselinhalt Kenntnis nehmen kann und folglich nicht beurteilen kann, ob der Vertrag seinen Interessen entspricht. Die intransparente Abfassung des Klauselwerkes deutet deshalb auf eine unzureichende Rücksichtnahme des Klauselverwenders auf die Marktinteressen des Klauselgegners hin.

Das Transparenzgebot als Konkretisierung des Grundsatzes von Treu und Glauben knüpft vor allem an den Gedanken des traditionellen marktrationalen Vertragsrechts an. Dabei wird von der Überzeugung, dass der wohlinformierte Klauselgegner selbstverantwortlich seine Interessen am Besten wahren kann, ausgegangen.

2. Zu berücksichtigende Umstände

Neben oben genannten inhaltlichen Leitsätzen gibt es auch bestimmte umstandsbezogene Gesichtpunkte, welche die Interessenabwägung beeinflussen können. Unten folgt eine (nicht erschöpfende) Liste von Umständen, die bei der Würdigung des Vertragsinhalts Berücksichtigung finden können.

---

[193]WILHELMSSON, Thomas, „Control of Unfair Contract Terms and Social Values: EC and Nordic Approaches", *Journal of Consumer Policy*, 1993, S. 448-449.
[194]WILHELMSSON, Thomas, „Control of Unfair Contract Terms and Social Values: EC and Nordic Approaches", *Journal of Consumer Policy*, 1993, S. 452.

A. Art des Rechtsgeschäftes

Die Frage, ob ein angemessener Vertragsinhalt vorliegt, wird auch durch die Art des Rechtsgeschäftes beeinflusst. Jede Geschäftsart hat ihre typischen Eigenarten, die bei der Klauselwürdigung in Betracht zu ziehen sind. Die gleiche Klausel kann in dem einen Geschäftstyp gerechtfertigt sein und in einem anderen Geschäftstyp zu einem Ungleichgewicht zwischen den Rechten und Pflichten der Vertragsparteien führen [195].

B. Der gesamte Vertragsinhalt

Bei der Beurteilung einer Klausel nach der Generalklausel ist auf den gesamten Vertragsinhalt Rücksicht zu nehmen. Eine Klausel ist nicht isoliert, sondern in ihrem Vertragskontext, zu betrachten. Eine Gesamtwürdigung des Vertragsinhaltes kann zu einem „Verstärkereffekt"[196] oder an einer „Summierungswirkung"[197] und zu einem „Kompensationseffekt"[198] führen. Ein Verstärkereffekt liegt vor, wenn Klauseln, die als solche wirksam sind, Nachteile so verstärken, dass sie zu einer unangemessenen Regelung führen. Ein Kompensationseffekt liegt dagegen vor, wenn die nachteilige Wirkung einer Klausel durch Vorteile aufgrund anderer Klauseln kompensiert wird.

Bei der Gesamtwürdigung können auch die individuellen Teile des Vertrages in Betracht gezogen werden[199]. Individualvereinbarungen haben in den meisten Rechtsordnungen vor anderslautenden AGB Vorrang.

C. Die Position der Vertragsparteien

Bei der Würdigung des Vertragsinhalts könnten auch die beiderseitigen Vertragspositionen in Betracht gezogen werden. Dabei wird vor allem auf die Verhandlungsstärke beider Parteien Rücksicht zu nehmen sein. In bestimmten Fällen kann eine der Vertragsparteien der anderen intellektuell oder wirtschaftlich überlegen sein. Insofern ein Ungleichgewicht zwischen den Verhandlungspositionen der Vertragsparteien vorliegt, könnte

---

[195] BRANDNER, Hans Erich in ULMER/BRANDNER/HENSEN, *AGB-Kommentar*, 8. Auflage, § 9, Rdnr. 79.

[196] WOLF, Manfred, in WOLF/HORN/LINDACHER, *AGBG-Kommentar*, 4. Auflage, 1999, § 9, Rdnr. 133.

[197] BRANDNER, Hans Erich in ULMER/BRANDNER/HENSEN, *AGB-Kommentar*, 8. Auflage, § 9, Rdnr. 81.

[198] WOLF, Manfred, in WOLF/HORN/LINDACHER, *AGBG-Kommentar*, 4. Auflage, 1999, § 9, Rdnr. 133; BRANDNER, Hans Erich in ULMER/BRANDNER/HENSEN, *AGB-Kommentar*, 8. Auflage, § 9, Rdnr. 82.

[199] BRANDNER, Hans Erich in ULMER/BRANDNER/HENSEN, *AGB-Kommentar*, 8. Auflage, § 9, Rdnr. 81.

die Angemessenheitsfrage nach strengeren Kriterien beurteilt werden[200]. Nach dieser Auffassung könnte die gleiche Klausel je nach Klauselgegner unterschiedlich beurteilt werden.

D. Die den Vertragsabschluss begleitenden Umstände

Nicht nur die Position der Vertragsparteien, sondern alle den Vertragsabschluss begleitende Umstände können bei der Klauselwürdigung berücksichtigt werden. Diese Umstände deuten beim Vertragsabschluss zusätzlich zum ausdrücklich festgehaltenen Wortlaut auf bestimmte Erwartungen und auf das Vertrauen des Klauselgegners hin[201].

E. Die Umstände, die nach dem Vertragsabschluss eingetreten sind

Auch wenn eine Klausel beim Vertragsabschluss angemessen war, können nach dem Vertragsabschluss eintretende Umstände eine Unangemessenheit begründen. Dieser Möglichkeit kann vor allem bei langfristigen Verträgen Bedeutung zukommen. Die negativen Folgen normaler Geschäftsrisiken sollen dagegen nicht mittels der Missbrauchkontrolle beseitigt werden können[202].

III. Abstrakte oder konkrete Beurteilung der Missbräuchlichkeitsfrage?

Die Beurteilung der Missbräuchlichkeitsfrage auf der Grundlage des Gebots von Treu und Glauben kann in der Praxis auf zwei Weisen vorgenommen werden. Die Missbräuchlichkeitsfrage kann einerseits nach konkret-individuellen oder andererseits nach abstrakt-generellen Maßstäben beurteilt werden. Unten folgt eine kurze Wiedergabe beider Formen der Missbrauchskontrolle.

1. Die konkret-individuelle Beurteilung der Missbräuchlichkeitsfrage - kasuistische Beurteilung - Umstandskontrolle

Eine konkret-individuelle Beurteilung der Missbräuchlichkeitsfrage orientiert sich an den konkret-individuellen Interessen der Parteien, den konkreten Vertragspositionen und allen anderen Umständen des Einzelfalles. Bei diesem Vorgehen findet eine allumfassende materielle oder

---

[200]WILHELMSSON, Thomas, *Standardavtal. Om avtalsbundenhet och oskäliga avtalsvillkor*, 1995, S. 123.

[201]WOLF, Manfred, in WOLF/HORN/LINDACHER, *AGBG-Kommentar*, 4. Auflage, 1999, RiLi Artikel 4, Rdnr. 6.

[202]WILHELMSSON, Thomas, *Standardavtal. Om avtalsbundenhet och oskäliga avtalsvillkor*, 1995, 1993, S. 130.

wirtschaftliche Würdigung des Vertragsinhaltes und der konkreten Vertragsumstände statt. Kennzeichnend ist die kasuistische Prüfung der Missbräuchlichkeitsfrage[203]. Nicht die Klausel als solche, sondern die Würdigung aller Vertrags*umstände* steht dabei im Mittelpunkt. Die Missbrauchskontrolle ist als eine Umstandskontrolle anzusehen.

Diese am Einzelfall orientierte Prüfung der Missbräuchlichkeitsfrage ist vor allem in den nordischen Staaten anzutreffen[204]. Die kasuistische Klauselwürdigung ist aber wegen des Problems der Rechtssicherheit auf Kritik gestoßen. Vor allem der schwedische Verfasser *Bernitz*[205] kämpft schon seit Jahren für eine mehr klauselorientierte Beurteilung.

Auch in Belgien gibt es Befürworter einer kasuistischen Beurteilung. Auf diese Diskussion wird in Teil IV näher eingegangen.

2. Die generell-abstrakte Beurteilung der Missbräuchlichkeitsfrage - Inhaltskontrolle

Bei einer generell-abstrakten Beurteilung der Angemessenheitsfrage handelt es sich um die Abwägung der objektiven oder typischen Interessen der Parteien. Auf die konkret-individuellen Interessen der Vertragsparteien wird dabei keine Rücksicht genommen. Des Weiteren werden nicht die konkreten Vertragspositionen und andere Umstände des Einzelfalles, sondern die typischen Umstände bei der Missbrauchskontrolle berücksichtigt. Bei diesem Vorgehen soll die umstrittene Klausel nicht nur im Einzelfall, sondern generell für den beteiligten Personenkreis als unangemessen anzusehen sein[206]. Es handelt sich dabei um eine reine Inhaltskontrolle oder eine klauselorientierte Inhaltskontrolle.

---

[203]BERNITZ, Ulf, „Utvecklingen mot en standardavtalsrätt", *Svensk Juristtidning*, 1972, S. 439.

[204]für **Finnland**: WILHELMSSON, Thomas, *Standardavtal. Om avtalsbundenhet och oskäliga avtalsvillkor*, 1995, Helsinki, 1993, S. 118; für **Schweden**: BERNITZ, Ulf, „Standardavtalsrätt och EG-direktivet om avtalsvillkor", *Svensk Juristtidning*, 1995, S. 639; für **Dänemark**: LYNGE ANDERSEN, Lennart, NØRGAARD, Jørgen, *Aftaleloven med kommentarer*, 1990, S. 171 ff.; BERNITZ, Ulf, *Standardavtalsrätt*, 6. Auflage, 1993, S. 83.

[205]BERNITZ, Ulf, „Standardavtalsrätt och EG-direktivet om avtalsvillkor", *Svensk Juristtidning*, 1995, S. 639 (640).

[206]BRANDNER, Hans Erich in ULMER/BRANDNER/HENSEN, *AGB-Kommentar*, 8. Auflage, § 9, Rdnr. 75.

Eine generalisierende Beurteilung der Angemessenheitsfrage liegt grundsätzlich dem deutschen AGB-Gesetz zugrunde[207]. Dies hat zu einer umfassenden Fallgruppenbildung geführt. Dabei sind gewisse Arten von Klauseln in bestimmten Vertragstypen immer als unangemessen anzusehen.

IV. Würdigung

1. Die politisch-philosophisch bedingte Auslegung von Generalklauseln

Die meisten mitgliedstaatlichen Generalklauseln im Recht der missbräuchlichen Klauseln orientieren sich an einem Verstoß gegen Treu und Glauben. Diese Bezugnahme auf die Treuwidrigkeit ist in den Mitgliedstaaten unterschiedlich interpretiert worden.

Inwiefern dieser Grundsatz einen Eingriff in die Privatautonomie der Parteien rechtfertigt und welche Verpflichtungen aus dem Grundsatz von Treu und Glauben abgeleitet werden können, ist politisch-philosophisch bedingt. Was die Frage des Einstiegskriteriums angeht, wurde schon im Kapitel IV darauf hingewiesen, dass die nordischen Staaten mit ihrer generellen Inhaltskontrolle, die auch eine Überprüfung des ausgehandelten Teils des Vertrages und des Preis-/Leistungsverhältnisses zulässt, für Interventionismus der Rechtsordnung Raum lassen. Andere Mitgliedstaaten halten sich mehr konsequent an den marktbezogenen Grundsätzen des Vertragsrechts. Danach kann eine Inhaltskontrolle auf der Grundlage von Treu und Glauben nur dann stattfinden, wenn die Richtigkeitsgewähr des Vertragsmechanismus fehlt. Dennoch hat das „interventionistische Milieu"[208] im Norden nicht zu einer allgemeinen Preiskontrolle geführt, und der Grundsatz von Treu und Glauben wird nicht als Instrument der Wohlstandsumverteilung verwendet. Eine solche Konkretisierung des Maßstabes wäre wegen der grundsätzlichen Anerkennung der marktwirtschaftlichen Prinzipien politisch nicht möglich gewesen. Das Vertrauen in die gute Wirkung der Vertragsmechanismen und den freien Wettbewerb variiert jedoch in den Mitgliedstaaten. Dies zeigt sich insbesondere in der Kontrollfähigkeit bzw. Kontrollfreiheit des wettbewerbsbedingten Preis-/Leistungsverhältnisses und des ausgehandelten Teils des Vertrages, worauf schon in Kapitel IV eingegangen wurde.

---

[207] BRANDNER, Hans Erich in ULMER/BRANDNER/HENSEN, *AGB-Kommentar*, 8. Auflage, § 9, Rdnr. 75; WOLF, Manfred, in WOLF/HORN/LINDACHER, *AGBG-Kommentar*, 4. Auflage, 1999, § 9, Rdnr. 51.

[208] WILHELMSSON, Thomas, „Control of Unfair Contract Terms and Social Values: EC and Nordic Approaches", *Journal of Consumer Policy*, 1993, S. 452.

Als Eingriffskriterium stellt der Grundsatz von Treu und Glauben eine wichtige Ausübungsschranke und Konkretisierung der Wertungsmöglichkeit der Richter dar. Nicht jede Ungleichheit bei den Rechten und Pflichten oder jede Benachteiligung des anderen Teils führt zur Unwirksamkeit der Klausel. Der Richter hat sich bei seiner Würdigung nicht an eigenen subjektiven Kriterien, sondern an einer Interessenabwägung entsprechend dem Grundsatz von Treu und Glauben zu orientieren. Dieser Grundsatz setzt das Vorliegen eines Missbrauchs voraus, der aus einer unzureichenden Rücksichtnahme der Interessen des anderen Teils besteht. Dieser Maßstab gestattet dem Richter, bei der Interessenabwägung zwischen verschiedenen Fallgestaltungen zu unterscheiden.

In diesem Kapitel sind mögliche Konkretisierungen des Grundsatzes von Treu und Glauben erörtert worden. In den Mitgliedstaaten dienen die aus dem Grundsatz abgeleiteten Leitsätze vor allem dem Gedanken des marktrationalen Vertragsrechts. Der Grundsatz von Treu und Glauben dient dazu, das Gleichgewicht zwischen den Verhandlungspositionen der Parteien wiederherzustellen. Höhere Schutzziele, wie zum Beispiel Sicherheit und soziale Verantwortlichkeit sind bei der Konkretisierung des Grundsatzes von Treu und Glauben kaum mit dem Gedanken des marktbezogenen Vertragsrechts zu vereinbaren. Sie liegen dagegen häufig zwingenden Schutzvorschriften zugrunde. Zu denken ist dabei an das Mietrecht und das Arbeitsrecht. Die in diesem Kapitel aufgelisteten Leitsätze sind eine nicht-erschöpfende Liste möglicher Konkretisierungen des Grundsatzes von Treu und Glauben. Der Inhalt dieses Grundsatzes liegt nicht fest, sondern ist flexibel.

2. Inhaltskontrolle oder Umstandskontrolle?

Eine reine Inhaltskontrolle findet auf jedem Fall statt, wenn die Angemessenheitsfrage im Rahmen eines generellen Marktverfahrens geprüft wird. Denn im abstrakten Kontrollverfahren wird die Wirksamkeit einer Klausel unabhängig von den Umständen des konkreten Falls beurteilt, d.h. die Verwendung der Klausel muss generell missbräuchlich sein.

Anders könnte hinsichtlich des Individualprozesses geurteilt werden. In diesem Fall liegen konkret-individuelle Vertragsumstände vor. Inwiefern die individuellen Interessen der Vertragsparteien, die konkreten Vertragspositionen und die anderen konkret-individuellen Umstände bei der Würdigung berücksichtigt werden können, wird in den Mitgliedstaaten unterschiedlich beantwortet. Die Missbräuchlichkeitsfrage kann auch im Individualprozess abstrakt-generell beurteilt werden. Dabei handelt es sich dann um eine reine Inhaltskontrolle. Andererseits stehen bei der konkret-individuellen Beurteilung der Missbräuchlichkeitsfrage nicht die Vertragsinhalte, sondern die Vertragsumstände im Mittelpunkt (Umstandskontrolle). Zwischen einer reinen Inhaltskontrolle und einer Umstandskontrolle gibt es eine übergangsreiche Zone. Die Grenze zwischen beiden ist nicht immer scharf zu ziehen. Auch bei einer generalisierenden Beurteilung wird häufig die Art des Vertrages in Betracht gezogen. Dabei wird auf die typischen Umstände der Vertragsart Bezug genommen. Jede Typisierung kann als eine Individualisierung des Kontrollmaßstabes angesehen werden.

Sowohl ein abstrakter als auch ein konkreter Kontrollmaßstab können zu unbefriedigenden Ergebnissen führen. Ein abstrakter Maßstab hat den Nachteil, dass zu wenig auf die individuellen Umstände Rücksicht genommen wird. Vor allem bei der Beurteilung von Individualvereinbarungen könnte die Berücksichtigung der konkret-individuellen Umstände ergiebig sein. Ein konkret-individueller Maßstab führt dagegen zu Rechtsunsicherheit, da nur schwierig voraussehbar ist, wie der Richter entscheiden wird. Dieses Problem stellt sich am stärksten bei Klauseln, die nicht nur für eine individuelle Verwendung abgefasst wurden, also bei AGB.

Kapitel VIII: Die Verwendung einer „schwarzen Liste"

I. Definition

Neben der Verwendung einer Generalklausel enthalten viele mitgliedstaatliche Kodifizierungen auch einen Katalog von Klauseln, deren Anwendung immer zu Missbräuchlichkeit führt, oder die eine Missbräuchlichkeit indizieren. Die erste Gruppe enthält Klauselverbote ohne Wertungsmöglichkeit, d.h. eine Interessenabwägung, für den Richter. Die Klausel ist *per se* unwirksam, der Richter hat ihre Unwirksamkeit auszusprechen. Die zweite Gruppe enthält Verbotsklauseln mit Wertungsmöglichkeit für den Richter. Dieses bedeutet, dass die aufgelisteten Klauseln nicht *per se*, sondern erst nach einer Interessenabwägung, für unwirksam erklärt werden können. Sowohl Klauselverbote ohne Wertungsmöglichkeit als auch solche mit Wertungsmöglichkeit können als Anwendungsfälle der Generalklausel angesehen werden.

II. Vor- und Nachteile der Verwendung von Klauselkatalogen

Im Vergleich mit der Verwendung einer Generalklausel hat ein Klauselkatalog den Vorteil, einfach anwendbar zu sein. Es besteht kein Zweifel darüber, ob eine Klausel unangemessen ist. Wenn der Klausel im Katalog aufgelistet ist und dem Richter keine Wertungsmöglichkeit verbleibt, ist sie verboten. Zu den Vorteilen gehört des Weiteren, dass der Klauselverwender durch die Konkretisierung eine Vorstellung davon erhält, was unangemessen ist, und sich dem anpassen kann[209]. Auch für die Kunden und Verbraucherverbände sind diese Konkretisierungen richtunggebend.

Dennoch besteht die Gefahr, dass die Klauselverwender die Klauselverbote umgehen werden. Außerdem ist vor allem in den nordischen Staaten die Befürchtung ausgesprochen worden, dass die Verwendung von Verbotskatalogen zur Folge haben könnte, dass nicht in den Listen aufgenommenen Klauseln automatisch als angemessen anzusehen sind[210]. Deswegen kann eine Klauselliste nur in Kombination mit einer Generalklausel zu einem wirksamen Schutz vor missbräuchlichen Klauseln führen[211].

---

209 HONDIUS, Ewoud, H., „Oskäliga Avtalsvillkor. Konsument ska vara vakthund mot dåliga avtalsvillkor", *K&E*, 1988, Nr. 6, S. 23.

210 HONDIUS, Ewoud, H., „Oskäliga Avtalsvillkor. Konsument ska vara vakthund mot dåliga avtalsvillkor", *K&E*, 1988, Nr. 6, S. 23.

211 BRANDNER, Hans Erich in ULMER/BRANDNER/HENSEN, *AGB-Kommentar*, 8. Auflage, § 9, Rdnr. 9.

Die Verwendung absoluter Klauselverbote hat außerdem den Nachteil, dass die Aufgabe der Richter sich auf die Überwachung der Einhaltung der Klauselverbote beschränkt. Die Klauselverbote mit Wertungsmöglichkeit dagegen geben dem Richter die Möglichkeit, auf die Interessen der Vertragsparteien Rücksicht zu nehmen.

Die Verwendung einer Generalklausel in Kombination mit einem Klauselkatalog ist eine deutsche Erfindung. Dieses deutsche Modell wurde in vielen anderen europäischen Staaten übernommen. Dazu gehören die Niederlande, Belgien, Luxemburg, Spanien und Portugal. Die nordischen Staaten sehen dagegen von der Verwendung von Klausellisten ab.

Kapitel IX: Die Rechtsfolgen der Missbräuchlichkeit im Individualprozess

Neben den Vorschriften zur Feststellung eines Missbrauches regeln die mitgliedstaatlichen Kodifizierungen auch die Rechtsfolgen der Missbrauchskontrolle. Die wichtigste Sanktion im Individualprozess ist die Unwirksamkeit oder Nichtigkeit der Klausel. Daneben gibt es auch die Möglichkeit, den Klauselinhalt auf ihren zulässigen Inhalt zu reduzieren oder anzupassen. Schließlich kann auch Schadensersatz wegen *culpa in contrahendo* zuerkannt werden.

I. Die Unwirksamkeit

Eine Klausel, die durch den Richter als missbräuchlich beurteilt wird, wird in den meisten Mitgliedstaaten als unwirksam oder nichtig angesehen. Dabei handelt es sich um eine Teilnichtigkeit des Vertrages. Demnach ist nur die missbräuchliche Klausel unwirksam und der Restvertrag bleibt aufrechterhalten. Da der Klauselgegner häufig kein Interesse daran hat, dass der Gesamtvertrag für nichtig erklärt wird, ist die Teilnichtigkeit eine angemessene Sanktion. An die Stelle der unwirksamen Klausel tritt in der Regel die dispositive Vorschrift, die ohne die Klausel gelten würde. Insofern keine dispositive Vorschriften vorliegen, kann der Richter die Lücke durch vertragsergänzende Auslegung füllen. Dabei ist auf die typischen Interessen der Vertragsparteien Rücksicht zu nehmen[212].

Da die Aufrechterhaltung des Restvertrages nicht immer möglich ist, ist die Sanktion der Teilnichtigkeit nicht immer angebracht. Zwischen der unwirksamen Klausel und den anderen Klauseln kann es einen solchen Zusammenhang geben, dass die dispositive Vorschriften nicht angemessen sind[213]. Des Weiteren ist es auch möglich, dass der Vertrag durch den Wegfall der unwirksamen Klausel nicht mehr durchführbar ist. In diesem Fall kann es angebracht sein, den Gesamtvertrag für unwirksam zu erklären. Diese Gesamtnichtigkeit soll aber nur unter strengen Voraussetzungen angenommen werden[214].

---

212 PALANDT und HEINRICHS, *BGB*, 60. Auflage, 2001, § 6, Rdnr. 6.

213 WILHELMSSON, Thomas, *Standardavtal. Om avtalsbundenhet och oskäliga avtalsvillkor*, 1995, S. 108.

214 PALANDT und HEINRICHS, *BGB*, 60. Auflage, 2001, § 6, Rdnr. 8.

II. Die geltungserhaltende Reduktion und Klauselanpassung

In den nordischen Staaten, gibt es auch die Möglichkeit, die missbräuchliche Bestimmung auf ihren zulässigen Inhalt zurückzuführen. Diese Möglichkeit der geltungserhaltenden Reduktion gibt es zum Beispiel im schwedischen Vertragsgesetz[215]. Daneben kann der Klauselinhalt von dem Richter auch abgeändert werden, d.h. nicht nur reduziert, sondern auch erweitert werden, so dass er angemessen wird. Die geltungserhaltende Reduktion und Klauselanpassung sind besonders angemessen, wenn die lückenfüllende dispositive Vorschrift nicht in den Zusammenhang passt oder der Vertrag ohne die Klausel nicht durchführbar ist. Im schwedischen Vertragsgesetz kommt dem Richter eine umfassende Freiheit zur Vertragsänderung zu, die viel weiter geht als die oben erwähnte vertragsergänzende Auslegung. Sowohl in Deutschland[216] als auch in Belgien[217] ist die geltungserhaltende Reduktion und Klauselanpassung verboten. Die missbräuchliche Klausel ist unwirksam und entfällt.

III. Schadensersatz wegen *culpa in contrahendo*

Neben der Nichtigkeit kann die Missbräuchlichkeit einer Klausel auch zu Schadensersatz wegen Verschulden beim Vertragsabschluss führen. Das Verschulden besteht bei der Verwendung von missbräuchlichen Klauseln aus der Verletzung der Pflicht zur Rücksichtnahme auf die Interessen des anderen Teils. Die Schadensersatzpflicht bezieht sich zunächst auf die Rechtsberatungs- und Prozesskosten, die der Vertragspartner zur Anfechtung der missbräuchlichen Klausel aufbringen muss. Daneben kann der Klauselverwender auch dazu verurteilt werden, bestimmte Nachteile, die der Vertragspartner infolge der Scheinbindung erlitten hat, zu ersetzen. Außerdem können Leistungen, die aufgrund einer missbräuchlichen Klausel erbracht wurden, zurückgefordert werden[218].

---

[215] § 36 Avtalslagen; WILHELMSSON, Thomas, *Standardavtal. Om avtalsbundenhet och oskäliga avtalsvillkor*, 1995, S. 108.

[216] SCHMIDT, H., in ULMER/BRANDNER/HENSEN, *AGB-Kommentar*, 8. Auflage, § 6, Rdnr. 14.

[217] BOSMANS, Marc, „Standaardbedingen", *TPR* 1984, S. 63 und 73.

[218] BRANDNER, Hans Erich in ULMER/BRANDNER/HENSEN, *AGB-Kommentar*, 8. Auflage, § 9, Rdnr. 57.

IV. Schluss

Im oben stehenden Teil hat sich ergeben, dass in den letzten zwanzig Jahren in den meisten europäischen Mitgliedstaaten Kodifizierungen des Rechts der missbräuchlichen Klauseln entstanden sind. Diese Rechtsvorschriften dienen dazu, den Klauselgegner vor internen Missbräuchen im Vertragsinhalt zu schützen. Dabei wird von unterschiedlichen Schutzkonzeptionen ausgegangen. Der Schutz vor missbräuchlichen Klauseln knüpft in den meisten Mitgliedstaaten an die Eigenschaft des Verbrauchers an. Andere Rechtsordnungen knüpfen die Missbrauchskontrolle an eine bestimmte Verhandlungssituation bei Vertragsabschluss an. In den nordischen Staaten greift eine Missbrauchskontrolle immer dann ein, wenn der Richter der Auffassung ist, dass eine Missbräuchlichkeit vorliegt. Oben wurde eine generelle Missbrauchskontrolle abgelehnt. Eine Missbrauchskontrolle und die damit verbundene Einschränkung der Privatautonomie sollte vielmehr nur dann eingreifen, wenn die Vertragsmechanismen versagen. Es wurde des Weiteren auch davor gewarnt, die Klauselgegner und insbesondere die Verbraucher nicht zu „überschützen". Ein Überschutz würde die Vertragsfreiheit zu sehr einschränken. Die Missbrauchskontrolle kann im Wege eines Individualprozesses oder mit Marktperspektive ausgeübt werden. Die meisten mitgliedstaatlichen Rechtsordnungen enthalten ein doppeltes Modell, das an ihre eigene Bedürfnisse angepasst wurde. Der wichtigste Bestandteil des Kontrollsystems ist die Verwendung einer Generalklausel. Oben wurde darauf hingewiesen, dass gleichlautende Generalklauseln unterschiedlich ausgelegt werden können. Wann „ein Verstoß gegen Treu und Glauben" oder „eine Ungleichheit in Rechten und Pflichten" vorliegt, kann je nach Mitgliedstaat divergieren. Unterschiedliche Lösungen gibt es auch auf die Frage, welche Umstände bei der Beurteilung der Missbräuchlichkeit in Betracht gezogen werden können. Neben einer Generalklausel verwenden einige Mitgliedstaaten auch eine „schwarze Liste" von Verbotsklauseln. Auch hinsichtlich der Rechtsfolgen der Missbräuchlichkeit ergeben sich Unterschiede zwischen den mitgliedstaatlichen Rechtsordnungen.

Mit dem Erlass der Richtlinie 93/13 über missbräuchliche Klauseln in Verbraucherverträgen vom 5. April 1993 erzielte der Rat eine Mindestharmonisierung des mitgliedstaatlichen Rechts der missbräuchlichen Klauseln im Verbraucherbereich. Im nächsten Teil folgt eine Darstellung und Analyse der Vorschriften dieser Richtlinie.

TEIL II: DIE RICHTLINIE 93/13/EWG DES RATES ÜBER MISSBRÄUCHLICHE KLAUSELN IN VERBRAUCHERVERTRÄGEN VOM 5. APRIL 1993

Kapitel I: Die Entstehungsgeschichte und die Zwecke und Ziele der Richtlinie

I. Entstehungsgeschichte

Die Richtlinie über missbräuchliche Klauseln vom 5. April 1993 hat eine lange Vorgeschichte. Bereits in einer Entschließung von 1975[219] strebte der Rat der EG nach einem Schutz der Verbraucher vor Machtmissbrauch des Gewerbetreibenden, insbesondere vor einseitig festgelegten Standardverträgen und vor dem Ausschluss wesentlicher Rechte in Verträgen.

Erst im Jahre 1990, nach Aufforderung des Europäischen Parlaments[220], übermittelte die Kommission dem Rat einen Richtlinienvorschlag[221]. Bei den Verhandlungen innerhalb der Kommission wurden u.a. Diskussionen über die Rechtsgrundlagen, Reichweite und Kompetenzen dieser Gemeinschaftsinitiative geführt[222]. Die Diskussion handelte von der Erforderlichkeit einer Rechtsangleichung und der Kompetenz der EG im Bereich des Rechts der Geschäftsbedingungen. Auch heute existiert noch immer Uneinigkeit darüber, ob die EG die Kompetenz hat, diesen Sachverhalt zu regeln. Neben der Fragestellung der Regelungskompetenz der EG gab es in einigen Mitgliedstaaten auch starke Einwände gegen den Inhalt des Richtlinienvorschlags. Die Kritik war von nationaler, juristischer und wirtschaftlicher Art. Einwände wurden gegen die vom Richtlinienvorschlag vorgebrachte Angemessenheitskontrolle von Vertragsklauseln, die lediglich die geltenden Rechtsvorschriften wiedergeben, erhoben. Die Kontrolle deklaratorischer Klauseln würde eine indirekte

---

[219] „Entschließung betreffend eines Ersten Programms der Europäischen Wirtschaftsgemeinschaft für eine Politik zum Schutz und zur Unterrichtung der Verbraucher", 14.04.1975, *ABl.EG* vom 25.04.1975, Nr. C. 92, S. 1, 6, 7.

[220] *ABl.EG* vom 24.03.1986, Nr. C. 68, S. 164.

[221] Vorschlag für eine Richtlinie des Rates über missbräuchliche Klauseln in Verbraucherverträgen, *ABl*, 1990, C 243 S. 2 ff.

[222] Über diese Diskussion s. DAMM, Reinhard, „Europäisches Verbrauchervertragsrecht und AGB-Recht. Zur Umsetzung der EG-Richtlinie über missbräuchliche Klauseln in Verbraucherverträgen", *JZ* 1994, S. 161 (162); REICH, Norbert, *Europäisches Verbraucherschutzrecht. Binnenmarkt und Verbraucherinteresse*, 2. Auflage, 1993, S. 260; MÜLLER-GRAFF, „Gemeinsames Privatrecht in der Europäischen Gemeinschaft. Ebenen und gemeinschaftsprivatrechtliche Grundfragen", in *Festschrift Börner*, 1992, S. 323 ff.

Angemessenheitskontrolle des materiellen Rechts zur Folge haben und würde außerdem keine Rücksicht auf die nationalen Besonderheiten in der Rechtspraxis nehmen. Des Weiteren richtete sich die Kritik gegen die vorgenommene Kontrolle der Individualvereinbarungen der Parteien und die Hauptleistungspflichten des Vertrages. Ein so weiter Anwendungsbereich der Richtlinie würde, nach deutscher Kritik, eine drastische Beschränkung der Privatautonomie bedeuten und damit gegen die Prinzipien der freien Marktwirtschaft verstoßen. Oben stehende Bedenken prägten die weiteren Vertragsverhandlungen. Die inhaltliche Uneinigkeit der Mitgliedstaaten lässt sich auf das Spannungsverhältnis zwischen zwei großen Prinzipien zurückführen. Es handelt sich um die Beziehung zwischen dem marktwirtschaftlichen Grundsatz der Parteiautonomie einerseits und um die staatliche Interventionsmöglichkeit, die Exzesse dieser Parteiautonomie zu steuern, andererseits. Einer der Gründe zum Eingreifen in die Privatautonomie ist der Verbraucherschutz. Über die Grenzen zwischen der Parteiautonomie und dem Verbraucherschutz existieren in den Mitgliedstaaten unterschiedliche Rechtstraditionen und Rechtspraxen, die in der Regelung der Richtlinie berücksichtigt werden mussten. Nach Diskussionen in der zuständigen Ratsarbeitsgruppe und nach der Stellungnahme des Europäischen Parlaments legte die Kommission im März 1992 einen geänderten Vorschlag vor[223]. Da dieser neue Vorschlag nur minimale Änderungen enthielt, wurde weiter verhandelt, bis ein Kompromiss erreicht wurde. Der Rat verabschiedete am 22. September 1992 einen Gemeinsamen Standpunkt[224], der noch in einigen Punkten durch das Europäische Parlament und die Kommission abgeändert wurde. Von dem ursprünglichen breiten Anwendungsbereich des Richtlinienvorschlags wurde Abstand genommen. Am 5. April 1993 wurde die Richtlinie verabschiedet[225]. Die Mitgliedstaaten hatten die zur Umsetzung der Richtlinie erforderlichen Vorschriften laut Artikel 10 bis spätestens 31. Dezember 1994 in Kraft zu setzen[226].

---

223 *ABl.EG* vom 24.03.1992, Nr. C. 73, S. 7 (12).

224 Gemeinsamer Standpunkt des Rates vom 22.09.1992 im Hinblick auf die Annahme der Richtlinie 92 // EWG des Rates über missbräuchliche Klauseln in Verbraucherverträgen, 8406/1/92 REV 1 RESTREINT CONSOM 52 PRO-COOP 57.

225 Richtlinie 93/13/EWG des Rates vom 5. April 1993 über missbräuchliche Klauseln in Verbraucherverträgen, *ABl.EG.* vom 21.04.1993, Nr. L. 95, S. 29 ff oder in *NJW* 1993, S. 1838 oder in *EWS*, 1993, S. 178.

226 ECKERT, Hans-Werner, „Die EG-Richtlinie über missbräuchliche Klauseln in Verbraucherverträgen und ihre Auswirkungen auf das deutsche Recht", *WM* 1993, S. 1070; ECKERT, Hans-Werner, „Der Referentenentwurf zur Umsetzung der EG-Richtlinie über missbräuchliche Klauseln in Verbraucherverträgen", *ZIP* 1994, S. 1986; SIEG, Karl, „Die Bedeutung der EG-Richtlinie über missbräuchliche Klauseln in Verbraucherverträgen für die AVB", *VersR*, 1993, S. 1305; HEINRICHS, Helmut, „Die EG-Richtlinie über missbräuchliche Klauseln in Verbraucherverträgen",

II. Ziel und Zweck der Richtlinie

Die Richtlinie hat zwei wichtige Regelungsziele. Einerseits dient sie der Spezifierung der allgemeinen Zwecke des EGV. Danach sollen mit Hilfe von Richtlinien die Vorschriften der Mitgliedstaaten harmonisiert werden, so dass die Voraussetzungen für einen freien und lauteren Wettbewerb auf dem europäischen Markt geschaffen werden. Andererseits dient die Richtlinie dem Verbraucherschutz. Der europäische Gesetzgeber begründet einen Minimumschutz des Verbrauchers vor missbräuchlichen Klauseln.

1. Konkretisierung und Spezifizierung der allgemeinen Zwecke des Europäischen Gemeinschaftsvertrags (EGV)

A. Die Gewährleistung des freien Waren-und Dienstleistungsverkehrs

Die Richtlinie hat gemäß Artikel 1 die Rechtsangleichung der nationalen Rechts- und Verwaltungsvorschriften über missbräuchliche Klauseln in Verbraucherverträgen zum Zweck. Damit kommt der Richtlinie im Rahmen der EG-Privatrechtsvereinheitlichung ein besonderes Gewicht zu[227]. Denn das Vertragsrecht und das AGB-Recht nehmen im Privatrecht eine zentrale Stellung ein. Laut Artikel 3 lit. h EGV ist die Angleichung der Rechtsvorschriften der Mitgliedstaaten eine der wichtigsten Aufgaben der Gemeinschaft. Die Gemeinschaft kann Maßnahmen zur Angleichung der Rechts- und Verwaltungsvorschriften der Mitgliedstaaten treffen. Eine dieser Maßnahmen ist der Erlass von Richtlinien. Diese Rechtsangleichung hat die schrittweise Verwirklichung des Binnenmarkts zum Ziel (Artikel 100a EGV). Der Binnenmarkt umfasst einen Raum ohne Binnengrenzen, in dem der freie Verkehr von Waren, Personen, Dienstleistungen und Kapital gewährleistet ist (Artikel 7a EGV). Im Einzelnen er-

---

NJW 1993, S. 1817; HOMMELHOFF, Peter und WIEDENMANN, Kai-Udo, „Allgemeine Geschäftsbedingungen gegenüber Kaufleuten und unausgehandelte Klauseln in Verbraucherverträgen", *ZIP* 1993, S. 572; DAMM, Reinhard, „Europäisches Verbrauchervertragsrecht und AGB-Recht, Zur Umsetzung der EG-Richtlinie über missbräuchliche Klauseln in Verbraucherverträgen", *JZ* 1994, S. 161 (162); REMIEN, Oliver, „AGB-Gesetz und Richtlinie über missbräuchliche Verbrauchervertragsklauseln in ihrem europäischen Umfeld", *ZEuP* 1994, S. 34 (37); ULMER, Peter, „Zur Anpassung des AGB-Gesetzes an die EG-Richtlinie über missbräuchliche Klauseln in Verbraucherverträgen", *EuZW* 1993, S. 337.

[227]DAMM, Reinhard, „Europäisches Verbrauchervertragsrecht und AGB-Recht, Zur Umsetzung der EG-Richtlinie über missbräuchliche Klauseln in Verbraucherverträgen", *JZ* 1994, S. 161; BERNITZ, Ulf, „Konsumentskydd", in *Publica EU* Heft 31, 1996, S. 12.

fordert ein freier Binnenmarkt die Beseitigung von Wettbewerbsverfälschungen und den Abbau von offenen oder verschleierten Handelsbeschränkungen, einschließlich aller Maßnahmen gleicher Wirkung (Artikel 30 EGV). Mit der Rechtsangleichung wird eine Anpassung der innerstaatlichen Rechts- und Verwaltungsvorschriften an die Erfordernisse des freien Binnenmarkts beabsichtigt. Die innerstaatlichen Regelungen müssen konform sein mit den Ideen des Binnenmarkts oder angepasst werden. Sie beabsichtigt jedoch keine totale Uniformität der mitgliedstaatlichen Regelungen. Die Idee des Binnenmarkts liegt dem sekundären Gemeinschaftsrecht zugrunde. Bei der Umsetzung und der Auslegung der Richtlinie sind deshalb die Zwecke des Primärrechts zu berücksichtigen. Die Rechtsangleichung auf dem Gebiet der missbräuchlichen Klauseln wird durch den Erlass der Richtlinie eine spezielle, konkretisierte Aufgabe der Mitgliedstaaten. Der zweite Erwägungsgrund der Richtlinie verpflichtet die Mitgliedstaaten zur Beseitigung der missbräuchlichen Klauseln aus Verbraucherverträgen. So werden die Märkte für den Verbraucher einheitlich gestaltet und zugleich werden dadurch Wettbewerbsverzerrungen für die Anbieter bei der Vermarktung in anderen Mitgliedstaaten beseitigt[228]. Die durch die Richtlinie vorgesehene Angleichung der Rechtsvorschriften über missbräuchliche Klauseln darf nicht hinter den Mindestanforderungen (Grundfreiheiten) des EGV zurückbleiben, weil die Richtlinie mit dem primären Gemeinschaftsrecht übereinstimmen muss. Die Richtlinie darf jedoch über die Anforderungen des EGV hinausgehen, wenn das in Übereinstimmung mit Artikel 100a und dem Subsidiaritätsprinzip geschieht[229].

B. Die Gewährleistung eines internen Marktes für Verbraucher

Mit der Harmonisierung der Vorschriften des Rechts über missbräuchliche Klauseln wird zugleich die Gewährleistung eines internen Marktes für Verbraucher erzielt. Diese Harmonisierung der innerstaatlichen Inhaltskontrolle der Verbraucherverträge muss der Unkenntnis der Verbraucher über die verschiedenen Vorschriften der Mitgliedstaaten entgegenwirken. Die Kenntnis des Verbrauchers, dass es in den anderen Mitgliedstaaten gleichartige Schutzvorschriften gibt, erleichtert den

---

[228] FLAMÉE, Michel und TROCH, Koen, „De invloed van de EG-Richtlijn van 5 april 1993 betreffende oneerlijke bedingen in consumentenovereenkomsten op het heersend belgisch recht", *TBH* 1996, S. 33.

[229] BT.-Dr. 13/2713, S. 4; WOLF, Manfred, in WOLF/HORN/LINDACHER, *AGBG-Kommentar*, 4. Auflage, 1999, RiLi Artikel 1, Rdnr. 1 (20); KOENIG, Christian und HARATSCH, Andreas, *Einführung in das Europarecht*, 1996, Kapitel XIII, Rdnr. 278-279.

Marktzugang in diesen anderen Staaten[230]. Ein interner Markt für Verbraucher impliziert, dass die Verbraucher bei ihren grenzüberschreitenden Verbrauchertransaktionen in der ganzen Gemeinschaft einen gleichartigen Minimumschutz genießen[231]. Der Zugang im Binnenmarkt bedeutet für den Verbraucher eine größere Produkt- und Dienstleistungsauswahl. Zugleich wird auch der freie Wettbewerb gefördert[232].

Die Richtlinie erzielt zugleich die Sicherung des Markzugangs im eigenen Land. Der Verbraucher soll nicht nur bei seinen grenzüberschreitenden Betätigungen geschützt werden, auch das innerstaatliche Schutzniveau soll an den europäischen Mindeststandard angepasst werden. Diese erweiterte Sicherung des freien Marktzugangs der Verbraucher im eigenen Land entspricht den allgemeinen Zielen des EG-Vertrags, weil diese Erweiterung auch den grenzüberschreitenden Handels- und Wirtschaftsverkehr erleichtert und einer möglichen Inländerdiskriminierung so weit wie möglich entgegenwirkt.[233]

2. Die Verstärkung des Verbraucherschutzes in den Mitgliedstaaten und im grenzüberschreitenden Rechtsverkehr

A. Der Verbraucherschutz als Ziel der Richtlinie

Aus den Erwägungsgründen der Richtlinie ergibt sich, dass neben der Förderung des freien Wettbewerbs zugleich ein besserer Schutz der Verbraucher auf dem Markt angestrebt wird. Aus dem Funktionieren des freien europäischen Marktes ergeben sich nicht nur Vorteile für die Verbraucher, sondern es kann für den Verbraucher auch schwieriger werden, seine Rechte sicherzustellen. Deshalb ist es wichtig, dass eventuelle Missbräuche, die aufgrund der Marktfreiheit entstehen, verhindert werden. Im 8. Erwägungsgrund macht die Richtlinie eine Verweisung auf zwei Programme der Gemeinschaft für eine Politik zum Schutz und zur Unterrichtung des Verbrauchers[234]. In diesen Programmen wird die Be-

---

[230]Erwägungsgründe 2, 5, 6 und 7 der Richtlinie.

[231]VAN KEER, Ann, „Onrechtmatige bedingen in consumentenovereenkomsten. Vergelijking van artikel 31 e.v. W.H.P.C. met de EG-Richtlijn van 5 april 1993, *Jura Falconis* 1996, S. 287; FLAMÉE, Michel und TROCH, Koen, „De invloed van de EG-Richtlijn van 5 april 1993 betreffende oneerlijke bedingen in consumentenovereenkomsten op het heersend Belgisch recht", *TBH* 1996, S. 33, Rdnr. 5.

[232]Erwägungsgrund 7 der Richtlinie.

[233]WOLF, Manfred, in WOLF/HORN/LINDACHER, *AGBG-Kommentar*, 4. Auflage, 1999, RiLi Artikel 1, Rdnr. 4.

[234]*ABl.EG.*, Nr. C. 92 vom 25.04.1975, S. 1 und *ABl.EG.* Nr. C. 133 vom 03.06.1981, S. 1.

deutung des Verbraucherschutzes hervorgehoben. Dieser Schutz sollte durch solche Rechtsvorschriften gewährleistet werden, die gemeinschaftsweit harmonisiert sind, oder unmittelbar auf dieser Ebene erlassen werden.

Mit diesem Beitrag zum Verbraucherschutz antizipierte der europäische Gesetzgeber schon die erst durch den Vertrag von Maastricht eingeführte Verbraucherpolitik der EU. Der Maastrichter Vertrag machte den Verbraucherschutz zu einer eigenständigen europäischen Aufgabe. Nach Artikel 3 gehört es zu den Tätigkeiten der Gemeinschaft, einen Beitrag zur Verbesserung des Verbraucherschutzes zu leisten. Zu diesem Zweck können Maßnahmen im Sinne des Artikels 100a EGV vorgenommen werden. Der neue Artikel 129 a EGV nimmt den Verbraucherschutz ausdrücklich als Politik der Gemeinschaft in den EGV auf[235].

B. Das rollenbezogene Schutzmodell

Die Richtlinie soll sicherstellen, dass es in Verträgen zwischen Verbrauchern und Gewerbetreibenden keine missbräuchlichen Klauseln mehr geben wird[236]. Die Richtlinie enthält Vorschriften, die einen „rollenspezifischen Unterlegenenschutz"[237] zugunsten der typischerweise schwächeren Verbraucher vorsehen. Die Richtlinie geht von der Vermutung einer typischen Ungleichgewichtslage zwischen dem regelmäßig erfahrenen Gewerbetreibenden (Professional) und dem typischerweise weniger erfahrenen Verbraucher bei Vertragsverhandlungen aus[238]. Die überlegene Verhandlungsposition des Gewerbetreibenden kann dazu führen, dass der Verbraucher keine zumutbare Möglichkeit hat, auf den Vertragsinhalt Einfluss auszuüben. Dieses hat zur Folge, dass die Parteiautonomie durch den Gewerbetreibenden einseitig ausgeübt wird und die Gefahr eines Ungleichgewichtes zwischen den Rechten und Pflichten der Parteien entsteht. Insbesondere bezweckt die Richtlinie, die Verbraucher vor dem missbräuchlichen Ausschluss von Rechten in Verträgen zu schützen[239].

---

[235]KOENIG, Christian und HARATSCH, Andreas, *Einführung in das Europarecht*, 1996, Kapitel 4, Rdnr. 283; REMIEN, Oliver, „AGB-Gesetz und Richtlinie über mißbräuchliche Verbrauchervertragsklauseln in ihrem europäischen Umfeld", *ZEuP* 1994, S. 35.

[236]Erwägungsgrund 4 der Richtlinie.

[237]HOMMELHOFF, Peter und WIEDENMANN, Kai-Udo, „AGB gegenüber Kaufleuten und unausgehandelte Klauseln in Verbraucherverträgen", *ZIP* 1993, S. 565.

[238]HOMMELHOFF, Peter und WIEDENMANN, Kai-Udo, „AGB gegenüber Kaufleuten und unausgehandelte Klauseln in Verbraucherverträgen", *ZIP* 1993, S. 565.

[239]Erwägungsgründe 8 und 9 der Richtlinie.

Die Richtlinie geht von einem „rollenbezogenen Schutzmodell"[240] aus, denn sie schützt nicht jeden Marktteilnehmer, sondern knüpft an eine bestimmte Rolle im Marktgeschehen an[241]. Der Schutz der Richtlinie greift immer dann ein, wenn die typische Verbraucherrolle vorliegt. Die Richtlinie legt dabei die Bedingungen des marktwirtschaftlichen Verhaltens der Vertragsparteien fest[242].

Diese verbraucherschutzbezogene Schutzkonzeption findet sowohl im Anwendungsbereich als auch im Kontrollmaßstab der Missbrauchskontrolle ihren Ausdruck. Zunächst ist die Richtlinie durch einen engen persönlichen Anwendungsbereich gekennzeichnet. Nur der Verbraucher, der einen Vertrag mit einem gewerbetreibenden Klauselverwender abschließt, kann sich auf den Schutz der Richtlinie berufen. Die Orientierung des Schutzes an einem Missbrauch der Vertragsposition des Gewerbetreibenden führt dazu, dass der sachliche Anwendungsbereich sich nicht auf die Kontrolle von Standardverträgen oder AGB beschränkt. Denn die Richtlinie zielt nicht nur auf den Schutz vor Klauseln ab, die für eine Vielfachverwendung vorformuliert sind, sondern auch auf die missbräuchliche Vertragsgestaltung im Generellen. Unklar ist aber der Einfluss dieser Verbraucherschutzkonzeption auf den Kontrollmaßstab der Missbrauchskontrolle. Es stellt sich die Frage, wie die konkret-individuellen Umstände des Vertragsabschlusses bei der Missbrauchsbeurteilung Berücksichtigung finden können, d.h., ob es sich nach der Richtlinie um eine reine Inhaltskontrolle der Vertragsklauseln oder um eine Umstandskontrolle handelt und auf die konkret-individuellen Interessen des Verbrauchers Bezug genommen wird. Die oben stehenden Probleme werden in der Arbeit ausführlich behandelt.

3. Die Richtlinie als Mindestharmonisierung

Die Richtlinie über missbräuchliche Klauseln in Verbraucherverträgen dient dazu, einen Teil des Privatrechts zu harmonisieren, der in den Mitgliedstaaten sehr unterschiedlich geregelt ist. Vor allem der Bereich des Verbraucherschutzes weist in den Mitgliedstaaten Unterschiede auf[243]. Der differenzierte Inhalt der mitgliedstaatlichen Kodifikationen und der

---

[240]MICKLITZ, Hans-W., „Verbandsklage und die EG-Richtlinie über mißbräuchliche Klauseln", *ZIP* 1998, S. 939.

[241]WOLF, Manfred, in WOLF/HORN/LINDACHER, *AGBG-Kommentar*, 4. Auflage, 1999, RiLi Artikel 2, Rdnr. 3.

[242]DAMM, Reinhard, „Europäisches Verbrauchervertragsrecht und AGB-Recht, Zur Umsetzung der EG-Richtlinie über mißbräuchliche Klauseln in Verbraucherverträgen", *JZ* 1994, S. 162.

[243]Erwägungsgrund 3 der Richtlinie.

Rechtsprechung zu missbräuchlichen Klauseln haben bei den vorbereitenden Verhandlungen über die Richtlinie viele Kontroversen ausgelöst. Diese Kontroversen zeigen sich nicht nur in der Entstehungsgeschichte, sondern haben auch ihre Spuren in dem verabschiedeten Richtlinientext hinterlassen. Die großen Differenzen zwischen den Rechtspraxen der Mitgliedstaaten haben zur Folge gehabt, dass der europäische Gesetzgeber sich auf eine Mindestharmonisierung des Rechts der missbräuchlichen Klauseln beschränkt hat. Die Richtlinie stellt einen Minimumstandard dar, hinter dem der Verbraucherschutz der Mitgliedstaaten nicht zurückbleiben darf. Den Mitgliedstaaten ist es, nach Artikel 8 der Richtlinie, ausdrücklich gestattet, ein höheres Schutzniveau für die Verbraucher zu gewährleisten. Die strengeren Bestimmungen sollen aber mit dem EG-Vertrag zu vereinbaren sein. Unklarheit besteht darüber, welche Auswirkungen Artikel 8 auf die strengeren mitgliedstaatlichen Schutzvorschriften haben wird.

Wie das Prinzip der Mindestharmonisierung konkret interpretiert werden soll, bleibt unklar. Nur hinsichtlich Artikel 8 der Haustürwiderrufs-Richtlinie, der mit Artikel 8 der Richtlinie 93/13 vergleichbar ist, hat der EuGH sich geäußert. Aus dem *Di Pinto*-Urteil[244] ergibt sich, dass es den Mitgliedstaaten gestattet ist, die Verbraucherschutzvorschriften aus der Haustürwiderrufs-Richtlinie zugunsten von Nichtverbrauchern im Sinne der Richtlinie anzuwenden. Im *Buet*-Urteil[245] ging es um die Frage, ob das französische Verbot von Haustürgeschäften mit Lernmaterial von Sprachkursen auch nach der Umsetzung der Richtlinie aufrechterhalten bleiben kann. Das über die Anforderungen der Richtlinie hinausgehende Verbot wurde zugelassen mit der Begründung, dass die potentiellen Abnehmer von Sprachkursen in besonderem Umfang schutzwürdig seien[246]. Diese Urteile deuten darauf hin, dass eine Reduzierung der Schutzebene auf die der Richtlinie nicht gefordert wird.

Die Technik der Mindestharmonisierung ist eine Erscheinungsform des Subsidiaritätsprinzips, das erst nach dem Erlass der Richtlinie 93/13 durch den Vertrag von Maastricht in das EGV aufgenommen wurde. Danach kann die Gemeinschaft in Bereichen, die nicht in ihre ausschließliche Zuständigkeit fallen, nur tätig werden, „sofern und soweit die Ziele der in Betracht gezogenen Maßnahmen auf der Ebene der Mitgliedstaaten nicht ausreichend erreicht werden können und daher wegen ihres

---

[244]Urteil Di Pinto, EuGH, 14.03.1991, Rs C. 361/89.
[245]Urteil Buet, EuGH, 16.05.1989, Rs. C. 382/87.
[246]MICKLITZ, Hans-W., „Verbandsklage und die EG-Richtlinie über mißbräuchliche Klauseln", *ZIP* 1998, S. 944.

Umfangs oder ihrer Wirkungen besser auf Gemeinschaftsebene erreicht werden können"[247]. Das Verbraucherrecht ist ein Bereich, der nicht in die ausschließliche Zuständigkeit der Gemeinschaft fällt. Die Grundsätze der Verbraucherpolitik werden grundsätzlich durch die einzelnen Mitgliedstaaten selbst festgelegt[248]. Die Europäische Gemeinschaft liefert nur „einen Beitrag zur Verbesserung des Verbraucherschutzes"[249], soweit dieses mit dem Subsidiaritätsprinzip zu vereinbaren ist. Daraus könnte geschlossen werden, dass die Mitgliedstaaten frei sind, über die Mindestharmonisierungen der Verbraucherrichtlinien hinauszugehen. Das Subsidiaritätsprinzip gestattet deshalb den Mitgliedstaaten, die Verbraucher besser zu schützen[250].

Nicht alle mitgliedstaatlichen Regelungen, die einen höheren Verbraucherschutz als den der Richtlinie gewährleisten, können aber aufrechterhalten bleiben. Nach den allgemeinen Prinzipien des Europarechts sollen die mitgliedstaatlichen Bestimmungen mit den Grundfreiheiten des EG-Vertrags im Einklang stehen. Darauf weisen Artikel 129a Absatz II und Artikel 8 der Richtlinie 93/13 ausdrücklich hin. Die Einführung oder die Erhaltung von strengeren nationalen Vorschriften, welche die Waren- und Dienstleistungsfreiheit einschränken, sind nur zugelassen, insofern dadurch keine Wettbewerbsverzerrungen[251] oder Maßnahmen gleicher Wirkung entstehen[252]. Soweit das nationale Recht Formalitäten oder Schutzvorschriften enthält, die im Herkunftsland der Anbieter nicht bekannt sind, soll es auf seine Vereinbarkeit mit den Grundfreiheiten überprüft werden[253]. Der Artikel 36 EGV sieht aber einige ausdrückliche Ausnahmen von dem Verbot von mitgliedstaatlichen Regelungen, die den innergemeinschaftlichen Handel behindern, vor. Es handelt sich da-

[247] Artikel 3 b Absatz II EGV.

[248] DREHER, Meinrad, „Der Verbraucher - Das Phantom in den Opera des europäischen und deutschen Rechts?", *JZ* 1997, S. 175.

[249] Artikel 3, s EGV. In Artikel 129a Absatz I ist eine ähnliche Zielsetzung zu finden: „Die Gemeinschaft leistet einen Beitrag zur Erreichung eines hohen Verbraucherschutzniveaus".

[250] DREHER, Meinrad, „Der Verbraucher - Das Phantom in den Opera des europäischen und deutschen Rechts?", *JZ* 1997, S. 171.

[251] Mengenmäßige Ein- bzw. Ausfuhrbeschränkungen (die Artikel 30 und 34 EGV hinsichtlich Warenfreiheit, Artikel 59 EGV hinsichtlich Dienstleistungsfreiheit).

[252] Rechtsprechung des EuGH: EuGH, *Slg.* 1974, S. 837 (852) -*Dassonville*; EuGH, *Slg.* 1982, S. 4005, 4021 ff. - *Buy Irisch*; Einschränkung der „Dassonville-Formel" in EuGH, *EuZW* 1993, S. 770 (771) -*Keck* (nationale Bestimmungen, die Verkauf oder Absatzmodalitäten von Waren regeln, sind nicht als Maßnahmen gleicher Wirkung anzusehen).

[253] STRAETMANS, Gert, „Naar een Europees consumentenbegrip?", *Jura Falconis* 1992, Nr. 4, S. 41.

bei um eine Liste von zwingenden Erfordernissen, die Eingriffe in die Grundfreiheiten rechtfertigen können[254]. Hinsichtlich des Dienstleistungsverkehrs gilt in Artikel 56 EGV eine entsprechende Regelung. Die Artikel 36 und 56 sind in der Regel aber keine Grundlage dafür, nationale Verbraucherschutzvorschriften zu rechtfertigen[255]. Der EuGH hat jedoch auf der Grundlage des Artikels 30 weitere Ausnahmen der Warenfreiheit entwickelt. Das EuGH befand im *Cassis de Dijon*-Urteil[256], dass bestimmte Ein- und Ausfuhrbeschränkungen, „ohne dass dies ausdrücklich im EG-Vertrag vorgesehen ist, zulässig sein (können), sofern sie, da gemeinschaftliche Regelungen noch fehlen, erforderlich sind, um bestimmten zwingenden Erfordernissen gerecht zu werden"[257]. Zu diesen zwingenden Erfordernissen gehören eine wirksame steuerliche Kontrolle, die Lauterkeit des Handelsverkehrs, der *Verbraucherschutz*, der Schutz der öffentlichen Gesundheit sowie der Umweltschutz[258]. Entscheidend ist, dass die nationale Verbraucherschutzvorschriften nicht weiter gehen, als es für den Verbraucherschutz erforderlich, geeignet und angemessen ist (*Rule of reason*). Des Weiteren dürfen die Vorschriften nicht diskriminierend sein oder eine verschleierte Beschränkung des Handelsverkehrs zwischen den Mitgliedstaaten darstellen. Sofern die mitgliedstaatlichen Verbraucherschutzvorschriften dieser *Cassis de Dijon*-Formel entsprechen, sind sie zugelassen. Diese Formel ist auch im Bereich der Dienstleistungsfreiheit anerkannt worden[259]. Auf der Grundlage des Artikels 59 entwickelte der EuGH den Grundsatz, dass die Mitgliedstaaten,

---

[254]Konkret handelt es sich nach Artikel 36 EGV um: Gründe der öffentlichen Sittlichkeit, Ordnung und Sicherheit, zum Schutz der Gesundheit und des Lebens von Menschen, Tieren oder Pflanzen, des nationalen Kulturguts von künstlerischem, geschichtlichem oder archäologischem Wert oder des gewerblichen und kommerziellen Eigentums. Diese Ausnahmen sind nur zugelassen, sofern sie kein Mittel zur willkürlichen Diskriminierung sind und keine verschleierte Beschränkung des Handelns zwischen den Mitgliedstaaten darstellen.

[255]STRAETMANS, Gert, „Naar een Europees consumentenbegrip?", *Jura Falconis* 1992, Nr. 4, S. 20.

[256]EuGH, *Slg.* 1992, S. I-4431, 4479 oder *EuGHE*, 1979, 649, (662)-*Cassis de Dijon.*

[257]KOENIG, Christian und HARATSCH, Andreas, *Einführung in das Europarecht,* 1996, Kapitel 4, Rdnr. 237.

[258]EuGH, *Slg.* 1992, S. I-4431, 4479 oder *EuGHE*, 1979, 649, (662)-*Cassis de Dijon*; KOENIG, Christian und HARATSCH, Andreas, *Einführung in das Europarecht,* 1996, Kapitel 4, Rdnr. 237; BERNITZ, Ulf, „Konsumentskydd", in *Publica EU,* Heft 31, 1996, S. 4; WOLF, Manfred, in WOLF/HORN/LINDACHER, *AGBG-Kommentar*, 4. Auflage, 1999, RiLi Artikel 8, Rdnr. 4; STRAETMANS, Gert, „Naar een Europees consumentenbegrip?", *Jura Falconis* 1992, Nr. 4, S. 20.

[259]STRAETMANS, Gert, „Naar een Europees consumentenbegrip?", *Jura Falconis* 1992, Nr. 4, S. 25 (26) mit Verweisung nach Urteil Säger; KOENIG, Christian und HARATSCH, Andreas, *Einführung in das Europarecht,* 1996, Kapitel 4, Rdnr. 249.

„soweit keine gemeinschaftsrechtlichen Regelungen existieren, die Dienstleistungsfreiheit aufgrund zwingender Gründe des Allgemeininteresses zulässigerweise beschränken" können[260].

Bei dieser Abwägung zwischen den mitgliedstaatlichen Verbraucherschutzvorschriften und den Marktfreiheiten ist auf das europäische Verbraucherleitbild Rücksicht zu nehmen. Im ersten Teil wurde darauf hingewiesen, dass der europäische Gesetzgeber und der EuGH vom Leitbild eines aufgeklärten oder aufklärbaren Verbrauchers ausgehen. Dieses Leitbild impliziert, dass der wohlinformierte Verbraucher selbstverantwortlich im freien Wettbewerb seine Interessen wahrnehmen kann und nicht durch überflüssige Verbraucherschutzvorschriften in seiner Wahlfreiheit eingeschränkt werden darf. Vor diesem Hintergrund ist es fraglich, ob mitgliedstaatliche Vorschriften, die den Verbraucher vor sich selbst schützen, aufrechterhalten bleiben können. Zu denken ist dabei an die Erstreckung des Schutzes auf das transparent abgefasste Preis-/Leistungsverhältnis und den ausgehandelten Teil des Vertrages in manchen mitgliedstaatlichen Regelungen. Überflüssige Vorschriften sind nicht zum Vorteil des Verbrauchers, sondern können zu einer Einschränkung seiner Wahlfreiheit und Ausübung der Vertragsfreiheit führen.

Auch *Micklitz* hat darauf hingewiesen, dass nicht alle mitgliedstaatlichen Verbraucherschutzvorschriften unverkürzt aufrechterhalten bleiben können. Nach dem Verfasser sollte der Kern der Richtlinie 93/13 ermittelt werden, welcher der Regelungshoheit der Mitgliedstaaten entzogen wäre[261]. Dazu gehören nach *Micklitz*, die konzeptionellen Grundlagen und die Begrifflichkeit der Richtlinie[262]. Artikel 8 könne nicht dazu verwendet werden, die Divergenzen zwischen den mitgliedstaatlichen Konzeptionen und Begrifflichkeiten auf der einen Seite und denen der Richtlinie auf der anderen Seite zu bewältigen. Die Mitgliedstaaten seien vielmehr an die Schutzkonzepte und Begrifflichkeiten der Richtlinie gebunden.

Welche Auswirkungen Artikel 8 auf das Schutzniveau der strengeren mitgliedstaatlichen Vorschriften haben wird, steht bis zur Klärung durch den EuGH dahin. In dieser Arbeit wird die Ansicht vertreten, dass die mitgliedstaatlichen Vorschriften zum Schutz vor missbräuchlichen Klau-

---

260 KOENIG, Christian und HARATSCH, Andreas, *Einführung in das Europarecht,* 1996, Kapitel 4, Rdnr. 249; EuGH, Slg. 1979, S. 35, 52 f; EuGH, Slg. 1981, S. 3305, 3325.

261 MICKLITZ, Hans-W., „Verbandsklage und die EG-Richtlinie über mißbräuchliche Klauseln", *ZIP* 1998, S. 944.

262 MICKLITZ, Hans-W., „Verbandsklage und die EG-Richtlinie über missbräuchliche Klauseln", *ZIP* 1998, S. 944.

seln den freien Wettbewerb und die Privatautonomie nicht unverhältnismäßig einschränken dürfen.

III. Aufbau der Richtlinie 93/13/EWG

Der Anwendungsbereich der Richtlinie bezieht sich nur auf Verbraucherverträge und Klauseln, die nicht im Einzelnen ausgehandelt wurden. Diese Einschränkungen des Anwendungsbereichs ergeben sich aus Artikel 1 Absatz I in Verbindung mit Artikel 2 a (Verbraucherverträge) und Artikel 3 Absatz I (nicht im Einzelnen ausgehandelte Klauseln).

Artikel 1 bezeichnet in Absatz I das Ziel der Richtlinie. In Absatz II werden die bindenden Rechtsvorschriften und Bestimmungen oder Grundsätze internationaler Übereinkommen von den Schutzvorschriften ausgenommen. Artikel 2 definiert die Begriffe „missbräuchliche Klausel", „Verbraucher" und „Gewerbetreibender".

Die Missbrauchskontrolle der Richtlinie besteht aus einem Schutz vor materiellen und formellen Missbräuchen des Gewerbetreibenden. Die materielle Missbrauchskontrolle besteht aus einer unverbindlichen Liste von Klauselverboten (im Anhang bei der Richtlinie aufgenommen) und aus einer Generalklausel (Artikel 3). Die Generalklausel umschreibt die Tatbestandsvoraussetzungen einer missbräuchlichen Klausel. Artikel 4 konkretisiert in Absatz I den Kontrollmaßstab und nimmt in Absatz II den Hauptgegenstand des Vertrages und die Angemessenheit zwischen dem Preis bzw. dem Entgelt und den Dienstleistungen bzw. den Gütern, welche die Gegenleistung darstellen, von der Inhaltskontrolle aus. Diese Ausnahme gilt nur hinsichtlich transparenter Produkte und Preise. Daneben wird in Artikel 5 der Richtlinie eine formelle Missbrauchskontrolle vorgesehen (Transparenzkontrolle).

Zur Durchsetzung des Verbraucherschutzes enthält die Richtlinie zwei Instrumente. Zum Ersten sind missbräuchliche Klauseln in Verbraucherverträgen nicht durchsetzbar (Artikel 6 Absatz I). Zum Zweiten verpflichtet die Richtlinie die Mitgliedstaaten, Rechtsvorschriften zu erlassen, „so dass angemessene und wirksame Mittel vorhanden sind, damit der Verwendung missbräuchlicher Klauseln durch einen Gewerbetreibenden in den Verträgen, die er mit Verbrauchern abschließt, ein Ende gesetzt wird" (Artikel 7 Absatz I). Des Weiteren müssen die Rechtsvorschriften auch die Möglichkeit einer Verbandsklage vorsehen (Artikel 7 Absatz II).

Artikel 8 stellt klar, dass die Richtlinie eine Mindestharmonisierung ist, und die Mitgliedstaaten zur Gewährleistung eines höheren Schutzniveaus für den Verbraucher strengere Bestimmungen erlassen dürfen. Artikel 9 verpflichtet die Europäische Kommission, das Europäische Parlament und den Rat, spätestens fünf Jahre nach der Umsetzungsfrist einen Bericht über die Anwendung dieser Richtlinie vorzulegen.

Artikel 10 legt die Umsetzungsfrist zur Umsetzung der Richtlinie fest. Die Mitgliedstaaten sollen die Richtlinie spätestens am 31. Dezember 1994 umgesetzt haben und die Kommission davon unverzüglich in Kenntnis setzen.

Artikel 11 sagt schließlich aus, dass die Richtlinie sich an die Mitgliedstaaten richtet. Außer den 11 Artikeln umfasst die Richtlinie 24 Erwägungsgründe und eine nicht verbindliche Liste mit Verbotsklauseln.

IV. Der zeitliche Anwendungsbereich der Richtlinie

Die Mitgliedstaaten sollten die Richtlinie spätestens am 31. Dezember 1994 umgesetzt haben. Die Richtlinie ist deshalb auf alle Verträge, die nach dem 31. Dezember 1994 abgeschlossen wurden, anwendbar. Die Vorschriften der Richtlinie beziehen sich daneben auch auf Verträge, die früher abgeschlossen wurden, aber sich auf die Periode nach dem 31. Dezember 1994 erstrecken.[263] Beispiele sind Dauerverträge, die automatisch verlängert werden. Die Richtlinienbestimmungen oder ihre nationalen Umsetzungsmaßnahmen werden ab der Verlängerung anwendbar.

Tenreiro[264] motiviert die Anwendbarkeit der Schutzvorschriften mit dem Argument, dass es nicht zu erwarten ist, dass die Verbraucher neue Verträge abschließen, bevor sie geschützt werden können. Außerdem würden zwei Regime zu Inkohärenz des Rechts führen.

---

[263] TENREIRO, Mario, „Les clauses abusives dans les contracts conclus avec les consommateurs", *Europe* 1993, S. 1.
[264] TENREIRO, Mario, „Les clauses abusives dans les contracts conclus avec les consommateurs", *Europe* 1993, S. 1.

Kapitel II: Die bei der Auslegung der Richtlinie 93/13 zu berücksichtigenden Prinzipien

I. Problemstellung

Die Auslegung von Richtlinienbestimmungen kann problematisch sein. Auslegungsprobleme können auf verschiedenen Ebenen auftreten. Zunächst kann bei der Umsetzung einer Richtlinie für den nationalen Gesetzgeber Unklarheit darüber entstehen, wie bestimmte Richtlinienbestimmungen zu interpretieren sind. Des Weiteren kann auch die Rechtsanwendung problematisch sein. So kann es für die nationalen Gerichte unklar sein, wie sie den Richtlinieninhalt in ihrer Rechtsprechung berücksichtigen müssen. Auch der EuGH kann im Wege einer Vorabentscheidung durch ein nationales Gericht angerufen werden, um sich über die Bedeutung einer Richtlinienbestimmung auszusprechen. Es tritt die Frage auf, welche Prinzipien bei der Auslegung von Richtlinien berücksichtigt werden können und welche nicht angemessen sind.

Auch die Richtlinie 93/13 über missbräuchliche Klauseln in Verbraucherverträgen lässt an einigen Stellen Auslegungsprobleme aufkommen. Diese ergeben sich einerseits aus unbestimmten Rechtsbegriffen und andererseits aus Generalklauseln. So bleibt in der Richtlinie unklar, was genau unter dem Begriff „Hauptgegenstand"[265] verstanden werden soll. Des Weiteren treten auch hinsichtlich der Generalklausel aus Artikel 3, der den Kontrollmaßstab der Missbrauchskontrolle darstellt, Auslegungsprobleme auf. Unklar bleibt zum Beispiel die Auslegung des Begriffes „Missverhältnis".

II. Der EuGH als Auslegungsinstanz des Gemeinschaftsrechts

Im Zusammenhang mit dem Problem der Auslegung des Gemeinschaftsrechts tritt die wichtige Frage auf, welche Instanz die Kompetenz zur Auslegung hat. Nach Artikeln 164 und 177, III EGV ist diese Auslegung ausschließlich dem EuGH vorbehalten[266]. Die Gerichte der Mitgliedstaaten sind zwar verpflichtet, die nationalen Bestimmungen gemeinschaftskonform auszulegen, aber wenn dabei Fragen über die Auslegung des Gemeinschaftsrechts aufkommen, ist nur der EuGH zuständig. Die nationalen Gerichte haben keine Kompetenz, das europäische Recht frei zu interpretieren. Falls sich im Gerichtsverfahren in bezug auf europäisches

---

[265] Artikel 4 Absatz II der Richtlinie.

[266] KOENIG, Christian und HARATSCH, Andreas, *Einführung in das Europarecht*, 1996, Kapitel 4, Rdnr. 122; WOLF, Manfred, in WOLF/HORN/LINDACHER, *AGBG-Kommentar*, 4. Auflage, 1999, RiLi Artikel 1, Rdnr. 18.

Recht Auslegungsfragen stellen, ist diese Frage nach Artikel 177 Absatz II EGV dem EuGH vorzulegen[267]. Diese Wahrung der Rechtseinheit in den Mitgliedstaaten durch Vorabentscheidungsverfahren ist eine zentrale Aufgabe des EuGH[268]. Dieses Vorabentscheidungsverfahren überwacht die einheitliche Auslegung des Gemeinschaftsrechts in den Mitgliedstaaten. Die Entscheidung des EuGH über die Interpretation des Gemeinschaftsrechts ist für die Mitgliedstaaten verbindlich[269]. Der EuGH darf sich nur über Rechtsfragen aussprechen[270]. Zu den Tatsachen des konkreten Falls kann der EuGH keine Stellungnahme abgeben. Alle nationalen Gerichte, gegen deren Entscheidungen keine Rechtsmittel mehr gegeben sind, sind verpflichtet, Fragen über die Interpretation des Gemeinschaftsrechtes dem EuGH vorzulegen. Nur unter sehr strengen Voraussetzungen sind die Gerichte von dieser Vorlagepflicht freigestellt. Nur wenn die zur Diskussion stehende Auslegungsfrage schon vorher vom EuGH entschieden worden ist[271] oder wenn die richtige Anwendung des Gemeinschaftsrechts derart offenkundig ist, dass für einen vernünftigen Zweifel der gestellten Frage für den betreffenden Streitfall kein Raum bleibt[272], sind die Gerichte von der Vorlagepflicht freigestellt (*acte clair*Doktrine).

Des Weiteren tritt die Frage auf, ob diese Auslegungskompetenz des EuGH Einschränkungen unterworfen ist. Es soll untersucht werden, ob der EuGH in Ausübung seiner Auslegungskompetenz vollständig frei ist oder ob er dabei an bestimmte Rechtsprinzipien gebunden ist. Zwei wichtige Elemente bei der Feststellung der Schranken der Auslegungsbefugnis des EuGH sind die Prinzipien der autonomen Auslegung des Gemeinschaftsrecht und das Subsidiaritätsprinzip.

III. Die autonome Auslegung des Gemeinschaftsrechts

Zu den Prinzipien des europäischen Rechts gehört, dass die Vorschriften aus den Richtlinien autonom auszulegen sind[273]. Eine autonome Ausle-

---

[267] *EuGHE*, 1964, S. 1253.

[268] KOENIG, Christian und HARATSCH, Andreas, *Einführung in das Europarecht*, 1996, Kapitel VI, Rdnr. 139.

[269] KOENIG, Christian und HARATSCH, Andreas, *Einführung in das Europarecht*, 1996, Kapitel 4, Rdnr. 122.

[270] NASSALL, Wendt, „Die Anwendung der EU-Richtlinie über missbräuchliche Klauseln in Verbraucherverträgen", *JZ* 1995, S. 690.

[271] *EuGHE*, 1963, S. 63 (80)- Da Costa.

[272] *EuGHE*, 1982, S. 3415 (3430).

[273] REICH, Norbert, *Europäisches Verbraucherrecht. Eine problemorientierte Einführung in das europäische Wirtschaftsrecht*, 3. Auflage, 1996, S. 340; REICH, Norbert, „Zur Theorie des Europäischen Verbraucherrechtes", *ZEuP* 1994, S. 395.

gung bedeutet, dass Bestimmungen aus den Richtlinien in den unterschiedlichen Mitgliedstaaten einheitlich interpretiert werden müssen. Die Auslegung der Richtlinienbestimmungen kann deshalb nur mit Hilfe von gemeinschaftsrechtlichen Maßstäben stattfinden. Nach der ständigen Rechtsprechung des EuGH ist das nationale Recht, das auf eine Richtlinie zurückgeht, durch die Behörden und die Gerichte der Mitgliedstaaten, in Übereinstimmung mit Wortlaut und Zweck der Richtlinie und generell, gemeinschaftskonform auszulegen[274]. Die Mitgliedstaaten haben dieses Recht autonom auszulegen, dass heißt unabhängig von den nationalen Bestimmungen und Wertungsgrundlagen. Nur die autonome Auslegung des Gemeinschaftsrechts kann eine durch den Erlass der Richtlinien erzielte Rechtsangleichung zur Folge haben. Das Vorabentscheidungsverfahren nach Artikel 177 Absatz II EGV dient dieser einheitlichen Auslegung. Auch der EuGH kann sich bei der Auslegung von Richtlinien nur auf gemeinschaftsrechtliche Ziele und Grundsätze berufen. Der EuGH kann sich nicht an die Rechtspraxis eines der Mitgliedstaaten anlehnen[275]. Bei der Auslegung von Richtlinien sind ihre Erwägungsgründe und andere ins Gesetzgebungsverfahren gelangte Vorstellungen zu beachten[276]. Des Weiteren sind die Richtlinien im Lichte des sonstigen Gemeinschaftsrechts auszulegen. Für die Richtlinien handelt es sich dabei um die Grundsätze und Wertmaßstäbe aus dem höherrangigen EGV. Daneben können auch die gemeinsamen Rechtsgrundlagen und Wertprinzipien der Mitgliedstaaten bei der Auslegung der Richtlinien angewendet werden[277].

IV. Das Subsidiaritätsprinzip

In der deutschen Literatur ist aus dem Subsidiaritätsprinzip des Artikels 3b Absatz II EGV eine Einschränkung der Auslegungsbefugnis des EuGH abgeleitet worden[278]. Das Subsidiaritätsprinzip ist einer der neuen Grundsätze der EU, die durch den Vertrag von Maastricht in den EGV

[274] *EuGHE*, 1984, S. 1891; *EuGHE*, 1989, S. 3533; NASSALL, Wendt, „Die Anwendung der EU-Richtlinie über missbräuchliche Klauseln in Verbraucherverträgen", *JZ* S. 689 (690).

[275] NASSALL, Wendt, „Die Anwendung der EU-Richtlinie über missbräuchliche Klauseln in Verbraucherverträgen",*JZ* 1995, S. 690.

[276] WOLF, Manfred, in WOLF/HORN/LINDACHER, *AGBG-Kommentar*, 4. Auflage, 1999, RiLi Artikel 1, Rdnr. 18.

[277] WOLF, Manfred, in WOLF/HORN/LINDACHER, *AGBG-Kommentar*, 4. Auflage, 1999, RiLi Artikel 1, Rdnr. 18.

[278] REMIEN, Oliver, „Grenzen der gerichtlichen Privatrechtsangleichung mittels der Grundfreiheiten des EG-Vertrages", *JZ* 1994, S. 353; NASSALL, Wendt, „Die Anwendung der EU-Richtlinie über missbräuchliche Klauseln in Verbraucherverträgen", *JZ* 1995, S. 691.

eingeführt worden sind. Nach dem Subsidiaritätsprinzip kann die Gemeinschaft in den Bereichen, die nicht in ihre ausschließliche Zuständigkeit fallen, nur tätig werden, sofern und soweit die Ziele der in Betracht gezogenen Maßnahmen auf der Ebene der Mitgliedstaaten nicht ausreichend erreicht werden können und daher wegen ihres Umfangs oder ihrer Wirkungen besser auf Gemeinschaftsebene verwirklicht werden sollten (Artikel 3b Absatz II EGV). Dieses Prinzip wird als eine Kompetenzausübungsschranke der gesamten Tätigkeit der Gemeinschaft angesehen, das nicht nur beim Gesetzgebungsverfahren, sondern auch bei der Kontrolle der Anwendung des Gemeinschaftsrechts durch den EuGH zu berücksichtigen ist[279]. Dieses hat zur Folge, dass die Kompetenz des EuGH bei der Auslegung einer Richtlinie in einem Bereich, der nicht in die ausschließliche Kompetenz der EU fällt, die Konkretisierung der Richtlinienbestimmungen durch den EuGH an dem Subsidiaritätsprinzip ihre Grenzen findet. Wie oben schon gesagt wurde, ist der Verbraucherschutz ein solcher Regelungsbereich, der nicht ausschließlich in die Zuständigkeit der EU fällt. In der Literatur ist die Wirkung des Subsidiaritätsprinzips in bezug auf die Generalklausel des Artikels 3 Absatz I der Richtlinie über missbräuchliche Klauseln in Verbraucherverträgen konkretisiert worden. Danach wäre es mit dem Subsidiaritätsprinzip unvereinbar, wenn der EuGH aus der Generalklausel des Artikels 3 Absatz I der Richtlinie die Kompetenz ableiten würde, gemeinschaftsrechtlich bindende Regelungen zu formulieren, die bei der Ausgestaltung der unterschiedlichen Vertragstypen zu beachten sind. Denn es ist nicht die Aufgabe des EuGH, sondern der Mitgliedstaaten, den Richtlinieninhalt in das nationale Privatrecht umzusetzen und zu konkretisieren. Die Richtlinie wirkt nämlich nicht unmittelbar privatrechtgestaltend. Sie enthält nur Handlungsanweisungen für die Mitgliedstaaten. Des Weiteren ist hervorgehoben worden, dass der EuGH lediglich bestimmen soll, wie Artikel 3 Absatz I zu interpretieren ist. Der EuGH habe nicht die Befugnis, die zur Diskussion vorliegende Klausel am Maßstab des Artikels 3 zu messen. *Nassall*[280] kommt zu der Schlussfolgerung, dass das Subsidiaritätsprinzip zur Folge haben könnte, dass der EuGH bei der Konkretisierung der Generalklausel des Artikels 3 Absatz I der Richtlinie nur auf positive Regeln des Gemeinschaftsrechts, anerkannte Grundsätze seiner Rechtsprechung oder grundlegende Prinzipien zurückgreifen kann, die den nationalen Rechtsordnungen aller Mitgliedstaaten gemeinsam sind. Der EuGH

---

[279]NASSALL, Wendt, „Die Anwendung der EU-Richtlinie über missbräuchliche Klauseln in Verbraucherverträgen", *JZ* 1995, S. 691; REMIEN, Oliver, „Grenzen der gerichtlichen Privatrechtsangleichung mittels der Grundfreiheiten des EG-Vertrages", *JZ* 1994, S. 353.

[280]NASSALL, Wendt, „Die Anwendung der EU-Richtlinie über missbräuchliche Klauseln in Verbraucherverträgen", *JZ* 1995, S. 690 (691).

kann bei der Konkretisierung der Generalklausel keine freie Rechtsschöpfung vornehmen und hat die Ausgestaltung der Pflichten, die sich aus der Richtlinie ergeben, den Mitgliedstaaten zu überlassen.

Oben hat sich herausgestellt, dass die konkrete Umsetzung der Richtlinie die Aufgabe der Mitgliedstaaten ist. Der EuGH hat als wichtige Aufgabe, unklare Richtlinienbestimmungen und unbestimmte Rechtsbegriffe zu definieren. Damit kommt dem EuGH eine wichtige Stellung bei der einheitlichen Auslegung der Richtlinien zu. Die Kompetenz des EuGH findet ihre Grenzen an dem Prinzip der autonomen Auslegung des Gemeinschaftsrechts und dem Subsidiaritätsprinzip. Die Auslegung orientiert sich an den Zielen der Richtlinie, den Prinzipien des primären Gemeinschaftsrechts und an den Grundsätzen, die den nationalen Rechtsordnungen aller Mitgliedstaaten gemeinsam sind.

Kapitel III: Der persönliche Anwendungsbereich der Richtlinie

Der europäische Gesetzgeber erzielte mit dem Erlass der Richtlinie keine allumfassende Regelung des Rechts der Geschäftsbedingungen. Eine solche allumfassende Regelung wäre allein schon durch die großen Unterschiede zwischen den Schutzvorschriften der Mitgliedstaaten schwierig zu erreichen. *Ratione personae* regelt die Richtlinie lediglich den Bereich der Verbraucherverträge. *Ratione materiae* unterliegen nur die nicht im Einzelnen ausgehandelten Klauseln der Missbrauchskontrolle der Richtlinie. In diesem Kapitel wird der persönliche Anwendungsbereich analysiert. Im Kapitel IV wird der sachliche Anwendungsbereich im Einzelnen dargestellt.

Die Richtlinie beabsichtigt nicht, jeden Vertragspartner vor der Verwendung missbräuchlicher Klauseln zu schützen. Der persönliche Anwendungsbereich der Richtlinie erstreckt sich nur auf Verbraucherverträge, d.h. auf Verträge zwischen einem Verbraucher und einem Gewerbetreibenden (Artikel 1 Absatz I Richtlinie). Die Richtlinie ist nicht auf Verträge zwischen Gewerbetreibenden untereinander und Verbraucher untereinander anwendbar. Wichtig ist die Definition der Begriffe „Verbraucher" und „Gewerbetreibende". Diese Begriffe sind autonom auszulegen. Des Weiteren soll untersucht werden, ob die Vorschriften der Richtlinie, mittels Analogie auch auf Nicht-Verbraucherverträge anwendbar sein können.

I. Die Verbraucherverträge

Verbraucherverträge sind Verträge, die zwischen Gewerbetreibenden-Klauselverwendern und Verbrauchern-Klauselgegnern abgeschlossen werden[281]. Der Schutz der Gewerbetreibenden-Klauselgegner wird durch die Richtlinie nicht bewirkt. Dieses ergibt sich aus dem Kontrollmaßstab der Richtlinie, der ein Ungleichgewicht „zum Nachteil des Verbrauchers" erfordert. Ein Verbraucher im Sinne der Richtlinie ist eine natürliche Person, die zu einem Zweck handelt, der nicht ihrer gewerblichen oder beruflichen Tätigkeit zugerechnet werden kann (Artikel 2, b). Ein Gewerbetreibender ist eine natürliche oder juristische Person, die im Rahmen ihrer gewerblichen oder beruflichen Tätigkeit handelt, auch wenn diese dem öffentlich-rechtlichen Bereich zuzurechnen ist (Artikel 2, c).

---

[281] Artikel 1 der Richtlinie; REMIEN, Oliver, „AGB-Gesetz und Richtlinie über missbräuchliche Verbrauchervertragsklauseln in ihrem europäischen Umfeld", *ZEuP* 1994, S. 38.

1. Der Verbraucher

Artikel 2, b stellt an die Qualität des Verbrauchers zwei Voraussetzungen. Zum Ersten können nur natürliche Personen oder ein Zusammenschluss natürlicher Personen (Personengemeinschaft) Verbraucher sein. Juristische Personen fallen nicht unter den Verbraucherbegriff der Richtlinie[282]. Zum Zweiten wird vorausgesetzt, dass die natürliche Person zu einem Zweck handelt, der nicht ihrer gewerblichen oder beruflichen Tätigkeit zugerechnet werden kann. Zwei andere Verbraucherschutzrichtlinien gehen von einer vergleichbaren Verbraucherdefinition aus. Es handelt sich dabei um Artikel 2 der Haustürwiderrufs-Richtlinie und um Artikel 1 (2) a der Verbraucherkredit-Richtlinie.

A. Der Ausschluss juristischer Personen vom Verbraucherschutz

Nach der Richtlinie können nur natürliche Personen als Verbraucher im Sinne der Richtlinie auftreten. Juristische Personen können dagegen nicht Verbraucher im Sinne der Richtlinie sein. Hinsichtlich juristischer Personen, die kraft Gesetzes Handelstätigkeiten ausüben, ergibt sich dieses schon aus der Vermutung, dass sie immer im Rahmen einer gewerblichen oder beruflichen Tätigkeit handeln. Nicht nur Handelsgesellschaften, sondern auch juristische Personen des privaten Rechts, wie zum Beispiel Idealvereine und gemeinnützige Stiftungen, können niemals den Schutz der Richtlinie genießen, auch nicht, wenn sie zu privaten Zwecken handeln[283]. Ein Idealverein, der ein Vereinslokal anmietet, handelt nicht im Rahmen einer gewerblichen oder beruflichen Tätigkeit, kann sich aber dennoch nicht auf den Schutz der Richtlinienvorschriften berufen. Dagegen können Personengemeinschaften, die keine juristische Personen sind, Verbraucher im Sinne der Richtlinie sein. Entscheidend ist dabei, dass sie zu privaten Zwecken handeln[284].

---

[282]FLAMÉE, Michel und TROCH, Koen, „De invloed van de EG-Richtlijn van 5 april 1993 betreffende oneerlijke bedingen in consumentenovereenkomsten op het heersend belgisch Recht", *TBH* 1996, S. 36, Rdnr. 9; REMIEN, Oliver, „AGB-Gesetz und Richtlinie über missbräuchliche Verbrauchervertragsklauseln in ihrem europäischen Umfeld", *ZEuP* 1994, S. 37; VAN KEER, Ann, „Onrechtmatige bedingen in consumentenovereenkomsten. Vergelijking van artikel 31 e.v. W.H.P.C. met de EG-Richtlijn van 5 april 1993", *Jura Falconis* 1996, S. 293.

[283]HEINRICHS, Helmut, „Das Gesetz zur Änderung des AGB-Gesetzes. Umsetzung der EG-Richtlinie über missbräuchliche Klauseln in Verbraucherverträgen durch den Bundesgesetzgeber", *NJW* 1996, S. 2191.

[284]WOLF, Manfred, in WOLF/HORN/LINDACHER, *AGBG-Kommentar*, 4. Auflage, 1999, RiLi Artikel 2, Rdnr. 5.

B. Das Kriterium der Zweckbestimmung

Eine natürliche Person ist nur Verbraucher im Sinne der Richtlinie, „insofern sie zu einem Zweck handelt, der nicht ihrer gewerblichen oder beruflichen Tätigkeit zugerechnet werden kann". Anders formuliert bedeutet dieses, dass nur Personen, die zu privaten Zwecken handeln, Verbraucher im Sinne der Richtlinie sein können. Zentral für den Verbraucherbegriff sind deshalb nicht bestimmte Eigenschaften der Person, sondern ein bestimmtes Handeln oder eine bestimmte Rolle im Marktgeschehen[285], d.h. die Person soll nicht zu gewerblichen oder beruflichen Zwecken handeln. Die Zweckbestimmung als Anknüpfungspunkt der Verbrauchereigenschaft impliziert, dass die gleiche Person, je nach Zweckbestimmung des Geschäftes, sowohl Verbraucher als auch Gewerbetreibender sein kann. Wenn eine natürliche Person kein Gewerbe betreibt, ist anzunehmen, dass sie regelmäßig als Verbraucher auftritt. Betreibt eine natürliche Person dagegen ein Gewerbe und weist das vorliegende Geschäft einen objektiven Bezug zum Gewerbebetrieb auf[286], d.h. das Geschäft dient der Durchführung und Ausübung der gewerblichen Tätigkeit[287], dann liegt keine Verbrauchertätigkeit vor. Nur wenn kein objektiver Bezug zum Gewerbebetrieb gegeben ist, liegt ein Verbrauchergeschäft vor und die Verbraucherschutzvorschriften können Anwendung finden. Beispiele solcher Betätigungen zum privaten Zweck sind der Kauf persönlicher Gebrauchsgegenstände und Verträge über persönliche Dienstleistungen (Arztverträge, die Miete einer Wohnung)[288]. Der EuGH[289] hat den Verbraucherbegriff in dem Haustürwiderrufsrichtlinie so ausgelegt, dass nur natürliche Personen, die Waren und Dienstleistungen für ihre Familie oder für ihre persönlichen Bedürfnissen erwerben, erfasst werden. Dieses Urteil kann auch bei der Auslegung der Klauselrichtlinie berücksichtigt werden.

Die Verknüpfung der Verbrauchereigenschaft mit einem bestimmten Handeln im Marktgeschehen hat zur Folge, dass auch Kaufleute oder Freiberufler Verbraucher im Sinne der Richtlinie sein können, sofern sie

---

[285] WOLF, Manfred, in WOLF/HORN/LINDACHER, *AGBG-Kommentar*, 4. Auflage, 1999, RiLi Artikel 2, Rdnr. 3; FLAMÉE, Michel und TROCH, Koen, „De invloed van de EG-Richtlijn van 5 april 1993 betreffende oneerlijke bedingen in consumentenovereenkomsten op het heersend belgisch Recht", *TBH* 1996, S. 35.
[286] WOLF, Manfred, in WOLF/HORN/LINDACHER, *AGBG-Kommentar*, 4. Auflage, 1999, RiLi Artikel 2, Rdnr. 8.
[287] WOLF, Manfred, in WOLF/HORN/LINDACHER, *AGBG-Kommentar*, 4. Auflage, 1999, RiLi Artikel 2, Rdnr. 14.
[288] WOLF, Manfred, in WOLF/HORN/LINDACHER, *AGBG-Kommentar*, 4. Auflage, 1999, RiLi Artikel 2, Rdnr. 8.
[289] Urteil Di Pinto, EuGH, den 14. März 1991, Rs C. 361/89.

zu Zwecken handeln, die nicht ihrer gewerblichen oder beruflichen Tätigkeit zuzurechnen sind. Der Anwalt oder Bäcker, der zum privaten Zweck einen Pkw kauft, ist Verbraucher im Sinne der Klauselrichtlinie.

Problematisch ist aber der Fall, in dem ein Vertrag zugleich gewerblichen und privaten Zwecken dient (doppelter Gebrauch). Ein Teil der Literatur befürwortet eine so breit wie mögliche Auslegung des Anwendungsbereichs der Richtlinie. Danach wäre eine Tätigkeit nur als gewerblich oder beruflich anzusehen, wenn die Ziel- und Zweckstellung des abgeschlossenen Vertrages „eindeutig" und „ausschließlich" der gewerblichen oder selbständigen beruflichen Tätigkeit des „Verbrauchers" zuzurechnen ist[290]. Der größte Teil der Literatur[291] sieht den Anwendungsbereich der Richtlinie aber enger. Danach wäre die überwiegende Zweckbestimmung dafür ausschlaggebend, ob eine gewerbliche oder berufliche Tätigkeit vorliegt. Auch der schwedische Gesetzgeber[292] hat bestimmt, dass es bei der Ermittlung der Grenzen des Verbraucherbegriffes entscheidend auf die überwiegende Zweckbestimmung ankommt. Der schwedische Gesetzgeber beruft sich bei dieser Auslegung auf eine Protokollnotiz, die bei der Annahme der Richtlinie gemacht wurde.

Schließlich bleibt unklar, ob Verträge, die ein Arbeitnehmer mit Bezug auf sein Arbeitsverhältnis schließt, Verbraucherverträge im Sinne der Richtlinie sein können. In bestimmten Fällen könnte der zu beruflichen Zwecken handelnde unselbständig Tätige als schutzbedürftig anzusehen sein. Zu denken ist dabei an den Kauf von Arbeitskleidung. Dennoch wird in der Literatur bezweifelt, ob die erwähnten Verträge Verbraucherverträge im Sinne der Richtlinie sind[293]. Darauf würde der 10. Erwägungsgrund der Richtlinie hinweisen, der Arbeitsverträge ausdrücklich vom sachlichen Anwendungsbereich ausnimmt. Daraus wird die Schlussfolgerung gezogen, dass die Richtlinie nicht auf Arbeitnehmer, insofern

---

[290] Graf von WESTPHALEN, Friedrich, „Die Novelle zum AGB-Gesetz", *BB* 1996, S. 2101.

[291] HEINRICHS, Helmut, „Umsetzung der EG-Richtlinie über missbräuchliche Klauseln in Verbraucherverträgen durch Auslegung", *NJW* 1995, S. 159;
VAN KEER, Ann, „Onrechtmatige bedingen in consumentenovereenkomsten. Vergelijking van artikel 31 e.v. W.H.P.C. met de EG-Richtlijn van 5 april 1993", *Jura Falconis* 1996, S. 294: Van Keer beruft sich dabei auf die vorbereitenden Ratsnotulen.

[292] Regeringens proposition, *Riksdagen 1994/95: 17*, Oskäliga avtalsvillkor m.m., S. 31.

[293] HEINRICHS, Helmut, „Umsetzung der EG-Richtlinie über missbräuchliche Klauseln in Verbraucherverträgen durch Auslegung", *NJW* 1995, S. 159.

sie mit Bezug auf das Arbeitsverhältnis Verträge abschließen, anwendbar ist[294].

2. Der Gewerbetreibende[295]

Der Verbraucher genießt nur den Schutz der Richtlinie, sofern sein Vertragspartner ein Gewerbetreibender ist. Ein Gewerbetreibender ist eine natürliche oder juristische Person, die im Rahmen ihrer „gewerblichen oder beruflichen Tätigkeit"[296] handelt (Artikel 2, c). Daneben können auch juristische Personen des öffentlichen Rechts als Gewerbetreibende qualifiziert werden, wenn sie eine gewerbliche Tätigkeit ausüben[297] (Artikel 2, c in fine).

A. Die Begriffe „gewerbliche" und „berufliche" Tätigkeit

Die Begriffe „gewerbliche und berufliche Tätigkeit" sind in der Richtlinie nicht weiter definiert worden, so dass Interpretationsraum bleibt. Die Reichweite des Begriffes „Gewerbetreibende" ist durch den EuGH autonom, d.h. durch Rückgriff auf das Gemeinschaftsrecht auszulegen[298]. Bislang liegt noch keine EuGH-Rechtsprechung über die Auslegung dieses Begriffes aus der Richtlinie 93/13 vor. In der Literatur[299] wird aber auf die EuGH-Rechtsprechung hinsichtlich des Unternehmensbegriffs aus Artikel 90 Absatz I EGV hingewiesen, woraus sich Ansatzpunkte für die Auslegung des Gewerbetreibendenbegriffs der Richtlinie 93/13 ergeben könnten. Der EuGH hat den Unternehmensbegriff im wettbewerbsrechtlichen Bereich breit umschrieben. Ein Unternehmen ist nach dem EuGH „jede eine wirtschaftliche Tätigkeit ausübende Einheit, unabhängig von ihrer Rechtsform und Finanzierung"[300]. Aus dieser Definition ist abzuleiten, dass auch wirtschaftliche Tätigkeiten, die durch ein öffentliches Unternehmen ausgeübt werden, als Gewerbe angesehen werden können. Das Urteil beschränkt den Inhalt des Unternehmensbegriffes

---

[294] HEINRICHS, Helmut, „Umsetzung der EG-Richtlinie über missbräuchliche Klauseln in Verbraucherverträgen durch Auslegung", *NJW* 1995, S. 159.
[295] „seller" or „supplier": Verkäufer sensu lato oder Erbringer.
[296] „purposes relating to his trade, business or profession".
[297] „whether publicly owned or privately owned".
[298] MICKLITZ, Hans-W., „Verbandsklage und die EG-Richtlinie über missbräuchliche Klauseln", *ZIP* 1998, S. 938.
[299] MICKLITZ, Hans-W., „Verbandsklage und die EG-Richtlinie über missbräuchliche Klauseln", *ZIP* 1998, S. 938; BERNITZ, Ulf, „Konsumentskydd", in *Publica EU*, Heft 31, 1996, S. 5.
[300] EuGH, C. 41/90: Verfahren Höfner & Fritz Elstner v. Macrotron GmbH.

nicht auf Aktivitäten von Kaufleuten. Des Weiteren fordert der EuGH nicht, dass die wirtschaftliche Aktivität entgeltlich sein muss.

Dass auch der Begriff „Gewerbetreibende" aus der Richtlinie 93/13 breit auszulegen ist und sich nicht auf Kaufleute und auf privatrechtliche Unternehmen beschränkt, ist schon aus dem Halbsatz „Handeln im Rahmen ihrer gewerblichen oder beruflichen Tätigkeit" abzuleiten. Im Mittelpunkt steht danach eine natürliche oder juristische Person, die eine „erwerbswirtschaftliche Tätigkeit"[301], d.h. eine Tätigkeit zum Erwerb des Lebensunterhalts, ausübt. Des Weiteren deutet auch das Schutzziel der Richtlinie auf eine breite Interpretation des Begriffes „Gewerbetreibende" hin. Bei der Richtlinie geht es darum, die Verbraucher vor Missbräuchen aus Verträgen mit professionellen überlegenen Vertragspartnern zu schützen. Demnach sind alle professionellen Vertragsgegner eines Verbrauchers, die im Rahmen ihrer gewerblichen Tätigkeit handeln, als Gewerbetreibende im Sinne der Richtlinie anzusehen, ungeachtet in welcher Rechtsform sie auftreten oder ob sie Kaufmann, Freiberufler oder eine Person des öffentlichen Rechts sind. Dieses Schutzziel der Richtlinie kommt am besten in der französischsprachigen Fassung der Richtlinie zum Ausdruck. Dort ist ausdrücklich über das Verhältnis zwischen einem Verbraucher und einem „Professional" die Rede[302].

Unter einer „gewerblichen Tätigkeit" wird sowohl in Deutschland als auch in Belgien eine auf eine gewisse Dauer und auf Gewinnerzielung gerichtete selbständige Tätigkeit verstanden[303]. Der Kreis der Gewerbetreibenden geht deshalb über die Tätigkeit der Kaufleute hinaus. Darauf scheint auch die englischsprachige Fassung des Artikels 2, c hinzuweisen, die neben dem Begriff *„trade"* auch die Begriffe *„business"* und *„profession"* verwendet. Unter die Kategorie der Gewerbetreibenden fallen auch die technischen, handwerklichen und landwirtschaftlichen Tätigkeitsbereiche[304]. Diese mitgliedstaatliche Auslegung des Begriffes

---

[301]WOLF, Manfred, in WOLF/HORN/LINDACHER, *AGBG-Kommentar*, 4. Auflage, 1999, RiLi Artikel 2, Rdnr. 12; MICKLITZ, Hans-W., „Verbandsklage und die EG-Richtlinie über missbräuchliche Klauseln", *ZIP* 1998, S. 938.

[302]Article 1: La présente directive a pour objet de rapprocher les dispositions législatives, réglementaires et administratives des États membres relatives aux clauses abusives dans les contracts conclus entre un *professionel* et un *consommateur*.

[303]**Deutschland**: WOLF, Manfred, in WOLF/HORN/LINDACHER, *AGBG-Kommentar*, 4. Auflage, 1999, RiLi Artikel 2, Rdnr. 5; **Belgien**: VAN DEN BERG, Roger, DIRIX, Eric, VANHEES, Hendrik, *Handels en economisch recht in hoofdlijnen*, 1997, S. 21 (22).

[304]REMIEN, Oliver, „AGB-Gesetz und Richtlinie über missbräuchliche Verbrauchervertragsklauseln in ihrem europäischen Umfeld", *ZEuP* 1994, S. 38; HEINRICHS,

„gewerbliche Tätigkeit" entspricht wohl dem Inhalt nach einer autonomen Auslegung[305]. Denn keine gemeinschaftsrechtlichen Grundsätze sprechen dafür, diesen Begriff anders auszulegen. Gewerbetreibende sind nach der Richtlinie auch die, welche im Rahmen ihrer „beruflichen Tätigkeit" handeln, aber keine selbständige gewerbliche Tätigkeit ausüben. Diese Kategorie umfasst die höherwertigen Dienstleistungen, die aus traditionellen Gründen nicht als Gewerbe eingeordnet werden[306]. Zu denken ist dabei an Freiberufler[307] wie Ärzte, Anwälte, Notare, Architekten und Steuerberater. Unklar bleibt, ob auch unselbständig gewerblich tätige Personen, wie zum Beispiel Arbeitnehmer, Gewerbetreibende im Sinne der Richtlinie sein können. Wie oben schon erwähnt wurde, nimmt der 10. Erwägungsgrund Arbeitsverträge ausdrücklich vom sachlichen Anwendungsbereich aus.

B. Handeln „im Rahmen" einer gewerblichen oder beruflichen Tätigkeit - Grenzen

Die Richtlinie schützt den Verbraucher nur, wenn sein Vertragspartner „im Rahmen einer gewerblichen oder beruflichen Tätigkeit" gehandelt hat. Auch bei der Definition des Gewerbetreibendenbegriffs steht deshalb das Kriterium der Zweckbestimmung im Mittelpunkt, d.h. es handelt sich darum, ob der Erwerber oder Verkäufer von Produkten oder Dienstleistungen zum gewerblichen oder beruflichen Zweck einerseits, oder zum privaten Zweck andererseits handelte. *Wolf*[308] nimmt an, dass juristi-

---

Helmut, „Die EG-Richtlinie über missbräuchliche Klauseln in Verbraucherverträgen", *NJW* 1993, S. 1818.

[305]WOLF, Manfred, in WOLF/HORN/LINDACHER, *AGBG-Kommentar*, 4. Auflage, 1999, RiLi Artikel 2, Rdnr. 13.

[306]WOLF, Manfred, in WOLF/HORN/LINDACHER, *AGBG-Kommentar*, 4. Auflage, 1999, RiLi Artikel 2, Rdnr. 5; FLAMÉE, Michel und TROCH, Koen, „De invloed van de EG-Richtlijn van 5 april 1993 betreffende oneerlijke bedingen in consumentenovereenkomsten op het heersend belgisch Recht", *TBH* 1996, S. 36, Rdnr. 10.

[307]HEINRICHS, Helmut, „Die EG-Richtlinie über missbräuchliche Klauseln in Verbraucherverträgen", *NJW* 1993, S. 1818; FREY, Kaspar, „Wie ändert sich das AGB-Gesetz?", *ZIP* 1993, S. 579; MICKLITZ, Hans-W., „AGB-Gesetz und die EG-Richtlinie über missbräuchliche Vertragsklauseln in Verbraucherverträgen", *ZEuP* 1993, S. 525; REMIEN, Oliver, „AGB-Gesetz und Richtlinie über missbräuchliche Verbrauchervertragsklauseln in ihrem europäischen Umfeld", *ZEuP* 1994, S. 38; der belgische Gesetzgeber hat ausdrücklich bestätigt, dass auch die Relation mit Freiberuflern durch die Richtlinie geregelt wird und passt die belgische Gesetzgebung in diesem Sinn an: Memorie van Toelichting, *Parl. St., Kamer*, 1996-1997, Nr. 715/1, 2.

[308]WOLF, Manfred, in WOLF/HORN/LINDACHER, *AGBG-Kommentar*, 4. Auflage, 1999, RiLi Artikel 2, Rdnr. 14 und 11.

sche Personen, die kraft Gesetzes Handelsgeschäfte ausüben, wie zum Beispiel die AG oder die GmbH, immer im Rahmen einer gewerblichen oder beruflichen Tätigkeit handeln. Anders wäre dies in bezug auf juristische Personen des Privatrechts, die nicht kraft Gesetzes Handelstätigkeiten ausüben. In diesem Fall wird entscheidend sein, ob im Einzelfall zu privaten Zwecken gehandelt wurde oder nicht. Die juristische Person des Privatrechts, die ein Vereinslokal anmietet, handelt nicht im Rahmen einer gewerblichen oder beruflichen Tätigkeit[309]. Juristische Personen können aber kein Verbraucher im Sinne der Richtlinie sein. Des Weiteren ist anzunehmen, dass natürliche Personen, die keine erwerbswirtschaftlichen Aktivitäten ausüben, keine Gewerbetreibenden sind. Denn es ist klar, dass diese Personen nicht im Rahmen einer gewerblichen oder beruflichen Tätigkeit handeln. Unklar bleibt aber, wo das Handeln im Rahmen einer gewerblichen oder beruflichen Tätigkeit anfängt. Die Frage tritt auf, ob die reine Gewinnerzielungsabsicht ausreicht, eine gewerbliche oder berufliche Tätigkeit zu begründen. Dies ist zu verneinen[310]. Sonst wären auch private Auftraggeber von Finanzdienstleistungen oder der Verkäufer des eigenen gebrauchten Autos als Gewerbetreibende anzusehen. Die Gewinnerzielungsabsicht reicht deshalb nicht aus, um eine gewerbliche oder berufliche Tätigkeit zu begründen. Vielmehr sind zusätzliche Umstände wie zum Beispiel die Frequenz der Geschäfte, die marktwirtschaftlich oder intellektuell überlegene Position des Tätigen, zu berücksichtigen. Es ist anzunehmen, dass der Vermieter von Wohnungen, der aus der Vermietung ein dauerndes Einkommen hat, als ein Gewerbetreibende im Sinne der Richtlinie anzusehen ist, wenn er bei seiner Tätigkeit Gebrauch von vorformulierten Vertragsbedingungen macht. Denn in diesem Fall liegt aufgrund der „Professionalität" des Vermieters ein Ungleichgewicht zwischen den Vertragspositionen vor, das die Richtlinie zu regeln anstrebt. Diese „Professionalität" liegt nicht vor, wenn eine Privatperson einmalig ihr eigenes gebrauchtes Auto verkauft.

Schwieriger zu beantworten ist die Frage, warum eine natürliche Person (Kaufmann oder Nichtkaufmann), die einen Gewerbebetrieb oder eine berufliche Tätigkeit ausübt, im Rahmen einer gewerblichen oder berufli-

---

[309] WOLF, Manfred, in WOLF/HORN/LINDACHER, *AGBG-Kommentar*, 4. Auflage, 1999, RiLi Artikel 2, Rdnr. 14 und 11.

[310] REMIEN, Oliver, „AGB-Gesetz und Richtlinie über missbräuchliche Verbrauchervertragsklauseln in ihrem europäischen Umfeld", *ZEuP* 1994, S. 39; VAN KEER, Ann, „Onrechtmatige bedingen in consumentenovereenkomsten. Vergelijking van artikel 31 e.v. W.H.P.C. met de EG-Richtlijn van 5 april 1993", *Jura Falconis* 1996, S. 295.

chen Tätigkeit handelt. *Wolf*[311] scheint das „Handeln im Rahmen einer gewerblichen oder beruflichen Tätigkeit" überwiegend breit zu interpretieren. Zum Ersten gehören dazu alle „Grundgeschäfte", d.h. Geschäfte, die unmittelbar der Durchführung und Ausübung der gewerblichen Tätigkeit dienen oder mit ihr in Verbindung stehen. Zum Beispiel: der Ankauf von Rohstoffen zur Durchführung der Tätigkeit und der Verkauf von Produkten, die im Gewerbe zustande kommen oder die Erbringung von Dienstleistungen, die zum Gewerbe oder Beruf gehören. Zum Zweiten wird angenommen, dass auch alle „Hilfsgeschäfte" im Rahmen einer gewerblichen oder beruflichen Tätigkeit ausgeübt werden. Es handelt sich dabei um Geschäfte, die mit der Durchführung und Ausübung der gewerblichen Tätigkeit mittelbar in Verbindung stehen. Zu den Hilfsgeschäfte gehören zum Beispiel Verträge zur Materialbeschaffung (Ankauf einer Kasse), Verträge zum Verkauf von bisher zum Unternehmen gehörenden Gegenständen (Lieferwagen). Nur die Geschäfte, die rein privat sind, wie zum Beispiel die Begleichung der Kosten für einen Arztbesuch, Aufwendungen für Urlaub, Freizeit und Sport sind keine Handlungen im Rahmen einer gewerblichen Tätigkeit. Die Feststellung, ob in Rahmen einer gewerblichen oder beruflichen Tätigkeit gehandelt wurde, wird in jedem Einzelfall untersucht werden müssen.

Aus oben stehender Auslegung ergibt sich, dass fast alle Geschäfte, die durch eine gewerblich oder selbständig beruflich tätige Person abgeschlossen werden, als im Rahmen einer gewerblichen oder beruflichen Tätigkeit anzusehen sind. Vorbereitungshandlungen, die der Aufnahme einer gewerblichen Tätigkeit dienen, sind dagegen keine Handlungen im Rahmen einer gewerblichen Tätigkeit, weil diese noch nicht in den Erfahrungsbereich fallen[312]. Fraglich ist, ob diese Vorbereitungshandlungen als Verbrauchergeschäfte angesehen werden können oder ob sie nicht durch die Richtlinie geregelt werden. Wegen fehlender Erfahrungen und Kenntnisse könnte man meinen, dass die für den Verbraucher typische Schutzbedürftigkeit vorliegt[313]. Nur Geschäfte, die nicht zur technischen Spezialität des Gewerbebetriebs der gewerblich tätigen Person gehören, können Handlungen im Rahmen einer gewerblichen Tätigkeit sein. Der Ankauf eines Lieferwagens für den Transport von hergestellten Gütern wäre danach eine Handlung im Rahmen einer gewerblichen Tätigkeit.

---

[311] WOLF, Manfred, in WOLF/HORN/LINDACHER, *AGBG-Kommentar*, 4. Auflage, 1999, RiLi Artikel 2, Rdnr. 14 und 16.
[312] WOLF, Manfred, in WOLF/HORN/LINDACHER, *AGBG-Kommentar*, 4. Auflage, 1999, RiLi Artikel 2, Rdnr. 7.
[313] WOLF, Manfred, in WOLF/HORN/LINDACHER, *AGBG-Kommentar*, 4. Auflage, 1999, RiLi Artikel 2, Rdnr. 7.

Gewerbetreibender ist des Weiteren: der Händler, der eine EDV-Anlage kauft, um seinen Vorrat zu inventarisieren.

Im Bereich der unselbständigen beruflichen Tätigkeit, d.h. der Arbeitnehmer, sind nur diese Handlungen des Arbeitnehmers beruflich, die er in Ausübung seines Arbeitsvertrages vornimmt[314]. Handlungen, die ein Arbeitnehmer im eigenen Namen ausführt, sind als Verbrauchertätigkeiten anzusehen.

C. Die Anwendung der Richtlinie auf die Erbringung von öffentlichen Dienstleistungen

Im modernen Rechtsverkehr sind nicht nur privatrechtliche Unternehmen, sondern auch öffentlich-rechtliche Unternehmen auf dem Markt tätig. Es handelt sich dabei um juristische Personen des öffentlichen Rechts, wie den Staat und andere Gebietskörperschaften und öffentlich-rechtliche Sondervermögen. Dabei handelt es sich um selbständige Träger öffentlicher Verwaltung, Körperschaften, Anstalten und Stiftungen des öffentlichen Rechts[315]. Diese juristischen Personen des öffentlichen Rechts können am Privatrechtsverkehr als Kunde teilnehmen. Andererseits treten sie häufig auch als Anbieter von Gütern und Dienstleistungen auf. Beispiele sind die öffentlichen Schwimmbäder, die öffentlichen Krankenhäuser und öffentliche Energieversorgung. Die öffentlich-rechtlichen Unternehmen sind hauptsächlich tätig in Bereichen, welche die Daseinsvorsorge der Bürger betreffen. Es handelt sich dabei um bestimmte lebensnotwendige Dienstleistungen. Typische Versorgungsbereiche sind Wasser-, Gas- und Elektrizitätsversorgung, die Dienstleistungen der Post, die Telekommunikationsdienstleistungen, der öffentliche Verkehr und die Gesundheitspflege in öffentlichen Krankenhäusern. Oft werden die gleichen Tätigkeiten auch von privatrechtlichen Unternehmen ausgeübt und werden dem als erwerbswirtschaftliche Tätigkeiten angesehen.

Aus der Definition des Gewerbetreibendenbegriffs, die sich entscheidend an der Erbringung einer erwerbswirtschaftlichen Tätigkeit orientiert, ergibt sich, dass auch juristische Personen des öffentlichen Rechts als Gewerbetreibende im Sinne der Richtlinie auftreten können. Dieses bedeutet, dass Geschäftsbedingungen, die von einer juristischen Person des öffentlichen Rechts verwendet werden, den Kontrollvorschriften der

---

[314]WOLF, Manfred, in WOLF/HORN/LINDACHER, *AGBG-Kommentar*, 4. Auflage, 1999, RiLi Artikel 2, Rdnr. 15; HEINRICHS, Helmut, „Umsetzung der EG-Richtlinie über missbräuchliche Klauseln in Verbraucherverträgen durch Auslegung", *NJW* 1995, S. 159.

[315]BROX, Hans, *Allgemeiner Teil des BGB*, 23. Auflage, S. 318, Rdnr. 683.

Richtlinie unterliegen können. Die Richtlinie bietet aber kein eindeutiges Konzept an, weil sie die Kontrolle von bindenden Rechtsvorschriften untersagt. Denn der Sache nach verwenden öffentlich-rechtliche Unternehmen häufig Klauseln, die durch Rechtsnormen ausgestaltet worden sind. Unter Buchstabe „a" wird der letzte Satz des Artikels 2 der Richtlinie, nach dem juristische Personen des öffentlichen Rechts Gewerbetreibende sein können, analysiert. Unter Buchstabe „b" wird der fehlenden Eindeutigkeit der Richtlinie hinsichtlich der Kontrolle öffentlich-rechtlicher Dienstleistungen Aufmerksamkeit geschenkt. Schließlich widmet man sich unter Buchstabe „c" eine Untersuchung des INC/NCC, welcher im Auftrag der Europäischen Kommission das Problem der Kontrolle von Klauseln von bestimmten öffentlichen Dienstleistungen untersucht hat. Analysiert werden die Feststellungen und Lösungsvorschläge des Berichtes.

a. Der Artikel 2 c, letzter Satz der Richtlinie

Aus Artikel 2 c, letzter Satz ergibt sich, dass auch „juristische Personen des öffentlichen Rechts", sowohl in privatrechtlichen als auch bei öffentlich-rechtlichen Betätigungen, Gewerbetreibende im Sinne der Richtlinie sein können. Entscheidend ist hier, dass es sich um eine von einer juristischen Person des öffentlichen Rechts ausgeübte erwerbswirtschaftliche Tätigkeit handelt, die mit einer gewerblichen oder beruflichen Tätigkeit im privaten Bereich vergleichbar ist[316]. Bei der Definition des Begriffes „Gewerbetreibende" kommt es demnach nicht auf die (privatrechtliche oder öffentlich-rechtliche) Rechtsform oder auf das private oder öffentliche Eigentum der Aktivität an[317], sondern entscheidend ist, dass eine erwerbswirtschaftliche Tätigkeit ausgeübt wird. Dies dient dem Verbraucherschutz. Auch die von öffentlichen Unternehmen verwendeten Klauseln können für den Verbraucher unangemessen nachteilig sein. Denn sie umfassen oft Risikoabwälzungen. Des Weiteren handelt es sich meistens um Dienstleistungsmonopole, so dass der Verbraucher keine Ausweichmöglichkeit hat, um gegen bessere Bedingungen mit einem anderen Gewerbetreibenden einen Vertrag zu schließen. Die Gleichstellung von privaten- und öffentlich-rechtlichen Erbringern von erwerbswirtschaftlichen Tätigkeiten dient außerdem dem freien Wettbewerb. Denn die Tatsache, dass die von einer öffentlichen Unternehmung verwendeten Bedingungen nicht einer gerichtlichen Inhaltskontrolle unterliegen dürfen, würde zur Folge haben, dass privat- und öffentlich-rechtliche Unternehmen un-

---

[316] WOLF, Manfred, in WOLF/HORN/LINDACHER, *AGBG-Kommentar*, 4. Auflage, 1999, RiLi Artikel 2, Rdnr. 12.

[317] Dieses kommt vor allem in der englischsprachigen Fassung zum Ausdruck: „whether publicly owned or privately owned".

ter ungleichen Voraussetzungen auf dem Markt tätig wären. Es ist zum Beispiel nicht zu rechtfertigen, die Geschäftsbedingungen privater Krankenhäuser einer Kontrolle zu unterziehen und die der öffentlichen Krankenhäuser zu „privilegieren". Der 16. Erwägungsgrund der Richtlinie bestimmt des Weiteren, dass die Beurteilung der Missbräuchlichkeit sich entscheidend an dem Gebot von Treu und Glauben orientiert. Dies gilt insbesondere „bei beruflichen Tätigkeiten des öffentlich-rechtlichen Bereichs, die ausgehend von einer Solidargemeinschaft der Dienstleistungsnehmer kollektive Dienste erbringen". Die Orientierung der Klauselwürdigung an das Gebot von Treu und Glauben macht es möglich, „eine globale Bewertung der Interessenlagen der Parteien" vorzunehmen.

Allein die Gleichstellung der öffentlich-rechtlich organisierten und privatrechtlich organisierten Anbieter auf dem Markt löst aber das Problem der Kontrollfreiheit bestimmter Versorgungsleistungen nicht. Denn heute werden Versorgungsleistungen oft durch privatrechtliche Rechtspersonen, an denen die öffentliche Hand eine Mehrheitsbeteiligung hat, angeboten. Die Tatsache, dass bestimmte Versorgungsdienstleistungen privatrechtlich organisiert sind, ist keine Garantie dafür, dass die von privatrechtlichen Unternehmen verwendeten Geschäftsbedingungen der Kontrolle der Zivilgerichte unterliegen. Die Privilegierung der öffentlich-rechtlichen Unternehmen in den Mitgliedstaaten hängt nicht damit zusammen, dass die Rechtsordnungen öffentlich-rechtliche Unternehmen favorisieren wollen, sondern damit, dass die von öffentlich-rechtlichen Unternehmen angebotenen Versorgungsleistungen häufig durch Rechtsnormen geregelt sind. Die Verfassungen der Mitgliedstaaten lassen eine Kontrolle von Rechtsnormen durch die Zivilgerichte nicht zu. Diese Kontrollfreiheit betrifft übrigens nicht nur öffentlich-rechtliche Rechtspersonen, sondern auch privatrechtliche Rechtspersonen, die in der Daseinsvorsorge tätig sind. Beispiele sind die privatisierten öffentlich-rechtlichen Unternehmen.

Die Personenbeförderung mit der Eisenbahn kann durch eine privatrechtliche oder öffentlich-rechtliche juristische Person betrieben werden. Die Deutsche Bahn AG zum Beispiel ist eine private Kapitalgesellschaft. Die gleiche Tätigkeit wird in Belgien[318] und Frankreich[319] durch eine Nationalgesellschaft, d.h. in Form eines öffentlichen Unternehmens, ausgeübt. Es wäre nicht vertretbar, dass nur die Fahrgäste der DBAG oder ihre Verbraucherverbände und nicht die der SNCF oder SNCB die von der

---

318 „Société Nationale des Chemins de fer Belge" (SNCB) oder "Nationale Maatschappij der Belgische Spoorwegen" (NMBS).
319 „Société Nationale des Chemins de fer Français" (SNCF).

Eisenbahngesellschaft verwendeten AGB überprüfen lassen können. Juristische Personen des öffentlichen Rechts und privatrechtliche Rechtspersonen, die eine erwerbswirtschaftliche Tätigkeit ausüben, sollen deshalb gleich behandelt werden.

Obwohl die DBAG, sowie die Deutsche Telekom AG und die Deutsche Post AG heute privatrechtliche Rechtspersonen sind, können ihre Kunden nicht immer gegen die von den Unternehmen verwendeten Geschäftsbedingungen bei den Zivilgerichten vorgehen. Denn viele der verwendeten AGB sind immer noch trotz der privatrechtlichen Ausgestaltung der Unternehmen durch Gesetz oder Verordnung geregelt[320]. AGB mit einem verwaltungsrechtlichen Ursprung können nicht von den Zivilgerichten überprüft werden[321]. Ein Grund dafür ist, dass trotz der Privatisierung ein besonderer Regelungsbedarf besteht, um einen Missbrauch der Marktmacht zum Nachteil von Wettbewerbern und Endkunden zu verhindern.[322] Die Tatsache, dass bestimmte öffentliche Unternehmen in private Rechtsformen umgewandelt sind, gewährleistet deshalb nicht, dass alle ihre Vertragsbedingungen einer zivilrechtlichen Kontrolle unterliegen können. AGB, die nicht durch Rechtsvorschriften geregelt sind, unterliegen jedoch grundsätzlich der Inhaltskontrolle.

b. Der Konflikt zwischen Artikel 2, c letzter Satz und Artikel 1 Absatz II

Artikel 1 Absatz II bestimmt, dass der europäische Gesetzgeber Vertragsklauseln, die auf bindenden Rechtsvorschriften oder auf Bestimmungen oder Grundsätzen internationaler Übereinkommen beruhen, ausdrücklich von der Missbrauchskontrolle ausnimmt. Da die öffentlichen Dienstleistungen meistens durch Verordnung geregelt sind, könnten sie nach Artikel 1 Absatz II nicht überprüft werden. Dieses steht mit der breiten Definition des Gewerbetreibendenbegriffs aus Artikel 2, c in Konflikt. Denn die Richtlinie regelt Verträge zwischen Verbrauchern und allen Arten gewerblich oder beruflich tätiger Personen, ungeachtet dessen, ob sie privatrechtlich oder öffentlich-rechtlich organisiert sind. Un-

---

[320]Z. B. Nr. 1 der allgemeinen Geschäftsbedingungen der Deutschen Post AG (Briefdienst Inland) i. V. m. §§ 33-35 PostG, § 18 PostG, §§ 24 ff. TKG (Telekommunikationsgesetz), TKV (Telekommunikations-Kundenschutzverordnung), § 12 AEG (Allgemeines Eisenbahngesetz).

[321]Eine interessante Frage ist, was passiert, wenn eine Verordnung aufgehoben wird, aber die Vertragsbedingungen unverändert weiterbestehen. Die Bedingungen haben ja einen verwaltungsrechtlichen Ursprung, obwohl die Verordnung aufgehoben ist.

[322]Entwurf einer Begründung der Bundesregierung zu der Telekommunikations-Kundenschutzverordnung 1997 (TKV 1997) A. I. 2.

ter „Verträgen" werden auch Lieferungen und Güter und die Erbringung von Dienstleistungen, die verwaltungsrechtlich geregelt sind, verstanden[323]. In diesem Zusammenhang sind auch die Erwägungsgründe 13 und 14 zu beachten. Aus dem 13. Erwägungsgrund ergibt sich, dass der europäische Gesetzgeber davon ausgeht, dass „Rechtsvorschriften, in denen direkt oder indirekt die Klauseln für Verbraucherverträge festgelegt werden, keine missbräuchlichen Klauseln enthalten". In dem 14 Erwägungsgrund bestimmt der Rat aber, dass „die Mitgliedstaaten dafür sorgen müssen, dass darin keine missbräuchlichen Klauseln enthalten sind, zumal diese Richtlinie auch für die gewerbliche Tätigkeit im öffentlichen Rahmen gilt". Unklar bleibt das Verhältnis zwischen den Vorschriften, die gewerbliche Tätigkeiten im öffentlich-rechtlichen Rahmen grundsätzlich kontrollieren wollen (Artikel 2, c und Erwägungsgrund 14), einerseits und den Vorschriften, die der Kontrolle des Gesetzesrechts Grenzen setzen wollen (Artikel 1 Absatz II und Erwägungsgrund 13), andererseits.

Auch die europäische Kommission hat angemerkt, dass Artikel 1 Absatz II in bestimmten Fällen Zweifel darüber entstehen lassen kann, ob die Schutzvorschriften der Richtlinie auf die allgemeinen Bedingungen, die für bestimmte öffentliche Dienstleistungen oder gemeinnützige Einrichtungen verwendet werden, anwendbar sind. Die europäische Kommission hat die Untersuchung der Frage nach der Kontrolle von Klauseln, die öffentliche Dienstleistungen regeln, in Auftrag gegeben[324]. Gegenstand dieser Untersuchung war eine Analyse der aktuellen Praxis der Mitgliedstaaten in bezug auf die Kontrolle von Klauseln, die öffentliche Dienstleistungen regeln. Diese Untersuchung betrifft die Wasser-, Gas und Elektrizitätsversorgung, die Dienstleistungen der Post, die Telekommunikationsdienstleistungen, den öffentlichen Verkehr und die Gesundheitspflege in öffentlichen Krankenhäusern. Zum Ersten sollte untersucht werden, ob oben genannte Dienstleistungen in den Mitgliedstaaten privatrechtlich oder öffentlich-rechtlich organisiert sind. Beachtet werden sollte dabei auch die Frage, welchen Einfluss die Privatisierung von öffentlichen Dienstleistungen auf die Organisation gehabt hat. Zum Zweiten sollte analysiert werden, inwiefern das nationale Recht der missbräuchlichen Klauseln die Bedingungen in oben stehender Verträgen kontrolliert. Insbesondere war dabei zu beachten, wie die Mitgliedstaaten Artikel 1 Absatz II der Richtlinie in ihren nationalen Rechten umgesetzt

[323]Zur Anwendung der Richtlinie 93/13/EWG auf die Erbringung von öffentlichen Dienstleistungen, *ABl.EG* vom 15. Juni 1996, Nr. C. 171, S. 11.

[324]Zur Anwendung der Richtlinie 93/13/EWG auf die Erbringung von öffentlichen Dienstleistungen, *ABl.EG* vom 15. Juni 1996, Nr. C. 171, S. 11 (13).

haben und ob die Anwendbarkeit der Richtlinie auf öffentliche Dienstleistungen ausgeschlossen wird. Zum Vierten sollten diese Bedingungen nach den Kriterien aus Artikeln 3, 4 und 5 der Richtlinie, des Richtlinienanhangs und eventuell nach den nationalen Vorschriften auf ihre Missbräuchlichkeit überprüft werden. Schließlich sollten von den Untersuchern auch Vorschläge gemacht werden, welche Maßnahmen man gegen eventuelle Missbräuche hinsichtlich öffentliche Dienstleistungen ergreifen kann[325].

c. Die Ergebnisse der Untersuchung des „Institut National de la Consommation" und des „National Consumer Council"

Der Untersuchungsauftrag der Kommission wurde durch das „*Institut National de la Consommation*" (INC) und das „*National Consumer Council*" (NCC) in enger Zusammenarbeit ausgeführt. Seit November 1997 liegt ein 270-seitiger Bericht[326] vor.

aa. Ergebnisse des Berichtes

Die Referenten weisen zunächst darauf hin, dass trotz der Privatisierung der meisten öffentlich-rechtlichen Dienstleistungen, die öffentliche Hand in den genannten Aktivitäten weiterhin eine Mehrheitsbeteiligung hat[327]. Die Aktivitäten der gemeinnützigen Einrichtungen werden außerdem auch weiterhin entscheidend durch die Behörden normiert. Die privatisierten öffentlich-rechtlichen Unternehmen verwenden in der Regel durch Rechtsvorschrift festgelegte Geschäftsbedingungen, und der Preis der Produkte und Dienstleistungen wird gesetzlich festgelegt[328]. Im Bericht wird des Weiteren festgehalten, dass der größte Teil der Mitglied-

---

[325]Zur Anwendung der Richtlinie 93/13/EWG auf die Erbringung von öffentlichen Dienstleistungen, *ABl.EG* vom 15. Juni 1996, Nr. C. 171, S. 11 (13).

[326]HALL, Harriet und TIXADOR, Claire, „Rapport sur l'application de la directive 93/13/CEE du conseil du 5 avril 1993 concernant les clauses abusives dans les contracts conclus avec les consommateurs aux prestations de services publics, Rapport final", November 1997, veröffentlicht am 26. Mai 1998; *http://europa.eu.int/comm/dg24/policy/developments.*

[327]Ausnahme: Großbritannien: HALL, Harriet und TIXADOR, Claire, „Rapport sur l'application de la directive 93/13/CEE du conseil du 5 avril 1993 concernant les clauses abusives dans les contracts conclus avec les consommateurs aux prestations de services publics, Rapport final", S. 99.

[328]HALL, Harriet und TIXADOR, Claire, „Rapport sur l'application de la directive 93/13/CEE du conseil du 5 avril 1993 concernant les clauses abusives dans les contracts conclus avec les consommateurs aux prestations de services publics, Rapport final", S. 99.

staaten[329] Artikel 1 Absatz II, der die bindenden Rechtsvorschriften vom Anwendungsbereich der Richtlinie ausnimmt, nicht im nationalen Recht umgesetzt hat. Nur Irland hat Artikel 1 Absatz II identisch umgesetzt. Vier andere Mitgliedstaaten[330] übernahmen Artikel 1 Absatz II mit Abänderungen. Der Grund, dass der größte Teil der Mitgliedstaaten Artikel 1 Absatz II nicht umgesetzt hat, liegt teilweise darin, dass nach dem Text dieses Artikels, Klauseln, die gesetzliche Vorschriften oder Vorschriften aus Verordnungen widerspiegeln, keiner Kontrolle unterliegen können. Dies könnte zur Kontrollfreiheit von bestimmten öffentlichen Dienstleistungen führen. Aus der Erkenntnis, dass der größte Teil der Mitgliedstaaten Artikel 1 Absatz II nicht umgesetzt hat, darf aber nicht abgeleitet werden, dass die von den öffentlichen Unternehmen verwendeten AGB, die durch Gesetz oder Verordnung festgestellt werden, in den Mitgliedstaaten schrankenlos überprüft werden können. Im Gegenteil, die Kontrolle von gesetzlichen Vorschriften oder Verordnungen kollidiert in einigen Mitgliedstaaten mit den allgemeinen Rechtsprinzipien der Gewaltenteilung oder der Normenhierarchie[331] oder einer mit Artikel 1 Absatz II vergleichbaren Regelung, so dass eine Überprüfung dieser Klauseln nicht möglich ist. Eine Überprüfung der AGB, die von öffentlichen Dienstleistungserbringern verwendet werden, ist aber wünschenswert. Denn eine Untersuchung der AGB, die in den Mitgliedstaaten von den öffentlichen Unternehmen verwendet werden, hat gezeigt, dass viele der untersuchten AGB bei weitem nicht einwandfrei sind[332]. Das bedeutet, dass die Vermutung aus dem 13. Erwägungsgrund, die besagt, dass die Rechtsvorschriften der Mitgliedstaaten, in denen direkt oder indirekt die Klauseln für Verbraucherverträge festgelegt werden, keine missbräuchlichen Klauseln enthalten, nicht uneingeschränkt gefolgt werden kann. Im Bericht wird daher befürwortet, dass Klauseln, die bei der Erbringung von öffentlichen Dienstleistungen verwendet werden, den Vorschriften der Richtlinie unterliegen sollen, weil die Richtlinie sonst ihr Ziel nicht

---

[329] Spanien, Belgien, die Niederlande, Deutschland, Schweden, Frankreich, Finnland, Dänemark, Österreich und Griechenland.

[330] Italien, Luxemburg, Portugal und Großbritannien.

[331] HALL, Harriet und TIXADOR, Claire, „Rapport sur l'application de la directive 93/13/CEE du conseil du 5 avril 1993 concernant les clauses abusives dans les contracts conclus avec les consommateurs aux prestations de services publics, Rapport final", S. 263.

[332] HALL, Harriet und TIXADOR, Claire, „Rapport sur l'application de la directive 93/13/CEE du conseil du 5 avril 1993 concernant les clauses abusives dans les contracts conclus avec les consommateurs aux prestations de services publics, Rapport final", Teil III, S. 122 (226).

erreichen würde[333]. Denn das Schutzbedürfnis der Verbraucher vor missbräuchlichen Klauseln ergibt sich oft besonders bei öffentlichen Dienstleistungen[334]. Die Kontrolle von AGB, die durch Gesetz oder Verordnung festgelegt wurden, scheint aber nur schwer mit dem Inhalt des Artikels 1 Absatz II vereinbar zu sein. Es bleibt unklar, wie die Artikel 1 Absatz II und 2 c letzter Satz verstanden werden müssen. Im Bericht werden die Regelungsabsichten des Artikels 1 Absatz II analysiert und es wird auch das Verhältnis zwischen beiden Vorschriften erläutert.

bb. Die Regelungsabsicht des Artikels 1 Absatz II der Richtlinie

Im Bericht wird festgestellt, dass im Artikel 1 Absatz II eine wichtige Einschränkung des sachlichen Anwendungsbereichs der Richtlinie vorgenommen wird. Die Grenzen dieser Einschränkung sind aber unklar. Denn sie scheint den Inhalt des Artikels 2 c, letzter Satz auszuhöhlen. Eine zusätzliche Schwierigkeit liefern die Unterschiede zwischen der französisch-[335], englisch-[336] und deutschsprachigen[337] Fassung der Vorschrift. Die Ausdrücke *„dispositions législatives ou réglementairs impératives"*, *„mandatory, statutory or regulatory provisions"* und „bindende Rechtsvorschriften" könnten unterschiedliche Bedeutungen aufweisen[338]. Das größte Problem liegt wohl darin, wie die Begriffe *„impératives"*, *„mandatory"* oder „bindende" ausgelegt werden müssen. Die Tatsache,

---

[333] HALL, Harriet und TIXADOR, Claire, „Rapport sur l'application de la directive 93/13/CEE du conseil du 5 avril 1993 concernant les clauses abusives dans les contracts conclus avec les consommateurs aux prestations de services publics, Rapport final", S. 260.

[334] HALL, Harriet und TIXADOR, Claire, „Rapport sur l'application de la directive 93/13/CEE du conseil du 5 avril 1993 concernant les clauses abusives dans les contracts conclus avec les consommateurs aux prestations de services publics, Rapport final", S. 260.

[335] „les clauses contractuelles qui reflètent des dispositions législatives ou réglementaires impératives ainsi que des dispositions ou principes des conventions internationales, dont les états membres ou la Communauté sont partis, notamment dans le domaine des transports, ne sont pas soumis aux dispositions de la présente directive".

[336] „the contractual terms which reflect mandatory, statutory or regulatory provisions and the provisions or principles of international conventions to which the Member States or the Community are party, particulary in the transport area, shall not be subject to the provisions of this directive".

[337] „Vertragsklauseln, die auf bindenden Rechtsvorschriften beruhen, bei denen die Mitgliedstaaten oder die Gemeinschaft - insbesondere im Verkehrsbereich - Vertragsparteien sind, unterliegen nicht den Bestimmungen dieser Richtlinie".

[338] HALL, Harriet und TIXADOR, Claire, „Rapport sur l'application de la directive 93/13/CEE du conseil du 5 avril 1993 concernant les clauses abusives dans les contracts conclus avec les consommateurs aux prestations de services publics, Rapport final", S. 95.

dass Artikel 1 Absatz II in den meisten Mitgliedstaaten nicht umgesetzt wurde, hat zur Folge, dass über die Bedeutung der Begriffe „*impératives*", „*mandatory*" und „bindende" in den mitgliedstaatlichen Parlamenten nicht diskutiert wurde. Deshalb wird im Bericht eine eigene Auslegung vorgeschlagen. Der Bericht ermittelt anhand der französischsprachigen Fassung des Artikels die Grenzen der Einschränkung aus Artikel 1 Absatz II. Die Referenten ziehen bei der Interpretation des Begriffes „*dispositions impératives*" das „*Cassis de Dijon*-Urteil" heran[339]. Eine „*disposition impérative*" wäre danach eine Vorschrift, die im Allgemeininteresse erlassen worden ist[340]. Im Bericht wird angemerkt, dass das englische „*mandatory*" und das deutsche „bindende" kaum in dieser Bedeutung verstanden werden können, wenn sie nicht durch eine zusätzliche Bezeichnung ergänzt werden. Die englische Fassung könnte nach dem Bericht zu „*mandatory requirements*" erweitert werden. Hinsichtlich der deutschen Fassung wird nichts vorgeschlagen, aber anzunehmen ist, dass der Terminus „zwingende Erfordernisse" am besten der oben stehenden Auslegung entsprechen würde. Im Ergebnis würden nur gesetzliche Vorschriften, die aus zwingenden Erfordernissen (im Allgemeininteresse) erlassen worden sind, von den Vorschriften der Richtlinie ausgeschlossen. Geschäftsbedingungen, wie zum Beispiel Leistungsbeschreibungen, die ihren Ursprung in Verordnungen haben, können nur als zwingende Vorschriften angesehen werden, wenn sie zum Allgemeininteresse des Marktes und seiner Benutzer, und nicht nur im Interesse der öffentlichen Dienstleistungserbringer, erlassen wurden[341]. Insofern die Leistungsbeschreibungen die Interessen der Erbringer der öffentlichen Dienstleistung regeln, sind sie nicht im Allgemeininteresse erlassen worden und die sind keine zwingenden Vorschriften im Sinne der Richtlinie. Der Terminus „*disposition impérative*" kann aber auch wie ein allgemeiner Grundsatz des höheren Interesses[342] verstanden werden[343]. Damit

---

[339]HALL, Harriet und TIXADOR, Claire, „Rapport sur l'application de la directive 93/13/CEE du conseil du 5 avril 1993 concernant les clauses abusives dans les contracts conclus avec les consommateurs aux prestations de services publics, Rapport final", S. 117.

[340]"serait impérative und disposition édictée dans un but d'intérêt général (celui du marché, mais aussi des usagers)".

[341]HALL, Harriet und TIXADOR, Claire, „Rapport sur l'application de la directive 93/13/CEE du conseil du 5 avril 1993 concernant les clauses abusives dans les contracts conclus avec les consommateurs aux prestations de services publics, Rapport final", S. 117 (118).

[342]"principe général d'un intérêt supérieur".

[343]HALL, Harriet und TIXADOR, Claire, „Rapport sur l'application de la directive 93/13/CEE du conseil du 5 avril 1993 concernant les clauses abusives dans les contracts conclus avec les consommateurs aux prestations de services publics, Rapport final", S. 118.

wird auf allgemeine Rechtsgrundsätze aus dem öffentlichen Recht hingewiesen, wie zum Beispiel das gute Funktionieren der öffentlichen Dienstleistungen, das Kontinuitätsprinzip und das Änderungsprinzip. Es handelt sich hier um Prinzipien, die ein gutes Funktionieren der öffentlichen Dienstleistungen ermöglichen sollen. Die oben genannten Prinzipien können aber dazu führen, dass bestimmte Klauseln, die diese Prinzipien des guten Funktionierens der öffentlichen Dienstleistung widerspiegeln, nicht kontrollfähig sind. Der Sache nach gehören diese allgemeinen Grundsätze des höheren Interesses zu den Vorschriften, die zum Allgemeininteresse, im Sinne des *Cassis de Dijon*-Urteils, erlassen worden sind. Zusammenfassend kann geurteilt werden, dass der Begriff „*impérative*" zum Ziel hat, den kontrollfreien Bereich des Artikels 1 Absatz II auf diese Vorschriften, die zum Allgemeininteresse oder öffentlichen Interesse erlassen worden sind, einzuschränken[344]. Die Referenten haben angemerkt, dass diese Bedeutung des Terminus „*impérative*" kaum aus dem Text des Artikels 1 Absatz II zu entnehmen ist. Daher werden einerseits der Kommission konkrete Vorschläge zur Abänderung des Artikels 1 Absatz II gemacht. Andererseits wird ein System vorgeschlagen, das dazu führen muss, dass der Verbraucher vor der Verwendung von missbräuchlichen Klauseln in Verträgen mit öffentlichen Leistungserbringern ausreichend geschützt wird.

cc. Die Vorschläge des INC/NCC

Die Referenten sind der Ansicht, dass Verträge mit öffentlichen Dienstleistungserbringern, den Vorschriften der Richtlinie unterliegen sollen, sonst würde die Richtlinie ihr Schutzziel nicht erreichen[345]. Dieses ergebe sich nicht nur aus Artikel 2 c letzter Satz, sondern werde auch in dem 14. Erwägungsgrund ausdrücklich bestätigt. Diese Ansicht findet auch Unterstützung im Artikel 90 EGV, welcher den Mitgliedstaaten verbietet, in bezug auf öffentliche Unternehmen Maßnahmen zu treffen, die gegen die Prinzipien des gemeinsamen Marktes oder des freien Wettbewerbs verstoßen würden.

Zur Überprüfung der Bedingungen, die bei der Erbringung von öffentlichen Dienstleistungen verwendet werden, wird im Bericht einerseits ein

---

344 HALL, Harriet und TIXADOR, Claire, „Rapport sur l'application de la directive 93/13/CEE du conseil du 5 avril 1993 concernant les clauses abusives dans les contracts conclus avec les consommateurs aux prestations de services publics, Rapport final", S. 263.

345 HALL, Harriet und TIXADOR, Claire, „Rapport sur l'application de la directive 93/13/CEE du conseil du 5 avril 1993 concernant les clauses abusives dans les contracts conclus avec les consommateurs aux prestations de services publics, Rapport final", S. 260.

Präventivsystem (*a priori*-Kontrolle) und andererseits eine ergänzende *a posteriori*-Kontrolle vorgeschlagen. Mit der Einführung eines Präventivsystems beabsichtigen die Referenten der Verwendung missbräuchlicher Klauseln vorzubeugen. Aus dem 13., 14., und 21. Erwägungsgrund der Richtlinie ist abzuleiten, dass die Mitgliedstaaten verpflichtet werden, Maßnahmen zu ergreifen, so dass in Verträgen zwischen Verbrauchern und Professionals keine missbräuchlichen Klauseln verwendet werden. Die Referenten schlagen vor, diese drei Erwägungsgründe in die Richtlinie aufzunehmen, so dass sie für die Mitgliedstaaten verbindliche Verpflichtungen enthalten[346]. Die Referenten schlagen eine *a priori*-Kontrolle der AGB, die von öffentlichen Unternehmen verwendet werden, vor. Diese *a priori*-Kontrolle besteht darin, die Erarbeitung von AGB in einem neutralen Organ[347] stattfinden zu lassen. Dieses Organ erarbeitet die AGB, die bei der Erbringung von öffentlichen Dienstleistungen verwendet werden, in enger Zusammenarbeit mit Verbrauchervertretern. Dieses Verfahren gewährleistet einerseits, dass die Klauseln in Übereinstimmung mit den Grundsätzen der Richtlinie 93/13 ausgestaltet werden und andererseits, dass auch auf die Prinzipien, welche die günstige Wirkung der öffentlichen Leistungen sichern sollen, Rücksicht genommen wird[348]. Nur dieses Verfahren könnte sichern, dass die Vertragsbedingungen im allgemeinen Marktinteresse und seiner Benutzer und nicht nur zugunsten des öffentlichen Leistungserbringers erarbeitet werden. Sofern AGB nicht durch dieses Organ erarbeitet werden, wären sie keine „zwingenden Rechtsvorschriften" und sollten automatisch der Missbrauchskontrolle der Richtlinie unterzogen werden. Die Referenten empfehlen des Weiteren auch die Gründung einer Berufungsinstanz, in der gegen umstrittene Entscheidungen des „Organs" Berufung eingelegt werden kann. Im Bericht wird außerdem auch eine Kontrolle *a posteriori* vorgeschlagen. Alle Klauseln, die von einem öffentlichen Leistungserbringer verwendet werden und deren Inhalt durch Gesetz oder Verordnung festgelegt wurde, sollen dieser *a posteriori*-Kontrolle unterliegen. Nur die Vertragsbedingungen, die im Rahmen des neutralen Organs erarbeitet wurden, sind kontrollfrei. Die Referenten schlagen eine Änderung des Artikels 1 Absatz II der Richtlinei 93/13 in diesem Sinne vor. Insofern

---

[346]HALL, Harriet und TIXADOR, Claire, „Rapport sur l'application de la directive 93/13/CEE du conseil du 5 avril 1993 concernant les clauses abusives dans les contracts conclus avec les consommateurs aux prestations de services publics, Rapport final", S. 261.

[347]Wird von den Referenten „Régulateur" genannt.

[348]HALL, Harriet und TIXADOR, Claire, „Rapport sur l'application de la directive 93/13/CEE du conseil du 5 avril 1993 concernant les clauses abusives dans les contracts conclus avec les consommateurs aux prestations de services publics, Rapport final", S. 261.

diese Kontrolle in den Mitgliedstaaten durch die Prinzipien der Gewaltenteilung oder der Normenhierarchie eingeschränkt wird, sind diese öffentlich-rechtlichen Prinzipien anzupassen. Im Bericht wird dabei auf die Vorschläge in diesem Sinne in der französischen und griechischen Rechtspraxis hingewiesen[349]. Sofern Klauseln nicht den Inhalt eines Gesetzes oder einer Verordnung widerspiegeln, gibt es keine Einwände, ihren Inhalt an der Richtlinie zu überprüfen. Diese Kontrolle ist aber problematisch, wenn kein schriftlicher Vertrag vorliegt. Deshalb wird im Bericht vorgeschlagen, in der Richtlinie ausdrücklich aufzunehmen, dass auch satzungsmäßige Verhältnisse der Missbrauchskontrolle unterliegen können.

d. Ergebnis

Aus Artikel 2, c, letzter Satz ergibt sich eindeutig, dass auch juristische Personen des öffentlichen Rechts, insofern sie eine erwerbswirtschaftliche Tätigkeit ausüben, Gewerbetreibende im Sinne der Richtlinie sein können. Die Richtlinie bezweckt damit vor allem die traditionellen „öffentlichen Dienstleistungen" oder „gemeinnützigen Einrichtungen" der Kontrolle zu unterziehen. Auch insofern das Verhältnis zwischen dem Erbringer einer öffentlichen Dienstleistung und dem Verbraucher nicht vertragsrechtlich ist, sondern die Geschäftsbedingungen durch Rechtsnormen geregelt sind, soll die Kontrolle eingreifen. Die Europäische Kommission hat aber anerkannt, dass die Kontrollfähigkeit von Geschäftsbedingungen, die durch Gesetzesvorschriften, Verordnungen oder Satzungen festgelegt sind, mit Artikel 1 Absatz II, der die Kontrolle von zwingenden Rechtsvorschriften verbietet, kollidiert. Außerdem verstößt die Kontrolle gesetzlicher Vorschriften durch den Zivilrichter gegen die Verfassungen einiger Mitgliedstaaten. Die von der Europäischen Kommission beauftragten Untersuchungsinstitute INC/NCC untersuchten diese Problematik. Die Ergebnisse dieser Untersuchung wurden in einem Bericht festgelegt. Der Bericht geht zunächst von einem engen Verständnis des Begriffes „zwingende Vorschriften" aus. Dazu gehören, unter Bezugnahme auf das *Cassis de Dijon*-Urteil, nur gesetzliche Vorschriften, die zum Allgemeininteresse des Marktes und seiner Benutzer erlassen worden sind. Im Ergebnis schlagen die Referenten eine Kontrolle der Geschäftsbedingungen, die bei der Erbringung von öffentlichen Dienstleistungen verwendet werden, vor. Konkret wird eine kollektive Erarbei-

---

[349]HALL, Harriet und TIXADOR, Claire, „Rapport sur l'application de la directive 93/13/CEE du conseil du 5 avril 1993 concernant les clauses abusives dans les contracts conclus avec les consommateurs aux prestations de services publics, Rapport final", S. 263.

tung, d.h. zwischen Vertretern der Leistungserbringer und den Benutzern, der Geschäftsbedingungen in einem neutralen Organ vorgeschlagen. Insofern die Geschäftsbedingungen nicht kollektiv erarbeitet wurden, gelten sie nicht als zwingende Vorschriften. Diese Vorschriften sind dann kontrollfähig. Bei der Beurteilung nach Treu und Glauben können auf die speziellen Solidaritätsgedanken und Prinzipien des guten Funktionierens der öffentlichen Dienstleistung Rücksicht genommen werden.

3. Kritische Anmerkungen zum Kriterium der Zweckbestimmung

Der rollenbezogene Unterlegenenschutz und das damit verbundene Abgrenzungskriterium der Zweckbestimmung aus der Richtlinie ist kein selbstverständliches, dem Recht der missbräuchlichen Klauseln vorgegebenes Schutzkonzept. Die Verknüpfung des Schutzes mit der Erfüllung einer bestimmten Rolle auf dem Markt ist nicht immer unproblematisch. Gegen dieses rollenbezogene Abgrenzungskriterium zwischen einem Verbraucher und einem Gewerbetreibenden können, neben praktischen, vor allem inhaltliche Einwände erhoben werden. Unter Buchstabe „A" wird auf die praktischen Problemen zur Feststellung der Zweckbestimmung bestimmter Geschäfte hingewiesen. Unter Buchstabe „B" geht es um die inhaltlichen Probleme des Kriteriums: Es werden deshalb alternative Kriterien vorgeschlagen.

A. Objektive oder subjektive Zweckbestimmung?

Bei der Definition des Verbraucher- und Gewerbetreibendenbegriffs kommt es nach der Richtlinie entscheidend auf die Zweckbestimmung der Tätigkeit an, d.h. ob die Person zu gewerblichen oder beruflichen Zwecken einerseits oder zu privaten Zwecken andererseits handelte. Dieses Abgrenzungskriterium zwischen einem Verbraucher oder einem Gewerbetreibenden ist nicht ganz unproblematisch. Vor allem, wenn das Produkt oder die Dienstleistung noch keine ausdrückliche Bestimmung erhalten hat, bleibt unklar, ob diese gewerbliche/berufliche oder private Zweckbestimmung objektiv oder subjektiv beurteilt werden soll. Festzustellen ist, dass beide Kriterien problematisch sind[350]. Das objektive Kriterium ist unwirksam, weil die meisten Produkte oder Dienstleistungen sowohl für gewerbliche als auch für private Zwecke verwendet werden

---

[350]Hierauf ist vor allem in der belgischen Literatur hingewiesen worden: SCHAMP, Jan und VAN DEN ABBEELE, Michel, „La nouvelle réglementation des clauses abusives: champ d'application et problèmes de droit transitoire", *JT*, 1992, S. 594; FAGNART, J.-L., „Concurrence et consommation: convergence ou divergence?" in *Les pratiques du commerce et la protection et l'information du consommateur depuis la loi du 14 juillet 1991*, 1991, S.29; THILLY, Aline, „La protection des intérêts économiques des consommateurs, Les clauses abusives", in Guide juridique de l'entreprise, Titre XI, Livre 109, 1996, S. 10, Rdnr. 40.

können und deshalb nicht ausschließlich auf eine gewerbliche oder private Verwendung hinweisen. Auch die Anwendung des subjektiven Kriteriums ist problematisch. Danach würde es bei der Zweckbestimmung auf die persönlichen Absichten des Erwerbers beim Vertragsabschluss ankommen. In der Praxis wir aber nur schwer feststellbar sein, was die persönlichen Absichten des Erwerbers gewesen sind. Schon früher wurde darauf hingewiesen, dass im Einzelfall das Geschäft sowohl zum privaten als auch zum gewerblichen Zweck abgeschlossen wurde. Auch in diesem Fall ist das Kriterium problematisch.

Dirix[351] befürwortet, dass bei der Ermittlung der Zweckbestimmung des Geschäftes „auf den normalen Lauf der Dinge" Rücksicht zu nehmen ist. Sofern eine Person einen Werkvertrag über die Installation einer neuen Küche in seiner Privatwohnung abschließt, ist davon auszugehen, dass die Person zu privaten Zwecken handelt. Derjenige, der annimmt, dass die Küche zu gewerblichen Zwecken installiert wurde, hat dies zu beweisen.[352] Umgekehrt gilt, dass, wenn die konkreten Umstände darauf hinweisen, dass das Geschäft überwiegend der gewerbliche Tätigkeit dient, im Rahmen einer gewerblichen Tätigkeit gehandelt wird. Dabei ist überwiegend von den objektiven Umständen auszugehen. Es obliegt dem Verbraucher zu beweisen, dass das Geschäft zu privaten Zwecken angegangen wurde. Bei der Beurteilung durch den Richter können alle Umstände berücksichtigt werden. Dabei kann zum Beispiel mit den steuerrechtlichen Folgen des Geschäftes oder der Tatsache, dass das Geschäft als eine gewerbliche Tätigkeit verbucht wird, argumentiert werden. *Heinrichs* hat zurecht angemerkt, dass es vor allem auf die von der anderen Vertragspartei erkennbaren objektiven Umstände ankommt[353]. Es muss für die andere Vertragspartei erkennbar gewesen sein, dass für private bzw. gewerbliche Zwecke gehandelt wurde, so dass die andere Vertragspartei ihr Verhalten an die Art des Vertragspartners anpassen kann. Die andere Vertragspartei hat andere Informationspflichten gegenüber einem Verbraucher als gegenüber einem Gewerbetreibenden. Des Weiteren kann er gegenüber beiden unterschiedliche AGB verwenden.

---

[351]DIRIX, Eric, „De bezwarende bedingen in de W.H.P.", *RW*, 1991-1992, S.565, Rdnr. 9.

[352]Beispiel übernommen aus: SCHAMP, Jan und VAN DEN ABBEELE, Michel, „La nouvelle réglementation des clauses abusives: champ d'application et problèmes de droit transitoire", *JT*, 1992, S. 594.

[353]HEINRICHS, Helmut, „Das Gesetz zur Änderung des AGB-Gesetzes. Umsetzung der EG-Richtlinie über missbräuchliche Klauseln in Verbraucherverträgen durch den Bundesgesetzgeber", *NJW* 1996, S. 2191.

Oben stehendes führt zu dem Ergebnis, dass das Kriterium der Zweckbestimmung nicht immer schlüssig ist. Im Einzelfall kann es zu schwierigen Beweisfragen führen, ob ein bestimmtes Geschäft zu privaten oder gewerblichen Zwecken abgeschlossen wurde. Auch beim doppelten Gebrauch bereitet das Kriterium Schwierigkeiten.

B. Das Kriterium Professionalität statt Zweckbestimmung?

Gegen das von der Richtlinie verwendete Kriterium der Zweckbestimmung können, neben den oben genannten Abgrenzungsproblemen, vor allem inhaltliche Einwände erhoben werden. Das Kriterium der Zweckbestimmung scheint nicht immer das geeignete Kriterium zur Abgrenzung von schutzwürdigen Verbrauchern und überlegenen Gewerbetreibenden zu sein.

a. Die Unvereinbarkeit des Kriteriums der Zweckbestimmung mit dem Konzept des Unterlegenenschutzes

Wie sich oben unter Buchstabe „B, c". herausgestellt hat, definiert *Wolf* ein „Handeln im Rahmen einer gewerblichen Tätigkeit" sehr weit. Nach ihm sind alle Geschäfte, die einen objektiven Bezug zum Gewerbebetrieb aufweisen, gewerbliche Tätigkeiten. Auch Handlungen, die nur mittelbar der Ausübung und Durchführung eines Gewerbes oder eines Berufes dienen, sind gewerbliche bzw. berufliche Tätigkeiten. Der Autor geht außerdem von der Vermutung aus, dass alle von einer erwerbswirtschaftlich tätigen Person vorgenommenen Geschäfte im Zweifel ihrem Gewerbebetrieb zuzuordnen sind[354]. Diese weite Auslegung entspricht wohl dem Text der Richtlinie, der alle Handlungen „im Rahmen" einer gewerblichen oder beruflichen Tätigkeit als gewerbliche Geschäfte qualifiziert.

An dieser Stelle ist aber auf die Nachteile dieses Kriteriums der Zweckbestimmung hinzuweisen. Bei einem Unterlegenenschutz geht es darum, die wirtschaftlich oder intellektuell unerfahrene oder schwächere Privatperson vor der überlegenen Verhandlungsposition eines Professionals zu schützen. Das von der Richtlinie verwendete Kriterium der Zweckbestimmung, wobei an die Rolle der Klauselgegner auf dem Markt angeknüpft wird, kann dazu führen, dass einerseits bestimmte unterlegene Personen nicht als Verbraucher geschützt werden, weil sie im Rahmen einer erwerbswirtschaftlichen Tätigkeit handeln. Zu denken ist dabei an den Rechtsanwalt, der zu beruflichen Zwecken einen Pkw kauft oder an den Bäcker, der sich einen Lieferwagen anschafft. In beiden Fallgestal-

---

[354] WOLF, Manfred, in WOLF/HORN/LINDACHER, *AGBG-Kommentar*, 4. Auflage, 1999, RiLi Artikel 2, Rdnr. 14.

tungen könnte man urteilen, dass beiden, obwohl sie nach dem Kriterium der Zweckbestimmung, im Rahmen ihrer gewerblichen Tätigkeit handeln und als Gewerbetreibende zu qualifizieren sind, der Sache nach schutzbedürftig sind. Denn der Rechtsanwalt bzw. der Bäcker verfügen nicht über die Kenntnis, die erforderlich ist, gleichberechtigt mit einem Pkw- bzw. Lieferwagenverkäufer über den Vertragsinhalt verhandeln zu können. Demnach könnte man urteilen, dass beide sich in einer intellektuell oder wirtschaftlich unterlegenen Position befinden und schutzbedürftig sind. Des Weiteren ist es nicht ersichtlich, warum der gleiche Rechtsanwalt, der nachweisen kann, dass er seinen Pkw zu privaten Zwecken kaufte, als Verbraucher geschützt wird. Es handelt sich um die gleiche Person mit den gleichen Eigenschaften. Es ist bezweifelbar, ob der Bäcker, der einen Lieferwagen kauft, über genügend professionelle Erfahrung verfügt, als dass sein Einkauf als eine gewerbliche Tätigkeit zu qualifizieren ist. Denn der Bäcker ist ein Profi im Bäckereigeschäf, er hat aber keine spezielle Sachkenntnis über die AGB, die beim Verkauf von Lieferwagen verwendet werden. Deshalb ist davon auszugehen, dass der Bäcker beim Ankauf seines neuen Lieferwagens schutzbedürftig ist und als Verbraucher auftritt. Es gibt auch keine guten Gründe dafür, einen Arzt, der nicht auf Pkw-Geschäfte spezialisiert ist, anders zu behandeln, wenn er einen Pkw zu beruflichen oder privaten Zwecken kauft. In beiden Fällen fehlt in der Person des Arztes die besondere technische Kenntnis, die mit dem Verkauf des Pkw zusammenhängt. Es wäre dann auch besser, den Arzt in beiden Fallgestaltungen als Verbraucher zu schützen. Entsprechendes soll gelten, wenn der Arzt seinen Pkw später wieder verkauft und der Käufer ein Gewerbetreibender ist. Auch in diesem Fall könnte der Arzt schutzbedürftig sein.

Andererseits könnte die Anwendung des Abgrenzungsprinzips der Zweckbestimmung dazu führen, dass bestimmte, dem Klauselgegner überlegene Personen nicht als Gewerbetreibende qualifiziert werden, weil sie nachweisen können, dass sie nicht im Rahmen ihrer gewerblichen oder beruflichen Tätigkeit handeln. Der gleiche Anwalt, der seinen Pkw an eine Privatperson, welche keine erwerbswirtschaftliche Tätigkeit ausübt, wieder verkauft, kann sich in einer überlegenen Position befinden. Der Rechtsanwalt hat zwar keine spezifischen Kenntnis von Pkw-Geschäfte, aber er ist durch seine erwerbswirtschaftliche Tätigkeit als Anwalt mit den Praktiken im allgemeinen Geschäftsleben vertraut. Insofern sein Vertragspartner nicht über diese Kenntnis und Erfahrung verfügt, könnte geurteilt werden, dass er dem Anwalt „intellektuell" unterlegen ist.

Vor diesem Hintergrund wäre es dann vielleicht auch besser gewesen, die Anwendung der Schutzvorschriften nicht von der Zweckbestimmung des Geschäftes oder der Rolle des Klauselgegners auf dem Markt, sondern von den professionellen Kenntnissen oder Eigenschaften der Vertragsparteien beim Abschluss des Geschäftes, abhängig zu machen. Unten wird untersucht welches Abgrenzungskriterium am besten dem Ziel eines Unterlegenenschutzes dienen würde.

b. Vorschläge de lege ferenda

aa. Das Kriterium der „Professionalität"

Vor allem in der belgischen Diskussion ist das Kriterium der Zweckbestimmung stark in Frage gestellt worden. *Fagnart*[355] hat sich bei der Besprechung des belgischen Gesetzes über die Handelspraktiken aus dem Jahre 1991, welches auch vom Zweckbestimmungskriterium ausgeht, sehr kritisch gegen dieses Kriterium ausgesprochen. Bei der Schutzbedürftigkeit soll es nicht auf die Zweckbestimmung des Geschäftes, sondern auf die Kenntnisse („*le savoir*"[356]) des Klauselgegners ankommen. An die Stelle des Kriteriums der Zweckbestimmung soll nach dem Autor deshalb die professionelle Kenntnis der Vertragspartner treten. Ein Verbraucher wäre danach als eine natürliche Person, die nicht über die professionellen Kenntnisse verfügt, mit dem Vertragspartner auf der Grundlage von Gleichheit einen Vertrag abzuschließen, zu definieren[357]. Ein Gewerbetreibender wäre dann eine natürliche oder juristische Person, die im Rahmen ihres professionellen Erfahrungsbereichs handelt. Das zentrale Abgrenzungskriterium zwischen einem Gewerbetreibenden und einem Verbraucher wäre danach die Ungleichheit in der professionellen Kenntnis.

Das von *Fagnart* vorgeschlagene Kriterium hat den Vorteil, dass es besser dem Ziel des Unterlegenenschutzes entspricht. Fraglich bleibt aber,

---

355 FAGNART, J.-L., „Concurrence et consommation: convergence ou divergence?" in *Les pratiques du commerce et la protection et l'information du consommateur depuis la loi du 14 juillet 1991*, 1991, S. 28 (29).

356 FAGNART, J.-L., „Concurrence et consommation: convergence ou divergence?" in *Les pratiques du commerce et la protection et l'information du consommateur depuis la loi du 14 juillet 1991*, 1991, S. 28.

357 Diese Definition stammt von Professor Fagnart, der das Kriterium der Professionalität im belgischen Recht einführen möchte: FAGNART, J.-L., „Concurrence et consommation: convergence ou divergence?" in *Les pratiques du commerce et la protection et l'information du consommateur depuis la loi du 14 juillet 1991*, 1991, S. 28 (29).

über welche professionellen Fähigkeiten eine Person verfügen muss, um als Gewerbetreibender eingeordnet zu werden und wann eine Person wegen fehlender professioneller Kenntnisse als Verbraucher schutzbedürftig ist. Das Kriterium der professionellen Kenntnis kann eng und weit ausgelegt werden[358].

Das Kriterium der „professionellen Kenntnis" kann eng ausgelegt werden im Sinne einer Kenntnis der allgemeinen kommerziellen Gebräuche auf dem Markt, d.h. der Kenntnis des kommerziellen Lebens in seiner Gesamtheit. Dazu gehören zum Beispiel die Kenntnis über das Zustandekommen des Vertrages, die Haftungsvorschriften, den Gebrauch von AGB und im Generellen die Kenntnis vom Inhalt eines ausgewogenen Vertrages[359]. Die Privatperson, welche nicht gewerblich tätig ist, verfügt typischerweise nicht über diese Markterfahrung und könnte daher gegenüber einem Anwalt, der seinen Pkw verkauft, als schutzbedürftig anzusehen sein. Denn der Anwalt ist aufgrund seiner Tätigkeit mit den Gebräuchen auf dem Markt vertraut, welche ihn gegenüber der unerfahrenen Privatperson in eine überlegene Position bringt.

Bei einer weiten Auslegung ist der professionelle Erfahrungsbereich umfassender auszulegen und erfordert, neben der Kenntnis der allgemeinen kommerziellen Gebräuche auf dem Markt, auch spezifische rechtstechnische Kenntnisse des vorliegenden Geschäftes, welche erforderlich sind, um aufgrund von Gleichheit mit dem Erbringer oder Verkäufer verhandeln zu können. Nur insofern das Geschäft Produkte oder Dienstleistungen betrifft, welche eine Person gelegentlich selbst liefert bzw. erbringt oder ankauft oder erwirbt, verfügt sie über diese spezifischen technischen Kenntnisse. Die Tatsache, dass eine Person über eine allgemeine kommerzielle Erfahrung verfügt, reichte dabei nicht aus, alle ihre Aktivitäten als „professionell" zu qualifizieren. Vor diesem Hintergrund scheint es fehlerhaft zu befürworten, dass ein Erbringer einer gewerblichen Tätigkeit in bezug auf alle Geschäfte, welche der Durchführung und Ausübung der gewerblichen Tätigkeit dienen, „professionell" ist. Vielmehr sollte nach dieser Auslegung davon ausgegangen werden, dass eine erwerbswirtschaftlich tätige Person nur professionelle Erfahrung in dem Bereich hat, der unmittelbar seinen Verkauf von Produkten oder seine Erbringung von Dienstleistungen betrifft. Solches Verständnis des Krite-

---

[358]SCHAMP, Jan und VAN DEN ABBEELE, Michel, „La nouvelle réglementation des clauses abusives: champ d'application et problèmes de droit transitoire", *JT*, 1992, S. 594 (595).
[359]SCHAMP, Jan und VAN DEN ABBEELE, Michel, „La nouvelle réglementation des clauses abusives: champ d'application et problèmes de droit transitoire", *JT*, 1992, S. 594.

riums der Professionalität würde den Umfang des Verbraucherbegriffes erheblich erweitern. Der Inhaber einer Pkw-Werkstatt handelt sowohl nach dem Kriterium der Zweckbestimmung als auch nach dem Kriterium der Professionalität im Rahmen seiner gewerblichen Tätigkeit, wenn er einen Pkw repariert und Autoreparaturmaterial kauft. Die beiden Kriterien führen aber zu einem anderen Ergebnis, wenn der Werkstattinhaber eine Kasse kauft. Nach dem Kriterium der Zweckbestimmung handelt es sich hier eindeutig um einen Ankauf im Rahmen einer gewerblichen Tätigkeit. Dieser Ankauf gehört aber nicht zu der professionellen Spezialität des Werkstattinhabers. Nach dem Professionalitätskriterium tritt der Werkstattinhaber hier als Verbraucher auf. Es scheint, dass *Fagnart* auf diese weite Auslegung der professionellen Kenntnis hinweist[360].

Beide Auslegungen des Prinzips der professionellen Kenntnis können aber zu unbefriedigenden Folgen führen. Die weite Auslegung der professionellen Kenntnis führt dazu, dass der Verbraucherbegriff erheblich erweitert wird und der Gewerbetreibendenbegriff enger wird. Dieses hat sowohl Vor- als Nachteile. Einerseits kann der Anwalt sich gegenüber einem professionellen Verkäufer von Pkw auf den Verbraucherschutz berufen, weil der Ankauf eines Pkw nicht zu seiner Spezialität gehört. Andererseits könnte der Anwalt sich beim Verkauf seines Pkw an eine Privatperson ohne gewerbliche Erfahrung darauf berufen, dass er kein Gewerbetreibender ist, weil dieses Geschäft nicht zu seiner Spezialität gehört. Demnach würde der Privatperson jeder Schutz versagt werden.

Die enge Auslegung würde dagegen zu einem sehr breiten Gewerbetreibendenbegriff führen. Daraus würde folgen, dass alle erwerbswirtschaftlich tätigen Personen von dem Verbraucherbegriff ausgeschlossen sind. Der Anwalt, der einen Pkw kauft, könnte nicht als Verbraucher geschützt werden, weil er aufgrund seiner Tätigkeit als Anwalt über allgemeine Kenntnisse der Gebräuche auf dem Markt verfügt.

Oben stehendes führt zu dem Ergebnis, dass sowohl eine weite als auch eine enge Auslegung des Kriteriums der professionellen Kenntnis zu Ergebnissen führen kann, welche einem Unterlegenenschutz nicht voll entsprechen.

---

[360] Auch Schamp und Van den Abbeele erscheint es so, dass Fagnart auf diese breite Auslegung der professionellen Kenntnis hindeutet: SCHAMP, Jan und VAN DEN ABBEELE, Michel, „La nouvelle réglementation des clauses abusives: champ d'application et problèmes de droit transitoire", *JT*, 1992, S. 594, Fussnot Nr. 112.

Schamp und *Van den Abbeele*[361] haben des Weiteren angemerkt, dass das Kriterium der Professionalität noch mehr Beweisschwierigkeiten als das Kriterium der Zweckbestimmung hervorrufen wird. Es bleibe unklar, ab wann eine Person über genügend professionelle Kenntnisse verfüge, um ihren Schutz als Verbraucher zu verlieren.

bb. Das Modell der relativen professionellen Überlegenheit

Es hat sich herausgestellt, dass sowohl das Kriterium der Zweckbestimmung als auch der Professionalität nicht immer geeignet sind, einen richtigen Unterlegenenschutz zu gewährleisten. Beim Unterlegenenschutz im Bereich des Rechts der missbräuchlichen Klauseln sollen die intellektuellen Fähigkeiten oder Eigenschaften der Vertragsparteien im Mittelpunkt stehen. Dieses Ziel kann nicht durch die Anknüpfung an eine Rolle auf dem Markt erreicht werden. *Fagnart* hat mit seinem Kriterium der professionellen Kenntnis zurecht auf die Bedeutung der Eigenschaften des Klauselgegners hingewiesen. Er konzentrierte sich dabei vor allem auf das Fehlen der Professionalität in der engen Bedeutung, nämlich auf die Kenntnisse, welche für den Abschluss des spezifischen Geschäfts erforderlich sind. Die intellektuelle Unterlegenheit kann sich aber, wie gezeigt, auch aus der fehlenden Kenntnis der allgemeinen Gebräuche auf dem Markt ergeben.

Das Prinzip von *Fagnart* kann wie folgt weiterentwickelt werden. Da intellektuelle Unterlegenheit sich sowohl aus der fehlenden Kenntnis des Spezialgeschäfts als auch aus einer generellen Unkenntnis der Gebräuche auf dem Markt ergeben kann, sind beiden Kriterien bei der Abgrenzung des Verbraucherbegriffes in Betracht zu ziehen. Verbraucher sind danach zunächst die Klauselgegner, die keine erwerbswirtschaftliche Tätigkeit ausüben und daher nicht über eine generelle Kenntnis der Gebräuche auf dem Markt verfügen. Dies impliziert, dass sie auch keine Kenntnis des Spezialgeschäfts haben. Ein solcher Klauselgegner ist gegenüber jeder erwerbswirtschaftlich tätigen Person schutzbedürftig. Verbraucher sind daneben auch die Klauselgegner, welche aufgrund der Ausübung einer erwerbswirtschaftlichen Tätigkeit über eine generelle Kenntnis der Gebräuche auf dem Markt, aber nicht über die erforderliche Spezialkenntnis des abgeschlossenen Geschäfts verfügen und mit einem Klauselverwender verhandeln, der auf das Geschäft spezialisiert ist. Gewerbetreibende sind die Klauselverwender, die ein Geschäft abschließen, das zu ihrem spezifischen Geschäft gehört. Dieses impliziert, dass sie daneben auch

---

[361] SCHAMP, Jan und VAN DEN ABBEELE, Michel, „La nouvelle réglementation des clauses abusives: champ d'application et problèmes de droit transitoire", *JT*, 1992, S. 595.

über generelle Kenntnisse der Gebräuche auf dem Markt verfügen. Gewerbetreibende sind des Weiteren auch Klauselverwender, welche eine erwerbswirtschaftliche Tätigkeit ausüben und deshalb über Kenntnisse der generellen Marktgebräuche verfügen und ein Geschäft abschließen, das nicht zu ihrem spezifischen Erfahrungsbereich gehört, und mit einem Klauselgegner verhandeln, welcher keine erwerbswirtschaftliche Tätigkeit ausübt.

Zusammenfassend können sowohl die fehlende generelle Kenntnis der Gebräuche auf dem Markt als auch die fehlende spezielle Kenntnis des Geschäftes den Verbraucherschutz begründen. Wenn die fehlende Kenntnis dazu führt, das der Klauselgegner sich gegenüber dem Klauselverwender in einer unterlegenen Verhandlungsposition befindet, erscheint er als schutzbedürftig. Denn der Klauselverwender ist ihm relativ überlegen. Genau dieses Kriterium war der Ausgangspunkt von *Fagnart*.

Entgegen *Schamp* und *Van den Abbeele* führt die Orientierung an der Professionalität nicht zu schwierigen Beweisfragen. Denn die professionellen Kenntnisse der Vertragsparteien lassen sich typisieren. Klauselgegner, welche nicht erwerbswirtschaftlich tätig sind, verfügen typischerweise nicht über eine generelle Kenntnis der Gebräuche auf dem Markt und des Spezialgeschäfts. Typisieren lässt sich auch, welche Geschäfte zum speziellen Erfahrungsbereich eines erwerbswirtschaftlich Tätigen gehören.

II. Die Anwendbarkeit der Richtlinienbestimmungen auf Nicht-Verbraucherverträge

Die Richtlinie will nur den Bereich der Verbraucherverträge regeln. Wegen der großen Unterschiede zwischen den Schutzvorschriften der Mitgliedstaaten und wegen Diskussionen über die Zuständigkeit der EG, war es nicht möglich, eine Schutzregelung zugunsten aller schutzbedürftigen Klauselgegner zu erlassen. Die Kommission beschränkte deshalb die Harmonisierung auf den Bereich der Verbraucherverträge. Der persönliche Anwendungsbereich der Richtlinie erstreckt sich nur auf Verträge zwischen einem Verbraucher-Klauselgegner und einem Gewerbetreibenden-Klauselverwender. Deshalb scheidet eine Anwendbarkeit der Richtlinie für Verträge aus, in denen der Verbraucher selbst als Klauselverwender auftritt. Des Weiteren ist die Richtlinie weder auf Verträge zwischen zwei Verbrauchern untereinander (allgemeine bürgerlichrechtliche Verträge) noch auf Verträge zwischen zwei Gewerbetreibenden untereinander (handelsrechtliche und andere erwerbswirtschaftliche

Verträge) anwendbar[362]. In diesen Arten von Verträgen gibt es keine unterlegene Verbraucherrolle. Die Richtlinie erreicht gerade den Schutz der unterlegenen Rolle des Verbrauchers in seinem Vertragsverhältnis mit einem Gewerbetreibenden. Demnach kann die Richtlinie auf diese Verträge wegen des Fehlen eines schutzwürdigen Verbrauchers keine Anwendung finden.
Fraglich ist, ob die Mitgliedstaaten, nach der Umsetzung der Richtlinie, einen Schutz vor missbräuchlichen Klauseln erlassen oder aufrechterhalten können, der dem Verbraucherbegriff einen anderen Inhalt gibt oder neben Verbrauchern in ihrem Verhältnis zu Gewerbetreibenden auch für andere Adressaten einen Schutz gewährleistet.

Der größte Teil der Literatur bejaht die Möglichkeit, dass die Mitgliedstaaten, neben den Verbraucherschutzregelungen der Richtlinie, auch andere Schutzvorschriften einführen oder aufrechterhalten können. Ein Teil der Literatur[363] beruft sich dabei auf Artikel 8 der Richtlinie. Diese Vorschrift gestattet den Mitgliedstaaten, auf dem durch die Richtlinie geregelten Gebiet mit dem EGV zu vereinbaren, strengere Bestimmungen zu erlassen, um ein höheres Schutzniveau für die Verbraucher zu gewährleisten. Diese Vorschrift sollte den Mitgliedstaaten gestatten, die verbraucherbezogenen Richtlinienbestimmungen in den Mitgliedstaaten auf Personen zu erstrecken, die nicht „Verbraucher" im Sinne der Richtlinie sind[364]. Oben wurde schon erwähnt, dass hinsichtlich Artikel 8 der Haustürwiderrufs-Richtlinie, der mit Artikel 8 der Klausel-Richtlinie vergleichbar ist, diese Frage durch den EuGH positiv beantwortet worden ist[365]. Es könnte in den Mitgliedstaaten deshalb zugelassen werden, im einzelstaatlichen Recht den Schutz vor missbräuchlichen Klauseln auch auf andere Personen auszudehnen.

---

[362]WOLF, Manfred, in WOLF/HORN/LINDACHER, *AGBG-Kommentar*, 4. Auflage, 1999, RiLi Artikel 1, Rdnr. 23-24; REMIEN, Oliver, „AGB-Gesetz und Richtlinie über missbräuchliche Verbrauchervertragsklauseln in ihrem europäischen Umfeld", *ZEuP* 1999, S. 37 (38).

[363]REMIEN, Oliver, „AGB-Gesetz und Richtlinie über missbräuchliche Verbrauchervertragsklauseln in ihrem europäischen Umfeld", *ZEuP* 1994, S. 42; ECKERT, Hans-Werner, „Die EG-Richtlinie über missbräuchliche Klauseln in Verbraucherverträgen und ihre Auswirkungen auf das deutsche Recht", *WM* 1993, S. 1071.

[364]REMIEN, Oliver, „AGB-Gesetz und Richtlinie über missbräuchliche Verbrauchervertragsklauseln in ihrem europäischen Umfeld", *ZEuP* 1994, S. 42.

[365]Urteil Di Pinto, EuGH, 14.03.1991, Rs C. 361/89; REMIEN, Oliver, „AGB-Gesetz und Richtlinie über missbräuchliche Verbrauchervertragsklauseln in ihrem europäischen Umfeld", *ZEuP* 1994, S. 42 (43).

Eine Erweiterung des Schutzes vor missbräuchlichen Klauseln auf Nicht-Verbraucherverträge wird durch andere Autoren, auch ohne einen Rückgriff auf Artikel 8 der Richtlinie 93/13 zu machen, angenommen[366]. Die Richtlinie beschränkt ihren Anwendungsbereich auf Verbraucherverträge und daher sei nur insoweit eine Angleichung der innerstaatlichen Vorschriften vorgeschrieben. Die übrige Gesetzgebungskompetenz der Mitgliedstaaten bleibe unberührt. Die Richtlinie verpflichte die Mitgliedstaaten nicht, ihre nationalen Regelungen auf das Niveau der Richtlinie zu reduzieren[367]. Die Umsetzungsverpflichtung der Mitgliedstaaten ist auch dann erfüllt, wenn neben der Einführung der Verbraucherschutzregelung auch andere Klauselgegner geschützt werden. Die Richtlinie bezweckt nur eine Mindestharmonisierung. Eine totale Harmonisierung der mitgliedstaatlichen Schutzregelungen in bezug auf missbräuchliche Klauseln war, wegen der Unterschiedlichkeit der mitgliedstaatlichen Regelungen, nicht realisierbar. Außerdem warf die Kompetenz der europäischen Gesetzgeber fragen auf, weil umstritten war, ob eine allgemeine vertragsrechtliche Klauselkontrolle für die Errichtung und das Funktionieren des Binnenmarktes erforderlich ist[368].

Es besteht also Einigkeit darüber, dass die Mitgliedstaaten frei sind, auch andere Adressaten als Verbraucher im Sinne der Richtlinie, vor missbräuchlichen Klauseln zu schützen. Fraglich bleibt aber, ob die Mitgliedstaaten den Anwendungsbereich der Richtlinie, durch Analogie auf Nicht-Verbraucherverträge erweitern können. Ein Argument gegen die Erweiterung des Anwendungsbereichs der Richtlinie auf Nicht-Verbraucherverträge ist bei *Hommelhoff* und *Wiedenmann*[369] zu lesen. Danach wäre eine Ausbreitung des Anwendungsbereiches der Richtlinie auf Nicht-Verbraucherverträge mit der Schutzkonzeption der Richtlinie unvereinbar. Vielmehr ist anzunehmen, dass der spezifische Schutz der Richtlinie sich nicht auf Nicht-Verbraucherverträge erweitern lässt. Wie gezeigt wurde, ergibt sich aus den Erwägungsgründen der Richtlinie, dass in der Richtlinie der Unterlegenheitsschutz der Verbraucher im Mittelpunkt steht. Der Verbraucher soll vor dem Machtmissbrauch der Gewerbetreibenden geschützt werden. Deshalb werden auch die Kriterien des Missbrauchschutzes der Richtlinie durch den Gedanken des Unterle-

---

[366]ULMER, Peter, „Zur Anpassung des AGB-Gesetzes an die EG-Richtlinie über missbräuchliche Klauseln in Verbraucherverträgen", *EuZW* 1993, S. 338.
[367]BRANDNER, Hans Erich, „Neufassung des Richtlinien-Vorschlags über missbräuchliche Klauseln in Verbraucherverträgen, *ZIP* 1992, S. 1591.
[368]REMIEN, Oliver, „AGB-Gesetz und Richtlinie über missbräuchliche Verbrauchervertragsklauseln in ihrem europäischen Umfeld", *ZEuP* 1994, S. 43.
[369]HOMMELHOFF, Peter und WIEDENMANN, Kai-Udo, „AGB gegenüber Kaufleuten und unausgehandelte Klauseln in Verbraucherverträgen", *ZIP* 1993, S. 568.

genheitsschutzes geprägt[370]. Bei Verträgen mit Kaufleuten oder mit anderen Gewerbetreibenden und bei Verträgen mit Verbrauchern untereinander liegt diese rollenspezifische Unterlegenheit nicht immer vor. Demnach ist es für die Mitgliedstaaten nicht möglich, die Schutzvorschriften der Richtlinie, die durch den Gedanken des Unterlegenenschutzes geprägt sind, zu Gunsten der Gewerbetreibenden anzuwenden. Der Schutz der Richtlinie könnte nur auf Gewerbetreibende erweitert werden, wenn der Kontrollmaßstab des Artikels 3 Absatz I eigenständig interpretiert wird. Nur unter dieser wichtigen Bedingung sind die Schutzvorschriften der Richtlinie auf andere Fallkonstellationen anwendbar.

Dagegen erscheint es weniger problematisch, den Verbraucherbegriff auf Rechtspersonen, insbesondere auf kleine Unternehmen, die dem Vertragspartner unterlegen sind, zu erweitern. Fraglich ist aber, ob Personen, die durch den Verbraucherbegriff der Richtlinie nicht erfasst werden, nach der Umsetzung der Richtlinie weiterhin Verbraucher genannt werden können. Dabei handelt es sich um die Frage, wie verbindlich die Begrifflichkeit der Richtlinie ist. Gegen die Verbindlichkeit des Inhalts des Verbraucherbegriffes spricht, dass der europäische Gesetzgeber selbst keinen einheitlichen Verbraucherbegriff verwendet[371]. Demnach könnte davon ausgegangen werden, dass die mitgliedstaatlichen Verbraucherdefinitionen nicht an die der Richtlinie angeglichen werden müssen. Andererseits würde es der Kohärenz zugute kommen, wenn die Europäische Kommission Anstrengungen unternehmen würde, diesen Begriff einheitlich zu definieren.

Es bleibt den Mitgliedstaaten also gestattet, den Verbraucherbegriff breiter zu interpretieren und Schutzvorschriften für Nicht-Verbraucherverträge einzuführen oder aufrechtzuerhalten. Eine reine Erweiterung des persönlichen Anwendungsbereichs der Richtlinie auf Nicht-Verbraucherverträge ist, wegen der speziellen Ausrichtung der Richtlinienvorschriften auf die unterlegene Position des Verbrauchers, nicht möglich. An geeigneter Stelle wird aber gezeigt werden, dass diese Prägung durch den Unterlegenheitsschutz erheblich zu nuancieren ist.

---

[370] HOMMELHOFF, Peter und WIEDENMANN, Kai-Udo, „AGB gegenüber Kaufleuten und unausgehandelte Klauseln in Verbraucherverträgen", *ZIP* 1993, S. 569.

[371] Über die unterschiedliche Verbraucherdefinitionen im europäischen Recht: DREHER, Meinrad, „Der Verbraucher - Das Phantom in den opera des europäischen und deutschen Rechts?", *JZ* 1997, S. 167 (178).

III. Würdigung

1. Die Begrifflichkeit

Das Schutzziel der Richtlinie, die Verbraucher vor Missbräuchen von professionellen, überlegenen Vertragspartnern beim Vertragsabschluss zu schützen, kommt am besten in der französischsprachigen Fassung der Richtlinie zum Ausdruck. Der Terminus „Gewerbetreibende" aus der deutschen Fassung ist eher irreführend, da nicht nur gewerblich, sondern auch beruflich tätige Personen als Gewerbetreibende im Sinne der Richtlinie in Betracht kommen. Zu erwähnen ist auch die fehlerhafte niederländische Übersetzung des Richtlinientextes, die von einem „Verkäufer" spricht. Diese niederländische Übersetzung übertrifft damit die deutschsprachige Fassung an Unklarheit.

Oben hat sich herausgestellt, dass der genaue Inhalt der Begriffe „Verbraucher" und „Gewerbetreibender" nicht ganz klar ist. Dadurch besteht die Gefahr einer uneinheitlichen Auslegung dieser Begriffe in den Mitgliedstaaten. Bis zur Klärung durch den EuGH sind die Begriffe richtlinienkonform auszulegen. In der Arbeit wird für einen breiten Verbraucher- und Gewerbetreibendenbegriff plädiert. Denn dies scheint am besten den Zielen der Richtlinie und dem Grundsatz des *effet utile*, d.h. der höchst möglichen Wirkung der Richtlinie, zu entsprechen.

Insofern ein Arbeitnehmer schutzbedürftig erscheint, soll er den Schutz der Richtlinie genießen können. Diese Situation liegt zum Beispiel vor, wenn der Arbeitnehmer zu beruflichen Zwecken Arbeitskleidung kauft.

Einer der Problembereiche des persönlichen Anwendungsbereichs ist die Anwendung der Vorschriften auf erwerbswirtschaftliche Tätigkeiten der öffentlichen Hand, insofern die von ihr verwendeten Klauseln auf gesetzlichen Vorschriften beruhen. Diese Problematik war Gegenstand einer umfassenden Untersuchung im Auftrag der Europäischen Kommission. Das beauftragte Untersuchungsinstitut kam zu dem Ergebnis, dass die erwähnten Klauseln grundsätzlich kontrollfähig sind. Konkret wird eine kollektive Erarbeitung zwischen Vertretern der Leistungserbringer und der Benutzer vorgeschlagen. Beim Fehlen einer kollektiven Erarbeitung soll die Missbrauchskontrolle automatisch eingreifen. Abzuwarten ist jetzt eine Klarstellung des europäischen Gesetzgebers.

2. Die Anknüpfung an die rollenbezogene Unterlegenheit des Verbrauchers

Der persönliche Anwendungsbereich der Richtlinie beschränkt sich auf Verbraucherverträge. Der europäische Gesetzgeber beabsichtigte nicht, das ganze Recht der missbräuchlichen Klauseln zu regeln. Es handelt sich nach der Richtlinie um einen rollenbezogenen Unterlegenenschutz, nämlich den Schutz des als besonders schutzbedürftig angesehenen schwächeren Vertragspartners, des Endverbrauchers. Die Unterlegenheit besteht aus der wirtschaftlichen und/oder intellektuellen Schwäche in der Verhandlungssituation. An sich ist der Schutz des Schwächeren in der Vertragsabschlusssituation ein nobles Ziel, weil die Unterlegenheit häufig dazu führt, dass über den Vertragsinhalt nicht verhandelt wurde und die stärkere Vertragspartei die Vertragsgestaltungsfreiheit einseitig zum Nachteil der Schwächeren ausnutzt. Dabei stellt sich die Frage, wo die Grenze zwischen einer schwachen und einer starken Vertragspartei zu ziehen ist. Genau in diesem Punkt bietet die Richtlinie kein eindeutiges Konzept. Unterlegen sind nach der Richtlinie Privatpersonen, die zu privaten Zwecken handeln. Überlegen sind dagegen Privatpersonen und juristische Personen, die im Rahmen einer erwerbswirtschaftlichen Tätigkeit handeln. Diese Anknüpfung an das Kriterium der Zweckbestimmung oder an die typische Position auf dem Markt nimmt keine Rücksicht auf die konkreten Eigenschaften der Person. Es sind genau diese Eigenschaften, die eine intellektuelle Unterlegenheit bzw. Überlegenheit begründen können. Deshalb wurde für eine eigenschaftsorientierte Anknüpfung plädiert. Als Alternative wurde an die professionelle Erfahrung der Vertragsparteien angeknüpft. Dabei ist dann, wegen der Beweisprobleme und der Probleme der Rechtssicherheit, auf die typischen Eigenschaften oder den Erfahrungsbereich der Vertragsparteien Bezug zu nehmen.

Kapitel IV: Der sachliche Anwendungsbereich

Der sachliche Anwendungsbereich der Richtlinie beschränkt sich auf Vertragsklauseln in Verbraucherverträgen. Eine Vertragsklausel ist des Weiteren nach Artikel 3 der Richtlinie nur kontrollfähig, sofern sie „nicht im Einzelnen ausgehandelt wurde"[372]. Ausgenommen von der Inhaltskontrolle sind, gemäß Artikel 1 Absatz II des Weiteren Vertragsklauseln, die auf bindenden Rechtsvorschriften oder internationalen Übereinkommen beruhen. Schließlich dürfen, laut Artikel 4 Absatz II, auch die Hauptleistung[373] und das Preis-/Leistungsverhältnis[374] nicht der Missbrauchskontrolle der Richtlinie unterliegen. Im Folgenden geht es um die Bereichsausnahmen der Inhaltskontrolle, die Einschränkung des Anwendungsbereichs auf nicht im Einzelnen ausgehandelte Klauseln und um die Kontrollfreiheit der bindenden Rechtsvorschriften. Die Kontrollfreiheit der Hauptleistung und des Preis-/Leistungsverhältnisses wird im Kapitel VI, Buchstabe „II" untersucht werden.

I. Vertragsklauseln in Verbraucherverträgen

1. Verbraucherverträge

Die Richtlinie bezieht sich auf Vertragsklauseln in allen Arten von Verbraucherverträgen[375]. Grundsätzlich sind alle Klauseln in Verbraucherverträgen Gegenstand des Richtlinienschutzes. Da in Familien- und Erbrechtsverträgen der Klauselverwender nicht im Rahmen einer gewerblichen oder beruflichen Tätigkeit handelt, sind sie vom Anwendungsbereich ausgeschlossen[376]. Arbeits- und Gesellschafts-verträge entstehen zwar im Rahmen einer gewerblichen oder beruflichen Aktivität, sind aber vom Anwendungsbereich ausgeschlossen, weil in solchen Verträgen die Eigenschaft eines Verbrauchers fehlt[377].

---

[372] „not been individually negotiated".

[373] „definition of the main subject matter of the contract".

[374] „the adequacy of the price and remuneration, on the one hand, as against the services or goods supplied in exchange, on the other".

[375] Erwägungsgrund 10, Satz 2 der Richtlinie; WOLF, Manfred, in WOLF/HORN/LINDACHER, *AGBG-Kommentar*, 4. Auflage, 1999, RiLi Artikel 1, Rdnr. 29; DEMUYNCK Inge, „De onrechtmatige bedingen", *AJT-Dossier*, 1995-1996, Nummer 1, S. 24.

[376] Erwägungsgrund 10, Satz 3.

[377] Erwägungsgrund 10 der Richtlinie, Satz 3; ECKERT, Hans-Werner, „Die EG-Richtlinie über missbräuchliche Klauseln in Verbraucherverträgen und ihre Auswirkungen auf das deutsche Recht", *WM* 1993, S. 1073.

Die Ausnahme von Verträgen auf dem Gebiet des Gesellschaftsrechts wird von *Heinrichs*[378] als problematisch angesehen. Der Autor fordert eine nuancierte Auslegung dieser Ausnahme. Verträge aus dem Gesellschaftsrecht wurden von der Inhaltskontrolle der Richtlinie ausgenommen, weil es sich nicht um Verträge zwischen Gewerbetreibenden und Verbrauchern handelt[379]. Es wird jedoch angemerkt, dass auch Gesellschaftsverträge, Verbraucherverträge im Sinne der Richtlinie sein können. So können natürliche Personen eine Beteiligung in einer Gesellschaft erwerben, ohne dass sie eine bestimmte Position in diesem Unternehmen haben. Im deutschen Verbraucherkreditgesetz ist anerkannt, dass die Verwaltung und Anlage von Vermögen zum privaten und nicht zum beruflichen Bereich gehört. *Heinrichs*[380] geht davon aus, dass für den Verbraucherschutz im Rahmen der Richtlinie das Gleiche gilt. Daher soll die Inhaltskontrolle auch für Verträge zum Erwerb von Gesellschaftsanteilen durch Verbraucher gelten.

Aus dem 11. Erwägungsgrund ergibt sich des Weiteren, dass neben schriftlichen auch mündliche Vertragsklauseln Gegenstand einer Inhaltskontrolle sein können[381]. Ob dies in der Praxis große Bedeutung haben wird, ist in der Literatur in Frage gestellt worden, weil mündliche Klauseln kaum noch verwendet werden[382]. Die Richtlinie kann aber in Verträgen zwischen Ärzten und Anwälten einerseits und ihren Kunden andererseits Bedeutung haben. Vor allem die Tarife der Dienstleistungen sind oft wegen des Fehlens eines geschriebenen Vertrages intransparent. Diese Problematik wird bei der Besprechung des Transparenzgebotes weiter analysiert.

---

[378]HEINRICHS, Helmut, „Das Gesetz zur Änderung des AGB-Gesetzes, Umsetzung der EG-Richtlinie über missbräuchliche Klauseln in Verbraucherverträgen durch den Bundesgesetzgeber", *NJW* 1996, S. 2192.

[379]Erwägungsgrund 10 der Richtlinie.

[380]HEINRICHS, Helmut, „Das Gesetz zur Änderung des AGB-Gesetzes, Umsetzung der EG-Richtlinie über missbräuchliche Klauseln in Verbraucherverträgen durch den Bundesgesetzgeber", *NJW* 1996, S. 2191 (2192).

[381]**Erwägungsgrund 11:**
Der Verbraucher muss bei mündlichen und bei schriftlichen Verträgen - bei letzteren unabhängig davon, ob die Klauseln in einem oder in mehreren Dokumenten enthalten sind - den gleichen Schutz genießen.

[382]FLAMÉE, Michel und TROCH, Koen, „De invloed van de EG-Richtlijn van 5 april 1993 betreffende oneerlijke bedingen in consumentenovereenkomsten op het heersend belgisch Recht", *TBH* 1996, S. 37, Rdnr. 12.

2. Verträge über Güter und Dienstleistungen

In der Literatur gibt es Uneinigkeit über die Frage, ob auch Klauseln in Kaufverträgen über Grundstücke kontrollfähig sind. Im größten Teil der Literatur kommt zum Ausdruck, dass die Schutzvorschriften sich nicht auf Verträge über körperliche bewegliche Sachen beschränken, sondern sich auch auf Verträge über Grundstücke und Wertpapiere beziehen sollten. Hinsichtlich der Wertpapiere ergibt sich dies aus der ausdrücklichen Besprechung im Anhang der Richtlinie (Anhang Nr. 1 c)[383].

In einem Teil der Literatur[384] wird der Anwendungsbereich der Richtlinie eingeschränkter betrachtet. Der Wortlaut des Artikels 4 Absatz I und II der Richtlinie sagt aus, dass die Richtlinie auf Verträge über „Güter" und „Dienstleistungen" anzuwenden ist. Unbestritten ist, dass die Begriffe „Güter" und „Dienstleistungen" weit auszulegen sind. Zu den Verträgen über Güter gehören auch die zum Gebrauch und zur Nutzung von Sachen, wozu auch Grundstücke zählen (Verträge über Miete, Pacht)[385]. Verträge über Dienstleistungen umfassen alle Dienstleistungsverträge, Werkverträge, Reiseverträge, Versicherungsverträge und Finanzdienstleistungen[386]. Umstritten bleibt aber, ob die Richtlinie sich auf Kaufverträge über Grundstücke erstreckt. Es bleibt unklar, ob Grundstücke wie ein „Gut" im Sinne der Richtlinie zu verstehen sind. *Kappus*[387] ist der Ansicht, dass die Richtlinie nur den Verkauf von Waren regelt und beruft

---

[383]FLAMÉE, Michel und TROCH, Koen, "De invloed van de EG-Richtlijn van 5 april 1993 betreffende oneerlijke bedingen in consumentenovereenkomsten op het heersend belgisch Recht", *TBH* 1996, S. 36, Rdnr. 11.

[384]HEINRICHS, Helmut, „Umsetzung der EG-Richtlinie über missbräuchliche Klauseln in Verbraucherverträgen durch Auslegung, Erweiterung des Anwendungsbereichs der Inhaltskontrolle", *NJW* 1995, S. 159; HEINRICHS, Helmut, „Das Gesetz zur Änderung des AGB-Gesetzes. Umsetzung der EG-Richtlinie über missbräuchliche Klauseln in Verbraucherverträgen durch den Bundesgesetzgeber", *NJW* 1996, S. 2191; KAPPUS, Andreas, „EG-Richtlinie über missbräuchliche Vertragsklauseln und notarielle Verträge - Steht den deutschen Notaren ihr gemeinschaftliches Waterloo bevor?", *NJW* 1994, S. 1848.

[385]HEINRICHS, Helmut, „Umsetzung der EG-Richtlinie über missbräuchliche Klauseln in Verbraucherverträgen durch Auslegung, Erweiterung des Anwendungsbereichs der Inhaltskontrolle", *NJW* 1995, S. 159.

[386]WOLF, Manfred, in WOLF/HORN/LINDACHER, *AGBG-Kommentar*, 4. Auflage, 1999, RiLi Artikel 1, Rdnr. 29; HEINRICHS, Helmut, „Umsetzung der EG-Richtlinie über missbräuchliche Klauseln in Verbraucherverträgen durch Auslegung, Erweiterung des Anwendungsbereichs der Inhaltskontrolle", *NJW* 1995, S. 159.

[387]KAPPUS, Andreas, „EG-Richtlinie über missbräuchliche Vertragsklauseln und notarielle Verträge - Steht den deutschen Notaren ihr gemeinschaftliches Waterloo bevor?", *NJW* 1994, S. 1848.

sich dabei auf den Wortlaut des 1.[388] und 5.[389] Erwägungsgrundes. Ein Landgut oder ein Hofgut sind, nach *Kappus*, keine Mobilien und wären deshalb keine Güter oder Dienstleistungen im Sinne der Richtlinie. Des Weiteren erziele die Richtlinie nach den Erwägungsgründen 1 und 5 eine Erleichterung für den Verbraucher, Waren und Dienstleistungen direkt in anderen Mitgliedstaaten zu ordern. Immobilien kann man nicht bestellen. Außerdem wäre eine Anwendbarkeit der Richtlinie auf Kaufverträge über Grundstücke nicht mit ihrem Zweck vereinbar. Immobilien können kein Gegenstand eines Einführens, Aus- oder Durchführens im innergemeinschaftlichen Handel sein. Daher existiere für die Regelung von Immobilien keine Gemeinschaftskompetenz. Der größte Teil der Literatur problematisiert aber die Anwendbarkeit der Richtlinie auf Kaufverträge über Grundstücke nicht[390]. Die Tatsache, dass der Wortlaut der Richtlinie die Kaufverträge über Grundstücke nicht ausdrücklich von ihrem Anwendungsbereich ausschließt, lässt die Anwendung der Richtlinie auf diese Verträge möglich erscheinen.

Außerdem bleiben Fragen zu dem Argument offen, dass der europäische Gesetzgeber nicht kompetent wäre, den Bereich der Immobilien zu regeln. Grundstücke können zwar kein Gegenstand eines Einführens, Durch- oder Ausführens sein, aber die Richtlinie bezweckt, neben der Freiheit des Binnenmarktes auch ein sicheres Schutzniveau in den Mitgliedstaaten zu gewährleisten. Daher könnte auch der Verkauf von Grundstücken der Richtlinie unterliegen. Schließlich erfordert auch der Schutzzweck der Richtlinie, dass der Verbraucher vor allen nicht im Einzelnen ausgehandelten Klauseln und nicht nur vor diesen in Verträgen

---

[388]**Erwägungsgrund 1**:
Es müssen Maßnahmen zur schrittweisen Errichtung des Binnenmarktes bis zum 31. Dezember 1992 getroffen werden. Der Binnenmarkt umfasst einen Raum ohne Binnengrenzen, in dem der freie Verkehr von Waren, Personen, Dienstleistungen und Kapital gewährleistet ist.

[389]**Erwägungsgrund 5**:
Die Verbraucher kennen im allgemeinen nicht die Rechtsvorschriften, die in anderen Mitgliedstaaten für Verträge über den Kauf von Waren oder das Angebot von Dienstleistungen gelten. Diese Unkenntnis kann sie davon abhalten, Waren und Dienstleistungen direkt in anderen Mitgliedstaaten zu ordern.

[390]WOLF, Manfred, in WOLF/HORN/LINDACHER, *AGBG-Kommentar*, 4. Auflage, 1999, RiLi Artikel 1, Rdnr. 29; VAN KEER, Ann, „Onrechtmatige bedingen in consumentenovereenkomsten. Vergelijking van artikel 31 e.v. W.H.P.C. met de EG-Richtlijn van 5 april 1993.", *Jura Falconis* 1996, S. 295; DEMUYNCK, Inge, „De onrechtmatige bedingen", *AJT-Dossier*, 1995-1996, Nummer 1, S. 24; FLAMÉE, Michel und TROCH, Koen, „De invloed van de EG-Richtlijn van 5 april 1993 betreffende oneerlijke bedingen in consumentenovereenkomsten op het heersend belgisch Recht", *TBH* 1996, S. 36, Rdnr. 11.

über Dienstleistungen und bewegliche Sachen geschützt wird. Die Frage nach der Anwendbarkeit der Richtlinie auf Kaufverträge über Grundstücke steht bis zur Klärung vom EuGH dahin.

3. Die Anwendbarkeit der Richtlinie auf einseitige Rechtsgeschäfte

Fraglich ist, ob die Vorschriften der Richtlinie auf einseitige Rechtsgeschäfte anwendbar sind. Die Richtlinie bezieht sich auf Vertragsklauseln in Verbraucherverträgen. Nach ihrem Wortlaut unterliegen Klauseln aus anderen Rechtsgeschäften nicht der Inhaltskontrolle der Richtlinie. In der Literatur ist eine Erweiterung des sachlichen Anwendungsbereiches der Richtlinie auf einseitige Rechtsgeschäfte stark abgelehnt worden[391]. Eine gegen den Wortlaut der Richtlinie gerichtete Auslegung würde zu Souveränitätsproblemen zwischen der EG und den Mitgliedstaaten führen[392]. Dagegen könnte der Schutzzweck der Richtlinie darauf hindeuten, dass ihr Anwendungsbereich sich nicht auf Klauseln in Verträgen beschränkt. Denn auch bei einseitigen Rechtsgeschäften kann der Endverbraucher sich in einer unterlegenen Position befinden.

Hinsichtlich des abstrakten Kontrollverfahrens nach Artikel 7 Absatz II der Richtlinie 93/13, genügt die einseitige Aufstellung einer zu allgemeiner Verwendung bestimmten Vertragsklausel, ohne dass sie Bestandteil eines konkreten Vertrags ist[393]. Andernfalls wäre ein abstraktes Kontrollverfahren sinnlos.

II. Die Einschränkung der Inhaltskontrolle auf „nicht im Einzelnen ausgehandelte Vertragsklauseln"

1. Problemstellung

Die Schutzvorschriften der Richtlinie sind nur auf Vertragsklauseln, die nicht im Einzelnen ausgehandelt wurden, anwendbar (Artikel 3 Absatz I, Halbsatz 1). Entscheidend zur Abgrenzung des kontrollfreien Bereichs der Richtlinie ist deshalb die Frage, unter welchen Voraussetzungen eine Klausel als ausgehandelt anzusehen ist. Der erste Satz im Absatz II des Artikels 3 enthält eine Konkretisierung des Kriteriums des Aushandelns. Danach ist „eine Vertragsklausel immer dann als nicht im Einzelnen aus-

[391] WOLF, Manfred, in WOLF/HORN/LINDACHER, *AGBG-Kommentar*, 4. Auflage, 1999, RiLi Artikel 1, Rdnr. 31.
[392] WOLF, Manfred, in WOLF/HORN/LINDACHER, *AGBG-Kommentar*, 4. Auflage, 1999, RiLi Artikel 1, Rdnr. 31.
[393] WOLF, Manfred, in WOLF/HORN/LINDACHER, *AGBG-Kommentar*, 4. Auflage, 1999, RiLi Artikel 1, Rdnr. 31.

gehandelt zu betrachten, wenn sie im voraus abgefasst wurde und der Verbraucher deshalb, insbesondere im Rahmen eines vorformulierten Standardvertrags, keinen Einfluss auf ihren Inhalt nehmen konnte". Diese Konkretisierung schafft aber mehr Unsicherheit als Klarheit, weil sie den Eindruck entstehen lassen könnte, dass es bei der Ermittlung des kontrollfähigen Bereichs neben dem Nichtaushandeln auch auf die Vorformulierung der Klauseln ankommen würde. Wegen der textlichen Unklarheit der Richtlinie ist es wichtig herauszufinden, welches Ziel der Richtliniengeber mit der Ausnahme der ausgehandelten Klauseln anstrebte und welche Anforderungen an das Aushandeln zu stellen sind. Diese Untersuchung soll zugleich auch die Frage beantworten, welche Klauseln nach der Richtlinie kontrollfähig sind. In der deutschen Literatur gibt es eine Kontroverse über die Frage, ob die Richtlinie nur vor Missbräuchen durch die Verwendung von vorformulierten Klauseln oder ob sie den Schutz vor Machtmissbräuchen aus einer Vertrags- oder Verhandlungsdisparität im Generellen bezweckt.

Im Folgenden wird, anhand der Entstehungsgeschichte der Richtlinie, untersucht, welche Klauseln der europäische Gesetzgeber mit Artikel 3 Absatz I, Halbsatz 1 von der Missbrauchskontrolle ausnehmen wollte. Es geht auch um die Kontroverse über die Kontrollfähigkeit nichtvorformulierter Klauseln.

2. Entstehungsgeschichte

A. Der erste Richtlinienvorschlag der Kommission vom 24. Juli 1990[394]

Aus Artikel 2, Nr. 1 in Verbindung mit Artikel 3, Spiegelstrich 1 des ersten Richtlinienvorschlages ergibt sich, dass die Kommission die Missbrauchskontrolle sämtlicher Klauseln beabsichtigte. Diese Vorschriften enthielten keine Einschränkungen des kontrollfähigen Bereichs. Dabei wurde kein Unterschied nach der Art des Zustandekommens der Vertragsklauseln gemacht. Dies hätte zur Folge gehabt, dass neben standardisierten Klauseln auch individuell ausgehandelte Vertragsklauseln der Missbrauchskontrolle unterliegen. Damit bezweckte die europäische Kommission, eine generelle Inhaltskontrolle nach nordischem Modell einzuführen. Diese Konzeption ist vor allem in der deutschen Literatur auf Kritik[395] gestoßen.

---

[394]Vorschlag für eine Richtlinie des Rates über missbräuchliche Klauseln in Verbraucherverträgen, *ABl*, 1990, C 243 S. 2 ff.

[395]Diese Kritik ist in einem Aufsatz von Brandner und Ulmer zusammengefaßt worden: BRANDNER, Hans Erich und ULMER, Peter, „EG-Richtlinie über missbräuch-

B. Kritik an der Missbrauchskontrolle sämtlicher Vertragsklauseln

Brandner und *Ulmer* kritisierten den breiten sachlichen Anwendungsbereich des Richtlinienvorschlags scharf[396]. Die Autoren waren der Ansicht, dass die Kontrolle sämtlicher Vertragsklauseln einen übermäßigen Eingriff in die Privatautonomie, insbesondere die Vertragsfreiheit, der Vertragsparteien bedeuten und damit die Grundsätze des freien Marktes in Frage stellen würde. Die Vertragsfreiheit ist das vertragsrechtliche Instrument, das es den Parteien ermöglicht, ihr Vertragsprodukt nach ihren konkreten Bedürfnissen und Interessen auf dem Markt selbst zu gestalten. Sofern die Parteien in individuellen Verhandlungen selbstverantwortlich den Vertragsinhalt ausgestalten könnten, würde der Inhalt am besten ihren Bedürfnissen und Interessen entsprechen. Daher komme dem Vertrag in einer freien Marktwirtschaft eine „Ordnungs-" und „Kompromissfunktion" zu. Eine Einschränkung der Vertragsautonomie würde, nach den Autoren, eine Aushöhlung der Grundsätze der freien Marktwirtschaft, die auch durch die Artikel 85 ff. EWG-Vertrag geschützt werden, bedeuten. Eine „Gesamtkontrolle" des Vertragsinhaltes würde dazu führen, dass Klauseln, die zwischen den Parteien in Ausübung der Vertragsfreiheit ausgehandelt wurden (Aushandlungsvereinbarungen oder Vertragsabreden), durch gesetzliche oder richterliche Vorgaben ersetzt würden. Eingriffe in die Vertragsautonomie wären nach den Autoren nur zu rechtfertigen, sofern die Vertragsmechanismen nicht funktionsfähig sind. Nur hinsichtlich Klauseln, die nicht das Ergebnis beiderseitiger Selbstbestimmung der Vertragsparteien gewesen sind, wäre eine Missbrauchskontrolle zu rechtfertigen. Die Tatsache, dass in einem Verbrauchervertrag der Verbraucher typischerweise dem Gewerbetreibenden unterlegen ist, kann nach *Brandner* und *Ulmer* aber nicht zu der Schlussfolgerung führen, dass die Vertragsmechanismen hinsichtlich Verbraucherverträgen generell versagen würden. Eine generelle Kontrolle der ausgehandelten Klauseln wäre daher auch hier nicht zu rechtfertigen. Die Autoren lehnen daher eine Missbrauchskontrolle von Aushandlungsvereinbarungen oder individuellen Vertragsabreden auch bei Verbraucherverträgen ab. Dieser Auffassung wurde im größten Teil der deutschen Literatur gefolgt[397]. Auch das Europäische Parlament war in einer Entschließung von 1991 der Ansicht, dass im Einzelnen ausgehan-

---

liche Klauseln in Verbraucherverträgen. Kritische Bemerkungen zum Vorschlag der EG-Kommission", *BB* 1991, S. 701 (709).

396 BRANDNER, Hans Erich und ULMER, Peter, „EG-Richtlinie über missbräuchliche Klauseln in Verbraucherverträgen. Kritische Bemerkungen zum Vorschlag der EG-Kommission", *BB* 1991, S. 703 (704).

397 ECKERT, Hans-Werner, „Die EG-Richtlinie über missbräuchliche Klauseln in Verbraucherverträgen und ihre Auswirkungen auf das deutsche Recht", *WM* 1993, S. 1072.

delte Klauseln nicht unter den Schutzbereich der Richtlinie fallen sollten[398].

Sofern aber der europäische Gesetzgeber an der Missbrauchskontrolle von individuellen Vertragsabreden festhalte, wäre es nach Ansicht von *Brandner* und *Ulmer* erforderlich, dass der Richtliniengeber bei der Inhaltskontrolle zwischen Standardverträgen (AGB) und individuellen Vertragsabreden in zwei Punkten differenziert[399]. Zum Ersten sollte bei der Kontrolle von AGB und individuellen Abreden von unterschiedlichen Kontrollmaßstäben ausgegangen werden. Hinsichtlich AGB wäre jede unangemessene Benachteiligung des Verbrauchers als missbräuchlich anzusehen. Wegen der mangelnden Eignung der Kriterien der Berücksichtigung des übrigen Vertragsinhalts und der Umstände beim Vertragsabschluss wären diese bei der Inhaltskontrolle von AGB nicht zu berücksichtigen. Hinsichtlich individueller Vertragsabreden bestünden dagegen keine Bedenken, den übrigen Vertragsinhalt und die Umstände beim Vertragsabschluss bei der Inhaltskontrolle in Betracht zu ziehen. Zum Zweiten wäre die Einführung eines abstrakten Kontrollverfahrens nur hinsichtlich der AGB sinnvoll. Denn nur hinsichtlich standardisierter Klauseln komme eine „von den Umständen des Einzelvertrags losgelöste Inhaltskontrolle in Betracht und bestehe ein Interesse an der Breitenwirkung des Verbots missbräuchlicher Klauseln"[400]. Individualabreden wären wegen ihrer konkret-individuellen Natur nur in einem Individualprozess kontrollierbar.

Auch der Wirtschafts- und Sozialausschuss[401] der EG war der Ansicht, dass der sachliche Anwendungsbereich in zwei Typen von Klauseln aufgeteilt werden könnte: zum einen in Standardbedingungen und zum anderen in ausgehandelte Klauseln. Des Weiteren sollten Standardbedingungen und im Einzelnen ausgehandelte Klauseln bei der Inhaltskontrolle unterschiedlichen Maßstäben unterliegen. Bei der Würdigung von ausgehandelten Klauseln sollte auf die vertragsschlussbegleitenden Um-

---

[398]Erste legislative Entschließung des Europäischen Parlaments vom 20. November 1991, *ABl.*, 1991, C. 326, S.111, Amendement Nr. 9, Artikel 1a, 1.
[399]BRANDNER, Hans Erich und ULMER, Peter, „EG-Richtlinie über missbräuchliche Klauseln in Verbraucherverträgen. Kritische Bemerkungen zum Vorschlag der EG-Kommission", *BB* 1991, S. 704.
[400]BRANDNER, Hans Erich und ULMER, Peter, „EG-Richtlinie über missbräuchliche Klauseln in Verbraucherverträgen. Kritische Bemerkungen zum Vorschlag der EG-Kommission", *BB* 1991, S. 704.
[401]Stellungnahme des Wirtschafts- und Sozialausschusses vom 24. April 1991, *ABl*, 1991, C. 159, S.36 unter 2.3.1.

stände Rücksicht genommen werden. Diese Kritik wurde in dem geänderten Vorschlag aus dem Jahre 1992 berücksichtigt.

C. Das zweispurige Konzept in dem geänderten Vorschlag der Kommission aus dem Jahre 1992[402]

Der geänderte Vorschlag aus dem Jahre 1992 enthält zwei Kontrollmaßstäbe. Er macht einen Unterschied zwischen der Inhaltskontrolle von nicht im Einzelnen ausgehandelten Klauseln (Artikel 3) einerseits und einer allgemein geltenden weniger strikten[403] Inhaltskontrolle (Artikel 4) andererseits. Artikel 3, der die Inhaltskontrolle der nicht im Einzelnen ausgehandelten Klauseln regelt, scheint sich an einem Verstoß gegen das Gebot von Treu und Glauben zu orientieren. Der Treuwidrigkeit kommt aber keine selbständige Bedeutung zu.[404] Der Sache nach liegt ein Missbrauch vor, wenn es eine erhebliche Ungleichheit zwischen Rechten und Pflichten gibt oder wenn der Vertragsinhalt zu viel von dem, was der Verbraucher nach den gesetzlichen Vorschriften erwarten darf, abweicht. Des Weiteren weist der Artikel 3 auf eine im Anhang aufgenommen Verbotsliste unwirksamer Klauseln hin. Artikel 4 enthält einen weniger strikten Maßstab, der auf alle Arten von Klauseln, aber im Besonderen auf im Einzelnen ausgehandelte Klauseln anwendbar ist. Der Artikel 4 geht bei der Inhaltskontrolle von einer konkret-individuellen Klauselwürdigung aus. Denn bei der Beurteilung der Missbräuchlichkeit sind alle den Vertragsabschluss begleitenden Umstände zu berücksichtigen.

Aus den Erwägungsgründen zum geänderten Vorschlag[405] ergibt sich, dass die Kommission mit diesem zweispurigen Konzept die Möglichkeit zur Überprüfung von Klauseln bei solchen Klauseln, die im Einzelnen ausgehandelt wurden, einschränken wollte. In den Begründungen zu diesem geänderten Vorschlag wurde argumentiert, dass hinsichtlich im Einzelnen ausgehandelter Individualvereinbarungen „die Grundsätze der Vertragsfreiheit und des *pacta sunt servanda* nur in verhältnismäßig extremen Situationen, in denen der Verbraucherschutz weiterhin gerecht-

---

402 *ABl.EG* vom 24.03.1992, Nr. C. 73, S. 7 (12).

403 REMIEN, Oliver, „AGB-Gesetz und Richtlinie über missbräuchliche Verbrauchervertragsklauseln in ihrem europäischen Umfeld", *ZEuP* 1994, S. 46.

404 TENREIRO, Mario, „The Community Directive on Unfair Terms and National Legal System", *European Review of Private Laws,* 1995, S. 275.

405 Begründung beim geänderten Vorschlag in KOM (92) 66 endg.-SYN 285 vom 4.03.1992.

fertigt ist, Einschränkungen unterliegen dürfen"[406]. Daraus ist abzuleiten, dass eine Inhaltskontrolle von ausgehandelten Klauseln nach dem geänderten Vorschlag nur in extremen Situationen zu rechtfertigen ist. Die Kommission war daher auch der Ansicht, dass die Kriterien für eine Missbrauchskontrolle von im Einzelnen ausgehandelten Klauseln genauer ausgeführt werden müssten. In Artikel 4 stellt die Kommission daher auf den Missbrauch von einer wirtschaftlichen oder intellektuellen Machtsposition ab und listet die bei der Klauselwürdigung zu beurteilenden Umstände auf. Durch den geänderten Vorschlag wurde beabsichtigt, hinsichtlich ausgehandelter Klauseln eine Art von Sittenwidrigkeitskontrolle durchzuführen.

D. Der Gemeinsame Standpunkt und die endgültige Fassung der Richtlinie

Im Gemeinsamen Standpunkt und in der endgültigen Fassung der Richtlinie wurde von dem breiten sachlichen Anwendungsbereich des ersten und geänderten Richtlinienvorschlags Abstand genommen. Artikel 3 Absatz I der endgültigen Fassung der Richtlinie nimmt im Einzelnen ausgehandelte Klauseln ausdrücklich von der Missbrauchskontrolle aus. Absatz II des Artikels konkretisiert, wann ein Aushandeln vorliegt und enthält Beweisvorschriften. Eine Besprechung dieser Vorschriften soll an geeigneter Stelle stattfinden.

Nach Artikel 4 des geänderten Vorschlags entfällt die Missbrauchskontrolle von im Einzelnen ausgehandelten Klauseln. Lediglich die Beurteilungskriterien aus Artikel 4 des geänderten Vorschlags blieben als Restant weiter bestehen. Anzunehmen ist, dass der Rat damit auf die Kritik aus dem EP und der Bundesrepublik Rücksicht genommen hat[407]. Die Einschränkung des sachlichen Anwendungsbereichs bei im Einzelnen ausgehandelten Klauseln wird in der Literatur als eine „mittlere Linie"[408] oder „Kompromiss"[409] zwischen einer generellen Klauselkontrolle und einer auf die AGB-Problematik beschränkte Kontrolle umschrieben.

---

[406]Begründung beim geänderten Vorschlag in KOM (92) 66 endg.-SYN 285 vom 4.03.1992, S. 2; REMIEN, Oliver, „AGB-Gesetz und Richtlinie über missbräuchliche Verbrauchervertragsklauseln in ihrem europäischen Umfeld", *ZEuP* 1994, S. 48.

[407]MICKLITZ, Hans-W., „AGB-Gesetz und die EG-Richtlinie über missbräuchliche Vertragsklauseln in Verbraucherverträgen", *ZEuP* 1993, 523.

[408]ULMER, Peter, „Zur Anpassung des AGB-Gesetzes an die EG-Richtlinie über missbräuchliche Klauseln in Verbraucherverträgen", *EuZW* 1993, S. 343.

[409]DAMM, Reinhard, „Europäisches Verbrauchervertragsrecht und AGB-Recht. Zur Umsetzung der EG-Richtlinie über missbräuchliche Klauseln in Verbraucherverträgen", *JZ* 1994, S. 163.

Bei der Beurteilung der Folgen der Abgrenzung des sachlichen Anwendungsbereichs der Richtlinie wird es vor allem auf die Definition des Begriffes „Aushandeln" ankommen. Im Folgenden wird untersucht, unter welchen Voraussetzungen eine Klausel als ausgehandelt zu betrachten ist und um welche Art von Klauseln es dabei geht.

3. Definition des Aushandelns

A. Aushandeln im Einzelnen

Oben hat sich herausgestellt, dass die Beschränkung des sachlichen Anwendungsbereichs der Richtlinie auf nicht im Einzelnen ausgehandelte Klauseln vor allem aufgrund der deutschen Kritik in die Richtlinie aufgenommen worden ist. Mit der Einschränkung des kontrollfähigen Bereichs auf nichtausgehandelte Klauseln geht es in der Richtlinie darum, Klauseln, die zwischen den Parteien vertragsrechtlich zur Diskussion gestanden haben, von der Inhaltskontrolle auszunehmen. Sofern die Vertragsparteien ihre Interessen bei den Vertragsverhandlungen selbstverantwortlich durchsetzen konnten, ist das Verhandlungsergebnis durch die Teilnahme am Markt gerechtfertigt (Richtigkeitsgewähr). Damit knüpft die Missbrauchskontrolle der Richtlinie 93/13 an ein materielles Einstiegskriterium an. Mit dem Erfordernis *Einfluss nehmen können* nimmt Artikel 3 Absatz II, Satz 1, auf die Funktionsfähigkeit der Vertragsmechanismen und ihre Richtigkeitsgewähr Bezug. Eine Klausel gilt nur als ausgehandelt, wenn der Klauselgegner die Möglichkeit hatte, auf ihren Inhalt Einfluss zu nehmen. Diese Möglichkeit zur Einflussnahme ist gegeben, wenn der Verbraucher, aufgrund der Verhandlungssituation seine angemessenen und sachgerechten Interessen gewährleisten konnte und das auch erkennen konnte[410].

Es besteht Unklarheit darüber, ob diese Einflussmöglichkeit restriktiv oder extensiv auszulegen ist. Die Frage stellt sich, ob die Richtlinie erfordert, dass der Verbraucher aktiv über den Inhalt der Klauseln mit dem Gewerbetreibenden verhandelt hat, oder ob eine theoretische Einflussmöglichkeit oder einfache Einflussmöglichkeit ausreicht. Textlich erfordert die Richtlinie nicht, dass zwischen den Vertragsparteien Verhandlungen stattgefunden haben. Dennoch ist davon auszugehen, dass eine rein theoretische Einflussmöglichkeit zur Annahme eines Aushandelns nicht ausreicht. Vielmehr sollte eine reale Einflussmöglichkeit vorliegen. Eine reale Einflussmöglichkeit kann nur vorliegen, sofern der Gewerbe-

---

[410]WOLF, Manfred, in WOLF/HORN/LINDACHER, *AGBG-Kommentar*, 4. Auflage, 1999, RiLi Artikel 3, Rdnr. 21.

treibende die Vertragsklauseln ernsthaft zur Disposition stellte, d.h. wirklich zu einer Änderung oder einem Verzicht der Klauseln bereit war. Der Verwender muss das Risiko auf sich nehmen, auf die ihm günstige Klausel verzichten zu müssen[411]. Des Weiteren muss der Klauselinhalt für den Verbraucher auch erkennbar sein. Ein dem Verbraucher zurechenbares Aushandeln erfordert, dass der Verbraucher bei den Verhandlungen beurteilen konnte, ob die Klauseln für ihn günstig oder ungünstig waren[412]. Diese Erkennbarkeit erfordert die transparente Ausgestaltung der Klauseln und die Belehrung des Verbrauchers durch den Gewerbetreibenden. Insofern der Verbraucher wohlerwogen seine Zustimmung zu bestimmten Vertragsklauseln gegeben hat, ist anzunehmen, dass eine Inhaltskontrolle wegen der fehlenden Schutzbedürftigkeit des Verbrauchers ausscheiden kann. Die textliche Abänderung der Klauseln kann als Indiz eines Aushandelns angesehen werden. Eine Indiz kann sich des Weiteren auch aus dem ausdrücklichen Einverständnis des Verbrauchers mit der Geltung der Klauseln ergeben. Die hier vertretene restriktive Auslegung der Einflußmöglichheit erfordert zur Annahme eines Aushandelns zusammengefasst, die Erfüllung von drei kumulativen Voraussetzungen: die Dispositionsbereitschaft des Gewerbetreibenden, die Erkennbarkeit und die damit verbundene zurechenbare Fähigkeit des Verbrauchers den Vertragsinhalt abzuändern. Des Weiteren wird der Nachweis, dass der Verbraucher aktiv verhandelte oder sich ausdrücklich mit dem Klauselinhalt einverstanden erklärte, gefordert. Hinsichtlich AGB - aber nicht bezüglich Individualklauseln[413]- obliegt dem Gewerbetreibenden die Beweislast für das Aushandeln. Die reale Einflussmöglichkeit wird durch den Gewerbetreibenden nur schwierig nachweisbar sein. Diese restriktive Auslegung des Aushandelns dient dem Verbraucherschutzzweck der Richtlinie. Denn ein Aushandeln darf angenommen werden, wenn der Verbraucher seine Interessen auf dem Markt selbstverantwortlich wahren konnte. Eine zu extensive Auslegung des Aushandelns birgt, besonders hinsichtlich AGB, die Gefahr in sich, dass dem Schutzbedürfnis des Verbrauchers nicht genügend Rechnung getragen wird. Sie würde eine Aushöhlung des kontrollfähigen Bereichs bedeuten.

Unklarheit besteht darüber, ob ein Aushandeln voraussetzt, dass von dieser Einflussmöglichkeit tatsächlich Gebrauch gemacht wurde. *Wolf* hält es nicht für erforderlich, dass der Verbraucher von der Einflussmöglich-

---

[411]BÖRNER, Andreas, „Die „Heilung" von AGB durch die Berücksichtigung vertragsabschlussbegleitender Umstände nach § 24a Nr. 3 AGBG", *JZ* 1997, S. 598.
[412]FREY, Kaspar, „Wie ändert sich das AGB-Gesetz?", *ZIP* 1993, S. 575.
[413]Hinsichtlich der Individualverträge gibt es keine Vermutung des NichtAushandelns. Der Verbraucher hat nachzuweisen, dass die vorliegende Klausel nicht im Einzelnen ausgehandelt wurde.

keit tatsächlich Gebrauch gemacht hat[414]. Denn nach dem Richtlinientext handelt es sich um eine „Einflussmöglichkeit". Entscheidend ist aber, dass über den Vertragsinhalt aktiv verhandelt wurde.

Beim Aushandeln soll es um ein Aushandeln *im Einzelnen* gehen. Damit ist gemeint, dass die vorliegende Klausel als solche ausgehandelt sein muss. Auf die Tatsache, dass die anderen Klauseln des Vertrages ausgehandelt sind, kommt es deshalb nicht an. Für diese Auslegung spricht Artikel 3 Absatz II, Satz 2: „Die Tatsache, dass bestimmte Elemente einer Vertragsklausel oder eine einzelne Klausel im Einzelnen ausgehandelt worden sind, schließt die Anwendung dieses Artikels auf den übrigen Vertrag nicht aus, sofern es sich nach der Gesamtwertung dennoch um einen vorformulierten Standardvertrag handelt". Das Aushandeln ist danach nur punktuell für die ausgehandelte Klausel oder Klauselteile zu berücksichtigen[415].

Anzunehmen ist des Weiteren, dass Klauseln, die kollektiv ausgehandelt wurden, als im Einzelnen ausgehandelt anzusehen sind. Dazu gehören die AGB, die zwischen den Klauselverwendern und den Verbraucherverbänden ausgehandelt wurden[416].

B. Beweis des Aushandelns

Die Anknüpfung an das materielle Merkmal des Aushandelns hat im Vergleich mit einem formalen Kriterium den Nachteil, dass sie zu einer Einzelfallüberprüfung führt. Demnach wird in jedem Einzelfall untersucht werden müssen, ob die vorliegende Klausel (nicht) im Einzelnen ausgehandelt wurde. Die Beweislast, ob eine Klausel (nicht) im Einzelnen ausgehandelt wurde, obliegt demjenigen, der sich auf den Schutz beruft, nämlich dem Verbraucher. Hinsichtlich Standardverträge sieht die Richtlinie in Artikel 3 Absatz II, Satz 3 eine Umkehrung der Beweislast zugunsten des Verbrauchers vor. Satz 3 lautet: „Behauptet ein Gewerbetreibender, dass eine Standardvertragsklausel im Einzelnen ausgehandelt wurde, so obliegt ihm die Beweislast". Diese Umkehrung der Beweislast nimmt auf die unterschiedliche Indizwirkung der Vorformulierung auf Standardverträge (AGB) und Individualverträge, d.h. für den Einzelfall

---

[414]WOLF, Manfred, in WOLF/HORN/LINDACHER, *AGBG-Kommentar*, 4. Auflage, 1999, RiLi Artikel 3, Rdnr. 21.
[415]WOLF, Manfred, in WOLF/HORN/LINDACHER, *AGBG-Kommentar*, 4. Auflage, 1999, Artikel 3, Rdnr. 1.
[416]FLAMÉE, Michel und TROCH, Koen, „De invloed van de EG-Richtlijn van 5 april 1993 betreffende oneerlijke bedingen in consumentenovereenkomsten op het heersend belgisch recht", *TBH* 1996, S. 38, Rdnr. 17.

vorformulierte Verträge, Bezug. Die Vorformulierung für eine Vielzahl von Verträgen ist ein deutliches Indiz für eine fehlende Verhandlungsmöglichkeit. Bei der Verwendung von AGB findet typischerweise kein Verhandeln statt[417]. Der Gewerbetreibende darf den Gegenbeweis mit allen Rechtsmitteln liefern[418]. Eine vom Verbraucher unterschriebene, vorformulierte Bestätigungsklausel, die aussagt, dass die Klauseln ausgehandelt sind, kann aber nicht als Beweis gelten. Eine Standardklausel kann andere Standardklauseln nicht zur Geltung bringen[419]. Vereinzelt ist zu lesen, dass der Gegenbeweis geliefert ist, wenn der Verbraucher, auf Frage des Gewerbetreibenden, in einer handgeschriebenen Erklärung bestätigt, dass alle Vertragsklauseln ausgehandelt worden sind[420]. Es ist aber fraglich, ob eine handgeschriebene Erklärung als solche zur Annahme eines Aushandeln ausreicht. Vielmehr sollte es sich um eine wenigstens konkludente Erklärung handeln, aus der sich ergibt, dass eine Dispositionsbereitschaft des Gewerbetreibenden vorlag und der Verbraucher, in Übereinstimmung mit allen vertragsabschlussbegleitenden Umständen, die Möglichkeit gehabt hat, auf den Vertragsinhalt Einfluss zu nehmen.

Die Vorformulierung bei den Individualklauseln muss dagegen kein Ausdruck einseitiger Durchsetzungsmacht sein. Die Vorformulierung der Individualklauseln kann auch als Diskussionsgrundlage oder Entwurf dienen. In diesem Fall hat der Verbraucher zu beweisen, dass die Klauseln nicht im Einzelnen ausgehandelt wurden. Denn die Richtlinie sieht hinsichtlich Individualklauseln keine Umkehrung der Beweislast vor.

Fraglich ist, auf welche Art von Klauseln der Verbraucher konkret eine ihm zurechenbare Einflussmöglichkeit haben konnte. Über die genaue Grenzen des sachlichen Anwendungsbereiches besteht Uneinigkeit. Im Folgenden wird die Kontroverse über die kontrollfähigen Klauseln beleuchtet.

---

[417]REICH, Norbert, *Europäisches Verbraucherrecht. Eine problemorientierte Einführung in das europäische Wirtschaftsrecht,* 3. Auflage, 1996, S. 341, Rdnr. 156 f.

[418]WOLF, Manfred, in WOLF/HORN/LINDACHER, *AGBG-Kommentar*, 4. Auflage, 1999, RiLi, Artikel 3, Rdnr. 30; BOSMANS, Marc, „Oneerlijke en onrechtmatige bedingen: zijn de artikelen 31 en volgende van de W.H.P.C. compatibel met de EEG Richtlijn 93/13 van 5 april 1993?, *DCCR* 1994, S. 693.

[419]BOSMANS, Marc, „Oneerlijke en onrechtmatige bedingen: zijn de artikelen 31 en volgende van de W.H.P.C. compatibel met de EEG Richtlijn 93/13 van 5 april 1993?, *DCCR* 1994, S. 692.

[420]BOSMANS, Marc, „Oneerlijke en onrechtmatige bedingen: zijn de artikelen 31 en volgende van de W.H.P.C. compatibel met de EEG Richtlijn 93/13 van 5 april 1993?, *DCCR* 1994, S. 693.

4. Die Konkretisierung des sachlichen Anwendungsbereichs der Richtlinie 93/13 in der Literatur - kontrollfähige Vertragsklauseln

A. Enge Auslegung des sachlichen Anwendungsbereichs der Richtlinie

Im größten Teil der deutschen Literatur wird befürwortet, dass nichtausgehandelte Klauseln im Sinne der Richtlinie 93/13 nur vorliegen, wenn sie vorformuliert sind[421]. Die Autoren berufen sich dabei auf den Text des Artikels 3 Absatz II, Satz 1 der Richtlinie, der aussagt, dass eine Vertragsklausel immer dann als nicht im Einzelnen ausgehandelt zu betrachten ist, „wenn sie im voraus abgefasst wurde", d.h. vorformuliert wurde. Damit wird die Vorformulierung, neben dem Merkmal des Aushandelns, zum Einstiegskriterium der Missbrauchskontrolle erhoben. Dabei wird von der Auffassung ausgegangen, dass die Richtlinie den Verbraucher nur vor Machtmissbrauch durch Verwendung von vorformulierten Klauseln schützt. Danach würde die Richtlinie den Verbraucher vor dem missbräuchlichen Ausschluss von Rechten schützen, die sich aus der einseitigen Ausnützung der Vertragsgestaltungsfreiheit durch den Gewerbetreibenden ergeben können.

Nach oben stehender Auffassung bezweckt die Richtlinie die Missbrauchskontrolle von Standardverträgen oder AGB einerseits und von Klauseln, die nicht für eine Vielfachverwendung, sondern für einmalige Verwendung vorformuliert wurden (die so genannten Einzelvertragsklauseln[422] oder Individualklauseln[423]), andererseits. Die Einbeziehung von Individualklauseln in den Anwendungsbereich der Richtlinie ergibt sich aus Artikel 3 Absatz II, Satz 1. Dieser Satz sagt aus, dass „insbesondere" vorformulierte Standardverträge (AGB) als nicht im Einzelnen

---

[421]ECKERT, Hans-Werner, „Die EG-Richtlinie über missbräuchliche Klauseln in Verbraucherverträgen und ihre Auswirkungen auf das deutsche Recht", *WM* 1993, S. 1073; HOMMELHOFF und WIEDENMANN, „AGB gegenüber Kaufleuten und unausgehandelte Klauseln in Verbraucherverträgen", *ZIP* 1993, S. 566 und 571; ULMER, Peter, „Zur Anpassung des AGB-Gesetzes an die EG-Richtlinie über missbräuchliche Klauseln in Verbraucherverträgen", *EuZW* 1993, S. 337 und 342 (343); DAMM, Reinhard, „Europäisches Verbrauchervertragsrecht und AGB-Recht. Zur Umsetzung der EG-Richtlinie über missbräuchliche Klauseln in Verbraucherverträgen", *JZ* 1994, S. 163; HEINRICHS, Helmut, „Umsetzung der EG-Richtlinie über missbräuchliche Klauseln in Verbraucherverträgen durch Auslegung, Erweiterung des Anwendungsbereichs der Inhaltskontrolle", *NJW* 1995, S. 155.

[422]HEINRICHS, Helmut, „Umsetzung der EG-Richtlinie über missbräuchliche Klauseln in Verbraucherverträgen durch Auslegung, Erweiterung des Anwendungsbereichs der Inhaltskontrolle", *NJW* 1995, S. 155.

[423]WOLF, Manfred, in WOLF/HORN/LINDACHER, *AGBG-Kommentar*, 4. Auflage, 1999, RiLi Artikel 3, Rdnr. 15.

ausgehandelt zu betrachten sind. Mit dem Wort „insbesondere" wird klargemacht, dass nicht nur AGB, sondern auch andere vorformulierte Klauseln der Missbrauchskontrolle unterliegen können. Die Kontrolle von *nicht*vorformulierten Vertragsklauseln, die nicht im Einzelnen ausgehandelt wurden, sollten nach dieser Auffassung durch die Richtlinie nicht geregelt werden[424].

Diese enge Interpretation des sachlichen Anwendungsbereichs der Richtlinie kontrastiert mit dem ursprünglichen Richtlinienvorschlag, der die Kontrolle sämtlicher Vertragsklauseln beabsichtigte. Die enge Auslegung des kontrollfähigen Bereichs durch den größten Teil der deutschen Literatur hängt damit zusammen, dass diese Auslegung am besten dem Anwendungsbereich des deutschen AGB-Gesetzes entspricht. Nach § 1 Absatz II des AGB-Gesetzes liegen AGB nicht vor, „soweit die Vertragsbedingungen zwischen den Vertragsparteien im Einzelnen ausgehandelt sind". Ausgehandelte Klauseln sind deshalb auch nach dem AGBG von der Inhaltskontrolle ausgenommen. Da die Inhaltskontrolle des AGB-Gesetzes sich nur auf solche Klauseln bezieht, die für eine Vielfachverwendung vorformuliert sind, erfordert das AGBG als Einstiegskriterium der Inhaltskontrolle auch die „Vorformulierung" und „Vielfachverwendung" der Klauseln (§ 1 Absatz I). Nach dem AGBG unterliegen nur nichtausgehandelte Klauseln, die für eine Vielfachverwendung vorformuliert sind, der Inhaltskontrolle.

Es scheint, als ob die herrschende Meinung im deutschen Recht, bei der Ermittlung des sachlichen Anwendungsbereichs, der Richtlinie alle Einstiegskriterien aus dem Text des § 1 AGBG einerseits und aus dem Text des Artikels 3 der Richtlinie andererseits ausfiltriert und miteinander verglichen hat. Der § 1 AGBG umfasst die Abgrenzungskriterien: „Vorformulierung", „Vielfachverwendung", „Stellen", und „(Nicht)Aushandeln". Bei der Analyse des Textes des Artikels 3 der Richtlinie ist festgestellt worden, dass einige dieser Kriterien auch hier wiederzufinden sind, nämlich: das „(Nicht)Aushandeln" und die „Vorformulierung" (als Vermutung des Nicht-Aushandelns). Die Richtlinie umfasst dagegen nicht die Kriterien des „Stellens" und der „Vielfachverwendung". Die herrschende Meinung besagt daher, dass der sachliche Anwendungsbereich der Richtlinie sich auf vorformulierte, nicht im Einzelnen ausgehandelte Klauseln beschränkt. Dabei ist aber nicht untersucht worden, ob die Richtlinie tatsächlich eine Vorformulierung voraussetzt. Ob der Anwendungsbereich sich wirklich nur auf vorformulierte

---

[424]SIEG, Karl, „Die Bedeutung der EG-Richtlinie über missbräuchliche Klauseln in Verbraucherverträgen für die AVB", *VersR*, 1993, S. 1306.

Klauseln beschränkt, ist aber - wie sich zeigen wird - fraglich. Oben stehende Auslegung des Anwendungsbereiches der Richtlinie lehnt sich vor allem an das deutsche Verständnis der Inhaltskontrolle an.

Auch der deutsche Gesetzgeber war der Ansicht, dass die wesentliche Voraussetzung für die Einbeziehung einer Klausel in den sachlichen Anwendungsbereich der Richtlinie, wie im AGBG die Vorformulierung ist[425]. Damit schließt der Gesetzgeber sich an die herrschende Ansicht in der deutschen Literatur an. Nur Klauseln, die vorformuliert sind und nicht im Einzelnen ausgehandelt sind, unterliegen der Missbrauchskontrolle der Richtlinie.

Die belgische Literatur hat sich mit der Frage der Abgrenzung des sachlichen Anwendungsbereichs der Richtlinie kaum beschäftigt. Bislang erstreckte die belgische Inhaltskontrolle sich auf sämtliche Vertragsklauseln. In der belgischen Literatur wird darauf hingewiesen, dass die Richtlinie nur eine Mindestharmonisierung ist[426]. Später in der Arbeit wird untersucht werden, ob eine Erweiterung der Kontrolle auf im Einzelnen ausgehandelte Klauseln zugelassen ist.

---

[425]BT-Dr. 13/2713, S. 5.
[426]FLAMÉE, Michel und TROCH, Koen, „De invloed van de EG-Richtlijn van 5 april 1993 betreffende oneerlijke bedingen in consumentenovereenkomsten op het heersend belgisch recht", *TBH* 1996, S. 38, Rdnr. 16.

B. Weite Auslegung des sachlichen Anwendungsbereichs der Richtlinie

Ein kleiner Teil der deutschen Literatur[427] geht von einem weiteren sachlichen Anwendungsbereich der Richtlinie aus. Nach dieser Ansicht unterliegen nicht nur vorformulierte Klauseln, sondern auch nichtvorformulierte Klauseln, sofern die Klauseln aus einer disparitären Verhandlungssituation hervorgehen, der Missbrauchskontrolle. Nach dieser Ansicht erfordert die Anwendung der Vorschriften der Missbrauchskontrolle nicht, dass die Vertragsklauseln vorformuliert sind. Die Vorformulierung sei kein Einstiegskriterium der Missbrauchskontrolle, sondern nur ein Beispiel einer nichtausgehandelten Klausel. Der Artikel 3 Absatz II, Satz 1 sei nicht als abschließend zu verstehen. Auch nichtvorformulierte Klauseln könnten als nichtausgehandelte Klauseln angesehen werden. Die „Vorformulierung" sei zwar ein wichtiges Indiz für fehlendes Aushandeln, aber hierfür keine Voraussetzung. Solches sei aus dem Wortlaut des Artikels 3 Absatz II, S. 1 abzuleiten, der eine Vertragsklausel „immer dann" als nicht im Einzelnen ausgehandelt betrachtet, wenn sie im Voraus abgefasst wurde und der Verbraucher „deshalb", insbesondere im Rahmen eines vorformulierten Standardvertrags, keinen Einfluss auf ihren Inhalt nehmen konnte. Wenn der europäische Gesetzgeber gefordert hätte, dass ein fehlendes Aushandeln stets eine Vorformulierung voraussetzen sollte, hätte er statt „immer dann" das Wort „nur" benutzen müssen. Da der europäische Gesetzgeber dies nicht gemacht hat, sei davon auszugehen, dass auch andere Umstände auf ein fehlendes Aushandeln hinweisen könnten.[428]. Ein weiteres Argument ergibt sich aus dem Schutzzweck der Richtlinie, der von einem „hohen Schutzniveau" ausgeht. Der Verbraucher wird nicht nur vor den Gefahren aus der „Vorformulierung", sondern vor Machtmissbrauch des Gewerbetreibenden im Generellen geschützt. Eine unangemessene Interessenwahrnehmung kann sich auch aus anderen Umständen ergeben. Die fehlende Einflussmöglichkeit kann die Folge der Unerfahrenheit des Verbrauchers oder der überlegenen Marktstellung des Gewerbetreibenden sein oder kann sich im Generellen aus jeder sonstigen einseitigen Verhandlungsmacht eines Gewerbetreibenden ergeben[429]. Beispiele sind Individualklauseln, die während der Vertragsverhandlungen spontan vorgeschlagen wurden, und

---

[427]WOLF, Manfred, in WOLF/HORN/LINDACHER, *AGBG-Kommentar*, 4. Auflage, 1999, RiLi Artikel 3, Rdnr. 14 (30); FREY, Kaspar, „Wie ändert sich das AGB-Gesetz?", *ZIP* 1993, S. 575 (576).

[428]WOLF, Manfred, in WOLF/HORN/LINDACHER, *AGBG-Kommentar*, 4. Auflage, 1999, RiLi Artikel 3, Rdnr. 24.

[429]WOLF, Manfred, in WOLF/HORN/LINDACHER, *AGBG-Kommentar*, 4. Auflage, 1999, RiLi Artikel 3, Rdnr. 25 (28).

vom Verbraucher ohne ernsthafte Diskussion akzeptiert wurden[430]. Diese Klauseln sind zwar nicht vorformuliert, aber trotzdem kann eine fehlende Einflussnahme des Verbrauchers vorliegen, weil der Verbraucher oft unerfahren ist oder aufgrund seiner unterlegenen Marktstellung zugestimmt hat. Aus Artikel 4 Absatz I der Richtlinie ergibt sich, dass bei der Beurteilung der Missbräuchlichkeit allen den Vertragsabschluss begleitenden Umständen Rechnung getragen werden soll. Dieses Kriterium der Umstandsberücksichtigung kann auch bei der Abgrenzung des Einstiegskriteriums angewendet werden. Wenn nach allen den Vertragsabschluss begleitenden Umständen der eindeutige Nachweis fehlender Einflussmöglichkeit bei einer nichtvorformulierten Klausel festzustellen ist, soll sie der Missbrauchskontrolle unterliegen. Deshalb ist anzunehmen, dass auch nichtvorformulierte Klauseln, auf die der Verbraucher keinen Einfluss haben konnte, der Missbrauchskontrolle der Richtlinie unterliegen können.

Auch der schwedische Gesetzgeber hat zu den Grenzen des sachlichen Anwendungsbereichs der Richtlinie Stellung genommen. In den Motiven des Regierungsvorschlags zur Anpassung der schwedischen Gesetzgebung an die Richtlinie wird die Problematik der Abgrenzung des sachlichen Anwendungsbereichs der Richtlinie zur Sprache gebracht. Das Prememoria des schwedischen Justizdepartements[431] befürwortete eine Einschränkung des sachlichen Anwendungsbereichs des Gesetzes hinsichtlich Vertragsbedingungen in Verbraucherverträgen aus dem Jahre 1971[432] auf Klauseln, die vorformuliert sind und auf die der Verbraucher keinen Einfluss nehmen konnte. Diese Einschränkung des sachlichen Anwendungsbereichs auf vorformulierte Klauseln sollte dem Anwendungsbereich der Richtlinie entsprechen. Von dieser Auffassung wurde aber im Regierungsentwurf[433] Abstand genommen. In den Begründungen zum Regierungsentwurf wird befürwortet, dass die Einschränkung des sachlichen Anwendungsbereichs der Richtlinie auf Klauseln, „die nicht im Einzelnen ausgehandelt wurden", so verstanden werden kann, dass die Richtlinie auch auf Vertragsklauseln anwendbar ist, die nicht im Voraus abgefasst wurden. Nicht alle Klauseln, die nicht vorformuliert wurden, sind als ausgehandelt anzusehen. Eine Einschränkung des sachlichen Anwendungsbereichs des schwedischen Gesetzes hinsichtlich Vertragsbedingungen in Verbraucherverträgen auf Klauseln, die vorformuliert sind und worauf der Verbraucher keinen Einfluss nehmen konnte,

---

[430]FREY, Kaspar, „Wie ändert sich das AGB-Gesetz?", *ZIP* 1993, S. 576.
[431]*Prop.* 1994/95:17, S. 127 (Beilage 3).
[432]Lag (1971: 112) om avtalsvillkor i konsumentförhållanden.
[433]Regeringens proposition, *Riksdagen 1994/95: 17*, Oskäliga avtalsvillkor m.m.

würde den Erfordernissen der Richtlinie nicht genügend Rechnung tragen. Vielmehr sollte eine Formulierung gewählt werden, die dem Richtlinientext ähnlich ist[434]. Das schwedische Umsetzungsgesetz vom 1994 beschränkte den Anwendungsbereich des Gesetzes hinsichtlich Vertragsbedingungen in Verbraucherverträgen auf Vertragsbedingungen, die nicht im Einzelnen ausgehandelt wurden[435]. Damit wurde die Abgrenzung der Richtlinie wörtlich übernommen.

5. Die drei Gruppen von nicht im Einzelnen ausgehandelten Klauseln

A. Die AGB oder Standardverträge und die drei Sonderregelungen für Standardverträge

Die wichtigsten nicht im Einzelnen ausgehandelten Klauseln sind AGB[436]. Typisch für AGB ist, dass sie durch die Vertragsparteien nicht ausgehandelt und für eine Vielzahl von Verträgen vorformuliert sind. AGB sind als Vertriebsinstrumente der Unternehmen anzusehen, die Leistungen und Bedingungen standardisieren und im Regelfall einseitig die Vermarktungsinteressen des Verwenders berücksichtigen[437]. Sofern der gesamte Vertrag für eine Mehrfachverwendung vorformuliert ist, liegt ein Formularvertrag vor.

Die Richtlinie benutzt, in Artikel 3 Absatz II, Satz 1, dem Begriff „Standardvertrag". Eine Möglichkeit wäre einerseits, den „Standardvertrag" mit dem Begriff „AGB" gleichzustellen. Andererseits könnte der Begriff „Standardvertrag" in einem engeren Sinne ausgelegt werden. Ein Standardvertrag wäre dann ein Formularvertrag, der ausschließlich Klauseln enthält, die für den allgemeinen Gebrauch vorformuliert sind[438]. Diese Auslegung würde zur Folge haben, dass AGB, in einem sonst zu wesentlichen Teilen individuell ausgestalteten Vertrag nicht zu dem Begriff „Standardvertrag" zu zählen wären und deshalb nicht dem Anwendungs-

---

[434]Regeringens proposition, *Riksdagen 1994/95: 17*, Oskäliga avtalsvillkor m.m., S. 36.

[435]Lag (1994: 1512) om avtalsvillkor i konsumentförhållanden, § 10.

[436]WOLF, Manfred, in WOLF/HORN/LINDACHER, *AGBG-Kommentar*, 4. Auflage, 1999, RiLi Artikel 3, Rdnr. 16; ULMER, Peter, „Zur Anpassung des AGB-Gesetzes an die EG-Richtlinie über missbräuchliche Klauseln in Verbraucherverträgen", *EuZW* 1993, S. 342.

[437]REICH, Norbert, *Europäisches Verbraucherrecht. Eine problemorientierte Einführung in das europäische Wirtschaftsrecht*, 3. Auflage, 1996, S. 341, Rdnr. 156f.

[438]WOLF, Manfred, in WOLF/HORN/LINDACHER, *AGBG-Kommentar*, 4. Auflage, 1999, RiLi Artikel 3, Rdnr. 17; ULMER, Peter, „Zur Anpassung des AGB-Gesetzes an die EG-Richtlinie über missbräuchliche Klauseln in Verbraucherverträgen", *EuZW* 1993, S. 337 (342); HEINRICHS, Helmut, „Die EG-Richtlinie über missbräuchliche Klauseln in Verbraucherverträgen", *NJW* 1993, S. 1817 (1822).

bereich der Richtlinie unterliegen würden. Der Artikel 3 Absatz II, Satz 1 erfordert aber nicht, dass der wesentliche Teil des Vertrags standardisiert sein muss. Die enge Auslegung des Begriffes „Standardvertrag" würde die verbraucherfreundliche Vermutung des Artikels 3 Absatz II, Satz 3 erheblich einschränken. Eine solche Einschränkung wäre nicht mit den Zielen der Richtlinie zu vereinbaren. Zum Begriff Standardvertrag im Sinne der Richtlinie gehören deshalb alle AGB.

Die Richtlinie enthält drei Sonderregelungen zu Standardverträgen. Zum Ersten sieht Artikel 3 Absatz II, Satz 3 für die AGB eine Beweislastumkehrung zu Lasten des Gewerbetreibenden vor. Wie oben erwähnt wurde, muss der Gewerbetreibende seine Behauptung, dass eine Standardvertragsklausel im Einzelnen ausgehandelt wurde, beweisen. Eine zweite Sonderregelung ergibt sich aus Artikel 3 Absatz II, Satz 2 der Richtlinie. Wenn bei einem Standardvertrag eine oder mehrere Klauseln oder Klauselteile im Einzelnen ausgehandelt worden sind, ist nicht ausgeschlossen, dass die übrigen nicht ausgehandelten Klauseln der Inhaltskontrolle unterliegen. Aus Artikel 7 Absatz II der Richtlinie ist eine dritte Sonderregelung für AGB abzuleiten. Gemäß Artikel 7 Absatz II sind die Mitgliedstaaten verpflichtet, gegen missbräuchliche Klauseln eine Verbandsklage oder ein entsprechendes Verwaltungsverfahren zuzulassen. Diese Verpflichtung beschränkt sich logischerweise auf AGB, weil eine Verbandsklage aufgrund ihrer generalisierenden Natur für Individualklauseln nicht geeignet ist[439].

Aus diesen drei Sonderregelungen für AGB ist nicht nur abzuleiten, dass die Richtlinie auf AGB anwendbar ist, sondern auch, dass der Anwendungsbereich sich nicht nur auf sie beschränkt.

B. Die vorformulierten Individualverträge und Individualklauseln

Die entscheidende Voraussetzung für die Anwendbarkeit der Richtlinie ist, dass die Vertragsklauseln nicht im Einzelnen ausgehandelt wurden. Die Richtlinie enthält keine Voraussetzung der Mehrfachverwendung[440], wie das zum Beispiel nach dem deutschen AGBG der Fall ist. Deshalb ist die Richtlinie auch auf Individualverträge oder Individualklauseln anwendbar. Eine Individualklausel ist eine für eine einmalige Verwendung

---

[439] WOLF, Manfred, in WOLF/HORN/LINDACHER, *AGBG-Kommentar*, 4. Auflage, 1999, RiLi Artikel 3, Rdnr. 16; HEINRICHS, Helmut, „Umsetzung der EG-Richtlinie über missbräuchliche Klauseln in Verbraucherverträgen durch Auslegung, Erweiterung des Anwendungsbereichs der Inhaltskontrolle", *NJW* 1995, S. 155.
[440] HEINRICHS, Helmut, „Die EG-Richtlinie über missbräuchliche Klauseln in Verbraucherverträgen", *NJW* 1993, S. 1818.

vorformulierte Klausel. Insofern der gesamte Vertrag für eine einmalige Verwendung vorformuliert wurde, liegt ein Individualvertrag vor. Die Begriffe dürfen auf keinen Fall mit den Begriffen „Individualvereinbarungen" oder „Individualabreden" verwechselt werden. Letztgenannte Begriffe stammen aus der deutschen AGB-Praxis und deuten auf ausgehandelte Klauseln hin.

Die Kontrollfähigkeit von Individualverträgen und Individualklauseln ist zu begrüßen. Sie dient dem Zweck der Richtlinie, den Verbraucher optimal zu schützen. Zu erwähnen ist, dass es für den Verbraucher, durch die modernen Textverarbeitungsmethoden, oft nicht ersichtlich ist, ob es sich im konkreten Fall um einen Standardtext oder um speziell für seinen Vertrag formulierte Klauseln handelt. Es ist dann auch gerechtfertigt, ihm in beiden Fällen den gleichen Schutz zu gewährleisten. Des Weiteren ist die Tatsache zu berücksichtigen, dass schon viele Mitgliedstaaten sich bei der Inhaltskontrolle nicht nur auf die Überprüfung von AGB beschränken. Aus Zwecken der Harmonisierung wäre es deshalb wünschenswert, auch Individualklauseln in den Schutzbereich der Richtlinie einzubeziehen[441]. Ein weiteres Argument, das für die Anwendbarkeit der Richtlinie auf Individualklauseln spricht, sind die Sonderregelungen für die AGB. Die Richtlinie macht zum Beispiel für die Verpflichtung der Einführung eines abstrakten Kontrollverfahrens (Artikel 7 Absatz II) eine Einschränkung auf AGB. Aus dieser Einschränkung ist abzuleiten, dass die Richtlinie auch andere nicht ausgehandelte Vertragsklauseln erfassen soll, weil sonst die Eingrenzung in Artikel 7 Absatz II überflüssig wäre.[442]

Der Text des Artikels 3 insinuiert, dass aus der Vorformulierung nicht immer ein fehlendes Aushandeln abzuleiten ist. Nach dem Wortlaut des Artikels 3 Absatz II, Satz 1 muss die Vorformulierung „kausal" dafür sein, dass der Verbraucher auf den Klauselinhalt keinen Einfluss ausüben konnte. Der Verbraucher soll „deshalb" auf den Inhalt keinen Einfluss nehmen können. Diese Kausalität ist aber nur schwer nachweisbar[443].

---

[441] WOLF, Manfred, in WOLF/HORN/LINDACHER, *AGBG-Kommentar*, 4. Auflage, 1999, RiLi Artikel 3, Rdnr. 18; FREY, Kaspar, „Wie ändert sich das AGB-Gesetz?", *ZIP* 1993, S. 576.

[442] WOLF, Manfred, in WOLF/HORN/LINDACHER, *AGBG-Kommentar*, 4. Auflage, 1999, RiLi Artikel 3, Rdnr. 18.

[443] DAMM, Reinhard, „Europäisches Verbrauchervertragsrecht und AGB-Recht. Zur Umsetzung der EG-Richtlinie über missbräuchliche Klauseln in Verbraucherverträgen", *JZ* 1994, S. 164; REICH, Norbert, *Europäisches Verbraucherrecht. Eine problemorientierte Einführung in das europäische Wirtschaftsrecht*, 3. Auflage, 1996, S. 342.

Daher geht ein Teil der Literatur davon aus, dass bei der Vorformulierung im Regelfall keine Einflußnahmemöglichkeit vorliegt[444]. Hinsichtlich AGB ist die Frage der Kausalität typischerweise zu bejahen. Es ist aber fraglich, ob bei vorformulierten Individualklauseln immer ein fehlendes Aushandeln feststellbar ist. Diese Frage ist zu verneinen. Die Vorformulierung von Individualklauseln kann in diesem Fall auch als Verhandlungsgrundlage oder Entwurf der Parteien dienen. Auf diese unterschiedliche Indizwirkung der Vorformulierung nimmt die Umkehrung der Beweislast in Artikel 3 Absatz II, S. 3 der Richtlinie Bezug. Ob eine Individualklausel im Einzelnen ausgehandelt wurde, ist nur nach Berücksichtigung aller den Vertragsabschluss begleitenden Umstände feststellbar.

C. Die nicht vorformulierten Individualklauseln

Problematisch ist der Fall, in dem die Individualklauseln erst während der Vertragsverhandlungen spontan formuliert wurden und der Verbraucher die Klauseln ohne Diskussion akzeptierte[445]. Dann liegt zwar keine Vorformulierung vor, aber man kann sich fragen, ob solche Vertragsklauseln immer als ausgehandelt zu betrachten sind. Unter Umständen ist es möglich, dass der Verbraucher keine Einflussmöglichkeit auf den Inhalt der Vertragsbedingungen hatte. Oben wurde die Ansicht verteidigt, dass die mögliche Einflussnahme des Verbrauchers auf den Klauselinhalt das maßgebliche Merkmal des „Aushandelns" ist. Die Vorformulierung einer Klausel ist zwar ein wichtiges Indiz des fehlenden Aushandelns, aber ist für die Anwendbarkeit der Richtlinie keine maßgebliche Voraussetzung. Daher kann angenommen werden, dass auch nicht vorformulierte Klauseln, insofern sie nicht im Einzelnen ausgehandelt wurden, kontrollfähig sein können. Ein Verbrauchervertrag kann nur als ausgehandelt angesehen werden, wenn der Verbraucher, unter Berücksichtigung aller vertragsabschlussbegleitenden Umstände, die Möglichkeit hatte, auf den Vertragsinhalt Einfluss zu nehmen. Die fehlende Einflussmöglichkeit des Verbrauchers kann sich, außer aus der Vorformulierung, auch aus anderen Umständen ergeben. Die Richtlinie scheint nicht nur vor „Vorformulierung", sondern vor allen Umständen, die ein freies, beiden Vertragsparteien zurechenbares Aushandeln beeinträchtigen, zu schützen[446]. Zu

---

[444]DAMM, Reinhard, „Europäisches Verbrauchervertragsrecht und AGB-Recht. Zur Umsetzung der EG-Richtlinie über missbräuchliche Klauseln in Verbraucherverträgen", *JZ* 1994, S. 164.
[445]FREY, Kaspar, „Wie ändert sich das AGB-Gesetz?", *ZIP* 1993, S. 576.
[446]anders: ULMER, Peter, „Zur Anpassung des AGB-Gesetzes an die EG-Richtlinie über missbräuchliche Klauseln in Verbraucherverträgen", *EuZW* 1993, S. 337: Ulmer

diesen Umständen gehören u.a. die überlegene Verhandlungssituation des Verwenders bzw. die unterlegene Verhandlungsposition des Verbrauchers. Die Kontrollfähigkeit von nicht im Einzelnen ausgehandelten Klauseln, die nicht vorformuliert wurden, ist, wie oben erwähnt wurde, umstritten.

III. Die Ausnahme der bindenden Rechtsvorschriften von der Missbrauchskontrolle

Artikel 1 Absatz II der Richtlinie bestimmt, dass „Vertragsklauseln, die auf bindenden Rechtsvorschriften oder auf Bestimmungen oder Grundsätzen internationaler Übereinkommen beruhen, bei denen die Mitgliedstaaten oder die Gemeinschaft - insbesondere im Verkehrsbereich - Vertragsparteien sind", nicht den Bestimmungen der Richtlinie unterliegen. Diese Bestimmung ist erst durch den Rat in den Richtlinientext eingeführt worden. Die Vorschläge der Kommission enthielten diese Ausnahme nicht.[447] Mit dieser Vorschrift wird hauptsächlich die Kontrollfreiheit von Klauseln, die auf mitgliedstaatlichen Rechtsvorschriften beruhen, beabsichtigt. Die Richtlinie bezweckt, missbräuchliche Klauseln aus Verbraucherverträgen zu entfernen. Sie bezweckt aber nicht, die nationalen Vertragsrechtsvorschriften zu kontrollieren oder zu harmonisieren. Der europäische Gesetzgeber ist davon ausgegangen, dass der nationale Gesetzgeber in seinen gesetzlichen Regelungen die Interessen beider Vertragsparteien ausreichend berücksichtigt und daher keine missbräuchlichen Klauseln zulässt[448]. Sofern die Vertragsparteien in ihren vertraglichen Vereinbarungen nicht von den bindenden Rechtsvorschriften abweichen, gäbe es keinen Grund dafür, diese Geschäftsbedingungen zu überprüfen[449]. Eine Kontrolle von Klauseln, die auf gesetzlichen Vorschriften beruhen, würde des Weiteren zu einer indirekten richterlichen Kontrolle der Rechtsvorschriften führen. Solch eine Praxis würde gegen die öffentlich-rechtlichen Prinzipien der Gewaltenteilung und Normenhierarchie verschiedener Mitgliedstaaten verstoßen.

Die Kontrollfreiheit nach Artikel 1 Absatz II hat zur Folge, dass die nationalen bindenden Rechtsvorschriften ausnahmsweise Vorrang vor dem

---

ist der Ansicht, dass die Richtlinie sich auf die Überprüfung von vorformulierten Klauseln beschränkt.

[447] TENREIRO, Mario, „Les clauses abusives dans les contracts conclus avec les consommateurs, *Europe* 1993, S. 1.

[448] Erwägungsgrund 13, Satz 1.

[449] Erwägungsgrund 13, Satz 2.

Gemeinschaftsrecht haben[450]. Umstritten ist aber, inwiefern eine bindende Rechtsvorschrift im Sinne des Artikels 1 Absatz II vorliegt. Mit dem Begriff „Rechtsvorschriften" wird nicht nur auf formelle Gesetze, sondern auch auf Gesetze im materiellen Sinne hingedeutet. Alle aufgrund staatlicher Hoheitsgewalt erlassenen und angewandten abstrakt-generellen Regelungen sind danach kontrollfrei. Dazu gehören auch ungeschriebene Rechtsgrundsätze und die richterlichen Rechtsprinzipien[451]. Des Weiteren befürwortet *Reich*, dass nicht nur private, sondern auch öffentlich-rechtlich verbindliche Klauseln als bindende Rechtsvorschriften im Sinne der Richtlinie anzusehen sind und deswegen kontrollfrei sind[452]. Es handelt sich dabei zum Beispiel um Versorgungsbedingungen in Energielieferungsverträgen, die im Verordnungswege erlassen wurden. Bei der Definition des Begriffes „Gewerbetreibende" ist aber angemerkt worden, dass sofern die Bedingungen einer erwerbswirtschaftlichen öffentlichen Tätigkeit durch eine Verordnung festgelegt wurden, es aus Verbraucherschutzzwecken vertretbar ist, auch diese „gesetzlichen Vorschriften" zu kontrollieren. Denn diese Vorschriften sind in der Regel hauptsächlich im Interesse der öffentlichen Dienstleistungserbringer erlassen worden. Der Bericht des INC/NCC über die Anwendbarkeit der Richtlinienvorschriften auf öffentlich-rechtliche Dienstleistungen hat gezeigt, dass bindende Rechtsvorschriften nur vorliegen, insofern sie im Allgemeininteresse des Marktes und seiner Benutzer und nicht nur im Interesse der öffentlichen Dienstleistungserbringer erlassen wurden[453].

Umstritten ist aber, welche Vorschriften als „bindend" im Sinne der Richtlinie anzusehen sind. Der Richtlinientext lässt die Frage offen. In der Literatur besteht Einigkeit darüber, dass die zwingenden Rechtsvorschriften der Mitgliedstaaten grundsätzlich nicht der Inhaltskontrolle unterliegen. Das zwingende Recht gilt für das Vertragsverhältnis, unabhängig davon, ob der Vertragstext eine entsprechende Regelung enthält oder

---

[450] REICH, Norbert, *Europäisches Verbraucherrecht. Eine problemorientierte Einführung in das europäische Wirtschaftsrecht,* 3. Auflage, 1996, S. 343.

[451] WOLF, Manfred, in WOLF/HORN/LINDACHER, *AGBG-Kommentar*, 4. Auflage, 1999, RiLi Artikel 1, Rdnr. 34.

[452] REICH, Norbert, *Europäisches Verbraucherrecht. Eine problemorientierte Einführung in das europäische Wirtschaftsrecht,* 3. Auflage, 1996, S. 343.

[453] HALL, Harriet und TIXADOR, Claire, „Rapport sur l'application de la directive 93/13/CEE du conseil du 5 avril 1993 concernant les clauses abusives dans les contracts conclus avec les consommateurs aux prestations de services publics, Rapport final", S. 117 (118).

nicht[454] und ist deshalb als „bindend" anzusehen. Ob auch dispositive Rechtsvorschriften von der Inhaltskontrolle ausgenommen sind, ist in der Literatur umstritten. In einem Teil der Literatur[455] wird die Ansicht vertreten, dass dispositive Vorschriften nicht als „bindend" angesehen werden können, sondern eine „Reserverechtsordnung" darstellen, die nur gilt, wenn die Parteien nichts anderes vereinbart haben. Danach sollten auch Klauseln, die auf dispositiven Gesetzesbestimmungen beruhen, der Inhaltskontrolle unterliegen. Im größten Teil der Literatur[456] heißt es aber, dass auch dispositive Vorschriften keiner gerichtlichen Inhaltskontrolle unterliegen dürfen. Dieses wäre aus dem 13. Erwägungsgrund der Richtlinie abzuleiten, der ausdrücklich sagt, dass der Begriff „bindende Rechtsvorschriften" auch alle Vorschriften umfasst, die nach dem Gesetz zwischen den Vertragsparteien gelten, wenn nichts anderes vereinbart wurde. *Reich*[457] ist aber der Ansicht, dass die Erwägungsgründe keine zwingende Auslegung wiedergeben und deshalb der EuGH bei der Auslegung des Begriffes nicht an sie gebunden ist. Dieser Meinung kann nicht ohne weiteres gefolgt werden. Vielmehr ist davon auszugehen, dass den Erwägungsgründen, wenn sie deutlich sind und nicht mit den Richtlinienvorschriften kollidieren, bei der Auslegung eine wichtige Rolle zukommt. Auch andere Argumente sprechen für eine Ausnahme der dispositiven Bestimmungen der Inhaltskontrolle. Aus Ziel und Zweck der Richtlinie ergibt sich, dass es nicht beabsichtigt ist, das Vertragsrecht der Mitgliedstaaten zu überprüfen. Der Rat und das EP hatten nur vor, die

---

[454]SCHMIDT-SALZER, Joachim, „Leistungsbeschreibungen insbesondere in Versicherungsverträgen und Schranken der Inhaltskontrolle", in *Festschrift Brandner*, 1996, S. 262.

[455]REICH, Norbert, *Europäisches Verbraucherrecht. Eine problemorientierte Einführung in das europäische Wirtschaftsrecht*, 3. Auflage, Nomos, Baden Baden, 1996, S. 343.

[456]SCHMIDT-SALZER, Joachim, „Leistungsbeschreibungen insbesondere in Versicherungsverträgen und Schranken der Inhaltskontrolle", in Festschrift Brandner, 1996, S. 262; REMIEN, Oliver, „AGB-Gesetz und Richtlinie über missbräuchliche Verbrauchervertragsklauseln in ihrem europäischen Umfeld", *ZEuP* 1994, S. 45 (47); BRANDNER, Hans Erich, in ULMER/BRANDNER/HENSEN, *AGBG*, 8. Auflage, § 8, Rdnr. 4a; HEINRICHS, Helmut, „Die EG-Richtlinie über missbräuchliche Klauseln in Verbraucherverträgen", *NJW* 1993, S. 1818; ECKERT, Hans-Werner, „Die EG-Richtlinie über missbräuchliche Klauseln in Verbraucherverträgen und ihre Auswirkungen auf das deutsche Recht", *WM* 1993, S. 1070; MICKLITZ, Hans-W., „AGB-Gesetz und die EG-Richtlinie über missbräuchliche Vertragsklauseln in Verbraucherverträgen", *ZEuP* 1993, S. 526; so auch die Kommission: TENREIRO, Mario, „Les clauses abusives dans les contracts conclus avec les consommateurs, *Europe* 1993, S. 1.

[457]REICH, Norbert, *Europäisches Verbraucherrecht. Eine problemorientierte Einführung in das europäische Wirtschaftsrecht*, 3. Auflage, 1996, S. 343.

speziellen vertraglichen Abreden der Missbrauchskontrolle zu unterziehen[458]. Die Richtlinie bezweckt deswegen die Kontrolle von Vertragsklauseln und nicht von Gesetzen. Die Angleichung, Vereinheitlichung oder Missbrauchskontrolle des einzelstaatlichen Vertragsrechts ist, wegen zu großer Unterschiede und Widerstände, noch nicht realistisch. Des Weiteren soll der Begriff „bindend" weit verstanden werden. Auch dispositive Bestimmungen sind bindend. Denn solange keine abweichende Vereinbarungen vorliegen, sind die Parteien an sie gebunden[459]. Die Kontrollfreiheit der dispositiven Normen ist auch aus prozessökonomischen Gründen gerechtfertigt[460]. Eine Inhaltskontrolle der dispositiven Normen bleibt ohne Ergebnis, weil bei der Unwirksamkeit dieser Bestimmungen die gleichen Bestimmungen an diese Stelle treten würden. Denn das dispositive Recht tritt in der Regel an die Stelle der als unwirksam erklärten Klauseln. In diesem Fall ist deshalb eine Inhaltskontrolle zwecklos.

Nicht jede Klausel, die auf dispositiven Rechtsvorschriften beruht, ist aber kontrollfrei. Entscheidend ist, dass die dispositiven Vorschriften eine sichere Ausgewogenheit zwischen den Rechten und Pflichten der Vertragsparteien gewährleisten. Daher können Vertragsklauseln, die deklarativ dispositives Recht wiedergeben, kontrollfähig sein, wenn sie in atypischen Verträgen oder Verträgen mit einer besonderen Eigenart angewendet werden[461]. Im Rechtsverkehr werden dispositive Bestimmungen manchmal in die Vertragsklauseln atypischer Verträge, gemischter Verträge oder atypisch ausgestalteter typischer Verträge aufgenommen. In diesem Fall werden dispositive Bestimmungen, die für typische Fallgestaltungen entworfen sind, auf neue oder besondere Verträge angewendet. Die dispositiven Bestimmungen werden auf einen Tatbestand, welcher der dispositiven Norm nicht vollständig entspricht, angewendet. Diese dispositiven Bestimmungen stellen zwar hinsichtlich der typischen Vertragsart, für die sie entworfen sind, eine gerechtfertigte Regelung dar. Dagegen könnte ihre Anwendung auf atypische Verträge oder atypische

---

[458]REMIEN, Oliver, „AGB-Gesetz und Richtlinie über missbräuchliche Verbrauchervertragsklauseln in ihrem europäischen Umfeld", *ZEuP* 1994, S. 45 (46) und die Verweisungen dort.
[459]WOLF, Manfred, in WOLF/HORN/LINDACHER, *AGBG-Kommentar*, 4. Auflage, 1999, RiLi Artikel 1, Rdnr. 24.
[460]SCHMIDT-SALZER, Joachim, „Leistungsbeschreibungen insbesondere in Versicherungsverträgen und Schranken der Inhaltskontrolle", in *Festschrift Brandner*, 1996, S. 262.
[461]SCHMIDT-SALZER, Joachim, „Leistungsbeschreibungen insbesondere in Versicherungsverträgen und Schranken der Inhaltskontrolle", in *Festschrift Brandner*, 1996, S. 263.

Ausgestaltungen oder Besonderheiten zum Nachteil des Vertragsgegners eine unangemessene Benachteiligung begründen. Denn diese dispositiven Bestimmungen sind nur für einen bestimmten Tatbestand entworfen und sie sind in ihrem Gerechtigkeitsgehalt oft auf diese Fallgestaltungen beschränkt. Daher wäre es wünschenswert, in diesem Fall, die dispositiven Bestimmungen der Inhaltskontrolle zu unterziehen[462]. In der deutschen Rechtsprechung wurde ausdrücklich so entschieden[463]. Der BGH urteilte, dass ein zeitlich unbegrenztes Kündigungsrecht in der Krankentagegeldversicherung „mit dem Wesen der Krankenversicherung unvereinbar ist". Dieses scheint gegen den § 8 Absatz II Satz 1 VVG zu verstoßen, der als allgemeines Prinzip bestimmt, dass der Versicherungsvertrag bei auf unbestimmte Zeit eingegangenen Versicherungsverhältnissen durch beide Teile vor dem Auslaufen des Versicherungsvertrages gekündigt werden kann. Dem Urteil des BGH liegt der Gedankezugrunde, dass die Krankenversicherung eine besondere, atypische Versicherung ist, die spezielle Ziele beabsichtigt. Eine Krankenversicherung ist, mehr als alle anderen Versicherungen, lebenswichtig. Es soll vermieden werden, dass Versicherungsunternehmen die Versicherungsverträge von Schwer- oder Dauerkranken einfach kündigen können. Zur Sicherheit der Patienten ist es wünschenswert, dass diese Versicherung nicht zeitlich uneingeschränkt zu kündigen ist. Diese Besonderheiten lassen eine Abweichung des Prinzips der Kontrollfreiheit der deklarativen Vertragsbestimmungen zu.

Probleme der Kontrollfreiheit von dispositiven Bestimmungen könnten auch bei Verträgen mit einer Auslandsberührung auftreten[464]. Die Anwendung der Kollisionsnorm aus Artikel 6 Absatz II der Richtlinie könnte zur Folge haben, dass aufgrund der Sonderanknüpfung der Inhaltskontrolle neben dem ausländischen Recht auch das nationale Recht zur Anwendung kommt. Dies bedeutet, dass die nationalen Normen auf Klauseln, die deklarativ ausländische dispositive Normen wiedergeben, anwendbar sind. Diese Lage wird problematisch, wenn die ausländischen dispositiven Normen von den nationalen abweichen. Die nationalen Gerichte müssen nur Vertragsklauseln von der Inhaltskontrolle ausnehmen,

---

[462] BRANDNER, Hans Erich, in ULMER/BRANDNER/HENSEN, *AGBG*, 8. Auflage, § 8 Rdnr. 32.

[463] BGH, 6.07.1983, *VersR*, 1983, S. 848, *NJW* 1983, S. 2632; Besprechung bei SCHMIDT-SALZER, Joachim, „Leistungsbeschreibungen insbesondere in Versicherungsverträgen und Schranken der Inhaltskontrolle", *in Festschrift Brandner*, 1996, S. 263.

[464] SCHMIDT-SALZER, Joachim, „Leistungsbeschreibungen insbesondere in Versicherungsverträgen und Schranken der Inhaltskontrolle", in *Festschrift Brandner*, 1996, S. 264.

wenn sie eine Wiedergabe des nationalen dispositiven Rechts sind. Deshalb bleiben die Vertragsklauseln, die ausländisches dispositives Recht wiedergeben, kontrollfähig.

Nach Artikel 1 Absatz II sind auch Vertragsklauseln, die auf Bestimmungen oder denGrundsätzen internationaler Übereinkommen beruhen, von der Missbrauchskontrolle ausgenommen. Das ist logisch, weil diese Übereinkommen nach Transformation in innerstaatliches Recht die gleiche Wirkung wie nationale Rechtsvorschriften haben.[465]

Schließlich ist anzumerken, dass der Vorrang der Vertragsklauseln, die auf bindenden Rechtsvorschriften oder auf Bestimmungen oder Grundsätzen internationaler Übereinkommen beruhen, unterstellt, dass die bindenden Rechtsvorschriften und Übereinkommen gemeinschaftskonform sind[466]. Die Vorschriften, die Wettbewerbsverzerrungen oder Maßnahmen gleicher Wirkung darstellen und nicht ihre Rechtfertigung in Artikeln 36 und 56 oder in der *Cassis de Dijon*-Formel finden, sind schon wegen ihrer fehlenden Gemeinschaftskonformität verboten.

IV. Der Vertragsgegenstand und das Äquivalenzverhältnis

Ausdrücklich von der Inhaltskontrolle ausgenommen sind, laut Artikel 4 Absatz II, die *essentialia negotii.* Hiermit sind der Vertragsgegenstand und das Äquivalenzverhältnis gemeint. Diese wichtige Einschränkung der Inhaltskontrolle wird in Kapitel V besprochen.

V. Würdigung

1. Die Bereichsausnahmen

Die Einschränkung des Anwendungsbereichs der Richtlinie auf Klauseln in Verbraucherverträgen hat zur Folge, dass die Vorschriften der Richtlinie keine Anwendung finden, wenn die typische Verbrauchereigenschaft nicht vorliegt. Deshalb ist unumstritten, dass die Richtlinienvorschriften auf Familien-, Erbrecht-, Arbeits- und Gesellschaftsverträge keine Anwendung finden. Uneinigkeit besteht aber über die Frage, ob Klauseln in Kaufverträgen über Grundstücke kontrollfähig sind. Gegen eine Anwendung der Richtlinie könnte sprechen, dass Grundstücke keine Waren im Sinne des 1. Erwägungsgrundes sind. Außerdem bezweckt die Richtlinie nach dem 5. Erwägungsgrund, den innergemeinschaftlichen Handel zu

---

[465]WOLF, Manfred, in WOLF/HORN/LINDACHER, *AGBG-Kommentar*, 4. Auflage, 1999, RiLi Artikel 4, Rdnr. 36 (39).
[466]REICH, Norbert, *Europäisches Verbraucherrecht. Eine problemorientierte Einführung in das europäische Wirtschaftsrecht,* 3. Auflage, 1996, S. 343.

fördern. Für die Regelung von Immobilien, die kein Gegenstand des innergemeinschaftlichen Handels sein können, würde keine Gemeinschaftskompetenz bestehen. Diese Auffassung wurde mit der Begründung, dass die Richtlinie auch die Gewährleistung eines sicheren Schutzniveaus in den Mitgliedstaaten erzielt, verworfen. Da die Richtlinie Kaufverträge über Grundstücke nicht ausdrücklich von ihrem Anwendungsbereich ausschließt, ist anzunehmen, dass auch der Käufer eines Grundstückes Verbraucher im Sinne der Richtlinie sein kann. Außerdem hat die Europäische Kommission in einer Stellungnahme gegenüber Belgien zum Ausdruck gebracht, dass der sachliche Anwendungsbereich der Richtlinie 93/13 sich auf *alle* Verträge zwischen einem Gewerbetreibenden und einem Verbraucher bezieht.[467] Daraus könnte abgeleitet werden, dass auch Kaufverträge über Grundstücke den Vorschriften der Richtlinie unterliegen. Für den Fall, dass der Richtlinienschutz auf Kaufverträge über Grundstücke keine Anwendung finden soll, ist anzunehmen, dass die Mitgliedstaaten, im Anwendung des Artikels 8 der Richtlinie, frei sind, ihren Schutz auf diese Verträge zu erweitern oder aufrechtzuerhalten.

2. Die Kontrolle von nicht im Einzelnen ausgehandelten Klauseln

Die Verwendung des Merkmals des fehlenden Aushandelns als Eingriffskriterium für die Inhaltskontrolle ist zu begrüßen. Denn es knüpft an die fehlende Wirkung der Vertragsmechanismen und ihre Richtigkeitsgewähr an. Sofern der Verbraucher auf den Klauselinhalt keinen Einfluss nehmen konnte, besteht die Gefahr, dass die Interessen des Verbrauchers durch den Gewerbetreibenden nicht ausreichend berücksichtigt wurden. Ausgehandelte Klauseln liegen vor, wenn der Verbraucher die reale Möglichkeit gehabt hat, auf den Klauselinhalt Einfluss auszuüben, d.h. seine Interessen zumutbar durchzusetzen konnte. Das Konzept der generellen Inhaltskontrolle aus dem ersten Richtlinienvorschlag und das zweispurige Konzept in dem geänderten Vorschlag wurde zurecht aufgegeben. Die Kontrolle von im Einzelnen ausgehandelten Klauseln würde, weil sie die Ergebnisse der Vertragsverhandlungen nicht respektiert, die Privatautonomie der Vertragsparteien und den Grundsatz *pacta sunt servanda* aushöhlen. Die Rechtsordnung soll gewährleisten, dass der Verbraucher sein freies Wahlrecht auf dem Markt ausüben kann.

---

[467] Met redenen omkleed advies aan het Koninkrijk België / Avis motivé au Royaume de Belgique, *Gedr.St. kamer,* 1997-1998, Beilage 2, S. 26; so auch TENREIRO, Mario, „Les clauses abusives dans les contracts conclus avec les consommateurs, *Europe* 1993, S. 1.

Der ausgehandelte Teil des Vertrages unterliegt nur den Schutzvorschriften hinsichtlich externer Missbräuche beim Zustandekommen des Vertrages und der Sittlichkeitskontrolle. Zu diesen Schutzvorschriften gehören die im ersten Teil erwähnte Lehre des Willensmangels, die Anfechtung des Vertrages wegen eines „übermäßigen Gewinns" oder „unangemessenen Vorteils" und die Regelung bestimmter aggressiver Verkaufsmethoden und irreführender Werbung.
Das materielle Kriterium des fehlenden Aushandelns hat aber neben den Vorteilen auch einige Nachteile. Zum Ersten erfordert die Anknüpfung an ein materielles Merkmal eine Einzelfallüberprüfung, die zu Beweisproblemen führen kann. Im Vergleich mit den im Teil I, Kapitel IV genannten formellen Kriterien hat das fehlende Aushandeln aber zum Vorteil, das es am besten an die Schutzbedürftigkeit des Verbrauchers anknüpft. Zum Zweiten ist die fehlende Aushandlungsmöglichkeit nicht immer Zeichen für eine gestörte Vertragsparität. Wenn der Verbraucher Wahlmöglichkeiten hatte, d.h. nach anderen Produkten ausweichen konnte, erscheint er nicht schutzbedürftig. Dies setzt aber voraus, dass die Verträge hinreichend transparent ausgestaltet sind. Insgesamt ist jedoch die Anwendung dieses Kriteriums zu begrüßen.

Bei der praktischen Anwendung dieses Einstiegskriteriums besteht aber eine Kontroverse über die Frage, welche Art von Klauseln konkret der Missbrauchskontrolle unterliegen können. Die Inhaltskontrolle des deutschen AGB-Gesetzes beschränkt sich auf vom Verwender gestellte und für ein Vielfachverwendung vorformulierte (§ 1 Absatz I AGBG) Klauseln, sofern sie nicht im Einzelnen ausgehandelt sind (§ 1 Absatz II AGBG). Der größte Teil der deutschen Literatur und der deutsche Gesetzgeber sind der Ansicht, dass auch nach der Richtlinie nur vorformulierte Klauseln kontrollfähig sind. Anzumerken ist aber, dass die Richtlinie, anders als das AGBG, seinen Anwendungsbereich nicht ausdrücklich auf vorformulierte Klauseln einschränkt. Vor allem der Verbraucherschutzzweck der Richtlinie spricht vielmehr dafür, den Anwendungsbereich der Schutzvorschriften so weit wie möglich auszulegen. *Wolfs* Ansicht, dass die Missbrauchskontrolle der Richtlinie sich auch auf nichtvorformulierte Klauseln, die nicht im Einzelnen ausgehandelt sind, bezieht, ist deshalb vertretbar. Auch der schwedische Gesetzgeber hat bei seiner Umsetzungsarbeit auf diese weite Auslegung des sachlichen Anwendungsbereichs der Richtlinie hingewiesen. In der Arbeit wurde hervorgehoben, dass eine Kontrolle nichtvorformulierter Klauseln vor allem bei den Klauseln, die erst während der Vertragsverhandlungen spontan formuliert wurden und vom Verbraucher ohne Diskussion akzeptiert wurden, geboten ist. Unter bestimmten Umständen ist es möglich, dass der Verbraucher auf diese Klauseln keinen Einfluss ausüben konnte. Bei dieser Untersuchung muss allen vertragsabschlussbegleitenden Umständen Rechnung getragen werden. Insofern die Zustimmung aber mit Hilfe von externen Missbräuchen des Klauselvierwenders erreicht wurde, greifen in der Regel nicht die Vorschriften der internen Missbrauchskontrolle, sondern die oben erwähnten Vorschriften der externen Missbrauchskontrolle.

3. Die Erweiterung des Schutzes auf im Einzelnen ausgehandelte Klauseln

Wie sich oben herausgestellt hat, beschränkt sich der Schutz der Richtlinie auf nicht im Einzelnen ausgehandelte Klauseln. Fraglich ist, ob die Mitgliedstaaten den Schutz der Richtlinie auf im Einzelnen ausgehandelte Klauseln erweitern dürfen oder ihren Schutz bei ausgehandelten Klauseln aufrechterhalten können. In der Literatur[468] wird vertreten, dass eine Erweiterung des Schutzes auf im Einzelnen ausgehandelte Klauseln durch Artikel 8 der Richtlinie 93/13 zu rechtfertigen ist. Danach wird es den Mitgliedstaaten gestattet, ein höheres Schutzniveau für die Verbraucher zu gewährleisten. Eine Verlagerung des Anwendungsbereiches auf die Kontrolle von nicht im Einzelnen ausgehandelte Klauseln könnte aus der Richtlinie 93/13 nicht abgeleitet werden.

Fraglich ist jedoch, ob eine Erweiterung des sachlichen Anwendungsbereiches durch Artikel 8 zu rechtfertigen ist. Denn es gibt starke Argumente gegen eine Erweiterung des Richtlinienschutzes auf im Einzelnen ausgehandelte Klauseln. Dazu gehören die fehlende Schutzbedürftigkeit des Verbrauchers, die Beeinträchtigung des Freihandels durch wettbewerbsverzerrende Vorschriften und die Aushöhlung der Vertragsfreiheit des Verbrauchers. Wenn, wie in dieser Arbeit, von einer restriktiven Auslegung des Aushandelns ausgegangen wird, erscheint der Verbraucher, insofern er den Vertrag aushandeln konnte, nicht schutzbedürftig. Denn der Verbraucher, der auf den Vertragsinhalt eine reale Einflussmöglichkeit hatte, ist in der Lage, selbst seine Interessen durchzusetzen. Wenn die strengen Anforderungen an das Aushandeln erfüllt sind, muss also eine Missbrauchskontrolle ausscheiden. Denn eine Kontrolle von Vertragsteilen, die vom Verbraucher selbstverantwortlich ausgehandelt wurden, würde die Vertragsfreiheit des Verbrauchers aushöhlen. Die Richtigkeitsgewähr der Wirkung der Vertragsmechanismen muss respektiert werden. Der Verbraucher soll nicht vor sich selbst geschützt werden. Eine Überreglementierung des Rechts der missbräuchlichen Klauseln

---

[468] REMIEN, Oliver, „AGB-Gesetz und Richtlinie über missbräuchliche Verbrauchervertragsklauseln in ihrem europäischen Umfeld", *ZEuP* 1994, S. 42.

entspricht des Weiteren nicht den Grundfreiheiten, insbesondere der Waren- und Dienstleistungsfreiheit aus dem EG-Vertrag, und auch nicht dem europäischen Verbraucherleitbild. Der Verstoß gegen die Grundfreiheiten besteht darin, dass die Kontrolle von im Einzelnen ausgehandelten Klauseln eine Wettbewerbsverzerrung oder eine Maßnahme gleicher Wirkung im Sinne des EG-Vertrages bzw. der EuGH-Rechtsprechung darstellt. Die Tatsache, dass ausländische Anbieter, anders als im Herkunftsland, Gefahr laufen, dass der Inhalt von ausgehandelten Klauseln im Frage gestellt wird, führt zur Rechtsunsicherheit und könnte sie davon abhalten, Produkte oder Waren anzubieten. Die Pflicht zur Förderung des freien Marktes ergibt sich aus dem Grundsatz der Vertragstreue in Artikel 5 EG-Vertrag. Die Kontrolle von im Einzelnen ausgehandelten Klauseln ist auch nicht durch zwingende Vorschriften oder Gründe des Allgemeininteresses zu rechtfertigen[469]. Denn bei der Abwägung, ob wettbewerbsverzerrende Verbraucherschutzvorschriften oder Maßnahmen gleicher Wirkung zu rechtfertigen sind, muss das europäische Verbraucherleitbild in Betracht gezogen werden. Der europäische Gesetzgeber und der EuGH stellen, wie im I. Teil erwähnt wurde, den Verbraucher in der Regel als aufgeklärt oder aufklärbar dar. Der Verbraucher ist ein aktiver Marktteilnehmer, der selbstverantwortlich und informiert, im freien Wettbewerb auf dem europäischen Binnenmarkt nach Waren und Dienstleistungen, die seinen Interessen entsprechen, sucht. Daher muss er, insofern er seine Interessen auf dem Markt selbstverantwortlich wahren kann, nicht durch überflüssige Schutzvorschriften in seinem freien Wahlrecht behindert werden. Die Kontrolle von im Einzelnen ausgehandelten Klauseln beschränkt nicht nur die Vertragsfreiheit der Verbraucher unnötig, sondern die Überregulierung führt zu einer Abschirmung des nationalen Marktes und einer Benachteiligung von ausländischen Unternehmen und führt letztlich zu einen Nachteil des freien Wahlrechts des Verbrauchers. Da Artikel 8 der Richtlinie 93/13 nur strengere Bestimmungen, die ein höheres Schutzniveau gewährleisten, erlaubt, könnte argumentiert werden, dass eine Kontrolle von ausgehandelten Klauseln nicht mit der Richtlinie zu vereinbaren ist. Auch aus der Entstehungsgeschichte der Richtlinie könnte sich ein Argument gegen eine Kontrolle von im Einzelnen ausgehandelten Klauseln ergeben; denn das EP hat in seiner ersten legislativen Entschließung aus dem Jahre 1991 ausdrücklich bestimmt, dass im Einzelnen ausgehandelte Klau-

[469]Für eine Besprechung dieser zwingenden Erfordernisse oder Gründe des Allgemeininteresses: siehe supra.

seln nicht unter den Schutzbereich der Richtlinie fallen sollen[470].

4. Die Kontrollfreiheit von bindenden Rechtsvorschriften

Die Grenzen des Ausnahmetatbestands aus Artikel 1 Absatz II der Richtlinie 93/13 sind unklar und umstritten. Bis zur Klärung durch den EuGH steht die Frage dahin. In oben stehender Besprechung wurde für eine weite Auslegung des Begriffes „bindende" Rechtsvorschriften plädiert. Im Mittelpunkt steht nicht die Form, sondern die Richtigkeitsgewähr der gesetzlichen Regelung. Nach teleologischer Auslegung sind gesetzliche Vorschriften nur kontrollfrei, sofern sie durch einen neutralen Gesetzgeber ausgestaltet werden, so dass die Garantie für eine ausgewogene Regelung besteht. Insofern die Bedingungen einer öffentlichen Dienstleistung durch Gesetz festgelegt wurden, besteht nicht immer eine Garantie für eine solche ausgewogene Interessenabwägung. Es kann die Gefahr bestehen, dass der Gesetzgeber die öffentliche Hand favorisiert. Außer Klauseln, die auf zwingenden Vorschriften beruhen, können auch Klauseln, die auf dispositiven Rechtsvorschriften beruhen, kontrollfrei sein. Falls aber die dispositiven Vorschriften nicht auf die Vertragsart zugeschnitten sind, liegt keine Richtigkeitsgewähr vor und können die Klauseln überprüft werden.

[470]Erste legislative Entschließung des Europäischen Parlaments vom 20. November 1991, *ABl.*, 1991, C. 326, S.111, Amendement Nr. 9, Artikel 1a, 1.

Kapitel V: Der Kontrollmaßstab der Richtlinie

I. Einführung

Die zentrale Norm der Richtlinie ist die Generalklausel des Artikels 3, die den einheitlichen Maßstab der Missbrauchskontrolle festlegt. Der Absatz I besagt zweierlei. Zum Ersten unterliegen nur Vertragsklauseln, „die nicht im Einzelnen ausgehandelt wurden", der Missbrauchskontrolle. Diese Einschränkung des sachlichen Anwendungsbereichs des Kontrollmaßstabes der Richtlinie wurde oben besprochen. Zum Zweiten wird eine Vertragsklausel nur als missbräuchlich angesehen, wenn sie „entgegen dem Gebot von Treu und Glauben zum Nachteil des Verbrauchers ein erhebliches und ungerechtfertigtes Missverhältnis der vertraglichen Rechte und Pflichten der Vertragspartner verursacht". Der Absatz II bringt einige Konkretisierungen zum Kontrollmaßstab. Es handelt sich hier um Spezialregelungen in bezug auf Standardverträge. Diese Spezialregelungen wurden oben bei der Besprechung des sachlichen Anwendungsbereichs analysiert. Im dritten Absatz wird auf eine im Anhang der Richtlinie aufgeführte Liste missbräuchlicher Klauseln verwiesen. Diese Liste hat nur Beispielcharakter[471]. Unten werden die Kriterien der Missbräuchlichkeit im Sinne der Generalklausel besprochen.

II. Ein Missverhältnis von Rechten und Pflichten

Eine Klausel ist nach Artikel 3 Absatz I missbräuchlich, wenn sie ein Missverhältnis von Rechten und Pflichten verursacht. Zunächst wird der Gegenstand des Vergleichs untersucht und der Begriff „Missverhältnis" definiert.

1. Der Vergleich verschiedener Rechte und Pflichten

Die Feststellung eines Missverhältnisses setzt nach Artikel 3 Absatz I einen Vergleich zwischen verschiedenen Rechten und Pflichten voraus. Es soll sich beim Vergleich um Rechte und Pflichten verschiedenen Inhalts oder verschiedener Personen handeln. Ein Missverhältnis kann nicht zwischen Rechten und Pflichten derselben Forderung geprüft werden, weil Rechte und Pflichten hier notwendigerweise miteinander korrespondieren. Der Gegenstand des Vergleichs sind aber Rechte gleichen oder verschiedenen Inhalts der beiden Vertragsparteien oder Pflichten gleichen oder verschiedenen Inhalts beider Vertragsparteien. Auch Rechte und Pflichten derselben Vertragspartei können Gegenstand des Ver-

---

[471] Erwägungsgrund 17 der Richtlinie.

gleichs sein[472]. Die Abwägung kann nur zwischen sachlich zusammenhängenden Rechten und Pflichten stattfinden. Denn nur Vor- und Nachteile sachlich zusammenhängender Rechte oder Pflichten lassen sich kompensieren oder können zur Feststellung eines Missverhältnisses führen.

2. Die Definition des Missverhältnisses

Der Vergleich zwischen Rechten und Pflichten soll zu der Feststellung eines Missverhältnisses führen. Ein Missverhältnis ist „ein unangemessenes Verhältnis"[473]. Ein unangemessenes Verhältnis kann die Folge einer formellen oder einer materiellen Ungleichheit von Rechten und Pflichten sein. Eine formelle Ungleichheit liegt vor, wenn die Rechte und Pflichten der Parteien inhaltlich ungleich sind. So stellt zum Beispiel eine unterschiedliche Vertragshaftung der Parteien eine formelle Ungleichheit dar. Bei der Beurteilung, ob ein Missverhältnis vorliegt, kann aber die formale Gleichheit der Rechte und Pflichten nicht das entscheidende Beurteilungskriterium sein[474]. Denn dieses Kriterium nimmt keine Rücksicht auf die unterschiedlichen Interessen und Belastungen der Vertragsparteien in verschiedenen Situationen. So kann die Anwendbarkeit gleicher Haftungsbestimmungen zur Folge haben, dass sie für die beiden Parteien eine unterschiedliche Belastung bedeuten. Vielmehr ist bei der Überprüfung des Missverhältnisse auch auf die materiellen Interessen der Vertragsparteien Rücksicht zu nehmen. Danach liegt ein Missverhältnis vor, wenn die materiellen Interessen einer der Parteien nicht ausreichend berücksichtigt wurden. Problematisch ist die Frage, inwieweit die materiellen Interessen der Parteien zu berücksichtigen sind. Ist dabei von einem generell-überindividuellen (objektiven) oder einem individuellen Maßstab auszugehen? Des Weiteren tritt die Frage auf, ob auch die Vertragsleistungen und die Preisfrage der Angemessenheitskontrolle der Richter unterliegen können. Diese Fragen sind umstritten. In Artikel 4 macht der europäische Gesetzgeber einige Konkretisierungen bei der Anwendung der Generalklausel des Artikels 3. Dort wird angegeben, welche Umstände bei der Beurteilung des Vorliegens des Missverhältnisses zu berücksichtigen sind (Artikel 4 Absatz I). Des Weiteren werden die Hauptleistungspflichten und die Frage des Preises ausdrücklich von der Kontrolle ausgeschlossen, wenn die Regelungen transparent sind

---

[472]WOLF, Manfred, in WOLF/HORN/LINDACHER, *AGBG-Kommentar*, 4. Auflage, 1999, RiLi Artikel 3, Rdnr. 3-4.

[473]WOLF, Manfred, in WOLF/HORN/LINDACHER, *AGBG-Kommentar*, 4. Auflage, 1999, RiLi Artikel 3, Rdnr. 5.

[474]WOLF, Manfred, in WOLF/HORN/LINDACHER, *AGBG-Kommentar*, 4. Auflage, 1999, RiLi Artikel 3, Rdnr. 5.

(Artikel 4 Absatz II). Diese Konkretisierungen werden in Kapitel V besprochen.

III. Ein erhebliches und ungerechtfertigtes Missverhältnis

Nicht jedes Missverhältnis von Rechten und Pflichten ist als missbräuchlich anzusehen. Artikel 3 Absatz I setzt ein „erhebliches und ungerechtfertigtes Missverhältnis" voraus. Die Begriffe „erheblich" und „ungerechtfertigt" sind unter Berücksichtigung des Grundsatzes von Treu und Glauben auszulegen. Der Begriff „ungerechtfertigt" hat danach keine eigenständige Bedeutung, da bereits der Verstoß gegen Treu und Glauben ungerechtfertigt ist[475]. Außerdem enthalten die niederländische, englische und französisch Fassung des Richtlinientextes den Begriff „ungerechtfertigt" nicht.

Mit der Bezeichnung „erhebliches" Missverhältnis werden geringfügige, unwesentliche Nachteile ausgeschieden. Ein erhebliches Missverhältnis liegt nur vor, wenn die Nachteile in dem Vertragsverhältnis so schwer sind, dass die Vorteile die Nachteile nicht mehr aufwiegen[476].

IV. Zum Nachteil des Verbrauchers

In der Richtlinie geht es lediglich darum, den als unterlegen angesehenen Verbraucher zu schützen. Deshalb werden nur Nachteile in der Person des Verbrauchers von der Richtlinie erfasst. Die Richtlinie stellt keine besonderen Anforderungen an den Nachteil. Unter Nachteil des Verbrauchers wird jede Schmälerung seiner Rechte und jede Mehrung seiner Pflichten und Lasten verstanden. Die Gewerbetreibenden und dritte Personen fallen grundsätzlich nicht unter den Schutzbereich der Richtlinie. Soweit aber Dritte in den Schutzbereich des Vertrages einbezogen sind, können ihre Nachteile berücksichtigt werden. Beispiel ist der Vertrag zugunsten Dritter[477].

Eine reine Ungleichheit in Rechten und Pflichten zum Nachteil des Verbrauchers reicht aber nicht aus, um eine Klausel als missbräuchlich zu beurteilen. Entscheidend ist, dass das erhebliche Missverhältnis gegen das Gebot von Treu und Glauben verstößt.

---

[475] WOLF, Manfred, in WOLF/HORN/LINDACHER, *AGBG-Kommentar*, 4. Auflage, 1999, RiLi Artikel 3, Rdnr. 8.
[476] WOLF, Manfred, in WOLF/HORN/LINDACHER, *AGBG-Kommentar*, 4. Auflage, 1999, RiLi Artikel 3, Rdnr. 9.
[477] WOLF, Manfred, in WOLF/HORN/LINDACHER, *AGBG-Kommentar*, 4. Auflage, 1999, RiLi Artikel 3, Rdnr. 10 (11).

V. Der Verstoß gegen die Gebote von Treu und Glauben - Bedeutung

1. Bedeutung des Erfordernisses der Treuwidrigkeit in Artikel 3 der Richtlinie 93/13

Artikel 3 der Richtlinie 93/13 umfasst das Erfordernis, dass das erhebliche und ungerechtfertigte Missverhältnis gegen das Gebot von Treu und Glauben verstößt. Diese Bezugnahme auf die Treuwidrigkeit gab es schon in Artikel 2 des ursprünglichen Richtlinienvorschlages aus dem Jahre 1990. Entgegen Teilen der Literatur ist die Europäische Kommission der Ansicht, dass der Verstoß gegen Treu und Glauben und das Erfordernis des erheblichen und ungerechtfertigten Missverhältnisses keine kumulativen Anforderungen zur Feststellung einer Missbräuchlichkeit sind[478]. Die Feststellung eines objektiven Missverhältnisses reicht danach aus, um die Missbräuchlichkeit einer Klausel anzunehmen. Die Kommission befürwortet, dass eine Klausel, die ein erhebliches Missverhältnis zwischen den Rechten und Pflichten verursacht, ohnehin nicht mit den Anforderungen des Gebots von Treu und Glauben zu vereinbaren ist. Dass die Mitgliedstaaten nicht verpflichtet werden, das Erfordernis des Verstoßes gegen Treu und Glauben in das nationale Recht aufzunehmen, ist logisch, weil nicht alle Mitgliedstaaten dieses Prinzip kennen. Der Grund, dass Artikel 3 auf das Gebot von Treu und Glauben Bezug nimmt, hängt mit der Tatsache zusammen, dass einige Mitgliedstaaten, aufgrund dieser Gebote, eine umfassende Rechtsprechung entwickelt haben. Mit der Aufnahme des Gebotes von Treu und Glauben nimmt die Richtlinie auf diese Rechtsprechung und Rechtslehre Bezug. Auch das Erfordernis eines Missverhältnisses knüpft an ein Kriterium, das schon in einigen Mitgliedstaaten besteht, an.

Die Europäische Kommission wollte in der Generalklausel die in den europäischen Mitgliedstaaten schon bestehenden Kriterien berücksichtigen. Darauf deutet auch Artikel 2 des ursprünglichen Richtlinienvorschlags hin, wobei von vier Kriterien ausgegangen wurde. Dass das Kriterium der Treuwidrigkeit von einem autonomen in Artikel 2 des ursprünglichen Richtlinienvorschlags zu einem zusätzlichen Kriterium transformiert wurde, hängt mit dem Widerstand einiger Mitgliedstaaten gegen den Grundsatz von Treu und Glauben zusammen. Die Tatsache, dass es die-

---

[478]Dieses ergab sich aus meinem Gespräch mit Mario Tenreiro, DG XXIV, den 17. März 1999 s. auch TENREIRO, Mario, „The Community Directive on Unfair Terms and National Legal System", *European Review of Private Laws,* 1995, S. 278 (279).

ses Kriterium in der endgültigen Fassung überhaupt noch gibt, beruht auf einem Kompromiss[479].

2. Die Entwicklung eines einheitlichen europäischen Grundsatzes von Treu und Glauben - Privatrechtsangleichung

Die Europäische Kommission „träumt" aber schon von der Entwicklung eines europäischen Grundsatzes von Treu und Glauben, der durch die nationalen Richter auf gleiche Weise angewendet wird[480]. Dieser europäische Grundsatz von Treu und Glauben würde aus den schon bestehenden Konkretisierungen der Missbräuchlichkeit in der mitgliedstaatlichen Rechtsprechung und Rechtslehre bestehen. Auch den dispositiven Vorschriften und schwarzen und grauen Listen mit Klauselverboten aus den Mitgliedstaaten würde dabei eine wichtige Bedeutung zukommen[481].

Zusammenfassend erstrebt die Kommission eine gegenseitige Beeinflussung der mitgliedstaatlichen Praxen und einen damit verbundenen Import von ausländischen Grundsätzen aus der Rechtsprechung, aus dispositiven Vorschriften und Klauselverboten[482]. Zu diesem Zweck gründete die Europäische Kommission eine Datenbank für in den Mitgliedstaaten ergangene Urteile im Bereich der Missbrauchskontrolle (CLAB-Datenbank[483]).

Bei der Beurteilung der Missbräuchlichkeit einer Klausel soll der nationale Richter, nach Ansicht der Kommission wie folgt vorgehen[484]. Zunächst hat der Richter sich zu vergewissern, ob die Klausel in eine schwarze oder graue Liste aufgenommen ist. Wenn die Klausel keinem der Klauselverbote entspricht, hat der Richter die Klausel einer Überprüfung anhand der Generalklausel zu unterziehen. Dabei hat er die Klauselliste aus der Anlage der Richtlinie 93/13, die Klausellisten aus den anderen Mitgliedstaaten, die Rechtsprechung aus den anderen Mitgliedstaaten und, bei Fehlen eines nationalen dispositiven Rechts, das dispositive

---

[479] TENREIRO, Mario, „The Community Directive on Unfair Terms and National Legal System", *European Review of Private Laws*, 1995, S. 277.

[480] TENREIRO, Mario, „The Community Directive on Unfair Terms and National Legal System", *European Review of Private Laws*, 1995, S. 279.

[481] TENREIRO, Mario, „The Community Directive on Unfair Terms and National Legal System", *European Review of Private Laws*, 1995, S. 279.

[482] TENREIRO, Mario, „The Community Directive on Unfair Terms and National Legal System", *European Review of Private Laws*, 1995, S. 279 (280).

[483] European Database on Case Law about Unfair Contractual Terms: http://europa.eu.int/clab/index.htm

[484] TENREIRO, Mario, „The Community Directive on Unfair Terms and National Legal System", *European Review of Private Laws*, 1995, S. 280.

Recht aus den anderen Mitgliedstaaten zu berücksichtigen. Wenn es notwendig ist, soll der Richter den EuGH für eine Vorabentscheidung anrufen. Der Sache nach scheint die Kommission eine Art europäischer Privatrechtsangleichung anzustreben. Unter Ziffer VI wird untersucht, inwiefern der EuGH sich an der Auslegung der Generalklausel beteiligen kann und es wird auf die Schwierigkeiten einer einheitlichen Auslegung der Generalklausel hingewiesen.

VI. Die Auslegung des Kontrollmaßstabes durch den EuGH

1. Einführung

Bei der Beurteilung der Missbräuchlichkeit sollen nach Artikel 3 Absatz I der Richtlinie eine Vielfalt von Voraussetzungen berücksichtigt werden. Es muss ein „Missverhältnis zwischen Rechten und Pflichten" und ein „Nachteil" vorliegen. Die Auslegung dieser unbestimmten Rechtsbegriffe ist problematisch. Das Missverhältnis, zum Beispiel, bleibt bei seiner Anwendung im Einzelfall für verschiedene Interpretationen offen. Es ist daher fraglich, ob diese abstrakte Ausgangsbasis des Missverhältnisses bei der Anwendung im Einzelfall in den Mitgliedstaaten die gleichen Ergebnisse haben wird. Zur Erreichung der Harmonisierung der Richtlinie ist es wichtig, dass der Missbrauchsbegriff in den Mitgliedstaaten auf gleiche Weise interpretiert wird. Bei der Interpretation ist vor allem das Schutzziel der Richtlinie zu beachten[485]. Nach dem Richtlinienziel steht der Schutz des Verbrauchers in seiner unterlegenen Position gegenüber einem Gewerbetreibenden im Mittelpunkt. Dieser „Unterlegenenschutz" hat bei der Ermittlung des Kontrollmaßstabes Bedeutung, insbesondere hinsichtlich der Umstände, die bei der Klauselwürdigung in Betracht zu ziehen sind. In Artikel 4 Absatz I steht ausdrücklich, dass bei der Klauselwürdigung alle den Vertragsabschluss begleitenden Umstände zu berücksichtigen sind. Artikel 4 Absatz I umfasst auch noch einige andere Konkretisierungen des Kontrollmaßstabes. So sollen auch alle anderen Klauseln desselben Vertrages oder eines anderen Vertrages, von dem die Klausel abhängt, berücksichtigt werden. Eine Besprechung dieser Konkretisierungen folgt im nächsten Kapitel.

In diesem Zusammenhang muss auch die Frage beantwortet werden, inwieweit der EuGH die Kompetenz hat, die Generalklausel des Artikels 3 Absatz I zu konkretisieren. Nach den allgemeinen Prinzipien des EGV ist der EuGH für die einheitliche Auslegung und Anwendung des Gemein-

---

[485]HOMMELHOFF, Peter und WIEDENMANN, Kai-Udo, „AGB gegenüber Kaufleuten und unausgehandelte Klauseln in Verbraucherverträgen", *ZIP* 1993, S. 569.

schaftsrechts verantwortlich[486]. Hilfsmittel dieser Kompetenz ist das Vorabentscheidungsverfahren (Artikel 177 EGV). Untersucht werden muss, inwiefern die Mitgliedstaaten bei der Anwendung ihrer mitgliedstaatlichen Generalklauseln eine Vorabentscheidung einholen müssen. In diesem Zusammenhang ist die Frage nach den Grenzen der Auslegungskompetenz des EuGH hinsichtlich der Generalklausel der Richtlinie zu beantworten.

2. Die Auslegungskompetenz des EuGH hinsichtlich des Artikels 3 Absatz I der Richtlinie

A. Problemstellung

Die Einführung einer Generalklausel als Kernbestandteil der Inhaltskontrolle ist nichts Neues. Dänemark, Schweden, Deutschland, die Niederlande, Belgien und Luxemburg verwenden in ihrem Recht der missbräuchlichen Klauseln schon länger eine Generalklausel. Zwischen diesen mitgliedstaatlichen Generalklauseln und die der Richtlinie besteht oft eine große textliche Ähnlichkeit. Diese textliche Ähnlichkeit muss aber nicht bedeuten, dass die Generalklauseln in der Praxis auch zu den gleichen Missbrauchsprüfungsergebnissen führen. Denn Generalklauseln sind oft ungenau, vage und auslegungsbedürftig. Die Reichweite, Auslegung und Anwendung von Generalklauseln wird im erheblichen Maße von der Rechtsprechung beeinflusst. Die höchsten Gerichtshöfe der Mitgliedstaaten haben hinsichtlich ihrer nationalen Generalklauseln in der Vergangenheit eine umfassende Rechtsprechung entwickelt. Zu denken ist insbesondere an die Rechtsprechung des BGH zu § 9 AGBG. Auch die Generalklausel aus Artikel 3 Absatz I der Richtlinie muss in der Praxis konkretisiert werden. Sowohl die Auslegungsinstanz, als auch die Auslegungsmethoden zu den mitgliedstaatlichen Generalklauseln und zu der Generalklausel der Richtlinie sind aber verschieden[487]. Die Auslegung des deutschen AGB-Gesetzes, zum Beispiel, fällt in die Kompetenz des BGH. Die Generalklausel aus der Richtlinie ist dagegen durch den EuGH autonom auszulegen. Die Interpretation der Generalklauseln durch unterschiedliche Gerichte kann dazu führen, dass die im Wesentlichen gleichen Wortlaute der Generalklauseln durch die mitgliedstaatlichen Gerichte und den EuGH unterschiedlich ausgelegt werden. Denn die autonome Auslegung des EuGH orientiert sich an den Rechtssätzen des Gemeinschaftsrechts und die Auslegung des mitgliedstaatlichen Gerichts

---

[486] Artikel 164 EGV in Verbindung mit Artikel 177 EGV.

[487] HEINRICHS, Helmut, „Das Gesetz zur Änderung des AGB-Gesetzes. Umsetzung der EG-Richtlinie über missbräuchliche Klauseln in Verbraucherverträgen durch den Bundesgesetzgeber", *NJW* 1996, S. 2196.

orientiert sich an dem nationalen Missbrauchsverständnis. Das hat zur Folge, dass die reine textliche Übernahme der Generalklausel der Richtlinie in nationales Recht nicht immer eine einheitliche Anwendung dieser Generalklausel in den Mitgliedstaaten garantiert. Eine unterschiedliche Anwendung des Kontrollmaßstabs in den Mitgliedstaaten würde die Regelungsabsicht der Richtlinie, das Recht der Mitgliedstaaten anzugleichen, aushöhlen. Die richtige Umsetzung der Richtlinie ist deshalb nicht nur durch die Übernahme des Kontrollmaßstabes in nationales Recht gewährleistet. Die Rechtsangleichung muss vielmehr von den mitgliedstaatlichen Gerichten bei ihrer Rechtsanwendung gewährleistet werden. Es obliegt den nationalen Gerichten, die innerstaatlichen Vorschriften oder Umsetzungsmaßnahmen gemeinschaftskonform auszulegen[488]. Dieses ergibt sich aus dem europäischen Grundsatz des Vorrangs des Gemeinschaftsrechts vor mitgliedstaatlichen Rechtsvorschriften. Die Pflicht zur Umsetzung der Richtlinie richtet sich nicht nur an den Gesetzgeber, sondern auch an die mitgliedstaatlichen Gerichte. Vor allem bei der Auslegung der mitgliedstaatlichen Generalklauseln kommt der richtlinienkonformen Auslegung eine große Bedeutung zu. Bei der Auslegung des § 9 AGBG zum Beispiel haben die deutschen Gerichte, soweit es sich um Klauseln in Verbraucherverträgen handelt, die Ziele und Zwecke der Richtlinie zu berücksichtigen. Des Weiteren haben sie die - bisher noch nicht vorliegende - Rechtsprechung des EuGH hinsichtlich des Artikels 3 der Richtlinie in Betracht zu ziehen. Sofern der EuGH aus der Generalklausel des Artikels 3 Absatz I strengere Voraussetzungen bezüglich des Missbrauchsbegriffes ableiten wird, haben sie diese strengeren Anforderungen bei der Anwendung des § 9 AGBG zu übernehmen. Eine Klausel, die nach dem § 9 AGBG wirksam ist, kann möglicherweise nach Artikel 3 missbräuchlich sein.

Oben stehendes bedeutet aber nicht, dass die nationalen Vorschriften von vornherein richtlinienkonform ausgelegt werden müssen[489]. Vielmehr ist von einem „zweistufigen Prüfungsverfahren"[490] auszugehen. Wenn eine

---

[488]NASSALL, Wendt, „Die Anwendung der EU-Richtlinie über missbräuchliche Klauseln in Verbraucherverträgen", *JZ* 1995, S. 690 und die Verweisungen auf die EuGH-Rechtsprechung dort.

[489]COESTER, Michael, „AGB-rechtliche Inhaltskontrolle im Lichte des europäischen Gemeinschaftsrechts", *in Festschrift Helmut Heinrichs*, München, Beck Verlag, 1998, S. 101.

[490]COESTER, Michael, „AGB-rechtliche Inhaltskontrolle im Lichte des europäischen Gemeinschaftsrechts", *in Festschrift Helmut Heinrichs*, München, Beck Verlag, 1998, S. 101; so auch wohl HEINRICHS, Helmut, „Das Gesetz zur Änderung des AGB-Gesetzes. Umsetzung der EG-Richtlinie über missbräuchliche Klauseln in Verbraucherverträgen durch den Bundesgesetzgeber", *NJW* 1996, S. 2196 und NASSALL,

Klausel schon nach mitgliedstaatlichem Recht unwirksam ist, stellt sich das Problem der richtlinienkonformen Auslegung des nationalen Rechts nicht, weil das Gemeinschaftsrecht dann nicht mehr entscheidungserheblich ist. Damit erübrigen sich unnötige Spekulationen und Vorlagen an den EuGH über die Auslegung des Artikels 3 Absatz I der Richtlinie[491]. Wenn die mitgliedstaatliche Rechtsprechung, im Vergleich mit der des EuGH, bei der Interpretation der Generalklausel strengere Anforderungen an die Wirksamkeit einer Klausel stellt, ist das nach Artikel 8 der Richtlinie (Mindestharmonisierung) hinzunehmen[492].

Ist eine Klausel dagegen nach dem nationalen Maßstab wirksam, bedarf sie einer zusätzlichen Kontrolle nach den Vorschriften der Richtlinie. Es muss untersucht werden, ob die Klausel „ein erhebliches und ungerechtfertigtes Missverhältnis der vertraglichen Rechte und Pflichten der Vertragspartner" (Artikel 3 Absatz I) verursacht. Bei dieser Klauselwürdigung sind die Ziele und Zwecke der Richtlinie zu berücksichtigen, d.h., der nationale Kontrollmaßstab ist richtlinienkonform auszulegen. Wenn die Prüfung zu einem anderen Ergebnis als das nationale Recht führt, d.h. die Klausel als unwirksam zu beurteilen ist, hat die Richtlinie Vorrang vor dem nationalen Recht. Falls bei der Auslegung der Generalklausel der Richtlinie Probleme auftreten, hat der nationale Richter eine Vorabentscheidung des EuGH einzuholen, der, gemäß Artikel 164 in Verbindung mit Artikel 177 EGV, für die Auslegung des Gemeinschaftsrechts zuständig ist. Dabei bleibt fraglich, unter welchen Voraussetzungen die nationalen Richter hinsichtlich der Auslegung und Anwendung der Generalklausel des Artikels 3 den EuGH anzurufen haben. Des Weiteren bleibt unklar, wie umfassend die Interpretationskompetenz des EuGH hinsichtlich der Generalklausel des Artikels 3 der Richtlinie ist. Kann der EuGH die Generalklausel frei interpretieren und Vorschriften formulieren, die von den Mitgliedstaaten bei der Klauselwürdigung zu berücksichtigen sind, oder beschränkt die Kompetenz des EuGH sich eher auf die Durchsetzung eigenständiger europarechtlicher Maßstäbe, die das Ergebnis der Inhaltskontrolle beeinflussen können? Unten werden die Grenzen der Auslegungskompetenz des EuGH hinsichtlich des Kontrollemaßstabs untersucht. Die Antwort auf die Frage nach der Auslegungskompetenz des EuGH hinsichtlich der Generalklausel löst zugleich die

---

Wendt, „Die Anwendung der EU-Richtlinie über missbräuchliche Klauseln in Verbraucherverträgen", *JZ* 1995, S. 690.

[491]COESTER, Michael, „AGB-rechtliche Inhaltskontrolle im Lichte des europäischen Gemeinschaftsrechts", *in Festschrift Helmut Heinrichs*, 1998, S. 101.

[492]HEINRICHS, Helmut, „Das Gesetz zur Änderung des AGB-Gesetzes. Umsetzung der EG-Richtlinie über missbräuchliche Klauseln in Verbraucherverträgen durch den Bundesgesetzgeber", *NJW* 1996, S. 2196.

Frage aus, inwieweit die innerstaatlichen Gerichte ein Vorabentscheidungsverfahren einzuleiten haben. Unter Buchstabe B wird zunächst auf die Einschränkung der Kompetenz des EuGH aus dem EG-Vertrag hingewiesen. Unter Buchstabe C wird des Weiteren die Kontroverse über die Rolle des Gemeinschaftsrechts und des EuGH bei der Konkretisierung der Generalklausel der Richtlinie analysiert. Schließlich wird unter Nummer 3 ein Ergebnis formuliert. Zugleich werden einige europäische Grundsätze, die das Ergebnis der Inhaltskontrolle beeinflussen könnten, aufgelistet.

B. Die Einschränkung der Prüfungs- und Entscheidungsbefugnis des EuGH auf Rechtsfragen (Artikel 177 EWG-Vertrag)

Der Artikel 177 EGV bestimmt, dass „der EuGH entscheidet im Wege der Vorabentscheidung b) über die Gültigkeit und Auslegung der Handlungen der Organe der Gemeinschaft und der EZB" Die Vorabentscheidungsbefugnis des EuGH beschränkt sich deshalb auf die *Auslegung* der Handlungen der Gemeinschaftsorgane. Hinsichtlich der Verbraucherrichtlinie hat ein Mitgliedstaat nur eine Vorabentscheidung einzuholen, wenn sich aus einer Richtlinienbestimmung Auslegungsprobleme, d.h. Rechtsfragen, ergeben. Über Fragen der Rechtsanwendung, d.h. der Anwendung von Vorschriften des Gemeinschaftsrechts auf den konkreten Fall, entscheiden die nationalen Gerichten selbst. Die Subsumtion des konkreten Sachverhalts unter die Generalklausel des Artikels 3 der Richtlinie ist Sache der Mitgliedstaaten. Diese Einschränkung der Prüfungskompetenz des EuGH ist in der Rechtsprechung des EuGH mehrmals bestätigt worden[493].

Obenstehendes führt zu der Frage, ob und über welche Rechtsfragen der EuGH in bezug auf Artikel 3 Absatz I der Richtlinie entscheiden kann. *Heinrichs* meint, dass die Frage der Konkretisierung der Generalklausel vor allem eine Frage der Rechtsanwendung sei. Der Autor ist der Ansicht, dass die Frage, „ob eine Klausel entgegen dem Gebot von Treu und Glauben zum Nachteil des Verbrauchers ein erhebliches Missverhältnis der vertraglichen Rechte und Pflichten verursacht", unzulässig ist[494]. Diese Frage betreffe die Rechtsanwendung und dürfe deshalb nicht dem EuGH vorgelegt werden. Diese Auffassung von *Heinrichs* stößt bei *Coester* auf Kritik. *Coester* nimmt an, dass der EuGH nur wegen Rechts-

---

[493] EuGH, *Slg*. 1982, 1331.

[494] HEINRICHS, Helmut, „Das Gesetz zur Änderung des AGB-Gesetzes. Umsetzung der EG-Richtlinie über missbräuchliche Klauseln in Verbraucherverträgen durch den Bundesgesetzgeber", *NJW* 1996, S. 2196.

fragen angerufen werden kann. Die Frage, ob eine konkrete Klausel nach der Generalklausel des Artikels 3 Absatz I wirksam ist, ist eine Frage der Rechtsanwendung und kann deshalb vom EuGH nicht beantwortet werden und darf deshalb nicht auf diese Weise durch die nationalen Gerichten gestellt werden. *Coester* merkt aber an, dass die Gerichte die „Vorlagefrage an dieser begrenzten Kompetenz des EuGH auszurichten" haben, d.h. „die Frage darf gar nicht dahingehen, wie der Ausgangsfall zu entscheiden sei"[495]. Des Weiteren verweist *Coester* darauf, dass bei der Konkretisierung der Generalklausel Rechtsfragen auftreten können, die dem EuGH vorzulegen sind. Obwohl die Grenzen zwischen Auslegung und Rechtsanwendung oft nur schwer zu ziehen sind, meint der Autor, dass „selbst bei sehr konkreten, einzelproblembezogenen Entscheidungen des EuGH den nationalen Gerichten immer noch Gestaltungsspielraum bleibt"[496]. Auch *Nassall* bestätigt, dass bei der Konkretisierung der Generalklausel Rechtsfragen auftreten können. Er weist ausdrücklich darauf hin, dass der EuGH nie direkt zur Vereinbarkeit einer Klausel mit der Richtlinie Stellung nehmen kann[497]. Der EuGH kann (muss) aber darüber befragt werden, wie die Richtlinie in Ansehung einer bestimmten Klausel auszulegen ist[498]. *Nassall* stellt fest, dass der Artikel 3 Absatz I als eine reine Generalklausel der Konkretisierung bedarf. Bei dieser Vorschrift stehe die Definition des Missbrauchsbegriffes im Mittelpunkt. Bei der Anwendung dieser Missbrauchsdefininition sei zu klären, welchen Anforderungen an eine Klausel zu stellen sind, um die Klausel mit den Geboten von Treu und Glauben in Übereinstimmung zu bringen. Auch die Frage, wann eine Klausel zum Nachteil des Verbrauchers ein erhebliches und ungerechtfertigtes Missverhältnis der vertraglichen Rechte und Pflichten des Verbrauchers verursacht, könne konkretisiert werden. Es handele sich um reine Rechtsfragen, die grundsätzlich einem Vorabentscheidungsverfahren des EuGH zugänglich seien[499].

Fraglich ist aber, inwiefern und auf welcher Grundlage der EuGH den Missbrauchsbegriff konkretisieren kann. Unklar bleibt, ob die Generalklausel des Artikels 3 Absatz I als eine Ermächtigungsnorm für eine freie

---

[495]COESTER, Michael, „AGB-rechtliche Inhaltskontrolle im Lichte des europäischen Gemeinschaftsrechts", *in Festschrift Helmut Heinrichs*, 1998, S. 107.
[496]COESTER, Michael, „AGB-rechtliche Inhaltskontrolle im Lichte des europäischen Gemeinschaftsrechts", *in Festschrift Helmut Heinrichs*, München, 1998, S. 107.
[497]NASSALL, Wendt, „Die Anwendung der EU-Richtlinie über missbräuchliche Klauseln in Verbraucherverträgen", *JZ* 1995, S. 690.
[498]NASSALL, Wendt, „Die Anwendung der EU-Richtlinie über missbräuchliche Klauseln in Verbraucherverträgen", *JZ* 1995, S. 690.
[499]NASSALL, Wendt, „Die Anwendung der EU-Richtlinie über missbräuchliche Klauseln in Verbraucherverträgen", *JZ* 1995, S. 690.

Rechtsschöpfungsbefugnis des EuGH angesehen werden kann oder ob die Auslegungsbefugnis bestimmten Einschränkungen unterworfen ist[500]. Eine Möglichkeit zur „freien Rechtsschöpfung" würde es dem EuGH gestatten, gemeinschaftsrechtlich bindende Regeln für die Ausgestaltung der im täglichen Leben vorkommenden Vertragstypen zu formulieren[501]. Die Auffassung, dass es die Absicht der Richtlinie war, mit der Einführung einer Generalklausel dem EuGH eine solche Rechtsschöpfungsbefugnis zu verleihen, ist in der Literatur in Frage gestellt worden[502]. Vor allem *Heinrichs* steht einem umfassenden Einfluss des EuGH auf das Recht der missbräuchlichen Klauseln sehr zurückhaltend gegenüber. Er meint, dass es bei der Konkretisierung des europäischen Missbrauchsbegriffes in der Praxis nicht auf die Auslegung des EuGH, sondern vielmehr auf das (nationale) anwendbare Vertragsrecht ankommen wird. Er schreibt der Vorlagepflicht daher eine eher bescheidene Bedeutung zu. *Coester* und *Ulmer* messen dem Vorabentscheidungsverfahren und der Auslegungsbefugnis des EuGH dagegen eine größere Bedeutung bei. Unten werden beide Auffassungen analysiert.

C. Der Einfluss des Gemeinschaftsrechts auf die Konkretisierung der Generalklausel: die Bedeutung der Vorlagepflicht

Kontrovers und schwierig zu beantworten ist also die Frage, nach welchen Normen der Missbrauchsbegriff auszulegen ist. Einigkeit besteht darüber, dass grundsätzlich von einem gemeinschaftsrechtlichen Missbräuchlichkeitsbegriff auszugehen ist[503]. Strittig sind die Grenzen der Kompetenz des EuGH.

---

[500]Diese Frage wurde auch durch Nassall aufgeworfen: NASSALL, Wendt, „Die Anwendung der EU-Richtlinie über missbräuchliche Klauseln in Verbraucherverträgen", *JZ* 1995, S. 690.

[501]NASSALL, Wendt, „Die Anwendung der EU-Richtlinie über missbräuchliche Klauseln in Verbraucherverträgen", *JZ* 1995, S. 690.

[502]NASSALL, Wendt, „Die Anwendung der EU-Richtlinie über missbräuchliche Klauseln in Verbraucherverträgen", *JZ* 1995, S. 690; HEINRICHS, Helmut, „Die Entwicklung des Rechts der Allgemeinen Geschäftsbedingungen im Jahre 1997", *NJW* 1998, S. 1455.

[503]REMIEN, Oliver, „AGB-Gesetz und Richtlinie über missbräuchliche Verbrauchervertragsklauseln in ihrem europäischen Umfeld", *ZEuP* 1994, S. 58; NASSALL, Wendt, „Die Anwendung der EU-Richtlinie über missbräuchliche Klauseln in Verbraucherverträgen", *JZ* 1995, S. 690; HEINRICHS, Helmut, „Das Gesetz zur Änderung des AGB-Gesetzes. Umsetzung der EG-Richtlinie über missbräuchliche Klauseln in Verbraucherverträgen durch den Bundesgesetzgeber", *NJW* 1996, S. 2196; REICH, Norbert, *Europäisches Verbraucherschutzrecht. Binnenmarkt und Verbraucherinteresse*, 3. Auflage, 1996, S. 348, Rdnr. 156m; COESTER, Michael, „AGB-

a. Auffassung A: Pflicht zur Vorlage, wenn konkrete europarechtliche Normen das Ergebnis der Inhaltskontrolle beeinflussen können

Heinrichs ist der Ansicht, dass die nationalen Gerichte nur dann eine Vorlagepflicht haben, wenn das Ergebnis der Inhaltskontrolle durch einen Rechtssatz des Gemeinschaftsrechts beeinflusst werden könnte[504]. Der Autor bezweifelt aber, ob diese Möglichkeit des EuGH zur gemeinschaftsrechtlichen Konkretisierung des Missbrauchsbegriffes in der Praxis viel Bedeutung haben wird. Denn *Heinrichs* ist der Ansicht, dass die Inhaltskontrolle ein typischerweise allein durch die Normen des nationalen Rechts bestimmter Vorgang ist[505]. Er beruft sich dabei auf das Argument, dass eine einheitliche europäische Konkretisierung des Missbrauchsbegriffes ein gemeinsames Leitbild bei der Missbrauchskontrolle erfordern würde[506]. Dieses gemeinsame Leitbild gebe es nach heutigem Stand der Privatrechtsangleichung aber nicht. Solange in den mitgliedstaatlichen Privatrechten unterschiedliche Standards bestünden, sei eine einheitliche europäische Konkretisierung des Missbrauchsbegriffes nicht zu erreichen. Wegen der unterschiedlichen Vorschriften des dispositiven Schuldrechts in den Mitgliedstaaten, bleibe die Inhaltskontrolle notwendigerweise eine typische mitgliedstaatliche Angelegenheit. Die Frage, ob eine Einschränkung der Vertragshaftung zu einer Ungleichheit bei den Rechten und Pflichten zum Nachteil der Verbraucher führe, könne deshalb nur anhand des nationalen dispositiven Rechts beantwortet werden. Denn die maßgebenden Bewertungskriterien müssten dem nationalen Recht entnommen werden[507]. Da die Kompetenz des EuGH sich nicht auf das nationale Recht erstrecke, bestehe für den nationalen Richter keine Pflicht, eine Vorabentscheidung einzuholen.

---

rechtliche Inhaltskontrolle im Lichte des europäischen Gemeinschaftsrechts", *in Festschrift Helmut Heinrichs*, 1998, S. 100.

[504]HEINRICHS, Helmut, „Das Gesetz zur Änderung des AGB-Gesetzes. Umsetzung der EG-Richtlinie über missbräuchliche Klauseln in Verbraucherverträgen durch den Bundesgesetzgeber", *NJW* 1996, S. 2196.

[505]HEINRICHS, Helmut, „Das Gesetz zur Änderung des AGB-Gesetzes. Umsetzung der EG-Richtlinie über missbräuchliche Klauseln in Verbraucherverträgen durch den Bundesgesetzgeber", *NJW* 1996, S. 2196.

[506]HEINRICHS, Helmut, „Das Gesetz zur Änderung des AGB-Gesetzes. Umsetzung der EG-Richtlinie über missbräuchliche Klauseln in Verbraucherverträgen durch den Bundesgesetzgeber", *NJW* 1996, S. 2196; so auch REMIEN, Oliver, „AGB-Gesetz und Richtlinie über missbräuchliche Verbrauchervertragsklauseln in ihrem europäischen Umfeld", *ZEuP* 1994, S. 59.

[507]HEINRICHS, Helmut, „Das Gesetz zur Änderung des AGB-Gesetzes. Umsetzung der EG-Richtlinie über missbräuchliche Klauseln in Verbraucherverträgen durch den Bundesgesetzgeber", *NJW* 1996, S. 2196.

Obenstehendes bedeutet aber nicht, dass die Generalklausel aus Artikel 3 Absatz I der Richtlinie ausschließlich durch die Mitgliedstaaten zu interpretieren ist. So kann, zum Beispiel, nicht angenommen werden, dass die Generalklausel der Richtlinie in gleicher Weise wie § 9 aus dem deutschen AGBG zu interpretieren ist. Schon weil die Rechtsprechung zu § 9 AGBG den anderen mitgliedstaatlichen Rechtsordnungen fremd ist, kann sie nicht ohne weiteres mit der Generalklausel der Richtlinie gleichgestellt werden[508]. *Heinrichs* Überzeugung ist, dass die Inhaltskontrolle hauptsächlich eine Sache der Mitgliedstaaten ist und die Konkretisierung der Generalklausel grundsätzlich die Rechtsanwendung betrifft; er merkt an, dass die nationalen Gerichte nicht immer von der Vorlagepflicht freigestellt sind. Immer dann, wenn das Ergebnis der Inhaltskontrolle möglicherweise durch das Gemeinschaftsrecht beeinflusst werden könnte, hat der nationale Richter eine Vorabentscheidungsfrage dem EuGH vorzulegen[509]. Nach seiner Ansicht können die konkret europarechtlichen Normen auf die Auslegung der Generalklausel eine Ausstrahlungswirkung haben. Er weist dabei auf die Wertungen aus der Klauselliste hin, die wegen ihrer Bedeutung für den Verbraucherschutz bei der Auslegung der Generalklausel in Betracht gezogen werden könnten[510]. Des Weiteren befürwortet *Heinrichs*, dass der EuGH in der Lage sein muss, im Anwendungsbereich des Artikels 3 der Richtlinie das Gemeinschaftsrecht weiterzuentwickeln[511].

Aus Obenstehendem ergibt sich, dass *Heinrichs,* obwohl er der Ansicht ist, dass die Inhaltskontrolle ein durch die Normen des nationalen Rechts bestimmter Vorgang ist, eine Einflussnahme des EuGH auf die Inhaltskontrolle nicht ausschließt. Die Vorlagepflicht scheint nach der Auffassung von *Heinrichs* aber eher eine Ausnahme zu sein. Denn für viele Vertragstypen und Vertragsklauseln gebe es im europäischen Recht kei-

---

[508]NASSALL, Wendt, „Die Anwendung der EU-Richtlinie über missbräuchliche Klauseln in Verbraucherverträgen", *JZ* 1995, S. 690.

[509]HEINRICHS, Helmut, „Das Gesetz zur Änderung des AGB-Gesetzes. Umsetzung der EG-Richtlinie über missbräuchliche Klauseln in Verbraucherverträgen durch den Bundesgesetzgeber", *NJW* 1996, S. 2196.

[510]HEINRICHS, Helmut, „Das Gesetz zur Änderung des AGB-Gesetzes. Umsetzung der EG-Richtlinie über missbräuchliche Klauseln in Verbraucherverträgen durch den Bundesgesetzgeber", *NJW* 1996, S. 2197; so auch REICH, Norbert, *Europäisches Verbraucherschutzrecht. Binnenmarkt und Verbraucherinteresse*, 3. Auflage, 1996, S. 348, Rdnr. 156o.

[511]HEINRICHS, Helmut, „Das Gesetz zur Änderung des AGB-Gesetzes. Umsetzung der EG-Richtlinie über missbräuchliche Klauseln in Verbraucherverträgen durch den Bundesgesetzgeber", *NJW* 1996, S. 2197.

ne Regelungsansätze. Gegen diese Ansicht hat vor allem *Coester* Einwände erhoben.

b. Auffassung B: Pflicht zur Vorlage, wenn eine Klausel nach dem nationalen Recht wirksam ist

Heinrichs wird in seiner Auffassung, dass die Inhaltskontrolle hauptsächlich eine nationale Angelegenheit ist und eine Vorlagepflicht nur besteht, insofern konkrete Grundsätze des Gemeinschaftsrechts auf die Inhaltskontrolle einwirken können, nicht von allen Autoren gefolgt. Vor allem *Coester* hat der zurückhaltenden Position von *Heinrichs* über den Einfluss des EuGH auf die Inhaltskontrolle widersprochen[512]. *Coester* vertritt die Ansicht, dass eine nach dem nationalen Recht wirksame Klausel immer einer zusätzliche Prüfung vor dem EuGH nach der europäischen Generalklausel unterliegen soll. Wegen der Unklarheit der Generalklausel wäre der nationale Richter immer verpflichtet, dem EuGH, eine Vorabentscheidungsfrage vorzulegen. Diese Verpflichtung zur Vorlage beim EuGH scheint dem Autor nach, auch dann zu bestehen, wenn es keine konkreten europäischen Auslegungssätze gibt[513]. Die Inhaltskontrolle sollte dann vom EuGH allein auf der Grundlage der Generalklausel durchgeführt werden. Diese Auffassung impliziert, dass der EuGH die Generalklausel beim Fehlen konkreter europarechtlicher Normen frei konkretisieren könnte. Diese Auffassung weicht grundsätzlich von der von *Heinrichs* ab. Denn nach *Heinrichs* ergeben die Wertungskriterien sich nicht allein aus der Generalklausel, sondern vielmehr aus der Gesamtheit der Rechtsordnung. Wie oben besprochen, würde es dabei dann, wegen des Fehlens konkreter europäischer Normen, entscheidend auf die Wertungskriterien des innerstaatlichen Rechts ankommen. *Coester* teilt diese Auffassung nicht und meint, dass „kein Grund ersichtlich ist, dem Vorabentscheidungsverfahren bei der Richtlinie 93/13 eine geringere Bedeutung beizumessen als in anderen Zusammenhängen"[514]. Der Autor ist der Ansicht, dass es bei der Inhaltskontrolle nicht hauptsächlich auf die nationalen Wertungsmaßstäbe ankommt. Denn es handele sich um eine zusätzlich eigenständige europarechtliche Missbrauchskontrolle, nachdem eine Überprüfung nach dem nationalen Maßstab schon stattge-

---

512 COESTER, Michael, „AGB-rechtliche Inhaltskontrolle im Lichte des europäischen Gemeinschaftsrechts", *in Festschrift Helmut Heinrichs*, München, Beck Verlag, 1998, S. 105 (108).

513 So die Analyse von HEINRICHS, Helmut, „Die Entwicklung des Rechts der Allgemeinen Geschäftsbedingungen im Jahre 1997", *NJW* 1998, S. 1455.

514 COESTER, Michael, „AGB-rechtliche Inhaltskontrolle im Lichte des europäischen Gemeinschaftsrechts", in *Festschrift Helmut Heinrichs*, München, Beck Verlag, 1998, S. 107.

funden habe. Außerdem gebe es europäische Wertungskriterien, die eine eigenständige europäische Überprüfung zuließen. Es handele sich in der Generalklausel um konkretisierbare Begriffe. Wie *Heinrichs* meint er, dass sich aus dem Klauselkatalog im Anhang eigenständige gemeinschaftsrechtliche Klauselwertungen ergeben können. Des Weiteren weist er auf das sonstige primäre und sekundäre Gemeinschaftsrecht und insbesondere auf das europäische Verbraucherschutzrecht hin, das Ansätze zu übergreifenden gemeinschaftsrechtlichen Prinzipien enthalte. Schließlich meint *Coester*, dass die allgemeinen Rechtsgrundsätze, die den Rechtsordnungen der Mitgliedstaaten gemeinsam sind, einen legitimen Orientierungspunkt[515] bei der Konkretisierung der Generalklausel bilden können. Der Autor ist der Ansicht, dass es eine wichtige Aufgabe des EuGH ist, diese gemeinsame Rechtssubstanz zu konsolidieren und zu ihrem Ausbau beizutragen.

3. Würdigung

A. Die Grenzen der Auslegungskompetenz des EuGH bei der Konkretisierung der Generalklausel

Aus oben stehender Darstellung ergibt sich, dass die Rolle des EuGH bei der Konkretisierung der Generalklausel der Richtlinie zum einen und die Bedeutung der Vorlagepflicht der mitgliedstaatlichen Gerichte zum anderen unklar geblieben ist. Unumstritten ist aber, ob die Pflicht zur richtlinienkonformen Auslegung nur dann zur Vorlage beim EuGH verpflichtet, wenn das mitgliedstaatliche Gericht aufgrund des nationalen Rechts eine Klausel für wirksam hält. Insofern eine Klausel nach Anwendung des nationalen Rechts schon unwirksam ist, ist das europäische Recht nicht mehr entscheidungserheblich[516] und das nationale Recht kann nicht mit der Richtlinie kollidieren[517], weil die Interessen des Verbrauchers genügend gewährleistet werden. Wenn der mitgliedstaatliche Schutz umfassender als der der Richtlinie ist, ist er durch Artikel 8 der Richtlinie gedeckt. Des Weiteren herrscht auch Einverständnis darüber, dass eine Vorlagepflicht nur dann besteht, wenn eine Vorschrift der Richtlinie oder ein europäischer Grundsatz auf die richtlinienkonforme Auslegung, d.h.

---

[515]Siehe Artikel 215 Absatz II EG-Vertrag.

[516]COESTER, Michael, „AGB-rechtliche Inhaltskontrolle im Lichte des europäischen Gemeinschaftsrechts", in *Festschrift Helmut Heinrichs*, 1998, S. 101.

[517]HEINRICHS, Helmut, „Die Entwicklung des Rechts der Allgemeinen Geschäftsbedingungen im Jahre 1997", *NJW* 1998, S. 1454.

auf das Ergebnis der Inhaltskontrolle, einwirken könnte[518]. Das Prinzip der autonomen Auslegung des Gemeinschaftsrechts verpflichtet dazu, die Generalklausel anhand der europäischen Grundsätzen zu konkretisieren. Auch *Heinrichs*, der befürwortet, dass die Konkretisierung der Generalklausel keine Rechtsauslegungsfrage, sondern eine von den mitgliedstaatlichen Gerichten zu konkretisierende Anwendungsfrage ist, vertritt die Ansicht, dass ein Vorlageverfahren beim EuGH eingeleitet werden muss, wenn Grundsätze des Gemeinschaftsrechts auf das Ergebnis der Inhaltskontrolle einwirken können.

Die Frage, ob es sich bei der Konkretisierung der Generalklausel um Rechtsauslegung oder um Rechtsanwendung handelt, ist schwierig zu beantworten. *Nassall* hat zurecht darauf hingewiesen, dass bei der Konkretisierung der Generalklausel Rechtsfragen entstehen können, für deren Beurteilung der EuGH zuständig ist. Anzumerken ist aber, dass die Grenzen zwischen Rechtsauslegung und Rechtsanwendung bei der Konkretisierung oft nur schwierig zu ziehen sind. Daher ist es den mitgliedstaatlichen Gerichten zu empfehlen, ihre Frage auf die begrenzte Auslegungskompetenz der EuGH auszurichten. Auf jeden Fall darf der EuGH nicht dazu eingeladen werden, die konkrete Klausel unter den Maßstab des Artikels 3 Absatz I zu subsumieren. Die Auffassung von *Heinrichs*, dass die Konkretisierung der Generalklausel nur eine Frage der Rechtsanwendung darstellt, würde aber zu weit führen; ihr ist deswegen nicht zu folgen.

Uneinigkeit besteht vor allem über die praktische Möglichkeit einer europäischen Konkretisierung des Kontrollmaßstabes der Richtlinie. *Heinrichs* hält eine europäische Konkretisierung der Generalklausel durch den EuGH nur für möglich, wenn es dafür konkrete europäische Ansätze gibt. *Coester* dagegen befürwortet, dass der EuGH auch ohne das Vorliegen europäischer Grundsätze aufgrund der Generalklausel die Inhaltskontrolle durchzuführen hat. Der EuGH hat nach *Coester*, die wichtige Aufgabe, das europäische Vertragsrecht weiter auszubauen. Als Orientierungspunkt sollten dabei die allgemeinen Rechtsgrundsätze, die den Rechtsordnungen der Mitgliedstaaten gemein sind, dienen.

---

[518]HEINRICHS, Helmut, „Das Gesetz zur Änderung des AGB-Gesetzes. Umsetzung der EG-Richtlinie über missbräuchliche Klauseln in Verbraucherverträgen durch den Bundesgesetzgeber", *NJW* 1996, S. 2196; ULMER, Peter, in ULMER/BRANDNER/HENSEN, *AGB-Kommentar*, 8. Auflage, Einleitung, Rdnr, 77 ff.; COESTER, Michael, „AGB-rechtliche Inhaltskontrolle im Lichte des europäischen Gemeinschaftsrechts", *in Festschrift Helmut Heinrichs*, 1998, S. 99; HEINRICHS, Helmut, „Die Entwicklung des Rechts der Allgemeinen Geschäftsbedingungen im Jahre 1997", *NJW* 1998, S. 1454.

Für die Ansicht von *Coester* spricht die Tatsache, dass soweit wie möglich nach einer europäischen Auslegung der Generalklausel der Richtlinie gestrebt werden muss. Richtig ist aber auch die Bemerkung von *Heinrichs*, dass eine europarechtliche Konkretisierung des Missbrauchsbegriffes wegen des Fehlens eines gesamteuropäischen Privatrechts, an dem sich der EuGH bei der Konkretisierung der Generalklausel orientieren kann, schwierig ist. *Heinrichs* hat zurecht angemerkt, dass die für die Inhaltskontrolle erforderlichen Maßstäbe nicht allein aus der Generalklausel entnommen werden können. Maßgebend bei der Beurteilung, ob eine Klausel wirksam ist, sind die Vorschriften, von denen in der vorliegenden Klausel abgewichen wurde. Diese Wertungsmaßstäbe sind vor allem in den nationalen Rechtsordnungen zufinden. Die Auffassung von *Coester*, dass der EuGH sich bei der Konkretisierung der Generalklausel an den Rechtsgrundsätzen, die den Rechtsordnungen der Mitgliedstaaten gemein sind, orientieren kann, kann nicht völlig überzeugen. Es gibt viele Bereiche des Schuldrechts, in denen es keine solchen Grundsätze gibt. Die Frage stellt sich, wie der EuGH zu urteilen hat, wenn überhaupt keine gemeinsamen Grundsätze vorliegen. Könnte der EuGH in diesem Fall nach freiem Ermessen selbst Wertungskriterien entwickeln? An dieser Stelle ist vor einer zu weiten Befugnis des EuGH zu warnen. Die Auslegungskompetenz des EuGH darf nicht zur Folge haben, dass der EuGH uneingeschränkt Recht schöpfen kann. Die Auffassung von *Coester* impliziert die Gefahr, dass der EuGH ohne legitime Grundlage oder ohne gemeinschaftsrechtliche Ansätze Vorschriften entwickelt, die bei der Ausgestaltung der Vertragsklauseln zu berücksichtigen sind. *Nassall* hat darauf hingewiesen, dass die Auslegungsbefugnis des EuGH Einschränkungen unterworfen ist. Der Autor beruft sich dabei auf das Subsidiaritätsprinzip[519]. Aus diesem Prinzip könnte abgeleitet werden, dass die Ausgestaltung der Pflichten, die sich aus der Richtlinie ergeben, den Mitgliedstaaten zu überlassen ist. Der EuGH könnte dagegen bei der Konkretisierung der Generalklausel des Artikels 3 Absatz I nur aufgrund des Gemeinschaftsrechts oder auf gemeinsame Prinzipien in den Rechtsordnungen aller Mitgliedstaaten zurückgreifen[520]. Nur soweit das dispositive Recht der Mitgliedstaaten gleich ist oder soweit es keine speziellen Rechtsvorschriften gibt, kann die Missbräuchlichkeitsfrage gemeinschaftsrechtlich beurteilt werden[521].

---

[519] NASSALL, Wendt, „Die Anwendung der EU-Richtlinie über missbräuchliche Klauseln in Verbraucherverträgen", *JZ* 1995, S. 691.
[520] NASSALL, Wendt, „Die Anwendung der EU-Richtlinie über missbräuchliche Klauseln in Verbraucherverträgen", *JZ* 1995, S. 691.
[521] REMIEN, Oliver, „AGB-Gesetz und Richtlinie über missbräuchliche Verbrauchervertragsklauseln in ihrem europäischen Umfeld", *ZEuP* 1994, S. 59.

Obenstehendes führt zu der Schlussfolgerung, dass die einheitliche Konkretisierung der Generalklausel der Richtlinie wegen des Fehlens europäischer Wertungssätze oft nur schwierig zu erreichen ist. Die Möglichkeit der einheitlichen Konkretisierung der Generalklausel ist abhängig von dem Stand der Privatrechtsangleichung der Mitgliedstaaten. Vereinzelt könnten bestimmte europarechtliche Normen einen Einfluss auf das Ergebnis der Inhaltskontrolle haben. Ohne das Vorliegen europäischer Rechtssätze ist eine Konkretisierung durch den EuGH nur schwer zu verteidigen. In den Bereichen, in denen es keine europäischen Rechtsnormen, angeglichenes Privatrecht oder gemeinsame Rechtsgrundsätze gibt, wird es deshalb entscheidend auf die Normen des nationalen Rechts ankommen. Das kann zur Folge haben, dass die Wirksamkeit einer Klausel je nach Mitgliedstaat unterschiedlich beurteilt wird. Diese Feststellung steht mit dem Harmonisierungsziel der Richtlinie im Widerspruch und ist wohl das größte Problem der Richtlinie 93/13. Die einheitliche Auslegung des Kontrollmaßstabs wird in Zukunft wegen der zunehmenden Privatrechtsangleichung mehr und mehr gewährleistet werden können. Wie der EuGH sich in der Praxis an dem Aufbau eines europäischen Missbrauchsbegriffes beteiligen wird, ist, wie die meisten Autoren anmerken, abzuwarten. Die Feststellung, dass heute, sechs Jahre nach dem Erlass der Richtlinie, immer noch keine EuGH-Rechtsprechung zu Auslegung der Generalklausel der Richtlinie vorliegt, weist darauf hin, dass die mitgliedstaatlichen Gerichte es nicht für notwendig halten, ein Vorlageverfahren einzuleiten. Sie scheinen die nationalen Vorschriften aber selbst richtlinienkonform auszulegen.

B. Auslegungsansätze

Fraglich ist, welche gemeinschaftsrechtliche Prinzipien bei der Interpretation der Generalklausel konkret Einfluss haben können. Unten folgt eine Liste von möglichen gemeinschaftsrechtlichen Wertungsmaßstäben, die der EuGH bei der Auslegung der Generalklausel des Artikels 3 Absatz I heranziehen kann. Mit dieser Liste wird keine Vollständigkeit beansprucht. Sie nennt nur einige in der Literatur aufgelistete, mögliche europäische Grundsätze, die der EuGH bei der Konkretisierung der Generalklausel heranziehen könnte.

a. Verbot der Aushöhlung des Vertragszwecks

Ein gemeinschaftsrechtlicher Grundsatz könnte sein, dass die Leistungen des Warenlieferers oder Dienstleistungserbringers dem vertraglich vereinbarten Zweck entsprechen[522]. Der Vertragszweck ist der Kern des Vertrages, der dem Vertrag seinem Sinn gibt. Leitbild für diesen Vertragszweck ist, was der Klauselgegner nach der Vertragsart und den Umständen beim Vertragsabschluss erwarten durfte. Klauseln, die diesen vertraglich vereinbarten Vertragszweck aushöhlen, sind für unwirksam zu erklären. Die Gerichte haben unter anderem zu überwachen, ob der Klauselverwender mit Hilfe formularmäßiger Haftungsbeschränkungen oder Beschränkungen seiner Gewährleistungspflichten die Verwirklichung des Vertragszwecks in Gefahr bringt. Dieser Grundsatz des Schutzes des Vertragszwecks ist die Grundlage einiger Klauselverbote aus dem Klauselanhang. Beispiel ist der Nr. 1 a (Freizeichnungsverbot bei Körperschäden und Tod). Des Weiteren ist der Schutz des Vertragszwecks auch in anderen Verbraucherrichtlinien zu finden[523]. Damit zusammenhängend ist der Grundsatz, dass der Klauselverwender sich selbst nicht das Recht einräumen darf, ohne Voraussehbarkeit oder Berechenbarkeit einseitig den Preis oder die Leistungen abzuändern[524]. Dieser Grundsatz ergibt sich aus einigen Klauselverboten aus dem Klauselanhang. Beispiele sind Nr. 1 j, k und l. Des Weiteren enthalten auch einige andere Verbraucherrichtlinien Vorschriften über einseitige Preisänderungen.

b. Das Prinzip der Gleichbehandlung beider Vertragspartner

In den Klauselverboten aus Nr. 1 d, f und o des Richtlinienanhangs steht das Prinzip der Gleichbehandlung der Vertragsparteien im Mittelpunkt. Der Klauselverwender darf sich keine Rechte vorbehalten, die er dem Verbraucher versagt. Anzunehmen ist, dass dieses Prinzip der Gleichbehandlung ein Grundsatz der Richtlinie ist und auch zur Konkretisierung der Generalklausel des Artikels 3 Absatz I herangezogen werden kann[525].

---

522 NASSALL, Wendt, „Die Anwendung der EU-Richtlinie über missbräuchliche Klauseln in Verbraucherverträgen", *JZ* 1995, S. 694.

523 NASSALL, Wendt, „Die Anwendung der EU-Richtlinie über missbräuchliche Klauseln in Verbraucherverträgen", *JZ* 1995, S. 694.

524 NASSALL, Wendt, „Die Anwendung der EU-Richtlinie über missbräuchliche Klauseln in Verbraucherverträgen", *JZ* 1995, S. 693.

525 HEINRICHS, Helmut, „Das Gesetz zur Änderung des AGB-Gesetzes. Umsetzung der EG-Richtlinie über missbräuchliche Klauseln in Verbraucherverträgen durch den Bundesgesetzgeber", *NJW* 1996, S. 2197.

c. Wahrung der Ansprüche des Klauselgegners gegen Leistungsstörungen

Aus dem Klauselanhang wäre auch der Grundsatz abzuleiten, dass dem Verbraucher nicht sein gesetzliches Recht genommen werden darf, sich vor Insolvenz oder Verzug des Gewerbetreibenden zu schützen[526]. Dabei handelt es sich um die Klauselverbote aus Nr. 1 b (Freizeichnungsverbot bei Vertragspflichtverletzung, Aufrechnungsverbot).

d. Transparenzgebot

Die Richtlinie enthält in Artikeln 4 Absatz II und 5 Satz 1 ein Transparenzgebot. Dieses Gebot verpflichtet den Verwender schriftlich niedergelegter Vertragsklauseln dazu, seine Klauseln klar und verständlich abzufassen. Mit diesem Transparenzgebot wird einerseits dem Verbraucherschutz gedient und andererseits führt sie zur Marktfreiheit. Eine transparente Abfassung der Vertragskonditionen macht es für den Verbraucher einfacher, den Vertragsinhalt der auf dem europäischen Markt angebotenen Leistungen zu beurteilen. Nicht nur in der Richtlinie 93/13, sondern auch in vielen anderen Verbraucherrichtlinien ist ein Transparenzgebot aufgenommen. Beispiele sind Artikel 4 Absatz I der Verbraucherkredit-Richtlinie und Artikel 4 Absatz II lit. b der Pauschalreise-Richtlinie. In diesen Richtlinien hat der europäische Gesetzgeber aus dem Transparenzgebot umfangreiche Informationspflichten abgeleitet[527]. Der Klauselverwender hat den Verbraucher über seine vertraglichen Rechte und Pflichten zu belehren. Danach müssen alle Vertragsklauseln schriftlich oder in einer anderen dem Verbraucher verständlichen Form festgelegt werden. Die Möglichkeit besteht, dass der EuGH auch aus dem Transparenzgebot der Klauselrichtlinie entsprechende Verpflichtungen ableiten wird.

Des Weiteren besteht die Möglichkeit, dass der EuGH die Klarheit und Verständlichkeit nicht an dem nationalen, sondern an dem europäischen Durchschnittkunden orientieren wird[528]. Danach wäre auf die Erwartun-

---

[526]NASSALL, Wendt, „Die Anwendung der EU-Richtlinie über missbräuchliche Klauseln in Verbraucherverträgen", *JZ* 1995, S. 694.

[527]HEINRICHS, Helmut, „Das Gesetz zur Änderung des AGB-Gesetzes. Umsetzung der EG-Richtlinie über missbräuchliche Klauseln in Verbraucherverträgen durch den Bundesgesetzgeber", *NJW* 1996, S. 2197; NASSALL, Wendt, „Die Anwendung der EU-Richtlinie über missbräuchliche Klauseln in Verbraucherverträgen", *JZ* 1995, S. 692.

[528]NASSALL, Wendt, „Die Anwendung der EU-Richtlinie über missbräuchliche Klauseln in Verbraucherverträgen", *JZ* 1995, S. 693; HEINRICHS, Helmut, „Das Gesetz zur Änderung des AGB-Gesetzes. Umsetzung der EG-Richtlinie über miss-

gen und Erkenntnismöglichkeiten der europäischen Kunden abzustellen[529]. Von dem Verbraucher kann nicht erwartet werden, dass er alle Besonderheiten jeder Rechtsordnung verstehen kann. Des Weiteren könnte der EuGH aus dem Transparenzgebot auch die Verpflichtung ableiten, dass der Klauselverwender bei ausländischen Verbrauchern, schwierig abgefasste Klauseln in deren Muttersprache zu übersetzen oder wenigstens zu erläutern hat[530]. Auf diese Fragen wird bei der Besprechung des Transparenzgebots aus Artikel 5 der Richtlinie näher eingegangen werden.

---

bräuchliche Klauseln in Verbraucherverträgen durch den Bundesgesetzgeber", *NJW* 1996, S. 2197.

[529] NASSALL, Wendt, „Die Anwendung der EU-Richtlinie über missbräuchliche Klauseln in Verbraucherverträgen", *JZ* 1995, S. 693.

[530] HEINRICHS, Helmut, „Das Gesetz zur Änderung des AGB-Gesetzes. Umsetzung der EG-Richtlinie über missbräuchliche Klauseln in Verbraucherverträgen durch den Bundesgesetzgeber", *NJW* 1996, S. 2197.

Der Kontrollmaßstab des Artikels 3 Absatz I ist eine Generalklausel, die bei der Anwendung Interpretationsraum offen lässt. Artikel 4 der Richtlinie enthält weitere Konkretisierungen, die bei der Anwendung der Generalklausel zu berücksichtigen sind. Artikel 4 Absatz I konkretisiert die Umstände, die bei der Beurteilung der Missbräuchlichkeit einer Vertragsklausel in Erwägung zu ziehen sind (Beurteilungskriterien). Artikel 4 Absatz II schließt die Preis- und Leistungskontrolle ausdrücklich von der Inhaltskontrolle aus. Unten werden Inhalt und Bedeutung dieser Konkretisierungen analysiert.

I. Die berücksichtigungsfähigen Umstände bei der Anwendung der Generalklausel des Artikels 3 Absatz I

Der Artikel 4 Absatz I gebietet, bei der Beurteilung der Missbräuchlichkeit einer Vertragsklausel, „die Berücksichtigung der Art der Güter oder Dienstleistungen, die Gegenstand des Vertrages sind, sowie aller den Vertragsabschluss begleitenden Umstände und aller anderen Klauseln desselben Vertrages oder eines anderen Vertrages von dem die Klausel abhängt". „Diese Beurteilung findet zum Zeitpunkt des Vertragsabschlusses statt und unbeschadet die Anwendung des Artikels 7". Diese vier Beurteilungskriterien erzielen eine Konkretisierung des allgemeinen Kontrollmaßstabes aus Artikel 3 der Richtlinie. Es handelt sich um Kriterien, die bei der Missbräuchlichkeitsbeurteilung zugrunde zu legen sind. Es ist daher wichtig, die genaue Bedeutung dieser berücksichtigungsfähigen Umstände weiter zu analysieren.

1. Die Berücksichtigung der Art der Güter und Dienstleistungen

Bei der Beurteilung der Missbräuchlichkeit ist auf die Art der geschuldeten Leistung (Vertragsgegenstand) Rücksicht zu nehmen, weil diese die Rechte und Pflichten der Parteien beeinflussen. Zum Ersten beeinflusst die Art der Güter und Dienstleistungen den Gegenstand des Vertrages. So stellt der Verkauf eines einfachen Verbrauchsguts andere Anforderungen als der Verkauf eines komplizierten technischen Guts. Beim Verkauf eines komplizierten Guts unterliegt der Gewerbetreibende höheren Informations- und Instruktionspflichten. Auch bei den Dienstleistungsverträgen sind die Sorgfaltspflichten bei der Leistung von hochwertigen Rechtsgütern umfassender, als bei den Dienstleistungsverträgen mit geringen Risiken. Zum Zweiten bestimmt die Art der Güter und Dienstleistungen auch den Wert und den Umfang der Leistungspflicht. Eine einmaliger Austausch ist anders zu beurteilen, als ein Dauerschuldverhältnis.

Zum Dritten gibt es auch eine Korrelation zwischen Vertragszweck und Art der Güter und Dienste. Der Vertragszweck nimmt auf bestimmte Erwartungen Bezug, die sich aus der Rechtspraxis oder aus den konkreten Vertragsverhandlungen ergeben können. Der Vertragszweck stellt daher einen wichtigen Maßstab für die Inhaltskontrolle dar. Denn der Vertragszweck weckt beim Verbraucher bestimmte Erwartungen. Wenn diese Erwartungen durch Vertragsklauseln ausgehöhlt oder modifiziert werden, kann ein Missbrauch vorliegen.

2. Die Berücksichtigung aller den Vertragsabschluss begleitenden Umstände

Bei der Beurteilung der Missbräuchlichkeit einer Klausel sind alle Umstände beim Vertragsabschluss zu berücksichtigen (Umstandsprüfung). Es ist zu beachten, welches Kräfteverhältnis zwischen den Verhandlungspositionen der Vertragsparteien bestand und ob auf den Verbraucher in irgendeiner Weise eingewirkt wurde[531]. Die den Vertragsabschluss begleitenden Umstände können den Vertragszweck beeinflussen und bieten einen guten allgemeinen Vergleichsmaßstab zur Beurteilung, ob ein erhebliches Missverhältnis der Rechte und Pflichten vorliegt. Wie im ersten Teil schon erwähnt wurde, deuten die konkreten Umstände beim Vertragsabschluss zusätzlich zum ausdrücklich festgehaltenen Wortlaut auf bestimmte Erwartungen und Vertrauen des Verbrauchers hin[532]. Eine Diskrepanz zwischen den aufgrund der vertragsabschlussbegleitenden Umstände entstandenen Erwartungen und dem Vertrauen einerseits sowie dem Inhalt bestimmter Vertragsklauseln andererseits kann gegen das Gebot von Treu und Glauben verstoßen. Die den Vertragsabschluss begleitenden Umstände sind außerdem entscheidend bei der Beurteilung des Aushandeln gemäß Artikel 3 Absatz I.

Der Artikel 4 Absatz I darf nicht so verstanden werden, als bezwecke er auch, Störungen der Privatautonomie beim Vertragsabschluss zu sanktionieren[533]. Vor Gefahren aus der Verhandlungssituation wie Täuschung, Drohung oder Ausnutzung eines Machtgefälles beim Vertragsabschluss werden die Verbraucher schon durch andere Instrumente aus dem innerstaatlichen allgemeinen Zivilrecht geschützt.

---

[531] Erwägungsgrund 16 der Richtlinie.

[532] WOLF, Manfred, in WOLF/HORN/LINDACHER, *AGBG-Kommentar*, 4. Auflage, 1999, RiLi Artikel 4, Rdnr. 6; ECKERT, Hans-Werner, „Die EG-Richtlinie über missbräuchliche Klauseln in Verbraucherverträgen und ihre Auswirkungen auf das deutsche Recht", *WM* 1993, S. 1075.

[533] ULMER, Peter, „Zur Anpassung des AGB-Gesetzes an die EG-Richtlinie über missbräuchliche Klauseln in Verbraucherverträgen", *EuZW* 1993, S. 345 (346).

Fraglich ist, welche Grenzen dieser Umstandsberücksichtigung gesetzt sind. Bezweckt die Richtlinie eine Umstandskontrolle an sich oder sind die konkret-individuellen Umstände bei der Inhaltskontrolle zusätzlich zu berücksichtigen? Diese Frage wird später in diesem Kapitel beantwortet werden.

3. Die Berücksichtigung von Klauseln desselben Vertrages oder eines anderen Vertrages, von dem die Klausel abhängt

Bei der Beurteilung der Missbräuchlichkeit müssen auch alle anderen Klauseln desselben Vertrages und alle Klauseln eines anderen Vertrages, von dem die zu kontrollierende Vertragsklausel abhängt, berücksichtigt werden. Die Richtlinie bringt damit zum Ausdruck, dass eine Klausel nicht isoliert, sondern in ihrem ganzen Vertragskontext zu betrachten ist. Bei der Missbrauchskontrolle soll eine Gesamtabwägung vorgenommen werden. Anzunehmen ist, dass es einen zweckkongruenten Zusammenhang zwischen der zu kontrollierenden Klausel und den zu berücksichtigenden Klauseln gibt[534]. Klauseln aus einem anderen Vertrag können nur berücksichtigt werden, wenn die zu kontrollierende Klausel von dem anderen Vertrag abhängig ist. Solche Abhängigkeit liegt zum Beispiel vor, wenn die zur Kontrolle vorliegende Vertragsklausel auf einen anderen Vertrag verweist[535].

Die Berücksichtigung anderer Vertragsklauseln kann zu einem „Verstärkereffekt" oder zu einem „Kompensationseffekt" führen. Ein Verstärkungseffekt entsteht, wenn eine scheinbar wirksame isolierte Klausel erst durch ihr Zusammenwirken mit anderen Klauseln ihren missbräuchlichen Charakter zeigt. Ein Kompensationseffekt liegt vor, wenn eine auf den ersten Blick missbräuchliche Klausel im Zusammenhang mit anderen Vertragsklauseln wirksam wird. Diese Situation ist gegeben, wenn für den Verbraucher nachteilige Klauseln durch Vorteile ausgeglichen werden.

In der Literatur ist man allgemein der Ansicht, dass nach der Richtlinie andere Klauseln Berücksichtigung finden können, wenn sie bei der Missbräuchlichkeitsbeurteilung zu einem Verstärkereffekt führen. Umstritten ist die Frage, ob es mit den Zielen der Richtlinie vereinbar ist, andere Klauseln zu berücksichtigen, wenn sie zu einem Kompensationseffekt führen. Aus dem Wortlaut des Artikels 4 Absatz I ist darüber

---

[534] WOLF, Manfred, in WOLF/HORN/LINDACHER, *AGBG-Kommentar*, 4. Auflage, 1999, RiLi Artikel 4, Rdnr. 8.
[535] WOLF, Manfred, in WOLF/HORN/LINDACHER, *AGBG-Kommentar*, 4. Auflage, 1999, RiLi Artikel 4, Rdnr. 8.

nichts abzuleiten. In einem Teil der Literatur wird die Ansicht vertreten, dass der Artikel 4 Absatz I neben einer uneingeschränkte kundenfreundliche Kumulationskontrolle auch Raum für eine schrankenlose Kompensation lässt[536].

Eine uneingeschränkte Kompensationsmöglichkeit der Gesamtabwägung stößt aber bei den meisten Autoren auf Kritik[537]. Es tritt die Frage auf, ob die uneingeschränkte Kompensationsmöglichkeit mit dem Verbraucherschutzziel der Richtlinie vereinbar ist. Die Kompensation von „schlechten" Klauseln kann nicht als verbraucherfreundlich angesehen werden. Das Existieren von „guten" anderen Klauseln lässt zwar vermuten, dass der Verbraucher den konkreten Vertrag auch in Kenntnis des gesamten Klauselinhalts abgeschlossen hätte, aber es ist fraglich, ob die Rechtfertigung solcher Klauseln der Signalwirkung der richterlichen Urteile dient und dazu führen wird, dass solche Klauseln in anderen AGB abgeschafft werden. Die Kompensation von „schlechten" Klauseln durch „gute" Klauseln ist eine Option, von der die Mitgliedstaaten keinen Gebrauch machen sollten[538]. Andere Autoren bevorzugen, wie im deutschen Recht, eine vorsichtige eingeschränkte Anwendung dieser Kompensationsmöglichkeit. Danach kann eine Kompensation zwischen „guten" und „schlechten" Klauseln nur stattfinden, wenn es sich um zusammengehörende Regelungen handelt, die zueinander in einer Wechselbeziehung stehen[539]. Wegen der Verbraucherschutzkonzeption der Richtlinie ist anzunehmen, dass die Berücksichtigung anderer Klauseln bei der Beurteilung der Missbräuchlichkeit einer Klausel, auch nur unter diesen Einschränkungen stattfinden kann.

---

[536]DAMM, Reinhard, „Europäisches Verbrauchervertragsrecht und AGB-Recht. Zur Umsetzung der EG-Richtlinie über missbräuchliche Klauseln in Verbraucherverträgen", *JZ* 1994, S. 172.

[537]BRANDNER, Hans Erich und ULMER, Peter, „EG-Richtlinie über missbräuchliche Klauseln in Verbraucherverträgen. Kritische Bemerkungen zum Vorschlag der EG-Kommission", *BB* 1991, S. 707; FREY, Kaspar, „Wie ändert sich das AGB-Gesetz?", *ZIP* 1993, S. 575, HEINRICHS, Helmut, „Die EG-Richtlinie über missbräuchliche Klauseln in Verbraucherverträgen", *NJW* 1993, S. 1820; ULMER, Peter, „Zur Anpassung des AGB-Gesetzes an die EG-Richtlinie über missbräuchliche Klauseln in Verbraucherverträgen", *EuZW* 1993, S. 345.

[538]FREY, Kaspar, „Wie ändert sich das AGB-Gesetz?", *ZIP* 1993, S. 575; BRANDNER, Hans Erich und ULMER, Peter, „EG-Richtlinie über missbräuchliche Klauseln in Verbraucherverträgen. Kritische Bemerkungen zum Vorschlag der EG-Kommission", *BB* 1991, 701 (707).

[539]HEINRICHS, Helmut, „Die EG-Richtlinie über missbräuchliche Klauseln in Verbraucherverträgen", *NJW* 1993, S. 1820.

Diese Berücksichtigung der anderen Klauseln darf aber auf keinen Fall eine indirekte Preiskontrolle zur Folge haben.

4. Zum Zeitpunkt des Vertragsabschlusses

Die Beurteilung der Missbräuchlichkeit orientiert sich am Zeitpunkt des Vertragsabschlusses[540]. Damit setzt diese Vorschrift dem vorher umschriebenen Kontrollmaßstab Grenzen, weil spätere Änderungen im Vertragsverhältnis nicht berücksichtigt werden können. Dieses Abstellen auf den Zeitpunkt des Vertragsabschlusses wird in der deutschen Literatur als selbstverständlich angesehen, weil Umstände, die erst nach dem Zeitpunkt des Vertragsabschlusses (bei der Vertragsausführung) auftreten, nicht geeignet sind, auf den Kontrollmaßstab der Missbräuchlichkeit zurückzuwirken[541]. Diese Regelung kann sich zum Vorteil des Verbrauchers auswirken, wenn eine beim Abschluss unwirksame Klausel auch dann unwirksam bleibt, wenn die Belastungen nachträglich für den Verbraucher weggefallen sind. Dieses Vorschrift kann jedoch auch nachteilige Folgen haben. So können nachträgliche Änderungen des Vertragsverhältnisses nicht berücksichtigt werden. Dieses ist für den Verbraucher nachteilig, wenn bei einer nachträglichen Bewertung die Klauseln als unwirksam zu beurteilen wären. Auch der schwedische Gesetzgeber befasste sich mit der Frage, ob später eintretende Umstände, nach Artikel 4 Absatz I berücksichtigt werden können. Er ist der Ansicht, dass die Auflistung aus Artikel 4 Absatz I limitativ ist. Die Missbrauchskontrolle nach § 36 des schwedischen Vertragsgesetzes hat bislang eine Berücksichtigung von später eintretenden Umständen zugelassen, weil solche Umstände die Wirkung von Vertragsklauseln beeinflussen können. Soweit die Berücksichtigung der später eintretenden Umstände den Verbraucherschutz erhöht, hält der schwedische Gesetzgeber ihre Berücksichtigung auch nach der Umsetzung der Richtlinie 93/13 für angebracht. Damit kann das schwedische Vertragsgesetz ein höheres Verbraucherschutzniveau als die Richtlinie gewährleisten. Das schwedische Umsetzungsgesetz verbietet aber die Berücksichtigung der später eintretenden Umstände, wenn ihre Berücksichtigung bei der Klauselbeurteilung zum Nachteil des Verbrauchers geht[542]. Die nachteilige Auswirkung des Artikels 4 Absatz I, dass nicht auf später eintretende Umstände

---

540 Artikel 4, I in fine der Richtlinie.

541 ULMER, Peter, „Zur Anpassung des AGB-Gesetzes an die EG-Richtlinie über missbräuchliche Klauseln in Verbraucherverträgen", *EuZW* 1993, S. 345.

542 Regeringens proposition, *Riksdagen 1994/95: 17*, Oskäliga avtalsvillkor m.m., S. 43.

Rücksicht genommen werden darf, ist jedoch zu nuancieren[543]. Zum Ersten handelt es sich in vielen Fällen um eine schon beim Vertragsabschluss als möglich eintretende erkennbare Verhältnisänderung. Zum Zweiten kann der Verbraucher sich wegen der nachträglichen Änderung des Vertragsverhältnisses auf das Prinzip der unzulässigen Rechtsausübung berufen. In diesem Fall liegt jedoch keine Inhaltskontrolle, sondern eine Ausübungskontrolle vor. Zu denken ist dabei an die deutsche Ausübungskontrolle aufgrund des § 242 BGB (Rechtsmissbrauch als Erscheinungsform eines Verstoßes gegen Treu und Glauben)[544].

5. Genereller oder individueller Kontrollmaßstab?

A. Problemstellung

Es tritt die Frage auf, ob die Richtlinie, mit der Pflicht zur Umstandsprüfung, die Einführung eines konkret-individuellen Kontrollmaßstabs beabsichtigte. Dazu sind folgende Überlegungen geboten. Das Konzept des Unterlegenenschutzes der Richtlinie scheint darauf hinzuweisen, dass bei der Inhaltskontrolle eine Untersuchung der individuellen Umstände des Vertragsabschlusses vorzunehmen ist. Der 16. Erwägungsgrund der Richtlinie erfordert bei der Inhaltskontrolle die Berücksichtigung des Kräfteverhältnisses zwischen den Verhandlungspositionen der Vertragsparteien. Des Weiteren sollte auch berücksichtigt werden, ob auf den Verbraucher eingewirkt worden ist, seine Zustimmung zu geben. Andererseits ist in der Richtlinie an einigen Stellen auch von einem generalisierenden-überindividuellen (typisierenden) Kontrollmaßstab die Rede. Zum Ersten enthält die Richtlinie im Anhang zu Artikel 3 Absatz III eine Liste von Klauseln, die unabhängig von den individuellen Umständen für unwirksam erklärt werden können. Zum Zweiten gebietet die Richtlinie den Mitgliedstaaten für AGB ein präventives Kontrollverfahren einzuführen[545]. Die Inhaltskontrolle findet in solchen präventiven Verfahren ohne Bezug auf einen konkreten Vertrag statt. Deshalb ist hier selbstverständlich von einem generellen Kontrollmaßstab auszugehen. Die Richtlinie 93/13 bestimmt in Artikel 4 Absatz I ausdrücklich, dass den erwähnten berücksichtigungsfähigen Umstände hinsichtlich des abstrakten Kontrollverfahrens nach Artikel 7 Absatz II keine Bedeutung zukommt.

---

[543]WOLF, Manfred, in WOLF/HORN/LINDACHER, *AGBG-Kommentar*, 4. Auflage, 1999, RiLi Artikel 4, Rdnr. 12-13; ULMER, Peter, „Zur Anpassung des AGB-Gesetzes an die EG-Richtlinie über missbräuchliche Klauseln in Verbraucherverträgen", *EuZW* 1993, S. 345.

[544]BRANDNER, Hans Erich, in ULMER/BRANDNER/HENSEN, *AGBG*, 8. Auflage, § 9, Rdnr. 34.

[545]Artikel 7, II der Richtlinie.

Zum Dritten befürworten die Erwägungsgründe[546] eine „generelle" Festlegung der Kontrollkriterien und eine „globale Bewertung" der Interessenlagen der Parteien[547]. Des Weiteren scheint die Pflicht zur Rücksichtnahme der Art der Güter und Dienstleistungen eher auf typisierende Merkmale abzustellen. Diese Überlegungen zeigen, dass bei der Missbrauchskontrolle nach der Richtlinie sowohl individuelle als auch generell-typisierende Kriterien angewendet werden können[548]. Es muss deshalb die Frage beantwortet werden, in welchem Verhältnis die individuellen und generellen Kontrollkriterien zueinander stehen.

B. Die Kontroverse in der Literatur

Die Frage des Charakters des Kontrollmaßstabes ist im Schrifttum sehr umstritten. Die Kontroverse handelt vor allem davon, ob bei der Würdigung von AGB im Individualprozess individuell-konkrete Umstände Berücksichtigung finden können. Es besteht Einigkeit darüber, dass bei der Inhaltskontrolle im Rahmen des abstrakten Kontrollverfahrens von AGB und bei der Anwendung der Klauselverbote im Anhang nur ein genereller Maßstab Anwendung finden kann[549]. Unumstritten ist auch, dass bei der Beurteilung der Missbräuchlichkeit von Individualklauseln in Verbraucherverträgen von einem individuellen Kontrollmaßstab auszugehen ist. Es wird als richtig angesehen, dass für die Beurteilung von Klauseln, die für einen individuellen Fall entwickelt sind, die Umstände des Einzelfalles in Betracht gezogen werden. Problematisch und umstritten ist aber die Frage, ob bei der Kontrolle von AGB im Individualprozess von einem individuellen Kontrollmaßstab auszugehen ist.

Wolf[550] vertritt die Ansicht, dass die Richtlinie durch die vorgesehenen zwei Arten von Kontrollkriterien eine Differenzierung zwischen der

---

[546]Erwägungsgründe 15 und 16 der Richtlinie.

[547]ECKERT, Hans-Werner, „Die EG-Richtlinie über missbräuchliche Klauseln in Verbraucherverträgen und ihre Auswirkungen auf das deutsche Recht", *WM* 1993, S. 1075.

[548]HEINRICHS, Helmut, „Das Gesetz zur Änderung des AGB-Gesetzes. Umsetzung der EG-Richtlinie über missbräuchliche Klauseln in Verbraucherverträgen durch den Bundesgesetzgeber", *NJW* 1996, S. 2193 (2194).

[549]HEINRICHS, Helmut, „Die EG-Richtlinie über missbräuchliche Klauseln in Verbraucherverträgen", *NJW* 1993, S. 1820; HOMMELHOFF, Peter und WIEDENMANN, Kai-Udo, „AGB gegenüber Kaufleuten und unausgehandelte Klauseln in Verbraucherverträgen", *ZIP* 1993, S. 568; DAMM, Reinhard, „Europäisches Verbrauchervertragsrecht und AGB-Recht. Zur Umsetzung der EG-Richtlinie über missbräuchliche Klauseln in Verbraucherverträgen", *JZ* 1994, S. 173.

[550]WOLF, Manfred, in WOLF/HORN/LINDACHER, *AGBG-Kommentar*, 4. Auflage, 1999, RiLi Artikel 4, Rdnr. 3.

Würdigung der Individualklauseln und der AGB erreichen wollte. *Wolf* sieht es als selbstverständlich an, dass bei der Beurteilung der Individualklauseln von einem individuellen Maßstab auszugehen ist. Bei der Inhaltskontrolle von AGB kann aber nicht immer von einer individuellen Betrachtung ausgegangen werden. Aus der Bezugnahme des Artikel 4 Absatz I auf Artikel 7 ist abzuleiten, dass die Richtlinie für das abstrakte Kontrollverfahren des Artikels 7 Absatz II (präventives Kontrollverfahren) an dem generellen Prüfungsmaßstab festhält. Um das Verbandsklageverfahren nicht zu entwerten, wäre es außerdem wünschenswert, auch im Individualprozess die AGB generell zu beurteilen. Es wäre nicht sinnvoll, dass die im Verbandsklageprozess für unwirksam erklärten AGB-Klauseln im Individualprozess aufgrund der Berücksichtigung der konkreten Umstände wirksam würden.

Die Differenzierung der Kontrolle zwischen AGB und Individualklauseln ist nach der Meinung anderer Autoren zu vermeiden[551]. Aus dem Wortlaut der Richtlinie ist eine solche Differenzierung nicht abzuleiten. Nur in bezug auf das (abstrakte) präventive Kontrollverfahren ist logischerweise ein genereller Maßstab anzuwenden. Wenn davon auszugehen wäre, dass die Richtlinie nur die Individualklauseln dem individuellen Kontrollmaßstab unterwerfen wollte, würde dem individuellen Kontrollmaßstab keine große Bedeutung zukommen. Denn in den meisten Verbraucherverträgen werden AGB verwendet, und es wäre deshalb der generelle Maßstab anwendbar. Nur in wenigen Fällen sind Klauseln in Verbraucherverträgen nicht für eine Mehrfachverwendung vorformuliert. Solche eingeschränkte Anwendung des individuellen Maßstabes kann nicht dem Richtlinienziel, das intellektuelle und wirtschaftliche Kräfteverhältnis zwischen den Vertragspartnern zu berücksichtigen, dienen. Auch *Hommelhoff* und *Wiedenmann*[552] vertreten die Meinung, dass bei der Würdigung der AGB die individuellen Umstände zu berücksichtigen sind. Nach beiden Autoren ist der Kontrollmaßstab der Richtlinie „schwergewichtig" ein konkret-individueller Maßstab. Die Autoren berufen sich dabei auf Artikel 4 Absatz I und auf den 16. Erwägungsgrund der Richtlinie. Die „Berücksichtigung aller den Vertragsabschluss begleitenden Umständen sowie aller anderen Klauseln desselben Vertrages"[553] deuten nach *Hommelhoff* und *Wiedenmann* notwendig darauf hin, dass

[551] HABERSACK, Mathias, KLEINDIEK, Detlef und WIEDENMANN, Kai-Udo, „Die EG-Richtlinie über missbräuchliche Klauseln in Verbraucherverträgen und das künftige AGB-Gesetz", *ZIP* 1993, S. 1673 (1674).
[552] HOMMELHOFF, Peter und WIEDENMANN, Kai-Udo, „AGB gegenüber Kaufleuten und unausgehandelte Klauseln in Verbraucherverträgen", *ZIP* 1993, S. 568 (569).
[553] Artikel 4, I.

die konkret-individuellen Umstände in Betracht zu ziehen sind. Auch der 16. Erwägungsgrund, nach dem das Kräfteverhältnis und das Einwirken auf den Verbraucher bei der Beurteilung nach Treu und Glauben zu berücksichtigen sind, deuten auf die Berücksichtigung der konkret-individuellen Umstände. Der Unterlegenenschutz der Richtlinie erfordere nämlich derartige individuelle Kontrollkriterien [554].

Remien[555] dagegen vertritt die Auffassung, dass bei der Kontrolle von AGB nach der Richtlinie von einem abstrakt-generellen Kontrollmaßstab auszugehen ist. Er kritisiert vor allem die Theorie von *Hommelhoff* und *Wiedenmann*, die davon ausgeht, dass der Richtliniengeber hauptsächlich einen konkret-individuellen Kontrollmaßstab einführen wollte. Nach *Remien* sprechen einige allgemeine Argumente gegen diese Auffassung. Er merkt an, dass die Berücksichtigung der individuellen Umstände bei der Würdigung von AGB zu einer Verwässerung des Schutzes führt. Er weist dabei auf zwei mögliche Ergebnisse hin, die eine Berücksichtigung der individuellen Umstände zur Folge haben kann[556]. Einerseits könnten inhaltlich bedenkliche Klauseln, die nach einem generellen Kontrollmaßstab wirksam sind, nach einer zusätzlichen Berücksichtigung der individuellen Umstände als unwirksam bezeichnet werden (Erweiterung des Schutzkreises). Nach dem individuellen Maßstab wird nicht von dem typischerweise beteiligten Kunden, sondern von den konkreten individuellen Kapazitäten des Verbrauchers ausgegangen. So können zum Beispiel[557] bedenkliche Klauseln in einem Vertrag mit ausländischen Verbrauchern, die der von dem Gewerbetreibenden verwendeten Sprache kaum mächtig sind, als missbräuchlich zu beurteilen sein. Denn in diesem Fall besteht eine Ungleichheit im intellektuellen und wirtschaftlichen Kräfteverhältnis zwischen den Vertragsparteien. Anders muss geurteilt werden, wenn der Verbraucher ein erfahrener Rechtsanwalt ist, der durch seine Sachkenntnis in einem ausgewogenen Verhältnis zu dem Gewerbetreibenden steht. In diesem Fall können Klauseln, die nach einem generellen Maßstab unwirksam wären, als wirksam erklärt werden (Einschränkung des Schutzkreises). Das Ergebnis der Würdigung könnte

---

[554] HOMMELHOFF, Peter und WIEDENMANN, Kai-Udo, „AGB gegenüber Kaufleuten und unausgehandelte Klauseln in Verbraucherverträgen", *ZIP* 1993, S. 569.

[555] REMIEN, Oliver, „AGB-Gesetz und Richtlinie über missbräuchliche Verbrauchervertragsklauseln in ihrem europäischen Umfeld", *ZEuP* 1994, S. 53 ff.

[556] Auch Heinrichs weist auf diese doppelte Wirkung hin: HEINRICHS, Helmut, „Das Gesetz zur Änderung des AGB-Gesetzes. Umsetzung der EG-Richtlinie über missbräuchliche Klauseln in Verbraucherverträgen durch den Bundesgesetzgeber", *NJW* 1996, S. 2194.

[557] Beispiel übernommen aus: HEINRICHS, Helmut, „Die EG-Richtlinie über missbräuchliche Klauseln in Verbraucherverträgen", *NJW* 1993, S. 1820.

also, je nach den persönlichen Kapazitäten des Verbrauchers, variieren. *Remien* kritisiert, dass die Anwendung eines konkret-individuellen Kontrollmaßstabes in bezug auf gleiche AGB zu unterschiedlichen Entscheidungen führen kann. Solches kann nicht nur eine Verwässerung des Schutzes zur Folge haben, sondern wäre auch wegen des Massencharakters von AGB unerwünscht. Es wäre unmöglich, gültige AGB aufzustellen, wenn dabei mit allen unterschiedlichen konkret-individuellen Fähigkeiten und Interessen des Klauselgegners zu rechnen wäre. Daher befürwortet der Autor, bei der Würdigung von AGB von einem typisierenden Maßstab auszugehen. Des Weiteren macht er darauf aufmerksam, dass die Variation in den Entscheidungen durch die Berücksichtigung der konkret-individuellen Umstände die verfolgten Ziele der Rechtsangleichung und Wettbewerbsförderung untergräbt. Die Beurteilung der individuellen Umstände wird in der Praxis zu Einzelfallergebnissen führen. Zugunsten des Bestrebens der Rechtsklarheit ist es, nach *Remien*, daher erforderlich, nur die typisierenden Interessen der Vertragsparteien zu berücksichtigen.

Darüber hinaus können die von *Hommelhoff* und *Wiedenmann* vorgebrachten Argumente nach *Remien* nicht überzeugen. Zum Ersten spreche Artikel 4 Absatz I nicht dafür, „dass schwergewichtig ein konkret-individueller Kontrollmaßstab anzulegen sei"[558]. Die Berücksichtigung der Art der Güter oder Dienstleistungen deute nicht auf einen konkret-individuellen Maßstab hin[559]. Auch die Pflicht zur Berücksichtigung aller den Vertragsabschluss begleitenden Umstände und aller anderen Klauseln desselben Vertrages oder eines anderen Vertrages, von dem die Klausel abhänge, müsse nicht notwendigerweise zur Berücksichtigung der konkreten Vertragsanbahnung und der konkreten Vertragsverhandlungen der Parteien führen. Nicht die Besonderheiten des Einzelfalles, sondern vielmehr die typisierenden Abschlussumstände sind, nach *Remien,* bei der Klauselwürdigung in Betracht zu ziehen. Es ist zum Beispiel von den typischen Abschlussumständen im Beratungszimmer eines Versicherungsunternehmens oder in der Pkw-Werkstatt auszugehen. Diese Abschlusssituationen lassen sich typisieren. Die Berücksichtigung der Besonderheiten des Einzelfalles können, nach Meinung des Autors, nur bei einer Einbeziehungskontrolle bedeutsam sein. Bei der Inhaltskontrolle sollen sie aber nicht berücksichtigt werden, weil die meisten nichts mit dem Vertragsinhalt zu tun haben. Auch die anderen AGB in dem Vertrag

---

[558]REMIEN, Oliver, „AGB-Gesetz und Richtlinie über missbräuchliche Verbrauchervertragsklauseln in ihrem europäischen Umfeld", *ZEuP* 1994, S. 55.
[559]Ist unstreitig, auch so bei Hommelhoff und Wiedenmann.

oder in anderen Verträgen weisen keine individuellen Besonderheiten auf. Sie sind für alle gleich.

Auch aus dem 16. Erwägungsgrund ergibt sich, nach *Remien*, nicht notwendigerweise ein konkret-individueller Kontrollmaßstab. Das Kräfteverhältnis zwischen den Verhandlungspositionen der Parteien wäre nur schwer nachweisbar, weil im Normalfall über die AGB nicht verhandelt wird. AGB werden in anonymen Massengeschäften angewendet. Es könnte später nur darüber spekuliert werden, ob auf den Verbraucher in irgendeiner Weise eingewirkt wurde, um seine Zustimmung zu erhalten, oder wie gut der Verbraucher verhandeln konnte[560]. Eine Berücksichtigung dieser ungewissen Umstände würde aber auch zur Folge haben, dass der Rationalisierungseffekt der AGB verloren gehe. Die Abfassung wirksamer AGB würde erschwert, weil die Klauseln nicht mehr an sich, sondern gegenüber der individuellen Partei angemessen oder unangemessen sind. Solches würde implizieren, dass der Klauselverwender mit jedem Vertragspartner über alle Einzelheiten verhandeln und dabei auf die Fähigkeiten des anderen Teils Rücksicht nehmen müsste. Das wäre unökonomisch, weil es die Anwendung von AGB unmöglich machen würde. Die Verwendung von AGB sei aber ein notwendiges Instrument zur Erleichterung der Wirtschaft. Auch die Berücksichtigung „ob auf den Verbraucher eingewirkt wurde", sei bei der Anwendung von AGB zu typisieren. Die einseitige Durchsetzung der AGB deute schon darauf hin, dass der Verbraucher keinen Einfluss auf den Inhalt ausüben könne. Die Berücksichtigung der konkret-individuellen Umstände ist damit, nach *Remien*, wenig ergiebig.

Nach *Remien* weist auch die Entstehungsgeschichte der Richtlinie darauf hin, dass bei der Beurteilung der AGB nicht von einem konkret-individuellen Maßstab auszugehen ist. Es gebe Hinweise darauf, dass nach dem geänderten Richtlinienvorschlag[561] die individuellen Umstände des Vertragsabschlusses nur bei der Inhaltskontrolle der Individualvereinbarungen (im Einzelnen ausgehandelte Klauseln) Berücksichtigung finden sollten[562]. Bei der Kontrolle von den nicht im Einzelnen ausgehandelten Klauseln komme es dagegen auf eine Ungleichheit von Rechten und Pflichten oder auf eine erhebliche Abweichung von dem, was der

---

[560]REMIEN, Oliver, „AGB-Gesetz und Richtlinie über missbräuchliche Verbrauchervertragsklauseln in ihrem europäischen Umfeld", *ZEuP* 1994, S. 56.

[561]Artikel 3 und 4 des geänderten Richtlinienvorschlags der Kommision vom 5.03.1992.

[562]Darauf weist auch Damm hin: DAMM, Reinhard, „Europäisches Verbrauchervertragsrecht und AGB-Recht. Zur Umsetzung der EG-Richtlinie über missbräuchliche Klauseln in Verbraucherverträgen", *JZ* 1994, S. 173.

Verbraucher nach den gesetzlichen Vorschriften erwarten dürfte, an[563]. Die endgültige Richtlinienfassung beabsichtigt aber nicht die Kontrolle von Individualvereinbarungen[564]. Ungeachtet der Eliminierung der Individualvereinbarungen aus dem Anwendungsbereich der Richtlinie, ist es aber bei der Berücksichtigung individueller Vertragsumstände geblieben. Der konkret-individuelle Maßstab könnte daher als ein Rest des alten Richtlinienvorschlags angesehen werden[565]. Dass der Richtliniengeber diese Berücksichtigung der individuellen Umstände in bezug auf AGB nicht ausdrücklich ausgeschlossen hat, kann wahrscheinlich auch als eine redaktionelle Fehlleistung angesehen werden.

Auch *Damm*[566] hat Bedenken gegen die Ansicht von *Hommelhoff* und *Wiedenmann*, die das Schwergewicht des Kontrollmaßstabs auf die Berücksichtigung der konkret-individuellen Umstände legen. *Damm* vertritt die Ansicht, dass bei der Beurteilung des Missverhältnisses von einem typisiert-allgemeinen Maßstab auszugehen ist. Der Schwerpunkt des Kontrollmaßstabs soll eine typisierende-generelle Beurteilung sein. Die Typisierung soll die speziellen Umstände jedes Sozialbereichs berücksichtigen. Die reine Berücksichtigung der individuellen Umstände des konkreten Vertragsverhältnisses würde nicht funktionieren. Bei der AGB-Problematik handelt es sich um eine generelle Risikosituation von AGB-Adressaten und eine dementsprechende typisierende Schutzorientierung. Im Gegensatz zu *Remien* lässt *Damm* im Einzelfall auch die Berücksichtigung konkret-individueller Umstände zu. Danach könnten die eventuellen Eigenarten des Vertragsabschlusses ergänzend in Betracht gezogen werden. Beispiele sind: die Überrumpelungssituation, die geschäftliche Unerfahrenheit und das Einwirken auf eine Zustimmung. Falls nachteilige, bedenkliche Klauseln vorliegen, die nach einem typisierenden Maßstab nicht *per se* missbräuchlich sind, können ergänzend die konkreten Umstände des Vertragsabschlusses berücksichtigt werden[567]. Diese Umstandsprüfung kann sich in zwei Richtungen auswir-

---

[563]Artikel 3 des geänderten Richtlinienvorschlags der Kommission vom 3.03.1992.

[564]Die Richtlinie schränkt ihren Anwendungsbereich auf nicht im Einzelnen ausgehandelte Klauseln ein.

[565]Die Individualvereinbarungen unterliegen nicht dem Anwendungsbereich der endgültigen Fassung der Richtlinie. Der konkret-individuelle Kontrollmaßstab bliebe aber als Maßstab in der Richtlinie erhalten, wobei es Hinweise gibt, dass er nur bei der Beurteilung der Individualvereinbarungen zu berücksichtigen ist.

[566]DAMM, Reinhard, „Europäisches Verbrauchervertragsrecht und AGB-Recht. Zur Umsetzung der EG-Richtlinie über missbräuchliche Klauseln in Verbraucherverträgen", *JZ* 1994, S. 174.

[567]HEINRICHS, Helmut, „Die EG-Richtlinie über missbräuchliche Klauseln in Verbraucherverträgen", *NJW* 1993, S. 1821.

ken[568]. Sie kann die schon existierenden Bedenken so verstärken, dass sie zur Missbräuchlichkeit der Klauseln führen. Die Umstandsberücksichtigung kann auch zur Folge haben, dass die Bedenken so abgeschwächt werden, dass die Klauseln aufrechterhalten bleiben können.

Der Wortlaut der Richtlinie lässt auch zu, dass Klauseln, die nach dem typisierenden Maßstab missbräuchlich sind, durch die Umstandsberücksichtigung ihre Geltung behalten können. *Damm* bemerkt aber, dass die Richtlinie in den Mitgliedstaaten derart umzusetzen ist, dass sie zu einem höheren Schutzniveau führt[569]. Die Sanierung von missbräuchlichen Klauseln durch die Berücksichtigung der konkreten Umstände führt dagegen zu einer Abschwächung des Schutzniveaus. Die Sanierung von, nach dem generellen Maßstab, missbräuchlichen Klauseln würde außerdem auch das abstrakte Kontrollverfahren entwerten[570]. Daher vertritt *Damm* die Meinung, dass die individuellen Umstände nur insoweit berücksichtigt werden müssen, als sie nicht zur Sanierung von einer in typisierender Sicht missbräuchlichen Klausel führen[571]. *Damm* spricht von einer „halbseitigen" Berücksichtigung vertragsindividueller Umstände. *Reich* schließt sich der Ansicht von *Damm* an[572].

C. Würdigung

Die Generalklausel des Artikels 3 der Richtlinie erfordert bei der Klauselkontrolle eine umfassende Würdigung der Vertragsinteressen der beiden Parteien. Unklar bleibt dabei, welche Umstände bei der Kontrolle nach Treu und Glauben heranzuziehen sind. Artikel 4 Absatz I und die Erwägungsgründe könnten theoretisch sowohl auf generelle wie auf individuelle Umstände abstellen. *Hommelhoff* und *Wiedenmann* bemerken zurecht, dass das Schutzkonzept der Richtlinie eine Berücksichtigung der Umstände bei Vertragsabschluss erfordert. Die Umstände beim Vertrags-

---

568 HEINRICHS, Helmut, „Das Gesetz zur Änderung des AGB-Gesetzes. Umsetzung der EG-Richtlinie über missbräuchliche Klauseln in Verbraucherverträgen durch den Bundesgesetzgeber", *NJW* 1996, S. 2194.

569 Beruft sich dabei auf Artikel 8 der Richtlinie: so auch Heinrichs: HEINRICHS, Helmut, „Die EG-Richtlinie über missbräuchliche Klauseln in Verbraucherverträgen", *NJW* 1993, S. 1821.

570 Auf den Impakt von unterschiedlichen Entscheidungen im Individualprozess und im abstrakten Kontrollverfahren hat vor allem Wolf hingewiesen: WOLF, Manfred, in WOLF/HORN/LINDACHER, *AGB-Kommentar*, 4. Auflage, 1999, RiLi Artikel 4, Rdnr. 3.

571 So auch: HEINRICHS, Helmut, „Die EG-Richtlinie über missbräuchliche Klauseln in Verbraucherverträgen", *NJW* 1993, S. 1821.

572 REICH, Norbert, *Europäisches Verbraucherrecht. Eine problemorientierte Einführung in das europäische Wirtschaftsrecht*, 3. Auflage, 1996, S. 347 (348).

abschluss können bei dem Verbraucher bestimmte Erwartungen und Vertrauensbildungen erzeugen, die bei der Auslegung der Klauseln zu berücksichtigen sind. Unklar bleibt nach der Richtlinie, ob dabei die typisierenden Umstände oder die konkret-individuellen Umstände des Vertragsabschlusses heranzuziehen sind. Nach *Hommelhoff* und *Wiedenmann* soll der Unterlegenenschutz der Richtlinie dazu führen, dass schwergewichtig von einem konkret-individuellen Maßstab auszugehen ist. Diese Auffassung ist auf jeden Fall in bezug auf die Kontrolle der Individualvereinbarungen zu bejahen, weil in diesem Fall konkret-individuelle Momente vorgelegen haben[573]. *Remien* hat mit starken Argumenten darauf hingewiesen, dass ein rein konkret-individueller Kontrollmaßstab bei der Überprüfung von AGB nicht wirksam ist. Er befürwortet daher, nur die generellen (objektiven) Interessen der Parteien bei der Würdigung zu beachten. Danach sollte bei der Inhaltskontrolle von den typisierenden Umständen beim Vertragsabschluss auszugehen sein. Trotz der Bemerkungen von *Remien* scheint der größte Teil der Literatur[574] davon auszugehen, dass nach der Richtlinie ergänzend auch die konkreten Vertragsabschlussumstände einzubeziehen sind. Bei der Missbrauchskontrolle ist danach grundsätzlich von einem typisierend-generellen Maßstab auszugehen, wobei zusätzlich auch die konkret-individuellen Umstände berücksichtigt werden können, wenn dies zu einer Verstärkung des Verbraucherschutzes führt. Der typisierend-generelle Maßstab orientiert sich vor allem an den dispositiven gesetzlichen Vorschriften und dem objektiven Vertragszweck. Die Typisierung der Kontrolle kann aber für sich schon eine sichere Individualisierung der Kontrolle bedeuten. Diese Typisierung lässt zu, dass die Klauselwürdigungen unterschiedlich ausfallen können, je nach Art des Klauselgegners. Die zusätzliche Umstandskontrolle nimmt auf die konkreten Umstände Rücksicht und erzielt damit einen höheren Schutzstandard.

Es stellt sich die Frage, ob die zusätzliche Berücksichtigung der individuellen Vertragsumstände in der Praxis große Relevanz für den Verbrau-

---

[573]So auch der größte Teil des Schrifttums.

[574]HEINRICHS, Helmut, „Die EG-Richtlinie über missbräuchliche Klauseln in Verbraucherverträgen", *NJW* 1993, S. 1821; DAMM, Reinhard, „Europäisches Verbrauchervertragsrecht und AGB-Recht. Zur Umsetzung der EG-Richtlinie über missbräuchliche Klauseln in Verbraucherverträgen", *JZ* 1994, S. 172 (174); REICH, Norbert, *Europäisches Verbraucherrecht. Eine problemorientierte Einführung in das europäische Wirtschaftsrecht*, 3. Auflage, 1996, S. 347 (348); ECKERT, Hans-Werner, „Das neue Recht der Allgemeinen Geschäftsbedingungen", *ZIP* 1996, S. 1240.

cherschutz hat[575]. Die Bedeutung der zusätzlichen Umstandsberücksichtigung scheint minimal zu sein. Darauf weist eine Analyse der drei Fallgestaltungen hin, bei denen eine Umstandsberücksichtigung stattfinden kann. Eine erste Fallgestaltung ist die, in der eine Klausel nach dem typisierenden Maßstab als missbräuchlich erklärt wurde. Eine Berücksichtigung der konkreten Vertragsumstände kann hier zur Folge haben, dass entweder die Missbräuchlichkeit bestätigt wird oder die Missbräuchlichkeit saniert wird. Die Sanierung der nach dem typisierendem Maßstab missbräuchlichen Klausel führt nicht zu einem höheren Schutzniveau und deshalb nicht zu einem größeren Verbraucherschutz. Eine zweite Situation ist die, in der in dem Vertragsinhalt keine Unausgewogenheit oder Missbräuchlichkeit zu erkennen ist. Die Tatsache, dass der Verbraucher durch Täuschung, Drohung, oder Ausnutzung eines Machtsgefälles seine Zustimmung gegeben hat, wird an dieser objektiven Ausgewogenheit des Vertragsinhalts nicht viel ändern können[576]. Anzunehmen ist, dass bedenkliche Vertragsumstände die Einwände gegen bedenkliche Klauseln verstärken können. Die Inhaltskontrolle hat aber nicht das Ziel, die bedenklichen Vertragsumstände an sich zu sanktionieren. Die Umstandsberücksichtigung bringt auch in diesem Fall keinen höheren Verbraucherschutz[577]. Die Berücksichtigung der konkreten Vertragsumstände kann nur in dem Fall von Bedeutung sein, in dem eine Klausel schon objektiv bedenklich ist und die konkreten Umstände diese Bedenken verstärken. Nur in dieser dritten Fallgestaltung könnte die zusätzliche Umstandsberücksichtigung zu der Feststellung eines Missverhältnisses führen. Aus Obenstehendem ist zu schließen, dass die zusätzliche Berücksichtigung der individuellen Vertragsumstände nur eine minimale Verbesserung des Verbraucherschutzes zur Folge hat.

Fraglich ist außerdem, ob die Einzelumstände bei der Beurteilung der AGB etwas hergeben[578]. Bei der Anwendung von AGB liegen typischer-

---

[575]Diese Frage stellt sich auch Ulmer: ULMER, Peter, „Zur Anpassung des AGB-Gesetzes an die EG-Richtlinie über missbräuchliche Klauseln in Verbraucherverträgen", *EuZW* 1993, S. 345.

[576]So auch Ulmer: ULMER, Peter, „Zur Anpassung des AGB-Gesetzes an die EG-Richtlinie über missbräuchliche Klauseln in Verbraucherverträgen", *EuZW* 1993, S. 345.

[577]Darauf hat vor allem Ulmer hingewiesen: ULMER, Peter, „Zur Anpassung des AGB-Gesetzes an die EG-Richtlinie über missbräuchliche Klauseln in Verbraucherverträgen", *EuZW* 1993, S. 345.

[578]Das fragen sich auch Remien und Schmidt-Salzer: REMIEN, Oliver, „AGB-Gesetz und Richtlinie über missbräuchliche Verbrauchervertragsklauseln in ihrem europäischen Umfeld", *ZEuP* 1994, S. 57; SCHMIDT-SALZER, Joachim, „Recht der AGB und der missbräuchlichen Klauseln: Grundfragen", *JZ* 1995, S. 228.

weise keine individuellen Verhandlungen über den Klauselinhalt vor. Der Klauselgegner hat typischerweise nicht erheblich von dem Klauselinhalt Kenntnis genommen. Daher kann man sich fragen, ob eine Berücksichtigung der Fähigkeiten der Klauselgegner oder der anderen Umstände beim Vertragsabschluss bei der Würdigung des Klauselinhalts überhaupt relevant sind. Es kann bei der Beurteilung der AGB zum Beispiel nicht auf die Fähigkeiten des Klauselgegners ankommen, wenn er überhaupt keine Kenntnis nehmen konnte. Nur wenn es tatsächlich individuelle Umstände gibt, wie zum Beispiel das Vorliegen von individuell ausgehandelten Vertragsabreden, sind diese bei der Beurteilung in Betracht zu ziehen. Diese individuellen Abreden bestimmen den Vertragszweck, von dem die AGB nicht abweichen dürfen. Diese Berücksichtigungspflicht der individuellen Klauseln ergibt sich aber schon aus der Pflicht, alle anderen Vertragsklauseln bei der Würdigung in Betracht zu ziehen.

Außerdem kann man sich Gedanken darüber machen, ob eine Berücksichtigung der konkret-individuellen Vertragsabschlussumstände bei der Inhaltskontrolle am Platze ist. Mit einer Berücksichtigung der Umstände bei Vertragsabschluss bezweckt die Richtlinie, den Verbraucher vor Drohung, Täuschung oder Ausnutzung eines Machtgefälles zum Vertragsabschluss zu schützen. In bezug auf diese Gefahren gibt es in den meisten Mitgliedstaaten schon auf der Ebene des Vertragsabschlusses oder der Einbeziehungskontrolle Sanktionen, die angemessener sind. Bei einer Inhaltskontrolle soll an erster Stelle der Klauselinhalt an sich gewürdigt werden. Zur Sanktionierung einer Umstandsunangemessenheit stehen andere, eher angemessene Rechtsmittel und Rechtsinstitutionen zur Verfügung[579]. Schließlich scheint die Pflicht zur Rücksichtnahme auf das Kräfteverhältnis zwischen den Verhandlungspositionen der Vertragsparteien aus dem 16. Erwägungsgrund eher ein Rest der durch den Rat abgelehnten Kontrolle von im Einzelnen ausgehandelten Klauseln aus dem geänderten Vorschlag der Kommission zu sein[580].

Aus den oben stehenden Bedenken ergibt sich, dass die Berücksichtigung der individuellen Vertragsumstände bei der Würdigung von AGB nicht sehr ergiebig und wegen des Massencharakters von AGB auch

[579]So auch Ulmer und Heinrichs: ULMER, Peter, „Zur Anpassung des AGB-Gesetzes an die EG-Richtlinie über missbräuchliche Klauseln in Verbraucherverträgen", *EuZW* 1993, S. 345; HEINRICHS, Helmut," Das Gesetz zur Änderung des AGB-Gesetzes. Umsetzung der EG-Richtlinie über missbräuchliche Klauseln in Verbraucherverträgen durch den Bundesgesetzgeber", *NJW* 1996, S. 2194.

[580]TENREIRO, Mario, „The Community Directive on Unfair Terms and National Legal System", *European Review of Private Laws,* 1995, S. 278.

nicht erwünscht ist. Nur in bezug auf (vorformulierte) individuelle Klauseln, könnte die Berücksichtigung der Einzelumstände neben einem typisierend-generellen Maßstab hilfreich sein, weil es in diesem Fall für die Auslegung der Klauseln relevante individuelle Momente geben kann.

Daher ist festzustellen, dass die in der Richtlinie vorgesehene Anweisung, bei der Würdigung der Vertragsklauseln auch alle den Vertragsabschluss begleitenden Umstände zu berücksichtigen, nicht zu einer größeren Verbesserung des Verbraucherschutzes führen wird. Die Berücksichtigung der Vertragsabschlussumstände hat vielmehr bei der Konkretisierung des Einstiegskriteriums der Inhaltskontrolle Bedeutung. Bei der Beurteilung, ob eine Klausel im Einzelnen ausgehandelt wurde, sind alle den Vertragsabschluss begleitenden Umstände zu berücksichtigen.

II. Der Ausschluss des Hauptgegenstands des Vertrages und des Äquivalenzverhältnisses (Preisfrage) von der Missbrauchskontrolle

1. Der Wortlaut des Artikels 4 Absatz II der Richtlinie und des 19. Erwägungsgrunds der Richtlinie

Der Artikel 4 Absatz II der Richtlinie legt eine Einschränkung des Anwendungsbereiches der Missbrauchskontrolle der Richtlinie fest. Kontrollfrei sind nach dem Wortlaut des Artikels 4 Absatz II der Hauptgegenstand des Vertrages und die Angemessenheit zwischen dem Preis bzw. dem Entgelt und den Dienstleistungen bzw. den Gütern, die die Gegenleistung darstellen (das Preis-/Leistungsverhältnis oder Äquivalenzverhältnis), sofern diese Klauseln klar und verständlich abgefasst sind. Unklare Preis- und Leistungsbeschreibungen scheinen nach dem Wortlaut dieser Bestimmung wenigstens einer Transparenzkontrolle zu unterliegen. Welche Vertragsklauseln genau durch die Begriffe „Hauptgegenstand" und „Preis" erfasst werden, bleibt nach dem Text des Artikels 4 Absatz II unklar. Auch der 19. Erwägungsgrund der Richtlinie konkretisiert nicht, welche Teile des Vertrages der europäische Gesetzgeber mit Artikel 4 Absatz II von der Missbrauchskontrolle ausnehmen will. Im Gegenteil, dieser Erwägungsgrund schafft noch mehr Unklarheit.

Der 19. Erwägungsgrund der Richtlinie besagt, dass die Kontrollfreiheit des Hauptgegenstands und des Äquivalenzverhältnisses den (Verbraucherschutz-) Zwecken der Richtlinie dient[581]. Dies deutet darauf hin, dass der europäische Gesetzgeber nicht den ganzen Vertrag, sondern nur die Klauseln, welche die Position des Verbrauchers in Gefahr bringen kön-

[581]Erster Satz des 19. Erwägungsgrundes.

nen, für kontrollfähig hält. Unten wird untersucht, um welche Teile des Vertrages es sich dabei handelt. Der 19. Erwägungsgrund bestimmt des Weiteren, dass der Hauptgegenstand und das Äquivalenzverhältnis, ungeachtet ihrer Kontrollfreiheit, bei der Beurteilung der Missbräuchlichkeit anderer Klauseln „berücksichtigt" werden können[582]. Daraus folgert der Erwägungsgrund, dass „bei Versicherungsverträgen die Klauseln, in denen das versicherte Risiko und die Verpflichtung des Versicherers deutlich festgelegt oder abgegrenzt werden, nicht als missbräuchlich beurteilt werden, sofern diese Einschränkungen bei der Berechnung der vom Verbraucher gezahlten Prämie Berücksichtigung finden"[583]. Fraglich ist, wie dieser zweite und dritte Satz des 19. Erwägungsgrundes verstanden werden muss. Der dritte Satz scheint auf eine umfassende Auslegung des Ausnahmetatbestandes hinzuweisen. Denn er scheint auszusagen, dass alle preisrelevanten Klauseln kontrollfrei sind. Es tritt die Frage auf, ob ein so breiter Ausnahmetatbestand mit dem Ziel der Richtlinie, nämlich einen so großen Schutz des Verbrauchers wie möglich zu gewährleisten, zu vereinbaren ist. Außerdem bleibt unklar, wie diese Beurteilung der Preisrelevanz mit der Kontrollfreiheit aus Artikel 4 Absatz II zusammenhängt. Denn eine Berücksichtigung des Hauptgegenstands und des Preises bei der Beurteilung der Missbrauchskontrolle anderer Klauseln, könnte eine indirekte Kontrolle des Preises zur Folge haben. Fraglich ist auch, ob die Preisrelevanz einer Klausel überhaupt ihre Kontrollfreiheit rechtfertigen kann. Denn eine Klausel soll ungeachtet des Preises angemessen sein. Schließlich soll die Frage beantwortet werden, inwiefern der Hauptgegenstand und der Preis bei der Beurteilung der Missbräuchlichkeit anderer Klauseln Berücksichtigung finden können. Es stellt sich hier die Frage, wie der zweite Satz des 19. Erwägungsgrundes mit Artikel 4 Absatz II in Übereinstimmung zu bringen ist.

Oben stehende Anmerkungen deuten darauf hin, dass Artikel 4 Absatz II der Richtlinie und der 19. Erwägungsgrund die Unklarheit über ihr genaues Regelungskonzept begründen. Unten wird die Entstehungsgeschichte des Artikels 4 Absatz II besprochen. Des Weiteren wird versucht, das Regelungskonzept dieser Bestimmung ausfindig zu machen.

---

[582]Zweiter Satz des 19. Erwägungsgrundes.
[583]Dritter Satz des 19. Erwägungsgrundes.

2. Die Entstehungsgeschichte und der Regelungszweck des Artikels 4 Absatz II der Richtlinie

A. Missbrauchskontrolle sämtlicher Klauseln in Verbraucherverträgen

Aus der Entstehungsgeschichte der Richtlinie ergibt sich, dass die zunächst vorgelegten Richtlinienentwürfe Klauseln, die den Gegenstand der Hauptleistung oder die Höhe des Entgelts festlegen, nicht ausdrücklich von der Missbrauchskontrolle ausgeschlossen haben[584]. Die Kontrolle der Hauptleistung und des Äquivalenzverhältnisses wurde durch die EG-Kommission und einige Mitgliedstaaten als ein wesentlicher Bestandteil des Verbraucherschutzes angesehen[585]. Denn die formularmäßige Ausgestaltung dieser grundlegenden Vertragsteile könnte die Interessen der Verbraucher erheblich mehr schädigen als Bedingungen, die nur die Modalitäten der Hauptleistung und den Preis regeln oder Nebenabreden festlegen. Die Möglichkeit zur Überprüfung aller wichtigen Bestandteile des Vertrages stieß aber auf großen Widerstand innerhalb der Bundesrepublik[586]. Gegen eine Inhaltskontrolle der Hauptleistung und des Äquivalenzverhältnisses wurden, neben vertragsrechtlichen, vor allem marktwirtschaftliche Einwände erhoben.

B. Die Wahrung der marktwirtschaftlichen Wirtschaftsordnung und des Kernbereichs der Privatautonomie

Kritik richtete sich gegen die Möglichkeit der Richter, den Gegenstand des Vertrages und den Preis auf ihre Angemessenheit zu überprüfen. Diese Produkt- und Preiskontrolle stelle die wesentlichen Mechanismen der Marktfreiheit und der Parteiautonomie in Frage[587]. In einer freien Marktwirtschaft steuern nicht die Richter, sondern die Marktmechanismen oder der freie Wettbewerb den Inhalt der Güter- bzw. Dienstleis-

---

[584]BRANDNER, Hans Erich und ULMER, Peter, „EG-Richtlinie über missbräuchliche Klauseln in Verbraucherverträge Kritische Bemerkungen zum Vorschlag der EG-Kommission", *BB* 1991, S. 705; DAMM, Reinhard, „Europäisches Verbrauchervertragsrecht und AGB-Recht. Zur Umsetzung der EG-Richtlinie über missbräuchliche Klauseln in Verbraucherverträgen", *JZ* 1994, S. 170.

[585]ECKERT, Hans-Werner, „Die EG-Richtlinie über missbräuchliche Klauseln in Verbraucherverträgen und ihre Auswirkungen auf das deutsche Recht", *WM* 1993, S. 1072.

[586]BR.-Dr. 611/90, S. 3; BRANDNER, Hans Erich und ULMER, Peter, „EG-Richtlinie über missbräuchliche Klauseln in Verbraucherverträgen. Kritische Bemerkungen zum Vorschlag der EG-Kommission", *BB* 1991, S. 705.

[587]BRANDNER, Hans Erich und ULMER, Peter, „EG-Richtlinie über missbräuchliche Klauseln in Verbraucherverträgen. Kritische Bemerkungen zum Vorschlag der EG-Kommission", *BB* 1991, S. 705.

tungsangebote und ihre Preisbildung bzw. ihr Entgelt. Die Privatautonomie ist das vertragsrechtliche Instrument, das den Parteien die Möglichkeit gibt, den wirtschaftlichen Verkehr selbst zu gestalten[588]. Sofern der Verbraucher selbst prüfen kann, ob eine Ware oder Dienstleistung (Vertragsgegenstand) seinen Interessen entspricht und ihm den Preis wert ist, soll der Vertrag von jeder gerichtlichen Kontrolle frei sein. Diese „Selbstregelung" der freien Marktwirtschaft erfordert, dass ein kontrollneutraler Bereich geschaffen wird, der nur den Marktgesetzen unterliegt. Des Weiteren sei unklar, was beim Fehlen einer gesetzlichen Preisregelung der Maßstab für eine Inhaltskontrolle der Hauptleistung und des Preisverhältnisses sein solle[589]. Die Gerichte würden aufgrund eigener Kriterien über die Angemessenheit der Vertragsleistungen und das Äquivalenzverhältnis entscheiden. Solches Bestimmen des *iustus pretium* würde zur Folge haben, dass nicht die Marktmechanismen, sondern die Richter die Vertragsprodukte und ihren Preis entwickeln würden.

Anzunehmen ist, dass diese vor allem in der deutschen Literatur geäußerte Kritik an den Einschränkungen aus Artikel 4 Absatz II der endgültigen Fassung der Richtlinie zugrunde liegt. Mit der Kontrollfreiheit des Hauptgegenstandes und des Äquivalenzverhältnisses nimmt der europäische Gesetzgeber auf die wirtschaftlichen Prinzipien des freien Wettbewerbs und der Parteiautonomie Bezug. Artikel 4 Absatz II bezweckt das „wirtschaftliche Produkt", das Gegenstand des Vertrages ist, den Gesetzen des freien Marktes zu überlassen und von der Inhaltskontrolle auszuschließen. Dieses Vertragsprodukt umfasst die Leistung und Gegenleistung und ihre Wertrelation. Es ist also die Preisfrage, die von der gerichtlichen Missbrauchskontrolle ausgenommen wird. Es bleibt aber unklar, wie dieser kontrollfreie Bereich interpretiert werden muss.

3. Die unklare Abgrenzung der Begriffe „Hauptgegenstand" und „Äquivalenzverhältnis"

Der europäische Gesetzgeber hat bei der Abfassung des Artikels 4 Absatz II versäumt, die Begriffe „Hauptleistung" und „Äquivalenzverhält-

---

[588] SCHMIDT-SALZER, Joachim, „Leistungsbeschreibungen insbesondere in Versicherungsverträgen und Schranken der Inhaltskontrolle", in *Festschrift Brandner*, 1996, S. 265.

[589] LÖWE, Walter in LÖWE/Graf von WESTPHALEN/TRINKNER, *Großkommentar zum AGB-Gesetz: Gesetz zur Regelung des Rechts der Allgemeinen Geschäftsbedingungen*, 1977, § 8, Rdnr. 2; SCHMIDT-SALZER, Joachim, „Leistungsbeschreibungen insbesondere in Versicherungsverträgen und Schranken der Inhaltskontrolle", in *Festschrift Brandner*, 1996, S. 266; FREY, Kaspar, „Wie ändert sich das AGB-Gesetz?", *ZIP* 1993, S. 578.

nis" abzugrenzen. Die genaue Definition dieser Begriffe ist wichtig, weil sie die Schranken der Missbrauchskontrolle festlegt. Die Ausnahmeregelung für das Vertragsprodukt setzt die Trennbarkeit vom kontrollfähigen Bereich des Vertrages voraus. Zu diesem kontrollfähigen Bereich gehören die so genannten „Vertragsausgestaltungsvereinbarungen" und „Nebenabreden"[590]. Genau diese Trennung zwischen dem kontrollfreien Vertragsprodukt und den kontrollfähigen Vertragsausgestaltungen und Nebenabreden ist bei einer ungenauen Definition der Begriffe „Hauptgegenstand" und „Äquivalenzverhältnis" problematisch.

Nur in dem Fall, dass das Vertragsprodukt mit einer materiell zu erbringenden Leistung gleichzustellen ist, kann es ohne Probleme von den vertraglichen Ausgestaltungen und Nebenabreden unterschieden werden[591]. Die Situation, in der das Vertragsprodukt im Ganzen der materiell zu erbringenden Leistung oder Lieferung entspricht, ist im heutigen Vertragsrecht eher die Ausnahme geworden. Im modernen Vertragsverkehr wird das Vertragsprodukt oft teilweise, und bei Finanzleistungen charakteristisch, im Ganzen formularmäßig ausgestaltet und versteckt sich in einem umfassenden Klauselwerk. Diese „Entmaterialisierung"[592] des Vertragsproduktes macht es bei der Rechtsanwendung schwer festzustellen, wo der kontrollfreie Hauptgegenstand des Vertrages anfängt und wo er aufhört. Denn das Vertragsprodukt ist in dem umfassenden Klauselwerk nur schwierig von den anderen Leistungsbeschreibungen und Nebenabreden abzugrenzen.

Der Begriff „Hauptgegenstand" könnte einerseits sehr weit interpretiert werden und alle Klauseln umfassen, die einigermaßen leistungsbeschreibend sind oder den Preis bestimmen. Klauseln, welche die Qualitätserwartungen einer Dienstleistung festlegen oder welche die Mitwirkungspflichten des Auftraggebers bestimmen, gehören zu den Klauseln, die den Vertragsgegenstand ausgestalten[593]. Daneben könnten auch Preis- oder Leistungsänderungsvorbehalte kontrollfrei sein. Diese weite Inter-

---

[590]SCHMIDT-SALZER, Joachim, „Leistungsbeschreibungen insbesondere in Versicherungsverträgen und Schranken der Inhaltskontrolle", in *Festschrift Brandner*, 1996, S. 268.

[591]SCHMIDT-SALZER, Joachim, „Leistungsbeschreibungen insbesondere in Versicherungsverträgen und Schranken der Inhaltskontrolle", in *Festschrift Brandner*, 1996, S. 269.

[592]BAUMANN, Horst, „Zur Inhaltskontrolle von Produktbestimmungen in Allgemeinen Geschäfts- und Versicherungsbedingungen", *VersR*, 1991, S. 490.

[593]SCHMIDT-SALZER, Joachim, „Leistungsbeschreibungen insbesondere in Versicherungsverträgen und Schranken der Inhaltskontrolle", in *Festschrift Brandner*, 1996, S. 270 (271).

pretation könnte zur Folge haben, dass bei total „entmaterialisierten" Leistungen, wie zum Beispiel der Versicherungsleistung, keine Vertragsklausel kontrollfähig wäre. Denn das Versicherungsprodukt und sein Preis versteckt sich in den anderen AVB und ist davon nur schwer zu trennen.

Andererseits können die Begriffe „Hauptgegenstand", „Preis" und „Preis-/Leistungsverhältnis" auch enger ausgelegt werden. Das niederländische Bürgerliche Gesetzbuch und die deutsche Rechtsprechung in bezug auf § 8 AGBG besagen, dass nur ein Kernbereich der Leistungs- oder Preisbeschreibungen kontrollfrei ist. Artikel 231 des niederländischen Bürgerlichen Gesetzbuches sagt aus, dass die Bedingungen, die den Kern der Leistungen darstellen, keine AGB sind. Demnach unterliegen sie nicht den Schutzvorschriften aus Abteilung 3 des Bürgerlichen Gesetzbuches, welche nur die Inhaltskontrolle von AGB regelt. Der deutsche BGH entwickelte aufgrund des § 8 AGB-Gesetzes eine vergleichbare Ausnahme. Von der Inhaltskontrolle des AGB-Gesetzes sind nur der enge Bereich der Leistungsbestimmungen „ohne deren Vorliegen mangels Bestimmtheit oder Bestimmbarkeit des wesentlichen Vertragsinhalts ein wirksamer Vertrag nicht mehr angenommen werden könne" ausgenommen[594]. *Von Hoyningen-Huene*[595] ist der Ansicht, dass der Artikel 4 Absatz II der Richtlinie entsprechend dieser deutschen Rechtsprechung auszulegen sei. Der Autor argumentiert, dass der kontrollfreie Bereich aus Artikel 4 Absatz II „aufgrund bundesdeutscher Kritik" in der Richtlinie aufgenommen worden ist und deshalb entsprechend auszulegen wäre. Diese Aussage verstößt gegen das Prinzip der autonomen Auslegung des Europarechts. Es ist nicht der BGH, sondern der EuGH, der Artikel 4 Absatz II auszulegen hat. Jedoch enthalten die niederländischen und deutschen Abgrenzungskriterien der Inhaltskontrolle interessante Gesichtspunkte, die bei der Auslegung des Artikels 4 Absatz II gewürdigt werden können. Entscheidend bei der Auslegung des kontrollfreien Bereichs der Missbrauchskontrolle nach der Richtlinie sind aber die europäischen Wertungen wie zum Beispiel der Verbraucherschutzzweck und das Transparenzgebot. Ob die Rechtsprechung des BGH zu § 8 AGBG den Anforderungen des Artikels 4 Absatz II entspricht, ist bei der Analyse des deutschen Rechts der missbräuchlichen Klauseln zu würdigen. Unten wird versucht, in Übereinstimmung mit dem Schutzzweck der Richtlinie eine sinnvolle Abgrenzung des Ausnahmetatbestandes der Missbrauchskontrolle zu ermitteln.

---

[594]BGH, 12.03.1987, *VersR.*, S. 712 ff.; *NJW* 1987, S. 1931.

[595]von HOYNINGEN-HUENE, Gerrick, „Unwirksamkeit von AGB bei bloßer Intransparenz?" in *Festschrift Reinhold Trinkner*, 1995, S. 189.

4. Die Ermittlung der Schranken der Missbrauchskontrolle

Bei der Definition des kontrollfreien Bereichs nach Artikel 4 Absatz II stehen die oben umschriebenen Prinzipien der „marktwirtschaftlichen Ordnung"[596] und der Privatautonomie einerseits und des Verbraucherschutzes andererseits miteinander in einem Spannungsverhältnis. Zum einen ist der Regelungszweck des Artikels 4 Absatz II einzuhalten, der die Kontrollfreiheit des marktwirtschaftlichen Produkts und des Schutzes der formalen Vertragsautonomie beabsichtigt. Die Richtlinie hat zum anderen als zentrale Zielsetzung, den Verbraucher vor Machtmissbrauch des Gewerbetreibenden zu schützen. Dieser Schutzzweck der Richtlinie erfordert einen weiten kontrollfähigen Bereich. Unten wird untersucht, welche Teile der Preis-und Leistungsbeschreibung kontrollfrei sein können.

A. Die Bereitschaft des Gewerbetreibenden die Hauptleistung und den Preis auf dem Markt zur Disposition zu stellen

Der Gewerbetreibende wird sich nur auf die Kontrollfreiheit im Sinne des Artikels 4 Absatz II berufen können, sofern die umstrittene leistungs- oder preisbeschreibende Klausel wirtschaftlich zur Disposition gestanden hat, d.h. dem freien Wettbewerb (Marktmechanismen) unterlag[597]. Dies erfordert die Bereitschaft des Gewerbetreibenden zum Wettbewerb. Mit dieser Wettbewerbsbereitschaft korrespondiert die subjektive „Ausweichmöglichkeit"[598] des Vertragspartners des Gewerbetreibenden, d.h. die Möglichkeit, nach Konkurrenten zu suchen. Sofern die Vertragsbedingungen den Wettbewerbsmechanismen unterworfen waren, sind sie durch die Wirkung dieser Marktmechanismen gerechtfertigt, sodass eine gerichtliche Inhaltskontrolle nicht wünschenswert wäre. Die „Wettbewerbsbereitschaft" des Klauselverwenders bzw. die „Ausweichmöglichkeit" des Verbrauchers stehen mit der formalen Vertragsfreiheit in einer Wechselbeziehung. Denn sofern die marktwirtschaftlichen Prinzipien ihre Wirkung zeigen, sind Eingriffe in die formale Vertragsfreiheit nicht zu rechtfertigen. Die entscheidende Frage ist, unter welchen konkreten Voraussetzungen eine Klausel wirtschaftlich zur Disposition gestanden hat. Anzunehmen ist, dass nur die Teile der Leistungs- oder Preisbeschreibungen dem freien Wettbewerb unterliegen, von denen der

---

[596]BAUMANN, Horst, „Zur Inhaltskontrolle von Produktbestimmungen in Allgemeinen Geschäfts- und Versicherungsbedingungen", *VersR*, 1991, S. 490.
[597]BÖRNER, Andreas, „Die "Heilung" von AGB durch die Berücksichtigung vertragsabschlussbegleitender Umstände nach § 24a Nr. 3 AGBG", *JZ* 1997, S. 597 (598).
[598]BÖRNER, Andreas, „Die "Heilung" von AGB durch die Berücksichtigung vertragsabschlussbegleitender Umstände nach § 24a Nr. 3 AGBG", *JZ* 1997, S. 597.

Verbraucher bei Vertragsabschluss die Tragweite und den Inhalt erkennen konnte. Damit wird auf das Erfordernis der Markttransparenz Bezug genommen, worauf in Artikel 4 Absatz II ausdrücklich hingewiesen wird.

B. Marktintransparenz als Tor der Missbrauchskontrolle

Eine gute Wirkung des Wettbewerbsprozesses oder der Marktmechanismen erfordert, dass der Kunde „beim Vertragsabschluss den Inhalt der Klauseln zur Kenntnis nehmen und überblicken und von seiner Interessenlage her beurteilen kann"[599]. Nur hinsichtlich des für den Verbraucher überschaubaren Teils des Vertrages sind die Marktmechanismen funktionsfähig. Artikel 4 Absatz II nimmt mit dem Hinweis auf das Transparenzgebot ausdrücklich auf die Erkennbarkeit der Preis- und Leistungsbeschreibungen Bezug. Artikel 4 Absatz II letzter Halbsatz schreibt vor, dass der Hauptgegenstand und das Äquivalenzverhältnis nur kontrollfrei sind, sofern die Klauseln „klar und verständlich" abgefasst sind. Daraus ist abzuleiten, dass nur leistungs-und preisbeschreibende Klauseln, die transparent sind, kontrollfrei sind. Die klare und verständliche Abfassung des Hauptgegenstands und des Preises ist Voraussetzung dafür, dass der Verbraucher den Inhalt beurteilen kann und mit anderen Angeboten vergleichen kann.

An dieses Transparenz- oder „Erkennbarkeitsgebot" sind hohe Anforderungen zu stellen. Es handelt sich um eine „qualifizierte" Markttransparenz. Neben einer klaren sprachlichen, inhaltlichen und drucktechnischen Abfassung der Klauseln hat der Klauselverwender den Verbraucher über den Inhalt der Klauseln aufzuklären. Die Anforderungen an die Informations-, oder Aufklärungspflichten sollen sich, entsprechend dem Gebot von Treu und Glauben, an der Art des Geschäfts und der Aufklärungsbedürftigkeit des Verbrauchers orientieren[600]. Insofern leistungs- und preisbeschreibende Klauseln intransparent sind, besteht die Gefahr, dass sie das beim Vertragsabschluss festgelegte Austauschverhältnis zwischen Hauptleistung und Preis verfälschen. Artikel 4 Absatz II darf aber nicht so verstanden werden, dass die bloße klare und verständliche Abfassung von Vertragsklauseln ausreicht, um sie von der Missbrauchskontrolle

---

[599] SCHMIDT-SALZER, Joachim, „Leistungsbeschreibungen insbesondere in Versicherungsverträgen und Schranken der Inhaltskontrolle", in *Festschrift Brandner*, 1996, S. 270; auf die Relation zwischen Wettbewerb und Markttransparenz hat auch Micklitz hingewiesen: MICKLITZ, Hans-W., „Verbandsklage und die EG-Richtlinie über missbräuchliche Klauseln", *ZIP* 1998, S. 941 (942).

[600] BÖRNER, Andreas, „Die „Heilung" von AGB durch die Berücksichtigung vertragsabschlussbegleitender Umstände nach § 24a Nr. 3 AGBG", *JZ* 1997, S. 598.

auszunehmen. Der Wortlaut des Artikels 4 Absatz II soll weit verstanden werden und sich nicht auf die einfache sprachliche, drucktechnische und inhaltliche Transparenz der Leistungs- und Preisbeschreibungen beschränken. Der Text des Artikels 4 Absatz II nimmt nur auf zwei Erscheinungsformen des Transparenzgebotes, nämlich die Klarheit und Verständlichkeit, Bezug. Anzunehmen ist aber, dass der Schutzzweck der Richtlinie erfordert, dass auch fehlende Konkretisierung und mangelnde Bestimmtheit der Preis- und Leistungsbeschreibungen die Missbrauchskontrolle eröffnen kann. Für eine weite Auslegung des Transparenzgebots hat sich auch *Schmidt-Salzer*[601] ausgesprochen. Er hat angemerkt, dass klar und verständlich abgefasste Leistungs- oder Preisänderungsvorbehalte nicht kontrollfrei sein dürfen. Denn die Ausübung eines Preis- oder Leistungsanpassungsrecht ist *zum Zeitpunkt des Vertragsabschlusses nicht überschaubar*. Markttransparenz erfordert Überschaubarkeit zum Zeitpunkt des Vertragsabschlusses. Außerdem handelt es sich in diesem Fall um eine typische Art von Klauseln, die das Äquivalenzverhältnis verfälschen können. Demnach soll die Zulässigkeit und die Ausübung des Preis- oder Leistungsänderungsrecht einer richterlichen Prüfung unterliegen. Dies ergibt sich auch schon aus den Klauselverboten Nr.1 j, k , l aus dem Klauselanhang, welche bestimmte Leistungs- oder Preisänderungsklauseln verbieten. Diese weite Auslegung des Transparenzgebotes und die damit zusammenhängende enge Auslegung des kontrollfreien Bereichs entsprechen dem Zweck der Richtlinie, den Verbraucher vor missbräuchlicher Vertragsausgestaltung zu schützen.

Im Ergebnis umfasst der kontrollfreie Bereich grundsätzlich die *essentialia negotii* des Vertrages, d.h. die wesentlichen Bestandteile des Vertrages, welche für die Bestimmbarkeit des Vertragsinhalts erforderlich sind. Dazu gehören die unmittelbare Leistungs- und Preisbestimmung. Die Modalitäten oder Durchführungsdetails, unter denen die Hauptleistung zu erbringen ist, und die Anpassungsmodalitäten sowie Preisnebenabreden liegen deshalb außerhalb des kontrollfreien Bereichs[602]. Mit der klaren und verständliche Abfassung der *essentialia negotii* stellt der Klauselverwender diesen Teil des Vertrages auf dem Markt zur Disposition. Wenn aber die *essentialia negotii* nicht transparent abgefasst wurden, unterliegen auch sie der Missbrauchskontrolle. „Die Transparenzkontrol-

---

[601] SCHMIDT-SALZER, Joachim, „Leistungsbeschreibungen insbesondere in Versicherungsverträgen und Schranken der Inhaltskontrolle", in *Festschrift Brandner*, 1996, S. 270.

[602] SCHMIDT-SALZER, Joachim, „Leistungsbeschreibungen insbesondere in Versicherungsverträgen und Schranken der Inhaltskontrolle", in *Festschrift Brandner*, 1996, S. 270 (271).

le ist dem Verbot der Preiskontrolle vorgelagert"[603]. Nicht nur die *essentialia negotii* des Vertrages, sondern auch andere Klauseln, die auf dem Markt zum Wettbewerb gestanden haben, können kontrollfrei sein. Soweit eine Vertragsklausel mit solcher Transparenz in die Beschreibung des Hauptgegenstands oder des Preises einbezogen ist, dass der Verbraucher sie bei seiner Marktuntersuchung als Teil des Vertragsproduktes erkennen könnte, kann auch diese Klausel kontrollfrei sein[604]. Bestimmte Modalitäten der Leistungserbringung, wie zum Beispiel die Qualität der zu erbringenden Leistung, können mit solcher Transparenz in den Vertrag aufgenommen sein, dass sie für den Verbraucher erkennbar waren. Das gleiche gilt hinsichtlich Risikobegrenzungen in Versicherungsverträgen. Soweit der Versicherungsnehmer beim Vertragsabschluss überschauen konnte, dass das Versicherungsunternehmen für bestimmte Risiken nicht aufkommen wird, ist eine Klausel über die Risikobegrenzung kontrollfrei.

Zu dem kontrollfreien Bereich der Richtlinie gehört nach *Wolf* auch der Vertragszweck[605]. Der Vertragszweck ist Teil der Hauptleistung und besteht zunächst aus den wesentlichen Rechten und Pflichten, die der Verbraucher nach Zweck und Inhalt des Vertrages objektiv erwarten darf. Der Vertragszweck ergibt sich nach *Wolf* aus der Vertragsart, aus der Verkehrssitte und/oder aus konkreten Vereinbarungen[606]. Der Vertragszweck kann auch durch die konkret-individuellen Umstände des Vertragsabschlusses beeinflusst werden. Das Vorgehen beim Vertragsabschluss kann bestimmte Erwartungen und Vertrauen erzeugen, die als Maßstab bei der Beurteilung der Klauseln nach Treu und Glauben zu berücksichtigen sind. Es handelt sich dabei um die Erwartungen und das Vertrauen, die der Verbraucher aufgrund der Vertragsumstände objektiv haben darf. Der Vertragszweck könnte danach als Maßstab angesehen werden. Aufgrund von Beweisproblemen und der Rechtssicherheit ist nicht auf das persönliche, sondern auf das objektiv gerechtfertigte Vertrauen Rücksicht zu nehmen. Vertragsbestimmungen, die von diesem Vertragszweck abweichen oder diesen modifizieren, unterliegen dagegen

---

[603] DAMM, Reinhard, „Europäisches Verbrauchervertragsrecht und AGB-Recht. Zur Umsetzung der EG-Richtlinie über missbräuchliche Klauseln in Verbraucherverträgen", *JZ* 1994, S. 171; REICH, Norbert, „Zur Umsetzung der EG-Richtlinie über missbräuchlichen Vertragsklauseln...", *VuR*, 1995, S. 5.

[604] BÖRNER, Andreas, „Die "Heilung" von AGB durch die Berücksichtigung vertragsabschlussbegleitender Umstände nach § 24a Nr. 3 AGBG", *JZ* 1997, S. 598.

[605] WOLF, Manfred, in WOLF/HORN/LINDACHER, *AGBG-Kommentar*, 4. Auflage, 1999, RiLi Artikel 4, Rdnr. 16.

[606] WOLF, Manfred, in WOLF/HORN/LINDACHER, *AGBG-Kommentar*, 4. Auflage, 1999, § 8, Rdnr. 8.

der Missbrauchskontrolle. Der Vertragszweck ist dabei als ein Maßstab der Missbrauchskontrolle anzusehen.

Beispiel: Der Kaufvertrag ist ein Vertrag, der den Verkäufer verpflichtet, dem Käufer eine Sache zu übergeben und das Eigentum an der Sache zu verschaffen. Der Käufer ist verpflichtet, den vereinbarten Preis zu zahlen und die gekaufte Sache abzunehmen (§ 433 BGB). Die Lieferung einer Sache und die Bezahlung eines Preises sind die *essentialia negotii* des Vertrages. Ohne eine Willensübereinstimmung über das zu liefernde Gut und den Preis, könnte der Vertrag mangels Bestimmtheit nicht durchgeführt werden. Es handelt sich hier um den Kernbestandteil des Vertrages, welcher der Vertragsgestaltungsfreiheit der Vertragsparteien unterliegt. Es sind die Parteien, die autonom über den zu bezahlenden Preis und das zu liefernde Gut entscheiden. Eine richterliche Inhaltskontrolle dieser Vertragsbestandteile würde nicht nur das Prinzip der Vertragsautonomie aushöhlen, sondern auch die Mechanismen der freien Marktwirtschaft in Frage stellen. Sofern der Preis und die Leistung für den Verbraucher beim Vertragsabschluss transparent sind, d.h. überschaubar waren, so dass er seine Interessen berücksichtigen konnte, sind sie kontrollfrei. Eine Klausel, die an versteckter Stelle bestimmt, dass der Verkäufer Waren von minderwertiger Qualität liefern darf, ist dagegen kontrollfähig. Typischerweise hat dieser Teil der Leistungsbeschreibung auf dem freien Markt nicht zur Disposition gestanden, weil er für den Verbraucher nicht erkennbar war. Entweder sind diese Klauseln undeutlich abgefasst oder der Verkäufer hat den Käufer über sie nicht belehrt. Auch eine formularmäßige Freizeichnung von Gewährleistungspflichten wegen Rechtsmängel ist kontrollfähig. Der Sache nach handelt es sich in diesem Fall nicht um eine Beschreibung von Preis und Leistung. Außerdem wird die Gewährleistung wegen Rechtsmängel gesetzlich geregelt, so dass ein Wertungsmaßstab vorliegt. Die gleiche Überlegungen können für Preiserhöhungsklauseln gemacht werden. Freizeichnungsklauseln und Preiserhöhungsklauseln sind Klauseln, die typischerweise das Hauptleistungsversprechen einschränken oder modifizieren. Hinsichtlich dieser Klauseln besteht die Gefahr, dass der Vertragszweck ausgehöhlt wird. Daher müssen sie einer Inhaltskontrolle unterliegen.

C. Das Fehlen allgemeinverbindlicher rechtlicher Wertungen

Transparente Leistungs- oder Preisbeschreibungen sind aber nicht von der Missbrauchskontrolle ausgeschlossen, sofern allgemeinverbindliche rechtliche Wertungen existieren. Wenn objektive Maßstäbe bestehen, sollen die Leistungs- und Preisbeschreibungen daran gemessen werden. Die Tatsache, dass die vorliegenden Klauseln transparent sind, genügt deshalb nicht, sie von der Missbrauchskontrolle zu befreien. Vorausgesetzt ist, dass es sich dabei um die mitgliedstaatlichen Wertungsmaßstäbe handelt. Zu diesen rechtlichen Wertungen gehören nicht nur die gesetzlichen Vorschriften, sondern auch der Vertragszweck, d.h. bestimmte objektiv gerechtfertigte Erwartungen des Verbrauchers über den wesentlichen Vertragsinhalt. Eine Einschränkung des kontrollfähigen Bereichs der Richtlinie auf Klauseln, für die gesetzliche Wertungskriterien bestehen, wäre nicht gerechtfertigt. Denn die Kontrollfähigkeit würde vom Zufall abhängen, ob gesetzliche Vorschriften existieren. Die Heranziehung des Vertragszwecks als Kontrollmaßstab für andere Leistungsbeschreibungen wäre daher wünschenswert. Der Vertragszweck wird dabei zum Maßstab der Missbrauchskontrolle erhoben. Dabei wird vor allem auf den objektiven Vertragszweck Rücksicht zu nehmen sein. Wie oben angemerkt können auch die individuellen Vertragsabschlussumstände den Vertragszweck beeinflussen und bei der Würdigung berücksichtigt werden. Diese Möglichkeit zur Berücksichtigung der individuellen Umstände wird aber nur Bedeutung für solche Vertragsabschlüsse haben, bei denen individuell vorgegangen wurde.

D. Die Kontrolle intransparenter Leistungs- und Preisbeschreibungen

Aus Obenstehendem ergibt sich, dass nur markttransparente Leistungs- und Preisbeschreibungen kontrollfrei sind. Dieser Vorschrift kommt große Bedeutung zu. Denn sie eröffnet unter anderem die Möglichkeit, Preise, die beim Vertragsabschluss nicht ausdrücklich angegeben wurden, zu kontrollieren[607]. Im größten Teil der Literatur wird die Ansicht vertreten, dass die kontrollfähigen intransparenten Preis-und Leistungsbeschreibungen der Missbrauchskontrolle im Sinne des Artikels 3 Absatz I der Richtlinie unterliegen[608]. *Wolf* befürwortet, dass beim Verstoß gegen das Transparenzgebot die Missbrauchskontrolle im Sinne einer Kontrolle anhand des Transparenzgebotes eröffnet wird[609]. Des Weiteren behauptet der Autor, dass bei Intransparenz die Inhaltskontrolle der Klausel zugelassen ist[610]. Auch *Eckert* geht davon aus, dass die Intransparenz die Inhaltskontrolle eröffnet[611]. *Heinrichs*[612] merkt an, dass oben stehende Auffassung aus dem Wortlaut des Artikels 4 Absatz II zu entnehmen sei, weil er die Missbrauchskontrolle nur ausschließe, wenn die Klauseln transparent sind. Im Wege eines Umkehrschlusses könnte argumentiert werden, dass intransparente Klauseln die Missbrauchskontrolle eröffnen. *Heinrichs* setzt sich aber von oben stehender Interpretation des Artikels 4 Absatz II ab. Seiner Meinung nach eröffnen intransparente Preis- und Leistungsbeschreibungen nicht die Missbrauchskontrolle; sie sind vielmehr „bereits wegen Intransparenz nicht Vertragsinhalt"[613]. Deshalb könne und brauche die Frage, ob die Klausel gegen die gesetzliche Generalklausel des Artikels 3 Absatz I verstößt, nicht geprüft zu werden. Der

---

607 TENREIRO, Mario, „Les clauses abusives dans les contracts conclus avec les consommateurs, *Europe* 1993, S. 2.

608 ECKERT, Hans-Werner, „Die EG-Richtlinie über missbräuchliche Klauseln in Verbraucherverträgen und ihre Auswirkungen auf das deutsche Recht", *WM* 1993, S. 1076; WOLF, Manfred, in WOLF/HORN/LINDACHER, *AGBG-Kommentar*, 4. Auflage, 1999, RiLi Artikel 4, Rdnr. 21.

609 WOLF, Manfred, in WOLF/HORN/LINDACHER, *AGBG-Kommentar*, 4. Auflage, 1999, RiLi Artikel 4, Rdnr. 15.

610 WOLF, Manfred, in WOLF/HORN/LINDACHER, *AGBG-Kommentar*, 4. Auflage, 1999, RiLi Artikel 4, Rdnr. 21.

611 ECKERT, Hans-Werner, „Die EG-Richtlinie über missbräuchliche Klauseln in Verbraucherverträgen und ihre Auswirkungen auf das deutsche Recht", *WM* 1993, S. 1076.

612 HEINRICHS, Helmut, „Das Transparenzgebot und die EG-Richtlinie über missbräuchliche Klauseln in Verbraucherverträgen", in *Festschrift Reinhold Trinkner*, 1995, S. 175.

613 HEINRICHS, Helmut, „Das Transparenzgebot und die EG-Richtlinie über missbräuchliche Klauseln in Verbraucherverträgen", in *Festschrift Reinhold Trinkner*, 1995, S. 175 (176).

Autor ist der Ansicht, dass der ersatzlose Wegfall der intransparenten Leistungs- oder Preisbeschreibung die meist „adäquate und dem Zweck der Richtlinie entsprechende Rechtsfolge" ist[614]. Denn es handele sich „in der Regel um Klauseln, die an versteckter Stelle das Leistungsversprechen des Gewerbetreibenden einschränken oder die Entgeltspflicht des Verbrauchers erweitern"[615]. Des Weiteren merkt *Heinrichs* an, dass der Kernbereich der Preis- und Leistungsbeschreibungen nur im Ausnahmefall intransparent ist. Insofern die Preis- und Leistungsbeschreibungen in ihrem Kernbereich dennoch intransparent seien, sind sie nicht in den Vertragsinhalt einbezogen. Der Vertrag soll, nach *Heinrichs*, gemäß dem Rechtsgedanken des Artikels 6 Absatz I der Richtlinie aufrechterhalten bleiben und „der Umfang der Leistungspflichten sollten nach den Grundsätzen der ergänzenden Vertragsauslegung zu bestimmen sein"[616]. Dabei wäre dann auf das „Übliche" oder das „Angemessene" abzustellen.

Die Auffassung von *Heinrichs* enthält interessante Gesichtspunkte, kann aber nicht in allen Punkten überzeugen. Der Verfasser hat zurecht angemerkt, dass der Kernbereich der Leistungs- und Preisbeschreibungen, der intransparent ist, nicht Vertragsinhalt wird. Denn falls der Kernbereich des Vertrages intransparent abgefasst ist, braucht der Richter nicht mehr zu untersuchen, ob der Verbraucher benachteiligt wird. Die Tatsache, dass der zu bezahlende Preis beim Vertragsabschluss vom Verbraucher nicht in seinem Kernbereich bestimmbar war, spricht dafür, dass eine Überprüfung nach dem Maßstab von Treu und Glauben nicht erforderlich ist. Zu begrüßen ist auch die Ansicht des Autors, dass der Vertrag, trotz des intransparenten Kerns der Leistungs- oder Preisbeschreibung aufrechterhalten bleibt und der Umfang der Leistungspflichten nach den Grundsätzen der ergänzenden Vertragsauslegung zu bestimmen ist. Denn der Verbraucher hat oft kein Interesse daran, dass der Vertrag wegen der intransparenten Abfassung des Kerns der Leistung oder des Preises im Ganzen für nichtig erklärt wird. Das Honorar eines Rechtsanwalts ist oft bei Vertragsabschluss überhaupt nicht bestimmt oder bestimmbar, weil im Regelfall kein schriftlicher Vertrag vorliegt und über den Preis nicht

---

[614]HEINRICHS, Helmut, „Das Transparenzgebot und die EG-Richtlinie über missbräuchliche Klauseln in Verbraucherverträgen", in *Festschrift Reinhold Trinkner*, 1995, S. 176.

[615]HEINRICHS, Helmut, „Das Transparenzgebot und die EG-Richtlinie über missbräuchliche Klauseln in Verbraucherverträgen", in *Festschrift Reinhold Trinkner*, 1995, S. 176.

[616]HEINRICHS, Helmut, „Das Transparenzgebot und die EG-Richtlinie über missbräuchliche Klauseln in Verbraucherverträgen", in *Festschrift Reinhold Trinkner*, 1995, S. 176.

gesprochen wurde. Üblicherweise schickt der Rechtsanwalt nach Ablauf seiner Leistungen seine Honorarrechnung. Wegen des Fehlens einer Preisabrede ist der Preis für den Kunden im Augenblick des Vertragsabschlusses nicht erkennbar oder überblickbar. Daher ist anzunehmen, dass das vom Rechtsanwalt erforderte Honorar wegen Intransparenz nicht Vertragsinhalt geworden ist und die vom Kunden zu bezahlenden Vergütung, anhand der Maßstäbe des „Üblichen" oder „Angemessenen", durch den Richter ermittelt wird. Diese Transparenzerfordernis ist vor allem im belgischen Recht von Bedeutung. Der belgische Gesetzgeber hat bei der Umsetzung der Richtlinie die Hoffnung ausgesprochen, dass Rechtsanwälte ihre Kunden besser über die Weise der Berechnung des Honorars aufklären. Insofern das Honorar für den Kunden intransparent war, kann jetzt über den Preis diskutiert werden. In Deutschland stellt sich das Problem der Honorare der Anwälte nicht, weil es bindende Gebührenordnunge gibt.

Dem Verfasser ist auch insoweit zuzustimmen, als er meint, dass Klauseln, die „an versteckter Stelle das Leistungsversprechen des Gewerbetreibenden einschränken oder die Entgeltpflicht des Verbrauchers erweitern", nicht Vertragsinhalt sind. Mit den Wörtern „an versteckter Stelle" weist der Autor darauf hin, dass es sich um Klauseln handelt, die drucktechnisch in dem Klauselwerk zum Zeitpunkt des Vertragsabschlusses kaum oder nicht erkennbar waren. Des Weiteren könnte es sich auch um Klauseln handeln, die sprachlich nur schwierig zu verstehen sind. Auch in diesem Fall scheint es gerechtfertigt zu sein, diese Klauseln nicht einer Missbrauchskontrolle im Sinne des Artikels 3 Absatz I der Richtlinie zu unterziehen, sondern sie schon aufgrund ihrer Intransparenz als nicht in den Vertragsinhalt aufgenommen anzusehen.

Fraglich ist aber, ob es angemessen ist, dass alle Preis- und Leistungsbeschreibungen, die nach dem Kriterium der Markttransparenz nicht zum kontrollfreien Teil gehören, aufgrund ihrer Marktintransparenz nicht Vertragsinhalt sind. An dieser Stelle soll unterschieden werden zwischen dem, was *Heinrichs* unter Transparenz versteht und dem, was in dieser Arbeit unter dem Begriff verstanden wird. *Heinrichs* scheint unter transparenten Preis- und Leistungsbeschreibungen die so genannten klaren und verständlich abgefassten Klauseln im engen Sinne, d.h. im Sinne der drucktechnischen, sprachlichen und inhaltlichen Verstehbarkeit, zu verstehen. Nach Artikel 4 Absatz II der Richtlinie handelt es sich aber um eine „qualifizierte" Markttransparenz. Eine reine klare und verständliche Abfassung der Preis-und Leistungsbeschreibungen reicht nicht aus, die Klauseln von der Missbrauchskontrolle auszunehmen. Oben ist darauf hingewiesen worden, dass klar und verständlich abgefasste Preis- und

Leistungsänderungsvorbehalte nicht vom kontrollfreien Bereich erfasst werden, wenn ihre Auswirkungen beim Vertragsabschluss nicht überschaubar sind. Fraglich ist, ob hinsichtlich dieser Klauseln die Nichteinbeziehung wegen ihrer Marktintransparenz angebracht ist. Anzumerken ist, dass Leistungs- und Preisänderungsvorbehalte gerechtfertigt und erforderlich sein können. Es soll aber möglich sein, die Zulässigkeit des konkreten Vorbehalts und ihre Berechnung im konkreten Fall im Wege einer Missbrauchskontrolle überprüfen zu können. Dies führt zu dem Ergebnis, dass die Ansicht von *Heinrichs*, dass Preis- und Leistungsbeschreibungen, die nach der Richtlinie intransparent sind, automatisch nicht Vertragsinhalt sind und deshalb nicht nach Artikel 3 Absatz I überprüft werden können, nicht immer überzeugen kann. Entgegen dem Wortlaut des Artikels 4 Absatz II handelt es sich nach der Richtlinie nicht nur um die Klarheit und Verständlichkeit im engen Sinne, sondern um die Erkennbarkeit und Überblickbarkeit der Klauseln und ihrer Folgen bei Vertragsabschluss. Diese Art von Unüberblickbarkeit rechtfertigt nicht die Nichteinbeziehung der Klauseln in den Vertragsinhalt, sondern erfordert vielmehr eine Missbrauchskontrolle nach der Generalklausel.

5. Die Auslegung des 19. Erwägungsgrunds der Richtlinie

Problematisch bei der Ermittlung der Schranken der Inhaltskontrolle ist das Verständnis des zweiten und dritten Satzes des 19. Erwägungsgrundes der Richtlinie. Artikel 4 Absatz II und der 19. Erwägungsgrund scheinen kein einheitliches Konzept anzubieten. Der zweite Satz des Erwägungsgrundes bestimmt, dass der Hauptgegenstand des Vertrages und das Preis-/Leistungsverhältnis bei der Beurteilung der Missbräuchlichkeit anderer Klauseln berücksichtigt werden können. Daraus wird im dritten Satz gefolgert, dass „bei Versicherungsverträgen die Klauseln, in denen das versicherte Risiko und die Verpflichtung des Versicherers deutlich festgelegt oder abgegrenzt werden, nicht als missbräuchlich beurteilt werden, sofern diese Einschränkungen bei der Berechnung der vom Verbraucher gezahlten Prämie Berücksichtigung finden". Der 19. Erwägungsgrund erweckt damit den Eindruck, dass bei der Beurteilung der Missbräuchlichkeit einer Klausel die Preisrelevanz eine Rolle spielen kann. Des Weiteren scheint der dritte Satz darauf hinzuweisen, dass bei der Beurteilung, ob eine Vertragsklausel zu dem kontrollfreien Vertragsprodukt gehört, doch auf ihre Preisrelevanz abgestellt wird („sofern diese Einschränkungen bei der Berechnung der vom Verbraucher gezahlten Prämie Berücksichtigung finden"). Nur die transparenten Vertragsklauseln, die preisrelevant sind, wären danach kontrollfrei. Die Frage nach der Preisrelevanz ist aber eine Angemessenheitsfrage. Unklar bleibt, wie dieser Erwägungsgrund mit dem Prinzip aus Artikel 4 Absatz II im Einklang zu bringen ist.

A. Preisrelevanz als Voraussetzung der Kontrollfreiheit?

Nach dem dritten Satz des 19. Erwägungsgrundes können „bei Versicherungsverträgen die Klauseln, in denen das versicherte Risiko und die Verpflichtung des Versicherers deutlich festgelegt oder abgegrenzt werden, nicht als missbräuchlich beurteilt werden, sofern diese Einschränkungen bei der Berechnung der vom Verbraucher gezahlten Prämie Berücksichtigung finden". Die genaue Bedeutung dieses Satzes bleibt unklar. Falls damit gemeint ist, dass bei der Beurteilung der Versicherungsleistung auf die Höhe der Versicherungsprämie Rücksicht zu nehmen ist, können die unter B gemachten Anmerkungen von *Wolf* gelten. Eine Berücksichtigung der Versicherungsprämie kann danach nur bei offenkundigen Fallgestaltungen stattfinden[617]. Der Wortlaut dieses Satzes könnte aber auch Einfluss bei der Ermittlung des kontrollfreien Bereichs der Missbrauchskontrolle haben. Denn sie könnte so ausgelegt werden, als wären Risikoeinschränkungen in Versicherungsverträgen Teil des kontrollfreien Vertragsproduktes, wenn sie preisrelevant wären. *Schmidt-Salzer* hat darauf hingewiesen, dass diese Auslegung dazu führen könnte, dass Risikoausschlüsse in Versicherungsverträgen nicht mehr überprüfbar sind. Denn man könnte argumentieren, dass aus der Sicht des Versicherers das Leistungsangebot aus dem Hauptleistungsversprechen einschließlich der Versicherungsfalldefinition und der Summe der Risikoausschluss- oder Begrenzungsklauseln besteht[618]. Dieses Ergebnis würde aber nicht mit dem Schutzziel der Richtlinie und insbesondere Artikel 4 Absatz II zu vereinbaren sein. Nach Artikel 4 Absatz II der Richtlinie sind der Hauptgegenstand und das Äquivalenzverhältnis nur kontrollfrei, sofern sie klar und verständlich abgefasst sind. Da in der Richtlinie der Schutz des Verbrauchers im Mittelpunkt steht, nimmt Artikel 4 Absatz II nur Vertragsklauseln von der Missbrauchskontrolle aus, die der Verbraucher zur Kenntnis nehmen konnte und deren Inhalt er überblicken konnte. Auch der 19. Erwägungsgrund ist, nach *Schmidt-Salzer* unter dieser Verbrauchersicht zu verstehen[619]. Eine bloße Prämienrelevanz kann nicht genügen, Vertragsklauseln als Hauptgegenstand zu qualifizieren und der

---

[617] WOLF, Manfred, in WOLF/HORN/LINDACHER, *AGB-Kommentar*, 4. Auflage, 1999, RiLi Artikel 4, Rdnr. 20.

[618] SCHMIDT-SALZER, Joachim, „Leistungsbeschreibungen insbesondere in Versicherungsverträgen und Schranken der Inhaltskontrolle", in *Festschrift Brandner*, 1996, S. 273.

[619] SCHMIDT-SALZER, Joachim, „Leistungsbeschreibungen insbesondere in Versicherungsverträgen und Schranken der Inhaltskontrolle", in *Festschrift Brandner*, 1996, S. 273 (274).

Missbrauchskontrolle zu entziehen. Leistungsbeschreibungen, wie Risikofestlegungen, Risikoausschlüsse oder Risikobegrenzungen, sind kontrollfrei, sofern sie beim Vertragsabschluss, „für den Versicherungsnehmer erkennbar prämienbestimmende Faktoren sind"[620]. Leistungsbeschreibungen, die beim Vertragsabschluss für den Verbraucher nicht erkennbar waren, sind aus verbraucherrechtlichen Gründen der Missbrauchskontrolle zu unterziehen, weil der Verbraucher sie bei seiner Marktuntersuchung nicht berücksichtigen konnte und sie deshalb nicht zur marktwirtschaftlichen Disposition gestanden haben. Wie oben klargestellt wurde, können nur die Leistungsbeschreibungen von der Missbrauchskontrolle ausgenommen werden, die ihre Rechtfertigung in der Wirkung der Mechanismen des marktwirtschaftlichen Wettbewerbsystems finden. Dieser freie Wettbewerb kann nur funktionieren, wenn der Kunde Klarheit über die Leistungsbeschreibungen hat oder sie versteht. Ausschlaggebend bei der Beurteilung der Schranken der Inhaltskontrolle ist deshalb die objektive Erkennbarkeit für den Verbraucher, dass die Vertragsklausel ein prämienbestimmender Faktor ist. Es ist hier vom Verständnis des typischen Kunden in einer typischen Art von Verträgen auszugehen.

B. Berücksichtigung des Hauptgegenstandes und des Preis-/Leistungsverhältnisses bei der Beurteilung anderer Klauseln?

Fraglich ist, inwiefern der Satz 2 des 19. Erwägungsgrundes der Richtlinie es zulässt, bei der Würdigung einer Klausel auf den Preis Rücksicht zu nehmen. Inwiefern können „missbräuchliche" Klauseln durch günstige Preise kompensiert werden? Inwiefern spielt das so genannte Preisargument eine Rolle? Eine Berücksichtigung des Preises bei der Beurteilung von anderen Klauseln führt, der Sache nach, zu einer mittelbaren Preiskontrolle. Unter Berücksichtigung des Wortlautes des Artikels 4 Absatz II der Richtlinie ist stark zu bezweifeln, dass der europäische Gesetzgeber eine solche Angemessenheitskontrolle zulässt. Denn es ist genau diese Angemessenheitskontrolle, die er mit Artikel 4 Absatz II von der Missbrauchskontrolle ausnehmen wollte. In einem Teil der Literatur scheint es gegen eine indirekte Preiskontrolle keine Einwände zu geben. *Balate* hält es einerseits für richtig, dass eine Missbrauchskontrolle nicht auf die Abwägung von Preisen zu reduzieren ist[621]. Andererseits befürwortet der Autor, dass die Höhe des Preises einen Maßstab zur Beurtei-

---

[620]SCHMIDT-SALZER, Joachim, „Leistungsbeschreibungen insbesondere in Versicherungsverträgen und Schranken der Inhaltskontrolle", in *Festschrift Brandner*, 1996, S. 274.

[621]BALATE, E., „Le contrôle des clauses abusives: juge gardien du Code civil ressuscité ou juge entraîneur", *TBH* 1996, S. 950.

lung der Pflichten und Risiken der Verbraucher sein soll. Die Leistung und der Preis können als wesentlicher Bestandteil des Vertrages Einfluss auf das vertragliche Gleichgewicht (Gleichheit zwischen Leistungen) ausüben und daher andere Klauseln (die im Normalfall wirksam sind) missbräuchlich machen. Daher sei der Preis bei der Würdigung von anderen Klauseln zu berücksichtigen. Er nennt die Auffassung, die bei der Klauselwürdigung nicht auf den Preis Rücksicht nimmt, „neoliberalistisch"[622] und verwirft sie. *Balate* erklärt aber nicht, aufgrund welcher Maßstäbe er die Preisrelevanz beurteilen will.

Wolf[623] ist anderer Meinung und befürwortet, dass die Auslegung des 19. Erwägungsgrundes nicht zu der Folge führen darf, dass die Preisvereinbarung bei der Kontrolle von anderen Klauseln generell zu beachten sei. Denn es führe zu einer mittelbaren Preiskontrolle, die nach Artikel 4 Absatz II ausdrücklich ausgeschlossen wird. Des Weiteren bezweifelt der Autor, dass ein günstiger Preis missbräuchliche Klauseln kompensieren kann. Grundsätzlich ließe sich das nicht feststellen. *Wolf* argumentiert außerdem, dass Vertragsklauseln unabhängig vom Preis angemessen sein sollten. Denn es gebe nicht immer eine Relation zwischen Klausel und Preis. Bestimmte Nachteile von Klauseln treten nicht immer ein und können daher im Preis nicht oder nicht vollständig berücksichtigt werden. Eine Beziehung zum Preis ist für den Verbraucher nicht erkennbar[624]. *Wolf* beschränkt die Berücksichtigung des Preises bei der Würdigung von Klauseln auf „wenige, besonders offenkundige Fallgestaltungen, bei denen auch ohne Preiskontrolle ein Zusammenhang zum Preis so offensichtlich ist, dass er sich geradezu aufdrängt". Er nennt ausdrücklich die Fälle der Tarifwahl oder wenn der Preis von vornherein bestimmte Risiken nicht abdecken kann.

Schmidt-Salzer ist der Ansicht, dass dem 19. Erwägungsgrund keine eigenständige Bedeutung zukommt und nur Artikel 4 Absatz II auszulegen ist. Er merkt an, dass die Höhe der Prämie bei Versicherungsverträgen nicht direkt aussagefähig ist. Demnach sollte es keine absolute Relation zwischen einem bestimmten Preis und einer bestimmten Deckung geben. Eine niedrige Prämie muss nicht die Folge eines engeren Deckungsumfangs sein, sondern kann sich aus anderen Faktoren wie niedrigere Kos-

---

[622]Der Autor spricht von der „caveat emptor"-Doktrin, welche besagt, dass keinem Verbraucher ein Schutz auferlegt werden muss, den er nicht will.
[623]WOLF, Manfred, in WOLF/HORN/LINDACHER, *AGB-Kommentar*, 4. Auflage, 1999, RiLi Artikel 4, Rdnr. 20.
[624]WOLF, Manfred, in WOLF/HORN/LINDACHER, *AGB-Kommentar*, 4. Auflage, 1999, RiLi Artikel 4, Rdnr. 20.

ten des Vertragsabschlusses ergeben. Anderseits ist ein günstiger Preis nicht immer eine Rechtfertigung für einen engeren Deckungsumfang.

Der kontrollfreie Hauptgegenstand und das Preis-/Leistungsverhältnis können bei der Beurteilung anderer Klauseln insoweit berücksichtigt werden, als die markttransparente Preis- und Leistungsbeschreibungen als Kontrollmaßstab bei der Missbrauchskontrolle zu beachten sind. Klauseln, die nicht zur marktwirtschaftlichen Disposition gestandenen haben, dürfen die zentrale Abrede der Vertragsparteien, wozu das Preis-/Leistungsverhältnis gehört, nicht aushöhlen.

Bei dieser Beurteilung kommt es nicht auf das „Preisargument" an. Klauseln sind preisrelevant, falls sie beim Vertragsabschluss ein für den Verbraucher objektiv erkennbarer prämienbestimmender Faktor waren. Solche Klauseln sind von der Missbrauchskontrolle ausgenommen.

Bei der Berücksichtigung des Hauptgegenstands und des Preis-/Leistungsverhältnisses bei der Würdigung kontrollfähiger Klauseln sollte nicht die Angemessenheit des Äquivalenzverhältnisses beurteilt werden. Es sollte vielmehr überwacht werden, dass Klauseln, die nicht zur ausgehandelten Parteivereinbarung gehören, den Vertragsinhalt nicht aushöhlen.

6. Ergebnis

Im Artikel 4 Absatz II der Richtlinie geht es darum, den Vertragsgegenstand, den Preis und ihr Verhältnis von der Missbrauchskontrolle auszunehmen. Dabei handelt es sich um die Wahrung der marktwirtschaftlichen Grundsätze und des damit verbundenen Kerns der Vertragsautonomie. Wegen der formularmäßigen Abfassung von Verträgen und der „Entmaterialisierung" der Vertragsprodukte ist eine Trennung zwischen dem kontrollfreien Vertragsprodukt zum einen und den kontrollfähigen Vertragsausgestaltungen und Preisnebenabreden zum anderen oft nur schwierig zu vollziehen. Die Grenzen des kontrollfreien Bereichs sind nur durch Auslegung und Rücksichtnahme auf den Schutzzweck der Richtlinie zu ermitteln. Das Verbraucherschutzziel der Richtlinie erfordert, dass nur die Teile der Leistungs- und Preisbeschreibungen kontrollfrei sind, die tatsächlich zur marktwirtschaftlichen Disposition gestanden haben. Die Möglichkeit zur Überprüfung der Ausübung der Vertragsautonomie durch die Richter steht deshalb mit der Wirkung der Marktmechanismen in einer Wechselbeziehung. Die Richter dürfen in die Privatautonomie nicht eingreifen, insofern der Verbraucher das Vertragsprodukt erkennen konnte und mit anderen Angeboten vergleichen konnte.

Diese Ausweichmöglichkeit des Verbrauchers liegt nur unter sehr strengen Voraussetzungen vor. Auch die Kommission scheint von einer engen Auslegung des „Hauptgegenstandes" auszugehen[625].

Aus dem letzten Halbsatz des Artikels 4 Absatz II ergibt sich, dass Leistungs- und Preisbeschreibungen nur kontrollfrei sind, wenn sie klar und verständlich abgefasst sind. Dieses Transparenzgebot dient dem Schutzzweck des Artikels 4 Absatz II. Danach sind nur diese Leistungs- oder Preisbeschreibungen von der Missbrauchskontrolle ausgenommen, die der Verbraucher bei seiner Marktuntersuchung erkennen konnte. Die Anforderungen an die Klarheit und Verständlichkeit sind weit auszulegen. Neben dem Erfordernis der inhaltlich und drucktechnisch transparenten Abfassung des Vertragsinhalts ist anzunehmen, dass aus diesem Transparenzgebot auch Informations- oder Belehrungspflichten abzuleiten sind. Des Weiteren muss der Klauselinhalt hinreichend konkretisiert und bestimmt sein. Entscheidend für die Kontrollfreiheit einer leistungs- oder preisbeschreibenden Klausel ist, dass sie zum Zeitpunkt des Vertragsabschlusses für den Verbraucher erkennbar und überblickbar war. Des Weiteren sind Leistungs- und Preisbeschreibungen nur kontrollfrei, insofern kein Leitbild oder Kontrollmaßstab vorliegt.

Welche Klauseln kontrollfrei sind, wird in jedem Einzelfall zu untersuchen sein. Bei dieser Beurteilung wird es entscheidend darauf ankommen, wie überschaubar und erkennbar die Klauseln formuliert wurden und ob der Verbraucher über den Klauselinhalt ausreichend belehrt wurde. Zusammenfassend ist zu sagen, dass Artikel 4 Absatz II bestätigt, dass die Richtlinie von dem „Leitbild eines aufgeklärten Verbrauchers" ausgeht. Schutzbedürftig ist der Verbraucher nur insoweit als er wegen der fehlenden Markttransparenz seine Interessen nicht berücksichtigen konnte.

Preis- oder Leistungsbeschreibungen, die nicht zur vertragsrechtlichen Disposition gestanden haben, können nach der herrschenden Literaturauffassung der Kontrolle nach der Generalklausel des Artikels 3 Absatz I unterzogen werden.

Anzumerken ist schließlich, dass das Transparenzgebot auch den Interessen der Wettbewerber des Anbieters dient. Markttransparenz ermöglicht dem Verbraucher, die Angebote auf dem Binnenmarkt besser miteinander vergleichen zu können. Dieses Ziel des transparenten Wettbewerbs

---

[625] TENREIRO, Mario, „Les clauses abusives dans les contracts conclus avec les consommateurs, *Europe* 1993, S. 2.

liegt auch der Richtlinie zugrunde. Darauf wird in den Erwägungsgründen 5 und 6 ausdrücklich hingewiesen.

Kapitel VII: Der Klauselanhang gemäß Artikel 3 Absatz III der Richtlinie.

I. Der Charakter des Klauselanhangs

1. Problemstellung

Die Richtlinie weist in Artikel 3 Absatz III auf einen im Anhang aufgenommenen Klauselkatalog hin. Dieser Katalog enthält eine Liste von Verbotsklauseln, die für missbräuchlich erklärt werden „können". Diese Liste dient nur als Hinweis und ist nicht erschöpfend[626]. Auch der 17. Erwägungsgrund der Richtlinie weist darauf hin, dass diese Liste nur Beispielcharakter hat und dass die Mitgliedstaaten die Klauselverbote ergänzen oder restriktiver formulieren können. Der Charakter dieses Klauselanhangs war bis zur Verabschiedung der Richtlinie umstritten. Die endgültige Fassung des Artikels 3 Absatz III enthält Unklarheiten über das Ausmaß der Verbindlichkeit des Anhangs für die Mitgliedstaaten.

2. Entstehungsgeschichte

Sowohl der Richtlinienvorschlag aus dem Jahre 1990[627] als auch der geänderte Vorschlag vom 5. März 1992[628] sahen eine verbindliche schwarze Liste von Klauselverboten vor. Die Verwendung der im Anhang aufgelisteten Typen von Klauseln wurde dem Gewerbetreibenden absolut verboten[629]. Der Richter oder die Verwaltungsbehörde wurden beim Vorliegen von einer der aufgelisteten Klauseln, verpflichtet, ohne Wertungsmöglichkeit die Unwirksamkeit auszusprechen. Die Mitgliedstaaten wurden verpflichtet, diese schwarze Liste in ihre mitgliedstaatlichen Rechte zu übernehmen. Gegen diesen ursprünglich vorgesehenen absoluten Charakter des Klauselanhangs hat es aber viele Bedenken gegeben. Ein inhaltliches Argument gegen den absoluten Charakter des Klauselanhangs ergebe sich aus der durch die Richtlinie vorgesehenen Berücksichtigung der Begleitumstände des Vertrags. Eine Umstandsberücksichtigung sei nicht mit einem absoluten Klauselverbot ohne Wertungsmöglichkeit für die Richter vereinbar. Eine Klausel, die nach dem Anhang absolut unwirksam ist, könne nach den allgemeinen Kriterien der Generalklausel nicht mehr als wirksam angesehen werden. Des Wei-

---

626 Artikel 3 Absatz III der Richtlinie.

627 *ABl.* 1990, C 243 S. 2.

628 *ABl.* 1992, C 73 S. 7 (12).

629 BRANDNER, Hans Erich und ULMER, Peter, „EG-Richtlinie über missbräuchliche Klauseln in Verbraucherverträgen. Kritische Bemerkungen zum Vorschlag der EG-Kommission", *BB* 1991, S. 707.

teren gab es - durchschlagende - formale Argumente gegen einen absoluten Charakter des Klauselanhangs. Die Abfassung des Anhangs ist ungeeignet, um absolute Klauselverbote verwirklichen zu können[630]. Die Klauselverbote umfassen zu viele unbestimmte Begriffe, so dass der Zweck eines absoluten Klauselverbots nicht immer erreicht wird, weil dem Richter gleichwohl eine Wertungsmöglichkeit verbleibt. Wegen dieser Mängel hat vor allem Deutschland bei den Verhandlungen die Auffassung vertreten, dass der Klauselanhang den Charakter eines grauen Hinweises haben solle[631]. Die Auffassungen der Mitgliedstaaten waren aber geteilt[632].

Der Gemeinsame Standpunkt vom 22. September 1992[633] erklärte, dass der Klauselanhang nur einen „indikativen Charakter" habe[634]. Der Begriff „Hinweis" war jedoch nicht eindeutig. Unklar blieb, ob bezweckt wurde, anstelle einer „schwarzen Liste" mit absoluten Verbotsklauseln eine Liste mit Wertungsmöglichkeit („graue Liste") einzuführen, oder ob es den Mitgliedstaaten freigestellt sein sollte, die Verbotsklauseln im Ganzen oder teilweise zu übernehmen. Wegen dieser Unklarheit wurde sowohl durch das EP, als auch durch die Kommission ein Amendement vorgeschlagen. Das EP befürwortete, die Liste „schwarz" zu machen[635]. Die Kommission dagegen schlug die Einführung einer zwingenden „grauen Liste" vor[636].

---

630 BRANDNER, Hans Erich und ULMER, Peter, „EG-Richtlinie über missbräuchliche Klauseln in Verbraucherverträgen. Kritische Bemerkungen zum Vorschlag der EG-Kommission", *BB* 1991, S. 707.

631 HEINRICHS, Helmut, „Das Gesetz zur Änderung des AGB-Gesetzes. Umsetzung der EG-Richtlinie über missbräuchliche Klauseln in Verbraucherverträgen durch den Bundesgesetzgeber", *NJW* 1996, S. 2197.

632 ECKERT, Hans-Werner, „Die EG-Richtlinie über missbräuchliche Klauseln in Verbraucherverträgen und ihre Auswirkungen auf das deutsche Recht", *WM* 1993, S. 1076.

633 Gemeinsamer Standpunkt des Rates vom 22.09.1992 im Hinblick auf die Annahme der Richtlinie 92 // EWG des Rates über missbräuchliche Klauseln in Verbraucherverträgen, 8406/1/92 REV 1 RESTREINT CONSOM 52 PRO-COOP 57.

634 JONGENEEL, R.H.C., „Een richtlijn die weinig schade aanricht", *Tijdschrift voor consumentenrecht* 1993, S. 124; REMIEN, Oliver, „AGB-Gesetz und Richtlinie über missbräuchliche Verbrauchervertragsklauseln in ihrem europäischen Umfeld", *ZEuP* 1994, S. 60.

635 JONGENEEL, R.H.C., „Een richtlijn die weinig schade aanricht", *Tijdschrift voor consumentenrecht* 1993, S. 124; REMIEN, Oliver, „AGB-Gesetz und Richtlinie über missbräuchliche Verbrauchervertragsklauseln in ihrem europäischen Umfeld", *ZEuP* 1994, S. 60 und die Verweisungen dort.

636 JONGENEEL, R.H.C., „Een richtlijn die weinig schade aanricht", *Tijdschrift voor consumentenrecht* 1993, S. 124 und die Verweisungen dort.

Die endgültige Fassung des Artikels 3 Absatz III spricht von „einer als Hinweis dienenden, nicht erschöpfenden Liste von Klauseln, die für missbräuchlich erklärt werden können". Der Begriff „können" weist darauf hin, dass die ursprüngliche Absicht, eine absolut zwingende Klauselliste („schwarze Liste") einzuführen, aufgegeben wurde. Es bleibt aber weiterhin unklar, welchen Zweck der Richtliniengeber mit dem Klauselanhang verfolgt. Es stellt sich die Frage, ob die Mitgliedstaaten den Anhang wie eine „graue Minimumliste" übernehmen müssen oder ob die Mitgliedstaaten ganz frei sind, den Klauselanhang nicht oder nur teilweise zu übernehmen („eine fakultative graue Liste"). In der Literatur gibt es unterschiedliche Auslegungen des Artikels 3 Absatz III.

3. Die Interpretation des unklaren Wortlauts des Artikels 3 Absatz III in der Literatur

In der Literatur gibt es Uneinigkeit über die Frage, ob der Klauselanhang den Charakter einer zwingenden „graue Minimumliste" hat oder nur eine fakultative Beispielfunktion erfüllt. Artikel 3 Absatz III bestimmt, dass die Klauselliste ein Hinweis ist. Daraus ist mit Sicherheit abzuleiten, dass die Liste nicht als solche in das mitgliedstaatliche Recht umgesetzt werden muss[637]. Der 17. Erwägungsgrund weist darauf hin, dass die Mitgliedstaaten die Klauselverbote ergänzend oder restriktiver formulieren können. Daraus ergibt sich, dass es den Mitgliedstaaten gestattet ist, neben den aufgelisteten Klauselverboten auch andere Verbotsklauseln in das nationale Recht aufzunehmen oder sie aufrechtzuerhalten. Diese Möglichkeit ergibt sich auch aus der Tatsache, dass die Richtlinie einen Minimumschutz beabsichtigt[638]. Streitig ist aber, inwieweit die Mitgliedstaaten die Klauselverbote restriktiver formulieren dürfen. Die Mehrheit meint aus dem 17. Erwägungsgrund ableiten zu können, dass die Mitgliedstaaten nicht dazu verpflichtet sind, alle Klauselverboten aus der Richtlinie in das nationale Recht aufzunehmen[639]. Der Klauselkatalog

---

[637]REMIEN, Oliver, „AGB-Gesetz und Richtlinie über missbräuchliche Verbrauchervertragsklauseln in ihrem europäischen Umfeld", *ZEuP* 1994, S. 61.

[638]Siehe Artikel 8 der Richtlinie.

[639]ULMER, Peter, „Zur Anpassung des AGB-Gesetzes an die EG-Richtlinie über missbräuchliche Klauseln in Verbraucherverträgen", *EuZW* 1993, S. 345; WOLF, Manfred, in WOLF/HORN/LINDACHER, *AGBG-Kommentar*, 4. Auflage, 1999, Ri-Li Artikel 3, Rdnr. 1 ; BOSMANS, Marc, „Oneerlijke en onrechtmatige bedingen: zijn de artikelen 31 en volgende van de WHPC compatibel met de EEG Richtlijn 93/13 van 5 april 1993?", *DCCR* 1994, S. 699; Zweifelnd: JONGENEEL, R.H.C. und WESSELS, B., „Oneerlijke bedingen in consumentenovereenkomsten", *NJ*, 1993, S. 898; JONGENEEL, R.H.C., „Een richtlijn die weinig schade aanricht", *Tijdschrift voor consumentenrecht* 1993, S. 125; Zweifel bei Remien: REMIEN, Oliver, „AGB-Gesetz und Richtlinie über missbräuchliche Verbrauchervertragsklauseln in ihrem

wäre dann nur eine fakultative Klauselliste, durch die die Mitgliedstaaten sich bei der Schaffung ihrer nationalen Listen inspirieren lassen können. Die Klauselliste wäre als eine beispielhafte Konkretisierung der Generalklausel des Artikels 3 Absatz I anzusehen[640].

Im größten Teil der Literatur wird der Klauselanhang definiert als eine „nicht bindende Konkretisierung der Generalklausel"[641]. Diese Liste konkretisiert und präzisiert die Generalklausel des Artikels 3 Absatz I, weil sie konkrete Angaben über die Missbräuchlichkeit enthält. Diese Konkretisierungen können eine Hilfe bei der Harmonisierung der Rechtsanwendung in den Mitgliedstaaten sein[642].

Eine Minderheit der Autoren[643] vertritt dagegen die Ansicht, dass die Mitgliedstaaten dazu verpflichtet sind, die Klauselliste der Richtlinie als einen „grauen Minimumkatalog" in ihre nationale Gesetzgebung zu übernehmen. Das solle sich aus dem Minimumcharakter der Richtlinie ergeben. Den Mitgliedstaaten werde aber gestattet, die Klauselverbote hinsichtlich ihres Anwendungsbereichs restriktiver oder ergänzend zu formulieren.

---

europäischen Umfeld", *ZEuP* 1994, S. 61: Nach dem 17. Erwägungsgrund würde es unklar bleiben, ob die gänzliche Nichtumsetzung einer Klausel mit der Richtlinie vereinbar ist. Der 17. Erwägungsgrund würde nur eine restriktivere Formulierung eines Gebots zulassen.

[640] WOLF, Manfred, in WOLF/HORN/LINDACHER, *AGBG-Kommentar*, 4. Auflage, 1999, RiLi Artikel 3, Rdnr. 1.

[641] REMIEN, Oliver, „AGB-Gesetz und Richtlinie über missbräuchliche Verbrauchervertragsklauseln in ihrem europäischen Umfeld", *ZEuP* 1994, S. 61; WOLF, Manfred, in WOLF/HORN/LINDACHER, *AGBG-Kommentar*, 4. Auflage, 1999, RiLiAnhang, Rdnr. 1.

[642] WOLF, Manfred, in WOLF/HORN/LINDACHER, *AGBG-Kommentar*, 4. Auflage, 1999, RiLiAnhang, Rdnr.1.

[643] VAN KEER, Ann, „Onrechtmatige bedingen in consumentenovereenkomsten. Vergelijking van artikel 31 e.v. W.H.P.C. met de EG-Richtlijn van 5 april 1993", *Jura Falconis* 1996, S. 298 (299); auch Remien und Flamée/Troch weisen auf diese Interpretation hin, aber lassen die Frage offen: REMIEN, Oliver, „AGB-Gesetz und Richtlinie über missbräuchliche Verbrauchervertragsklauseln in ihrem europäischen Umfeld", *ZEuP* 1994, S. 61; FLAMÉE, Michel und TROCH, Koen, „De invloed van de EG-Richtlijn van 5 april 1993 betreffende oneerlijke bedingen in consumentenovereenkomsten op het heersend belgisch recht", *TBH* 1996, S. 43; Jongeneel weist auch auf diese mögliche Auslegung hin, aber bevorzugt die Auffassung, die den Anhang wie eine fakultative Liste ansieht: JONGENEEL, R.H.C., „Een richtlijn die weinig schade aanricht", *Tijdschrift voor consumentenrecht* 1993, S. 125.

Remien[644] weist - zweifelnd - darauf hin, dass ein verbindlicher Anhang die Vereinheitlichung der Vertragsrechte der Mitgliedstaaten erfordere. Die Auferlegung zwingender Klauselverbote sei nur sinnvoll, wenn in den Mitgliedstaaten die gleichen vertragsrechtlichen Standards existierten. Denn der Verbraucher könne zwingend vor Verlust bestimmter Rechte nur in dem Maße geschützt werden, wie dies das innerstaatliche Recht für den Verbraucher vorsieht. Das Existieren unterschiedlicher Standards im Vertragsrecht der Mitgliedstaaten habe zur Folge, dass möglicherweise nicht alle Klauselverbote in allen mitgliedstaatlichen Rechtsordnungen umsetzbar seien. Der zwingende Charakter des Klauselanhangs erfordere danach eine Anpassung des nationalen Vertragsrechts.

Dem Katalog wird durch die Mehrheit der Literatur eine Indizfunktion zugeschrieben[645]. Die Klauselbeispiele aus der Liste sind nicht verbindlich in dem Sinne, dass sie als zwingende Verbote in einer Klauselliste aufgenommen werden müssen[646], aber die Aufnahme in den Katalog indiziert, dass der Richtliniengeber diese Arten von Klauseln grundsätzlich für unangebracht hält. Die Klauselverbote legen Vermutungen für die Missbräuchlichkeit fest[647]. Die Gerichte oder Verwaltungsbehörden haben bei ihrer Würdigung nach der Generalklausel, die in den Klauselbeispielen enthaltenen Wertungen zu beachten[648]. Die Vermutung kann unter anderem dadurch widerlegt werden, dass nach dem mitgliedstaatlichen dispositiven Recht keine Missbräuchlichkeit vorliegt[649]. Diese Beurteilung kann je nach anwendbarem mitgliedstaatlichem Recht variieren. Wenn die Würdigung nach der Generalklausel zur Unwirksamkeit der Klausel führt, wäre es im Interesse der Rechtsklarheit, das Verbot in die innerstaatliche Verbotsliste aufzunehmen[650].
Heinrichs merkt aber an, dass oben stehende Ansicht nicht dazu führen darf, dass alle Verbote des Anhangs automatisch wie verbindliche Kon-

---

[644]REMIEN, Oliver, „AGB-Gesetz und Richtlinie über missbräuchliche Verbrauchervertragsklauseln in ihrem europäischen Umfeld", *ZEuP* 1994, S. 61.
[645]WOLF, Manfred, in WOLF/HORN/LINDACHER, *AGBG-Kommentar*, 4. Auflage, 1999, RiLi Artikel 3, Rdnr. 32.
[646]WOLF, Manfred, in WOLF/HORN/LINDACHER, *AGBG-Kommentar*, 4. Auflage, 1999, RiLi Artikel 3, Rdnr. 32.
[647]REMIEN, Oliver, „AGB-Gesetz und Richtlinie über missbräuchliche Verbrauchervertragsklauseln in ihrem europäischen Umfeld", *ZEuP* 1994, S. 61.
[648]WOLF, Manfred, in WOLF/HORN/LINDACHER, *AGBG-Kommentar*, 4. Auflage, 1999, RiLi Artikel 3, Rdnr. 32.
[649]REMIEN, Oliver, „AGB-Gesetz und Richtlinie über missbräuchliche Verbrauchervertragsklauseln in ihrem europäischen Umfeld", *ZEuP* 1994, S. 61.
[650]REMIEN, Oliver, „AGB-Gesetz und Richtlinie über missbräuchliche Verbrauchervertragsklauseln in ihrem europäischen Umfeld", *ZEuP* 1994, S. 61.

kretisierungen des Artikels 3 Absatz I anzusehen sind[651]. Die Klauselverbote oder die der Liste zugrund liegenden Grundsätze können nach *Heinrichs* nur wegen ihrer Bedeutung für den Verbraucherschutz oder wegen ihres Zusammenhangs mit anderen Normen des Gemeinschaftsrechts herangezogen werden[652]. Als Beispiele nennt er das Prinzip der Gleichbehandlung und das Freizeichnungsverbot für Körperschäden.

Für die Beachtung der Klauselliste gibt es auch andere Gründe. Zum Ersten ist zu erwarten, dass der EuGH sich bei der Auslegung der Generalklausel am Inhalt der Klauselverbote orientieren wird[653]. Deshalb wäre es den Mitgliedstaaten zu empfehlen, ihre Kataloge an den der Richtlinie anzupassen. Zum Zweiten spricht auch das europäische Harmonisierungsziel dafür, die Klauselliste nicht unbeachtet zu lassen[654]. Die Klauselverbote dienen der Harmonisierung.

Anders als die Auffassung im größten Teil der Literatur ist die Europäische Kommission der Ansicht, dass die Mitgliedstaaten gehalten sind, die Klauselliste in das nationale Recht zu übernehmen. Die Liste sei nicht verbindlich, solle aber dennoch in die nationalen Kodifizierungen des Rechts der missbräuchlichen Klauseln übernommen werden[655]. Der Richter behält aber seine Beurteilungsfreiheit, denn er wird nicht verpflichtet, eine Klausel für nichtig zu erklären, wenn sie einem der Klauselverbote aus der Liste entspricht. Vielmehr soll er beurteilen, ob die Klausel nach den Kriterien in Artikeln 3 Absatz I und 4 wirksam ist. Die Tatsache, dass die Klausel einem der Klauselverbote aus der Richtlinie entspricht, kann aber wie eine Vermutung ihrer Missbräuchlichkeit angesehen werden[656].

---

[651]HEINRICHS, Helmut, „Das Gesetz zur Änderung des AGB-Gesetzes. Umsetzung der EG-Richtlinie über missbräuchliche Klauseln in Verbraucherverträgen durch den Bundesgesetzgeber", *NJW* 1996, S. 2197.

[652]HEINRICHS, Helmut, „Das Gesetz zur Änderung des AGB-Gesetzes. Umsetzung der EG-Richtlinie über missbräuchliche Klauseln in Verbraucherverträgen durch den Bundesgesetzgeber", *NJW* 1996, S. 2197.

[653]FREY, Kaspar, „Wie ändert sich das AGB-Gesetz?", *ZIP* 1993, S. 579.

[654]ECKERT, Hans-Werner, „Die EG-Richtlinie über missbräuchliche Klauseln in Verbraucherverträgen und ihre Auswirkungen auf das deutsche Recht", *WM* 1993, S. 1070; WOLF, Manfred, in WOLF/HORN/LINDACHER, *AGBG-Kommentar*, 4. Auflage, 1999, RiLiAnhang, Rdnr. 1.

[655]Dieses ergab sich aus meinem Gespräch mit Yvonne Stein, GD XXIV, vom 17. März 1999; siehe auch TENREIRO, Mario, „Les clauses abusives dans les contracts conclus avec les consommateurs, *Europe* 1993, S. 3.

[656]TENREIRO, Mario, „Les clauses abusives dans les contracts conclus avec les consommateurs, *Europe* 1993, S. 3.

II. Darstellung der Klauselliste

Der Anhang umfasst eine Liste mit 17 Klauseln. In Nr. 2 a-d wird die Tragweite der Buchstaben g, j und l für bestimmte Fallgestaltungen eingeschränkt. Diese Ausnahmen beziehen sich nur auf die Klauselverbote, auf die verwiesen wird. Nr. 2 beschränkt nicht den Anwendungsbereich der Generalklausel.

1. Überblick

Nr.1:
a. Freizeichnungsverbot bei Körperschäden und Tod; b. Freizeichnungsverbot bei Vertragspflichtverletzungen, Aufrechnungsverbot;
c. Einseitige Bindung; d. Einseitige Verfallklausel; e. Unverhältnismäßige Entschädigung; f. Einseitige Kündigungsvorteile; g. Unangemessene Kündigungsfrist; h. Frühzeitige Vertragsverlängerung; i. Zustimmungsfiktion; j. Einseitige Vertragsänderung; k. Einseitige Leistungsänderung; l. Einseitige Preisfestsetzung, m. Ausschließlicher Auslegungskompetenz und ausschließliche Subsumtionsrechten; n. Einschränkung der Vertretungsmacht; o. Einseitige Pflichterfüllung; p. Vertragsübernahme; q. Behinderung des Rechtswegs;
Nr. 2:
a. Ausnahmen hinsichtlich Nr. 1 g
b. Ausnahmen hinsichtlich Nr. 1 j
c. Ausnahmen hinsichtlich Nr. 1 g, j und l
d. Ausnahmen hinsichtlich Nr. 1 l

Diese 17 Klauselverbote lassen sich in fünf Kategorien aufteilen:
1. Klauselverbote in bezug auf das Zustandekommen des Vertrages und die einseitigen Vertragsänderungen;
2. Klauselverbote betreffend Einschränkungen der Ansprüche des Klauselgegners (Verbrauchers) gegen Leistungsstörungen;
3. Klauselverbote betreffend Einschränkungen der Pflichten des Verkäufers;
4. Klauselverbote betreffend der Vertragsbeendung;
5. Klauselverbote betreffend der Regelung von Streitigkeiten.

2. Besprechung

A. Klauselverbote in bezug auf das Zustandekommen des Vertrages und die einseitigen Vertragsänderungen

a. Einseitige Bindung

Verboten sind *„Klauseln, die darauf abzielen oder zur Folge haben, dass der Verbraucher eine verbindliche Verpflichtung eingeht, während der Gewerbetreibende die Erbringung der Leistungen an eine Bedingung knüpft, deren Eintritt nur von ihm abhängt" (Anhang, Nr. 1 c).*

Nr. 1 c will vermeiden, dass der Verbraucher sich einseitig bindet, während der Gewerbetreibende seine Bindung an den Vertrag von einer Bedingung abhängig macht, deren Eintritt nur von ihm abhängt[657]. Des Weiteren will dieses Verbot vermeiden, dass der Verbraucher durch die Vertragsbindung bis zum Bedingungseintritt (oder Nichteintritt) an den Vertrag gebunden ist und sich deswegen nicht frei auf dem Markt bewegen kann, wie der Gewerbetreibende. Beispiele von Bedingungen, deren Eintritt nur vom Gewerbetreibenden abhängt, sind die Potestativbedingungen und andere Lösungsrechte. Verboten wird zum Beispiel die Praxis, in welcher der Verkäufer (oft ein Vertreter) den Verbraucher einen verbindlichen Antrag unterschreiben lässt, aber das Zustandekommen des Vertrages von der Annahme des Auftraggebers abhängig macht[658]. Diese Praxis ist aber auch nach Nr. 1 n ausdrücklich verboten.

Mit diesem Klauselverbot wird die formale Waffengleichheit zwischen den Vertragsparteien erzielt. Insofern auch dem Verbraucher das Recht eingeräumt wird, sich von seinen Verpflichtungen zu lösen, greift das Verbot von Nr. 1 c nicht ein.

---

[657] WOLF, Manfred, in WOLF/HORN/LINDACHER, *AGBG-Kommentar*, 4. Auflage, 1999, RiLiAnhang, Rdnr. 41 (43); FLAMÉE, Michel und TROCH, Koen, „De invloed van de EG-Richtlijn van 5 april 1993 betreffende oneerlijke bedingen in consumentenovereenkomsten op het heersend belgisch recht", *TBH* 1996, S. 43, Rdnr. 23; VAN KEER, Ann, „Onrechtmatige bedingen in consumentenovereenkomsten. Vergelijking van artikel 31 e.v. W.H.P.C. met de EG-Richtlijn van 5 april 1993", *Jura Falconis* 1996, S. 301.

[658] FLAMÉE, Michel und TROCH, Koen, „De invloed van de EG-Richtlijn van 5 april 1993 betreffende oneerlijke bedingen in consumentenovereenkomsten op het heersend belgisch recht", *TBH* 1996, S. 43, Rdnr. 23; JONGENEEL, R.H.C., „Een richtlijn die weinig schade aanricht", *Tijdschrift voor consumentenrecht* 1993, S. 125.

Nr. 1 c ist ein Klauselverbot ohne Wertungsmöglichkeit (eine schwarze Klausel). Wenn die Tatbestandsvoraussetzungen des Verbots vorliegen, hat der Richter die Unwirksamkeit auszusprechen.

b. Zustimmungsfiktion

Verboten sind „*Klauseln, die darauf abzielen oder zur Folge haben, dass die Zustimmung des Verbrauchers zu Klauseln unwiderlegbar festgestellt wird, von denen er vor Vertragsabschluss nicht tatsächlich Kenntnis nehmen konnte" (Anhang, Nr. 1 i).*

Der Schutzgegenstand dieses Klauselverbots ist die Ermöglichung der Selbstbestimmung des Verbrauchers bei Vertragsabschluss[659]. Eine sinnvolle Ausübung der Vertragsautonomie erfordert, dass der Verbraucher von den Vertragsklauselbedingungen Kenntnis nehmen konnte. Danach sind alle Klauseln, die eine unwiderlegbare Zustimmungsvermutung festlegen, verboten, wenn es an der Möglichkeit zur tatsächlichen Kenntnisnahme der Vertragsklauseln gefehlt hat[660]. Mit diesem Verbot nimmt der Anhang auf einen Tatbestand der rechtsgeschäftlichen Einbeziehung als Grund für die Missbrauchskontrolle Bezug[661]. Dieses Klauselverbot hängt daneben auch mit dem Transparenzgebot aus Artikel 5 der Richtlinie zusammen[662]. Danach müssen die Klauseln klar und verständlich abgefasst werden. Die Einbeziehung der Klauseln ist problematisch, wenn diese inhaltlich oder formell undeutlich abgefasst sind.

Das Klauselverbot von Nr. 1 i, bezweckt, die materielle Benachteiligung des Verbrauchers aufgrund einer fehlenden Selbstbestimmung bei Vertragsabschluss zu verhindern.

Nr. 1 i ist ein Klauselverbot ohne Wertungsmöglichkeit. Der Richter hat die Unwirksamkeit auszusprechen.

---

[659] WOLF, Manfred, in WOLF/HORN/LINDACHER, *AGBG-Kommentar*, 4. Auflage, 1999, RiLiAnhang, Rdnr. 121 (123).

[660] VAN KEER, Ann, „Onrechtmatige bedingen in consumentenovereenkomsten. Vergelijking van artikel 31 e.v. W.H.P.C. met de EG-Richtlijn van 5 april 1993", *Jura Falconis* 1996, S. 302.

[661] WOLF, Manfred, in WOLF/HORN/LINDACHER, *AGBG-Kommentar*, 4. Auflage, 1999, RiLiAnhang, Rdnr. 121.

[662] FLAMÉE, Michel und TROCH, Koen, „De invloed van de EG-Richtlijn van 5 april 1993 betreffende oneerlijke bedingen in consumentenovereenkomsten op het heersend belgisch recht", *TBH* 1996, S. 44, Rdnr. 23.

c. Einseitige Vertragsänderung

Verboten sind, *„Klauseln, die darauf abzielen oder zur Folge haben, dass der Gewerbetreibende die Vertragsklausel einseitig ohne triftigen und im Vertrag aufgeführten Grund ändern kann" (Anhang, Nr. 1 j).*

Dieses Gebot zielt auf den den Schutz der Verbraucher gegen einseitige Vertragsänderungen des Gewerbetreibenden[663]. Eine einseitige Bindungsklausel ist nur wirksam, wenn im Vertrag aufgeführte Gründe vorliegen, die ein einseitiges Änderungsrecht zulassen[664]. Ein triftiger Grund liegt vor, wenn die Änderungsinteressen des Gewerbetreibenden die Interessen des Verbrauchers überwiegen[665]. Beispiele sind Umstände, die zu einem Wegfall der Geschäftsgrundlage führen oder die sonst ein Festhalten am Vertrag als unzumutbar erscheinen lassen und eine Anpassung erfordern[666]. Auch unbedeutende Änderungen können zugelassen werden[667]. Die triftigen Gründe sollen im Vertrag aufgeführt werden.

Das Klauselverbot von Nr. 1 j, bezweckt die materielle Benachteiligung des Verbrauchers, die sich aus einseitigen Vertragsänderungen des Gewerbetreibenden ergeben, zu verhindern. Die Tatsache, dass auch dem Verbraucher selbst ein entsprechendes Änderungsrecht eingeräumt wird, kompensiert die Unwirksamkeit der Klausel nicht.

Nr. 1 j ist eine Verbotsklausel ohne Wertungsmöglichkeit.

In bezug auf einseitige Leistungsänderungen und einseitige Preisfestsetzung umfasst die Richtlinie die Sondervorschriften in Nr. 1 k bzw. Nr. 1 l. Nr.1 j ist wie ein Auffangtatbestand anzusehen.

Nr. 2 b umfasst zwei Einschränkungen des Klauselverbots aus Nr. 1 j Satz 1 betrifft die Finanzdienstleistungen und Satz 2 gilt für unbefristete Verträge. Satz 1 erlaubt Klauseln, „durch die sich der Erbringer von Fi-

---

[663]WOLF, Manfred, in WOLF/HORN/LINDACHER, *AGBG-Kommentar*, 4. Auflage, 1999, RiLiAnhang, Rdnr. 131; VAN KEER, Ann, „Onrechtmatige bedingen in consumentenovereenkomsten. Vergelijking van artikel 31 e.v. W.H.P.C. met de EG-Richtlijn van 5 april 1993", *Jura Falconis* 1996, S. 302.

[664]JONGENEEL, R.H.C., „Een richtlijn die weinig schade aanricht", *Tijdschrift voor consumentenrecht* 1993, S. 127.

[665]WOLF, Manfred, in WOLF/HORN/LINDACHER, *AGBG-Kommentar*, 4. Auflage, 1999, RiLiAnhang, Rdnr. 133.

[666]WOLF, Manfred, in WOLF/HORN/LINDACHER, *AGBG-Kommentar*, 4. Auflage, 1999, RiLiAnhang, Rdnr. 133.

[667]WOLF, Manfred, in WOLF/HORN/LINDACHER, *AGBG-Kommentar*, 4. Auflage, 1999, RiLiAnhang, Rdnr. 133.

nanzdienstleistungen das Recht vorbehält, den von dem Verbraucher oder an den Verbraucher zu zahlenden Zinssatz oder die Höhe anderer Kosten für Finanzdienstleistungen in begründeten Fällen ohne Vorabkündigung zu ändern, sofern der Gewerbetreibende die Pflicht hat, die andere Vertragspartei oder die anderen Vertragsparteien unverzüglich davon zu unterrichten und es dieser oder diesen freisteht, den Vertrag alsbald zu kündigen". Mit dieser Vorschrift wird dem Gewerbetreibenden bezüglich Finanzdienstleistungen erlaubt, die Höhe der Zinsen (Soll- wie Habenzinsen), wie andere Kosten von Finanzdienstleistungen (zum Beispiel: Kontoführungsgebühren) einseitig ohne Vorankündigung zu ändern. Dieses Änderungsrecht ist an die folgenden Voraussetzungen gebunden. Zum Ersten kann der Gewerbetreibende die Höhe der Zinsen und Kosten nur in begründeten Fällen ändern. Unter „begründeten Fällen" wird nichts anderes als ein „triftiger Grund" im Sinne des Nr. 1 j verstanden[668]. Der Grund muss aber nach Nr. 2 b nicht im Vertrag angegeben werden. Im Gegensatz zu Nr. 1 j wurde auf der Aufnahme der Voraussetzung der Angabe des Änderungsgrundes verzichtet. Dieses hängt damit zusammen, dass Nr. 2 b Satz 1 die Zulässigkeit der dort genannten Klauseln abschließend regeln wollte[669]. Das Änderungsrecht des Gewerbetreibenden ist des Weiteren nur erlaubt, sofern der Gewerbetreibende die Pflicht hat, die andere Vertragspartei unverzüglich davon zu unterrichten. Diese Informationspflicht kompensiert die Nichtvorankündigung. Des Weiteren muss dem Verbraucher das Recht eingeräumt werden, kündigen zu können.

Sofern oben stehende Voraussetzungen erfüllt sind, kann der Gewerbetreibende sein Änderungsrecht ohne Vorankündigung ausüben. Unklar bleibt, warum Nr. 2 b, Satz 1 den Gewerbetreibenden von der Vorankündigung befreit, wenn er nach Nr. 1 j überhaupt nicht verpflichtet wurde.

Die Bedeutung von Nr. 2 b, Satz 1 liegt darin, dass dem Gewerbetreibenden einer Finanzdienstleistung erlaubt wird, die Höhe der Zinsen und andere Kosten von Finanzdienstleistungen zu ändern, sofern diese Änderung durch die marktbedingten Kostenänderungen zu verantworten ist. Der Grund der Vertragsänderung muss in diesem Fall nicht im Vertrag angegeben sein. Andererseits erfordert Nr. 2 b, Satz 1 eine Unterrichtungspflicht und ein Kündigungsrecht, die nicht in Nr. 1 j vorgesehen sind.

---

[668]WOLF, Manfred, in WOLF/HORN/LINDACHER, *AGBG-Kommentar*, 4. Auflage, 1999, RiLiAnhang, Rdnr. 253.
[669]WOLF, Manfred, in WOLF/HORN/LINDACHER, *AGBG-Kommentar*, 4. Auflage, 1999, RiLiAnhang, Rdnr. 251.

Nr. 2 b, Satz 2 erlaubt Vertragsklauseln, „durch die sich der Gewerbetreibende das Recht vorbehält, einseitig die Bedingungen eines unbefristeten Vertrags zu ändern, sofern es ihm obliegt, den Verbraucher hiervon rechtzeitig in Kenntnis zu setzen, und es diesem freisteht, den Vertrag zu kündigen".

Diese Einschränkung des Verbots der einseitigen Vertragsänderung aus Nr. 1 j erlaubt dem Gewerbetreibenden, bei unbefristeten Dauerschuldverhältnissen den Vertragsinhalt an die sich ändernden Vertragsverhältnisse anzupassen, ohne dass er dafür einen triftigen Grund aufführen muss. Dieses Recht zur einseitigen Vertragsänderung ist an bestimmte Voraussetzungen gebunden. Die Vertragsänderung darf nicht gegen die Generalklausel des Artikels 3 Absatz I verstoßen. Das bedeutet, dass die Vertragsänderungen in dem Vertragsverhältnis ihre Rechtfertigung finden müssen. Der Gewerbetreibende muss sein Änderungsrecht unter Berücksichtigung des Gebots von Treu und Glauben ausüben.

Sofern die Änderung erst zu einem Zeitpunkt zur Geltung kommt, zu dem der Vertrag durch ordentliche Kündigung ebenfalls beendet werden könnte, können auch beliebige Änderungen zugelassen werden, weil der Verbraucher kündigen kann und nicht mehr an den Vertrag gebunden ist[670]. Des Weiteren muss der Gewerbetreibende bei Vertragsänderung den Verbraucher rechtzeitig in Kenntnis setzen und ein Kündigungsrecht zugestehen.

Nr. 2 c umfasst besondere Vorschriften hinsichtlich der Kapitalmarkt- und Devisengeschäfte. Diese besonderen Vorschriften beziehen sich auf die Klauselverbote der Nr. 1 g, j und l. Nach Nr. 2 c wird die Verwendung von Klauseln, die zugunsten der Verwender das Recht zur einseitigen Vertragsänderung vorsehen, in bezug auf Kapitalmarkt- und Devisengeschäfte zugelassen. Das Ziel dieser Ausnahme liegt darin, das Vertragsverhältnis schnell an die marktabhängigen Preis- und Konditionsveränderungen auf dem Markt anpassen zu können. Es handelt sich hier um Preis- und Konditionsänderungen, auf die der Gewerbetreibende keinen Einfluss hat. Der Gewerbetreibende unterliegt diesen Marktveränderungen selbst. Durch die Ausnahme zu Nr. 1 g, j, l wird ihm ermöglicht, die Risiken, die sich aus den Marktänderungen ergeben, an den Verbraucher (den eigentlichen Marktnutzer) zu übertragen. Die Nichtanwendbarkeit der drei Klauselverbote lässt sich in zwei Bereiche aufteilen. Zum Ersten werden die Kapitalmarktgeschäfte von den Klauselverboten aus

---

[670]WOLF, Manfred, in WOLF/HORN/LINDACHER, *AGBG-Kommentar*, 4. Auflage, 1999, RiLiAnhang, Rdnr. 257.

dem Nr. 1 g, j, l ausgenommen. Zum Zweiten sind die drei Klauselverbote nicht auf den Kauf oder Verkauf von Devisen anwendbar. Die Regelung nach dem ersten Spiegelstrich betrifft Kapitalmarktgeschäfte. Die Kapitalmarktgeschäfte sind Geschäften mit Wertpapieren, Finanzpapieren und anderen Erzeugnissen oder Dienstleistungen. Diese Begriffe sind autonom auszulegen. Maßgebend ist dabei, dass es sich um Kapitalmarktgeschäfte handelt, auf deren Preisschwankungen der Gewerbetreibende keinen Einfluss hat. Freigestellt sind Kapitalmarktgeschäfte, bei denen der Preis von den Veränderungen einer Notierung an der Börse oder eines Börsenindex oder von Kursschwankungen auf dem Kapitalmarkt abhängig sind. Die Ausnahme aus Nr. 2 c betrifft nicht nur den Kauf und Verkauf, sondern alle Geschäfte auf dem Kapitalmarkt und Börsentransaktionen. Auch Auftragserteilungen an Banken oder Börsenmaklern fallen unter die Ausnahme[671]. Die Regelung nach dem zweiten Spiegelstrich betrifft Devisengeschäfte. Die Devisengeschäfte umfassen den Kauf und Verkauf von Fremdwährungen, Reiseschecks und internationale Postanweisungen in Fremdwährung. Die Ausnahme der Klauselverbote bezieht sich, im Gegensatz zu der Regelung nach dem ersten Spiegelstrich, nicht auf alle Devisengeschäfte, sondern nur auf ihren Kauf und Verkauf.

In bezug auf das Klauselverbot in Nr. 1 j hat Nr. 2 c zur Folge, dass der Gewerbetreibende die einseitige Änderung von Vertragsklauseln auch ohne triftigen Grund vornehmen kann, vorausgesetzt, dass es sich um Klauseln handelt, die sich auf die mit Kurs- und Währungsschwankungen verbundenen Risiken beziehen[672]. Die Ausübung dieser einseitigen Klauseländerung ist dem Kontrollmaßstab des Artikels 3 Absatz I unterwerfen.

d. Einseitige Leistungsänderung

Verboten sind *„Klauseln, die darauf abzielen oder zur Folge haben, dass der Gewerbetreibende die Merkmale des zu liefernden Erzeugnisses oder der zu erbringenden Dienstleistung einseitig ohne triftigen Grund ändern kann" (Anhang, Nr.1 k).*

---

[671] WOLF, Manfred, in WOLF/HORN/LINDACHER, *AGBG-Kommentar*, 4. Auflage, 1999, RiLiAnhang, Rdnr. 274.
[672] WOLF, Manfred, in WOLF/HORN/LINDACHER, *AGBG-Kommentar*, 4. Auflage, 1999, RiLiAnhang, Rdnr. 278.

Nr. 1 k schließt sich an das Klauselverbot aus Nr. 1 j an. Es handelt sich hier um einen „künstlichen Unterschied"[673], weil Leistungsbeschreibungen eigentlich auch Klauseländerungen sind und daher schon durch das Verbot aus Nr. 1 j erfasst werden.

Das Klauselverbot greift nicht ein, wenn der Gewerbetreibende einen „triftigen Grund" hat, die Leistung abzuändern. Wann ein „triftiger Grund" vorliegt, bleibt nach dem Klauseltext offen. Der Klauseltext lässt dem Richter eine Wertungsmöglichkeit, die Unwirksamkeit festzustellen oder nicht. Es bleibt ein Rätsel, weshalb beim Klauselverbot nach Nr. 1 j der triftige Grund im Vertrag aufgeführt werden muss und bei Nr. 1 k nicht.

e. Einseitige Preisfestsetzung

Verboten sind *„Klauseln, die darauf abzielen oder zur Folge haben, dass der Verkäufer einer Ware oder der Erbringer einer Dienstleistung den Preis zum Zeitpunkt der Lieferung festsetzen oder erhöhen kann, ohne dass der Verbraucher in beiden Fällen ein entsprechendes Recht hat, vom Vertrag zurückzutreten, wenn der Endpreis im Verhältnis zu dem Preis, der bei Vertragsabschluss vereinbart wurde, zu hoch ist" (Anhang, Nr. 1 l).*

Mit diesem Klauselverbot wird vermieden, dass der Verbraucher an nachträglichen Preisänderungen, die von der ursprünglichen Vereinbarung abweichen, gebunden wird, ohne dass er vom Vertrag zurücktreten kann. Damit wird die Erhaltung der Marktsteuerungsfunktion des Preises erzielt[674]. Das Klauselverbot schützt nur vor Preiserhöhungen. Preissenkungen werden nicht durch das Klauselverbot erfasst.

Das Klauselverbot regelt zwei Fallgestaltungen. Zum Ersten schützt das Verbot vor Preisfestsetzungen zum Zeitpunkt der Lieferung. Dabei wird der Verbraucher gegen eine Preisfestsetzung bei der Lieferung, die unverhältnismäßig von beim Vertragsabschluss vereinbarten Preis abweicht, ohne dass dem Verbraucher das Recht eingeräumt worden ist, vom Vertrag zurücktreten zu können, geschützt. Geregelt wird aber nicht der Fall, in dem ein zuvor offener Preis nachträglich konkret bestimmt

---

[673] WOLF, Manfred, in WOLF/HORN/LINDACHER, *AGBG-Kommentar*, 4. Auflage, 1999, RiLiAnhang, Rdnr. 141.
[674] WOLF, Manfred, in WOLF/HORN/LINDACHER, *AGBG-Kommentar*, 4. Auflage, 1999, RiLiAnhang, Rdnr. 151.

wird[675]. Beim Vertragsabschluss soll der Preis zumindest vorläufig oder ungefähr festgelegt worden sein, so dass es bei der Klauselwürdigung einen Vergleichsmaßstab gibt. Der Verbotstext schreibt ausdrücklich einen Vergleich zwischen dem Preis zum Zeitpunkt des Vertragsabschlusses und dem der Preisfestsetzung vor. In einem Teil der Literatur wird dieser Unterschied nicht gemacht und man scheint davon auszugehen, dass das Klauselverbot auf alle offenen Preis Klauseln anzuwenden ist[676].

Zum Zweiten wird das einseitige Preiserhöhungsrecht im Allgemeinen geregelt. Danach ist jede Klausel verboten, die dem Gewerbetreibenden die nachträgliche Möglichkeit zur einseitigen Preiserhöhung zum Nachteil des Verbrauchers zugesteht, ohne dass der Verbraucher vom Vertrag zurücktreten kann.

Das Klauselverbot erfordert, dass der festgesetzte oder geänderte Preis im Vergleich mit dem Preis beim Vertragsabschluss zu hoch ist. Es handelt sich dabei um eine unverhältnismäßige Erhöhung des Preises. Anzunehmen ist, dass eine nur geringe Preiserhöhung nach dem Klauselverbot zugelassen ist[677].

Der Vergleich mit dem Preis bei Vertragsabschluss deutet darauf hin, dass keine Preiskontrolle oder Kontrolle des Preis-/Leistungsverhältnis durchgeführt wird, sondern dass das Klauselverbot gewährleisten möchte, dass der wirtschaftlich übereingekommene Preis später, durch Ausübung eines einseitigen Preisänderungsrechts nicht umgangen wird.

Das einseitige Preisfestsetzungsrecht oder Preiserhöhungsrecht ist nur dann verboten, wenn der Verbraucher nicht vom Vertrag zurücktreten kann. Falls der Verbraucher sich dem höheren Preis entziehen kann, ist die Klausel nach Nr. 1 l wirksam. Der Verbraucher kann sich dem höheren Preis entziehen, wenn im Vertrag oder im Gesetz zu diesem Zweck

---

[675] Diese Klauseln können aber nach der Generalklausel des Artikels 3 Absatz I überprüft werden.

[676] VAN KEER, Ann, „Onrechtmatige bedingen in consumentenovereenkomsten. Vergelijking van artikel 31 e.v. W.H.P.C. met de EG-Richtlijn van 5 april 1993", *Jura Falconis* 1996, S. 303.

[677] FLAMÉE, Michel und TROCH, Koen, „De invloed van de EG-Richtlijn van 5 april 1993 betreffende oneerlijke bedingen in consumentenovereenkomsten op het heersend belgisch recht", *TBH* 1996, S. 45, Rdnr. 23.

ein Lösungsrecht vorgesehen ist[678]. Das Vorsehen einer Ermäßigungspflicht genügt dabei aber nicht[679].

Sowohl für die gültige Ausübung eines Preisfestsetzungsrechts als auch für die eines Preiserhöhungsrechts, ist neben dem Rücktrittsrecht zusätzlich ein triftiger Grund zu verlangen[680]. Sonst würde der Gewerbetreibende sein Preisfestsetzungsrecht oder Preiserhöhungsrecht missbrauchen können, um sich auf einem einfachen Weg vom Vertrag zu lösen. Der Gewerbetreibende würde nur eine willkürliche Preiserhöhung vornehmen müssen, um den Verbraucher zum Rücktritt zu veranlassen.

Dieses Klauselverbot hat den Zweck, die materielle Benachteiligung des Verbrauchers aufgrund einer einseitigen Preisfestsetzung oder Preiserhöhung des Gewerbetreibenden zu verhindern. Die Tatsache, dass auch dem Gewerbetreibenden gleiche Nachteile auferlegt werden, genügt aber nicht, um Nr. 1 l nicht eingreifen zu lassen.

Nr. 1 l greift aber nur ein, wenn der einseitig festgesetzte Preis im Vergleich mit dem Preis beim Vertragsabschluss „zu hoch" ist. Es handelt sich um ein Klauselverbot mit Wertungsmöglichkeit. Der Richter hat zu bewerten, ob der Preis „zu hoch" ist.

Nr. 2 d umfasst eine spezielle Regelung der Preisindexklauseln. Die Ausnahme aus Nr. 2 lässt bei Preisindexklauseln einseitige Preisfestsetzungen oder Preiserhöhungen ohne Rücktrittsrecht zu. Denn in diesem Fall wäre ein Rücktrittsrecht des Verbrauchers wegen einer besonderen Interesselage nicht angebracht. Eine Preisindexklausel passt den Preis einer Ware oder Dienstleistung an bestimmte Bezugsgrößen an, die außerhalb des Einflussbereichs des Gewerbetreibenden liegen. Zu denken ist zum Beispiel an Preis- und Kostenentwicklung von Rohstoffen oder an Währungen. Diese Klauseln sind vor allem bei langfristigen Dauerschuldverhältnissen und Leistungen nützlich, bei denen nicht mit einem konstanten Preis gerechnet werden kann. Die Verwendung von Preisindexklauseln ist aber an bestimmte Voraussetzungen gebunden. Die Preisindexklauseln müssen „rechtmäßig" sein und der Modus der Preisänderung muss in der Indexklausel ausdrücklich beschrieben sein. Eine Preisindexklausel ist rechtmäßig, wenn sie allgemein kraft Gesetz erlaubt

---

678 WOLF, Manfred, in WOLF/HORN/LINDACHER, *AGBG-Kommentar*, 4. Auflage, 1999, RiLiAnhang, Rdnr. 157.
679 WOLF, Manfred, in WOLF/HORN/LINDACHER, *AGBG-Kommentar*, 4. Auflage, 1999, RiLiAnhang, Rdnr. 151.
680 WOLF, Manfred, in WOLF/HORN/LINDACHER, *AGBG-Kommentar*, 4. Auflage, 1999, RiLiAnhang, Rdnr. 156.

wurde oder im Einzelfall durch ein Aufsichtsorgan oder eine Behörde genehmigt ist. Über die „Rechtmäßigkeit" entscheidet also das mitgliedstaatliche Recht[681]. Die ausdrückliche Beschreibung des Modus in der Indexklausel ermöglicht es dem Verbraucher, sich über die zu erwartenden Belastungen zu informieren und die Ausübung der Indexklausel zu kontrollieren.

Die Ausnahme aus Nr. 2 c hat zur Folge, dass es dem Gewerbetreibenden bei Kapitalmarkt- und Devisengeschäften ermöglicht wird, einseitig den Preis festzusetzen oder zu erhöhen. Damit wird bezweckt, dass Preissteigerungen zu Lasten der eigentlichen Nutzer gehen. Andererseits gibt es dem Gewerbetreibenden auch die Möglichkeit, von Preisermäßigungen zu profitieren, die sich aus den Kurspreisen oder Notierungen ergeben[682].

f. Ausschließliche Auslegungskompetenz und ausschließliche Subsumtionsrechte

Verboten sind *„Klauseln, die darauf abzielen oder zur Folge haben, dass dem Gewerbetreibenden das Recht eingeräumt ist zu bestimmen, ob die gelieferte Ware oder erbrachte Dienstleistung den Vertragsbestimmungen entspricht, oder ihm das ausschließliche Recht zugestanden wird, die Auslegung einer Vertragsklausel vorzunehmen" (Anhang, Nr. 1 m).*

Dieses Klauselverbot hat zum Ziel zu verhindern, dass der Gewerbetreibende die ausschließliche Auslegungskompetenz ausübt. Es richtet sich gegen die Gefahr, dass der Gewerbetreibende diese Kompetenz zum Nachteil des Verbrauchers ausübt. Das Klauselverbot regelt zwei Fallgestaltungen. Zum Ersten verbietet Nr. 1 m Klauseln, in denen dem Gewerbetreibenden die Kompetenz zur Feststellung der vertragsmäßigen Leistungserbringung eingeräumt wird. Danach würde der Gewerbetreibende die ausschließliche Kompetenz haben, die tatsächlichen Umstände der Erfüllung und deren Übereinstimmung mit dem Vertragsinhalt zu beurteilen. Diese Kompetenz würde für den Verbraucher ein Rechtsverlust aus tatsächlichen Gründen bedeuten können[683]. Denn der Gewerbetreibende würde über die Vertragsmäßigkeit seiner eigenen Leistungserbringung entscheiden können. Diese Feststellungsbefugnis des Gewerbetreibenden wäre verbindlich und eventuelle Ansprüche und Rechte aus den betreffenden Leistungsstörungen werden dem Verbraucher entzogen.

---

[681] WOLF, Manfred, in WOLF/HORN/LINDACHER, *AGBG-Kommentar*, 4. Auflage, 1999, RiLiAnhang, Rdnr. 292.
[682] WOLF, Manfred, in WOLF/HORN/LINDACHER, *AGBG-Kommentar*, 4. Auflage, 1999, RiLiAnhang, Rdnr. 279.
[683] WOLF, Manfred, in WOLF/HORN/LINDACHER, *AGBG-Kommentar*, 4. Auflage, 1999, RiLiAnhang, Rdnr. 172.

Zum Zweiten regelt das Klauselverbot die Klauseln, in denen dem Gewerbetreibenden die ausschließliche Auslegungskompetenz eingeräumt wird. Danach kommt dem Gewerbetreibenden bei unklarem Vertragsinhalt die Kompetenz zu, einseitig die vertraglichen Rechte und Pflichten festzulegen.

Die Auslegungskompetenz muss ausschließlich sein. Sofern zwischen den Parteien ein Auslegungsvertrag gefordert wird, ist die Klausel nach Nr. 1. m wirksam.

Dieses Klauselverbot kann als überflüssig angesehen werden. Anstelle des ausschließlichen Subsumtionsrechts könnte auch die Verbotsklausel der Nr. 1 k Anwendung finden. Außerdem verstößt das Subsumtionsrecht gegen das Recht aus der Leistungsstörung. Eine ausschließliche Auslegungskompetenz würde gegen die Interpretationsregel der Richtlinie verstoßen (Artikel 5 Satz 2 der Richtlinie).

Nr. 1 m ist ein Klauselverbot ohne Wertungsmöglichkeit.

B. Klauselverbote betreffend Einschränkungen der Ansprüche des Verbrauchers wegen Leistungsstörungen

a. Freizeichnungsverbot bei Vertragspflichtverletzung, Aufrechnungsverbot

Verboten sind *„Klauseln, die darauf abzielen oder zur Folge haben, dass die Ansprüche des Verbrauchers gegenüber dem Gewerbetreibenden oder einer anderen Partei, einschließlich der Möglichkeit, eine Verbindlichkeit gegenüber dem Gewerbetreibenden durch eine etwaige Forderung gegen ihn auszugleichen, ausgeschlossen oder ungebührlich eingeschränkt werden, wenn der Gewerbetreibende eine der vertraglichen Verpflichtungen ganz oder teilweise nicht erfüllt oder mangelhaft erfüllt" (Anhang, Nr. 1 b).*

Nr. 1 b hat den Zweck, den Verbraucher vor dem Verlust seiner Ansprüche gegen die Leistungsstörungen der Gewerbetreibenden zu schützen. Das Klauselverbot regelt das Freizeichnungsverbot bei Nichterfüllung und mangelhafter Erfüllung und das Aufrechnungsverbot.

Dieses Klauselverbot betrifft die Freizeichnung von Schadensersatzansprüchen, Gewährleistungsansprüchen und sonstigen Rechten aus Leistungsstörungen[684]. Nach dem Klauselverbot darf ein Freizeichnungsrecht des Verbrauchers nicht ausgeschlossen oder ungebührlich eingeschränkt werden. Es handelt sich dabei um die Ausübung der nationalen gesetzlichen Ansprüche[685].

Das Aufrechnungsverbot verbietet es bei Leistungsstörungen durch den Gewerbetreibenden ein Aufrechnungsrecht des Verbrauchers auszuschließen oder ungebührlich einzuschränken.

Die Beurteilung, inwieweit eine Einschränkung ungebührlich ist, obliegt dem Richter. Dabei ist auf das Gebot von Treu und Glauben Rücksicht zu nehmen. Eine ungebührliche Einschränkung des Aufrechnungsgebots liegt danach vor, wenn sie sich auf unstrittige oder rechtskräftig festgestellte Forderungen im Sinne von § 11 Nr. 3 AGBG erstreckt[686].

b. Einseitige Pflichterfüllung

Verboten sind *„Klauseln, die darauf abzielen oder zur Folge haben, dass der Verbraucher allen seinen Verpflichtungen nachkommen muss, obwohl der Gewerbetreibende seine Verpflichtungen nicht erfüllt" (Anhang, Nr. 1 o).*

Das Klauselverbot hat den Zweck zu verhindern, dass der Verbraucher auch gehalten ist, seinen Vertragsverpflichtungen nachzukommen, wenn der Gewerbetreibende seine Verpflichtungen nicht erfüllt[687]. Der Begriff „Nichterfüllung" ist dabei im weiten Sinne zu verstehen. Er umfasst neben der vollständigen Nichterbringung der Leistung auch alle Fälle der nicht ordnungsgemäßen Vertragserfüllung[688].

Mit diesem Klauselverbot wird sichergestellt, dass der Verbraucher bei Leistungsstörungen des Gewerbetreibenden seine Erfüllungspflichten ebenso einschränken kann wie der Gewerbetreibende. Dieses Klauselverbot schließt an das Freizeichnungsverbot bei Vertragspflichtverlet-

---

[684] WOLF, Manfred, in WOLF/HORN/LINDACHER, *AGBG-Kommentar*, 4. Auflage, 1999, RiLiAnhang, Rdnr. 21.
[685] WOLF, Manfred, in WOLF/HORN/LINDACHER, *AGBG-Kommentar*, 4. Auflage, 1999, RiLiAnhang, Rdnr. 22.
[686] WOLF, Manfred, in WOLF/HORN/LINDACHER, *AGBG-Kommentar*, 4. Auflage, 1999, RiLiAnhang, Rdnr. 27.
[687] WOLF, Manfred, in WOLF/HORN/LINDACHER, *AGBG-Kommentar*, 4. Auflage, 1999, RiLiAnhang, Rdnr. 191.
[688] WOLF, Manfred, in WOLF/HORN/LINDACHER, *AGBG-Kommentar*, 4. Auflage, 1999, RiLiAnhang, Rdnr. 192.

zung und an das Aufrechnungsverbot von Nr. 1 b an. Nr. 1 o ist so auszulegen, dass der Verbraucher bei Leistungsstörungen des Gewerbetreibenden über eine Einrede des nichterfüllten Vertrags[689], ein Rücktrittsrecht oder ein Zurückbehaltungsrecht[690] hat, wenn der Gewerbetreibende es bei Leistungsstörungen des Verbrauchers hätte.

Dieses Klauselverbot schafft die formelle Gleichheit der Vertragsparteien im Sinne einer Symmetrie von Ansprüchen oder Verteidigungsmitteln bei Leistungsstörungen des anderen Teils. Es ist sehr nah mit dem nach Nr. 1 b verwandt.

Nr. 1 o ist ein Klauselverbot ohne Wertungsmöglichkeit.

C. Klauselverbote betreffend Einschränkungen der Pflichten des Verkäufers

a. Freizeichnungsverbot bei Körperschäden und Tod

Verboten sind *„Klauseln, die darauf abzielen oder zur Folge haben, dass die gesetzliche Haftung des Gewerbetreibenden ausgeschlossen oder eingeschränkt wird, wenn der Verbraucher aufgrund einer Handlung oder Unterlassung des Gewerbetreibenden sein Leben verliert oder einen Körperschaden erleidet" (Anhang, Nr. 1 a).*

Dieses Klauselverbot untersagt die Verwendung von Klauseln, die die gesetzliche Haftung bei der Verletzung des Lebens und des Körpers eines anderen ausschließen oder einschränken. Das Klauselverbot nimmt auf die gesetzlichen Haftungsvorschriften der Mitgliedstaaten und der Gemeinschaft Bezug und sichert deren Bestand[691].

Erfasst werden alle Schäden, die ihre Ursache in der Tötung oder Körperverletzung haben und für die Ersatz durch die Vorschriften der einzelnen Mitgliedstaaten vorgesehen ist. Dieses Klauselverbot betrifft auch den Anspruch auf Schmerzensgeld.

Neben dem Ausschluss der Haftung ist auch jede Einschränkung oder Erschwerung der Anspruchsdurchsetzung verboten. Der Gewerbetreibende kann seine Haftung nicht auf bestimmte Arten von Schäden oder auf einen bestimmten Betrag beschränken.

---

[689] PALANDT/HEINRICHS, *BGB*, 60. Auflage, 1997, § 24a, Rdnr. 40.
[690] PALANDT/HEINRICHS, *BGB*, 60. Auflage, 2001, § 1, Rdnr. 194.
[691] WOLF, Manfred, in WOLF/HORN/LINDACHER, *AGBG-Kommentar*, 4. Auflage, 1999, RiLiAnhang, Rdnr. 12.

Des Weiteren ist „jeder" Haftungsausschluss für Körperschäden oder Tod verboten. Der Gewerbetreibende haftet für jeden Fehler, insoweit er erheblichen Schaden verursacht[692], selbst wenn der Schaden die Folge einer Unachtsamkeit ist. Der Gewerbetreibende kann seine Haftung nicht auf Vorsatz oder schwere Fehler (grobe Fahrlässigkeit) einschränken[693].

Dieses Klauselverbot hat den Zweck, die materielle Benachteiligung des Verbrauchers durch ein Freizeichnungsverbot für Körperschäden oder Tod zu verhindern. Die Tatsache, dass dem Gewerbetreibenden ein gleicher Nachteil auferlegt wird, schließt das Klauselverbot nicht aus.

Nr. 1 a ist ein Klauselverbot ohne Wertungsmöglichkeit. Bei der Feststellung eines Haftungsausschlusses für Körperschäden oder Tod hat der Richter die Unwirksamkeit auszusprechen.

b. Einschränkung der Vertretungsmacht

Verboten sind „*Klauseln, die darauf abzielen oder zur Folge haben, dass die Verpflichtung des Gewerbetreibenden zur Einhaltung der von seinen Vertretern eingegangenen Verpflichtungen eingeschränkt wird oder diese Verpflichtung von der Einhaltung einer besonderen Formvorschrift abhängig gemacht wird" (Anhang, Nr. 1 n).*

Das Klauselverbot dient dem Schutz des Vertrauens des Verbrauchers auf das Vorliegen einer wirksamen Vertretungsmacht und dem daraus folgenden wirksamen Vertragsabschluss mit dem Vertreter[694].

Das Verbot nennt zwei Missbräuche. Zum Ersten ist die Einschränkung der den Vertretenen treffenden Verpflichtung missbräuchlich. Zum Zweiten ist die Aufstellung besonderer Formerfordernisse für die Wirksamkeit der Verpflichtung des Gewerbetreibenden missbräuchlich. In beiden Fällen wird vorausgesetzt, dass eine dem Gewerbetreibenden zurechenbare Vertretungsmacht vorliegt.

---

[692] BOSMANS, Marc, „Oneerlijke en onrechtmatige bedingen: zijn de artikelen 31 en volgende van de WHPC compatibel met de EEG Richtlijn 93/13 van 5 april 1993?", *DCCR* 1994, S. 702.

[693] FLAMÉE, Michel und TROCH, Koen, „De invloed van de EG-Richtlijn van 5 april 1993 betreffende oneerlijke bedingen in consumentenovereenkomsten op het heersend belgisch recht", *TBH* 1996, S. 46, Rdnr. 25.

[694] WOLF, Manfred, in WOLF/HORN/LINDACHER, *AGBG-Kommentar*, 4. Auflage, 1999, RiLiAnhang, Rdnr. 181.

Nr. 1 n ist ein Klauselverbot ohne Wertungsmöglichkeit. Sofern eine Einschränkung einer dem Gewerbetreibenden zurechenbaren Vertretungsmacht vorliegt, hat der Richter die Unwirksamkeit auszusprechen.

D. Klauselverbote betreffend die Vertragsbeendung

a. Einseitige Verfallklausel

Verboten sind *„Klauseln, die darauf abzielen oder zur Folge haben, dass es dem Gewerbetreibenden gestattet wird, vom Verbraucher gezahlte Beträge einzubehalten, wenn dieser darauf verzichtet, den Vertrag abzuschließen oder zu erfüllen, ohne dass für den Verbraucher ein Anspruch auf eine Entschädigung in entsprechender Höhe seitens des Gewerbetreibenden vorgesehen wird, wenn dieser selbst es unterlässt" (Anhang, Nr. 1 d).*

Das Klauselverbot bezweckt den Schutz gegen eine bestimmte Art von Verfallsklauseln, die einseitig den Verbraucher belasten, wenn er einen Vertrag nicht abschließt oder nicht erfüllt[695]. Eine einseitige Belastung (Einbehalt gezahlter Beträge) des Verbrauchers wäre nicht in Übereinstimmung mit der formalen Waffengleichheit der Parteien. Sofern zugunsten des Verbrauchers ein Anspruch auf Entschädigungen entsprechender Höhe vorgesehen wurde, kann das Klauselverbot kein Anwendung finden. Das Bestehen eines Anspruchs genügt dabei[696]. Die vom Gewerbetreibenden zu bezahlende Entschädigung soll die gleiche Höhe wie der vom Verbraucher bereits eingezahlte Betrag haben. Ein Schutz vor einseitigem Anspruch auf Bezahlung, wie zum Beispiel eine Vertragsstrafe, wird durch Nr. 1 d nicht geregelt. *Wolf* befürwortet aber, dass Nr. 1 d auch analog, auf einseitige Entschädigungsansprüche gegen den Verbraucher anzuwenden ist, weil auch gegen den Gewerbetreibenden nur ein Anspruch auf Entschädigung besteht[697].

Das Vorliegen einer formalen Gleichheit bedeutet aber nicht, dass diese beiderseitigen Verfallsklauseln immer wirksam sind. Aus einer Gesamtabwägung kann sich ergeben, dass aufgrund der beiderseitigen Verfallsklausel ein tatsächliches Ungleichgewicht (zum Beispiel eine unterschiedliche Belastung) zwischen den Vertragsparteien und ein Missbrauch nach der Generalklausel des Artikels 3 Absatz I der Richtlinie

---

695 WOLF, Manfred, in WOLF/HORN/LINDACHER, *AGBG-Kommentar*, 4. Auflage, 1999, RiLiAnhang, Rdnr. 51.

696 WOLF, Manfred, in WOLF/HORN/LINDACHER, *AGBG-Kommentar*, 4. Auflage, 1999, RiLiAnhang, Rdnr. 55.

697 WOLF, Manfred, in WOLF/HORN/LINDACHER, *AGBG-Kommentar*, 4. Auflage, 1999, RiLiAnhang, Rdnr. 52.

vorliegt. Des Weiteren könnte ein unverhältnismäßig hoher Entschädigungsbetrag im Sinne des Klauselverbots aus dem Nr. 1 e vorliegen.

Mit diesem Klauselverbot wird, wie oben erwähnt, die formale Waffengleichheit zwischen den Vertragsparteien erzielt. Falls dem Gewerbetreibenden gleiche Nachteile auferlegt sind, wenn er darauf verzichtet, den Vertrag abzuschließen oder zu erfüllen, ist diese Klausel nach Nr. 1 d wirksam.

Nr. 1 d ist ein Klauselverbot ohne Wertungsmöglichkeit. Sofern eine einseitige Verfallsklausel vorliegt, hat der Richter die Unwirksamkeit auszusprechen.

b. Unverhältnismäßige Entschädigung

Verboten sind *„Klauseln, die darauf abzielen oder zur Folge haben, dass dem Verbraucher, der seinen Verpflichtungen nicht nachkommt, ein unverhältnismäßig hoher Entschädigungsbetrag auferlegt wird" (Anhang, Nr. 1 e).*

Mit diesem Verbot wird vermieden, dass der Verbraucher durch die Pflicht zur Bezahlung einer unverhältnismäßigen Entschädigung beim Nichtnachkommen seiner Verpflichtungen materiell benachteiligt wird. Dieser Schutz gilt, im Gegensatz zu Nr. 1 d, unabhängig davon, ob dem Gewerbetreibenden eine gleichmäßige Belastung obliegt. Dieses Klauselverbot bezweckt nicht, die formale Gleichheit zwischen den Vertragsparteien aufrechtzuerhalten, sondern sanktioniert die materielle Benachteiligung des Verbrauchers.

Die Entschädigung beim Nichtnachkommen der Vertragsrechtsverpflichtung besteht meistens aus Schadensersatz. Der Betrag der Entschädigung darf nicht unverhältnismäßig hoch sein. Der Richter hat die Bedeutung des Begriffes „unverhältnismäßig" zu bewerten. Der Entschädigungsbetrag ist zu hoch, wenn der Betrag den wahren Schaden übersteigt[698]. Sofern mit dem Entschädigungsbetrag eine Vertragsstrafe (Abschreckungsfunktion) bezweckt wurde, darf sie nicht mit einem geringeren Betrag die gleichen Abschreckungsfolgen haben.

---

[698] WOLF, Manfred, in WOLF/HORN/LINDACHER, *AGBG-Kommentar*, 4. Auflage, 1999, RiLiAnhang, Rdnr. 74.

c. Einseitige Kündigungsvorteile

Verboten sind *„Klauseln, die darauf abzielen oder zur Folge haben, dass es dem Gewerbetreibenden gestattet wird, nach freiem Ermessen den Vertrag zu kündigen, wenn das gleiche Recht nicht auch dem Verbraucher eingeräumt wird, und es dem Gewerbetreibenden für den Fall, dass er selbst den Vertrag kündigt, gestattet wird, die Beträge einzubehalten, die für von ihm noch nicht erbrachte Leistungen gezahlt wurden" (Anhang, Nr. 1 f).*

Nr. 1 f soll den Verbraucher vor ihn belastenden Kündigungsregeln schützen[699]. Das Klauselverbot umfasst zwei Fallgestaltungen. Zum Ersten enthält Nr. 1 f das Verbot eines einseitigen freien Kündigungsrechts, das nur zugunsten des Gewerbetreibenden vorgesehen ist. Danach ist ein einseitiges Lösungsrechts nach freiem Ermessen unzulässig. Ein freies Ermessen liegt vor, wenn der Gewerbetreibende kündigen kann, ohne dafür einen rechtfertigenden Grund anzugeben[700], oder wenn das Kündigungsrecht nicht an bestimmte Voraussetzungen gebunden ist. Sofern das Kündigungsrecht an bestimmte Voraussetzungen gebunden ist oder durch gerechtfertigte Gründe gedeckt ist, findet das Klauselverbot aus Nr.1 d keine Anwendung[701]. Sofern das Kündigungsrecht an Voraussetzungen gebunden ist, kann das Klauselverbot keine Anwendung finden. Wenn die Kündigungsvoraussetzungen nicht ausreichend die Vertragsinteressen des anderen Teils berücksichtigen, kann ein Verstoß gegen die Generalklausel des Artikels 3 Absatz I der Richtlinie vorliegen.

Dieses Klauselverbot erzielt die formale Waffengleichheit der Parteien. Demnach findet das Verbot keine Anwendung, wenn auch dem Verbraucher ein Lösungsrecht nach freiem Ermessen eingeräumt wird. Ein beiderseitiges freies Lösungsrecht kann aber nach der Generalklausel des Artikels 3 Absatz I für unwirksam erklärt werden, wenn aufgrund der unterschiedlichen Belastungen der Vertragsparteien ein tatsächliches Missverhältnis vorliegt.

Zum Zweiten wird die einseitige Einbehaltung von Beträgen für noch nicht erbrachte Leistungen des Gewerbetreibenden verboten. Sonst würde der Gewerbetreibende in dem Maße, in dem er vom Verbraucher be-

---

[699] WOLF, Manfred, in WOLF/HORN/LINDACHER, *AGBG-Kommentar*, 4. Auflage, 1999, RiLiAnhang, Rdnr. 81.

[700] JONGENEEL, R.H.C., „Een richtlijn die weinig schade aanricht", *Tijdschrift voor consumentenrecht* 1993, S. 126.

[701] WOLF, Manfred, in WOLF/HORN/LINDACHER, *AGBG-Kommentar*, 4. Auflage, 1999, RiLiAnhang, Rdnr. 84.

zahlte Beträge einbehält, aus seiner Kündigung Vorteilen ziehen können, ohne dafür eine Gegenleistung erbracht zu haben. Dieses Verbot gilt auch dann, wenn dem Verbraucher ein Kündigungsrecht eingeräumt wurde[702]. Die vom Verbraucher bereits bezahlten Beträge können aber einbehalten werden, wenn das Kündigungsrecht des Gewerbetreibenden an bestimmte Gründe gebunden ist. Das Verbot einer Einbehaltung von Beträgen wäre insbesondere nicht angebracht, wenn wichtige, vom Verbraucher zu vertretende Kündigungsgründe vorliegen[703], weil der Gewerbetreibende im Normalfall auch Recht auf Schadensersatz hat. Die Beurteilung, ob wichtige Kündigungsgründe vorliegen, obliegt dem Richter.

Dieses Klauselverbot regelt nicht die Einbehaltung der vom Verbraucher bezahlten Beträge bei einer Kündigung des Verbrauchers. Dann greift das Klauselverbots von Nr. 1 d ein.

Dieses Klauselverbot greift nicht ein, wenn der Verbraucher bei Leistungsstörungen des Gewerbetreibenden eine Entschädigung bekommt. Die Einbehaltung der vom Verbraucher bezahlten Beträge bei einer Kündigung des Verbrauchers kann auch wie eine Behinderung des Kündigungsrechts angesehen werden. Dies bedeutet einen Verstoß gegen die erste Fallgestaltung oder gegen die Generalklausel des Artikels 3 Absatz I der Richtlinie.

d. Unangemessene Kündigungsfrist

Verboten sind *„Klauseln, die darauf abzielen oder zur Folge haben, dass es dem Gewerbetreibenden - außer bei Vorliegen schwerwiegender Gründe - gestattet ist, einen unbefristeten Vertrag ohne angemessene Frist zu kündigen" (Anhang, Nr. 1 g).*

Dieses Klauselverbot verbietet Klauseln, durch die der Gewerbetreibende berechtigt wird, ohne angemessene Kündigungsfrist einen unbefristeten Vertrag zu kündigen. Dieses Verbot hat keine Wirkung, wenn schwerwiegende Gründe vorliegen[704].

---

[702]WOLF, Manfred, in WOLF/HORN/LINDACHER, *AGBG-Kommentar*, 4. Auflage, 1999, RiLiAnhang, Rdnr. 85.
[703]WOLF, Manfred, in WOLF/HORN/LINDACHER, *AGBG-Kommentar*, 4. Auflage, 1999, RiLiAnhang, Rdnr. 85.
[704]VAN KEER, Ann, „Onrechtmatige bedingen in consumentenovereenkomsten. Vergelijking van artikel 31 e.v. W.H.P.C. met de EG-Richtlijn van 5 april 1993", *Jura Falconis* 1996, S. 301; WOLF, Manfred, in WOLF/HORN/LINDACHER, *AGBG-Kommentar*, 4. Auflage, 1999, RiLiAnhang, Rdnr. 101.

Der Richter verfügt bei der Klauselbeurteilung über eine Wertungsmöglichkeit. Der Richter hat zu würdigen, ob „schwerwiegende Gründe" oder eine angemessene Frist vorliegen.

Nr. 2 a beschränkt das Klauselverbot im Bereich der Finanzdienstleistungen. Falls ein triftiger Grund vorliegt, ist es dem Gewerbetreibenden gestattet, dass er den Vertrag einseitig und fristlos kündigen kann. Dabei bleibt fraglich, ob diese Einschränkung des Nr. 1 g in der Praxis große Bedeutung hat. Schon Nr. 1 g selbst lässt eine fristlose Kündigung beim Vorliegen schwerwiegender Gründe zu. Die Nr. 2 a umfasst aber in zwei Punkten eine Einschränkung des Verbots der unangemessenen Kündigungsfrist aus Nr. 1 g. Zum Ersten erfordert Nr. 2 a kein Vorliegen von schwerwiegenden Gründen, sondern triftige Gründen reichen aus, den Vertrag fristlos zu kündigen. Ein triftiger Grund stellt geringere Anforderungen als ein schwerwiegende Grund[705], aber es ist fraglich, ob sich dieser Unterschied in vielen Fallgestaltungen auswirken wird. Zum Zweiten lässt Nr. 2 a eine einseitige Kündigung ohne vorherige Benachrichtigung des Verbrauchers zu. Dies ergibt sich aus der englischen *(without notice)* und französischen *(sans préavis)* Fassung der Richtlinie. Die deutsche Fassung enthält diesen Verzicht auf das Erfordernis des Zugangs nicht. Es handelt sich hier um eine fehlerhafte Übersetzung. Danach kann der Gewerbetreibende den Vertrag, ohne dass er den Verbraucher darüber vor der Kündigung benachrichtigt hat, kündigen. Die französische Fassung *(mettre fin au contrat unilatéralement, etce, sans préavis en cas de raison valable)* könnte den Eindruck erwecken, dass ein triftiger Grund nur vorliegen muss, wenn der Gewerbetreibende ohne vorherige Nachricht kündigen möchte. Klauseln, die dem Gewerbetreibenden gestatten würden, den Vertrag ohne triftigen Grund, aber mit vorheriger Nachricht zu kündigen, würden danach gültig sein. Diese Interpretation würde den Verbraucherschutz erheblich einschränken.

Daher ist anzunehmen, dass bei einer fristlosen Kündigung immer ein triftiger Grund vorliegen muss, ungeachtet, ob auf das Erfordernis des Zugangs verzichtet wurde[706]. Die Frage bleibt offen, ob der Verzicht auf das Erfordernis des Zugangs einen weiteren triftigen Grund erfordert. Der Gewerbetreibende hat nach Nr. 2 a den Verbraucher aber alsbald (sofort) von der Kündigung zu unterrichten.

---

[705]WOLF, Manfred, in WOLF/HORN/LINDACHER, *AGBG-Kommentar*, 4. Auflage, 1999, RiLiAnhang, Rdnr. 238.
[706]WOLF, Manfred, in WOLF/HORN/LINDACHER, *AGBG-Kommentar*, 4. Auflage, 1999, RiLiAnhang, Rdnr. 236.

Die Ausnahme aus Nr. 2 c hat zur Folge, dass es dem Gewerbetreibenden bei Kapitalmarkt- und Devisengeschäften ermöglicht wird, fristlos und ohne Vorliegen schwerwiegender Gründen zu kündigen. Mit dieser Ausnahme hat der Gewerbetreibende bei Dauerschuldverhältnissen die Möglichkeit, sich sofort von Verträgen zu lösen, wenn die Kurs- und Währungsrisiken sich für ihn zu nachteilig entwickeln. Die Ausübung der Kündigung unterliegt aber der Kontrolle des Artikels 3 Absatz I.

e. Frühzeitige Vertragsverlängerung

Verboten sind *„Klauseln, die darauf abzielen oder zur Folge haben, dass ein befristeter Vertrag automatisch verlängert wird, wenn der Verbraucher sich nicht gegenteilig geäußert hat und als Termin für diese Äußerung des Willens des Verbrauchers, den Vertrag nicht zu verlängern, ein vom Ablaufzeitpunkt des Vertrags ungebührlich weit entferntes Datum festgelegt wurde" (Anhang, Nr. 1 h).*

Nr. 1 h soll den Verbraucher bei befristeten Verträgen vor überraschenden und unüberlegten Vertragsverlängerungen schützen[707]. Es handelt sich dabei um befristete Verträge mit einer automatischer Verlängerung bei Fristablauf. Nur ein Widerspruch des Verbrauchers kann die Befristung zur Geltung bringen. Bei Nichtausübung oder zu später Ausübung des Widerspruchsrechts wird der Vertrag automatisch verlängert. Eine automatische Vertragsverlängerung ist zulässig, wenn das Datum für den rechtzeitigen Widerspruch nicht ungebührlich weit vom Ablaufzeitpunkt entfernt ist. Eine frühzeitige Vertragsverlängerung hat zur Folge, dass der Verbraucher oft nicht in der Lage ist, die Folgen seiner Entscheidung zu überblicken.

Dieses Klauselverbot soll die materielle Benachteiligung des Verbrauchers durch die frühzeitige Vertragsverlängerung verhindern. Das Klauselverbot greift auch ein, wenn eine gleiche Regelung zum Vorteil der Verbrauchers vorgesehen wurde.

Es handelt sich hier um ein Klauselverbot mit Wertungsmöglichkeit. Der Richter hat zu bestimmen, ob das Datum der Vertragsverlängerung ungebührlich weit entfernt vom Ablaufzeitpunkt des Vertrages liegt. Bei der Bestimmung des „ungebührlich weit vom Ablaufzeitpunkt entfernten

---

[707] WOLF, Manfred, in WOLF/HORN/LINDACHER, *AGBG-Kommentar*, 4. Auflage, 1999, RiLiAnhang, Rdnr. 111; VAN KEER, Ann, „Onrechtmatige bedingen in consumentenovereenkomsten. Vergelijking van artikel 31 e.v. W.H.P.C. met de EG-Richtlijn van 5 april 1993", *Jura Falconis* 1996, S. 302.

Widerspruchsrechts" sind sowohl die Interessen des Verbrauchers alsauch die des Gewerbetreibenden in Betracht zu ziehen[708]. Abzuwägen sind das Interesse des Gewerbetreibenden an einem möglichst frühzeitigen Widerspruchsrecht gegenüber dem Interesse des Verbrauchers, eine verantwortliche Entscheidung vornehmen zu können.

f. Vertragsübernahme

Verboten sind *„Klauseln, die darauf abzielen oder zur Folge haben, dass die Möglichkeit vorgesehen wird, dass der Vertrag ohne Zustimmung des Verbrauchers vom Gewerbetreibenden abgetreten wird, wenn dies möglicherweise eine Verringerung der Sicherheiten für den Verbraucher bewirkt" (Anhang, Nr. 1 p).*

Nr. 1 p verhindert, dass dem Verbraucher ohne seine Zustimmung ein anderer als sein ursprünglicher Vertragspartner aufgezwungen wird. Dieses Klauselverbot hat vor allem zum Zweck, die Verbraucher vor den negativen Folgen einer Abtretung zu schützen[709]. Jede mögliche Verringerung der Sicherheiten des Verbrauchers ist als eine negative Folge anzusehen. Unter „Sicherheiten" werden die Leistungsfähigkeit und die Zahlungsfähigkeit verstanden.

Nr. 1 p ist ein Klauselverbot ohne Wertungsmöglichkeit.

E. Klauselverbote betreffend der Regelungen der Streitigkeiten

Die Behinderung des Rechtswegs

Verboten sind *„Klauseln, die darauf abzielen oder zur Folge haben, dass dem Verbraucher die Möglichkeit, Rechtsbehelfe bei Gericht einzulegen oder sonstige Beschwerdemittel zu ergreifen, genommen oder erschwert wird, und zwar insbesondere dadurch, dass er ausschließlich auf ein nicht unter die rechtlichen Bestimmungen fallendes Schiedsgerichtsverfahren verwiesen wird, die ihm zur Verfügung stehenden Beweismittel ungebührlich eingeschränkt werden oder ihm die Beweislast auferlegt wird, die nach dem geltenden Recht einer anderen Vertragspartei obliege" (Anhang, Nr. 1 q).*

---

[708] WOLF, Manfred, in WOLF/HORN/LINDACHER, *AGBG-Kommentar*, 4. Auflage, 1999, RiLiAnhang, Rdnr. 113.
[709] VAN KEER, Ann, „Onrechtmatige bedingen in consumentenovereenkomsten. Vergelijking van artikel 31 e.v. W.H.P.C. met de EG-Richtlijn van 5 april 1993", *Jura Falconis* 1996, S. 304.

Nr. 1 q enthält einen allgemeinen Grundsatz, wonach Klauseln verboten sind, die dem Zugang zum Rechtsweg oder zur Durchsetzung von Rechten im Prozess behindern.

Der allgemeine Grundsatz verbietet die Verwendung von Klauseln, die dem Verbraucher die Anwendung von bestimmten Beschwerdemitteln abnimmt oder erschwert.

Nr. 1 c bezweckt einen absoluten Schutz. Die Tatsache, dass auch der Rechtsweg der Gewerbetreibenden eingeschränkt wird oder auch für ihn Beweisnachteile vorgesehen sind, schließt die Anwendung des Klauselverbots nicht aus.

Kapitel VIII: Das Transparenzgebot und die Auslegungsregel der Richtlinie

I. Regelungszweck des Artikels 5 der Richtlinie

1. Einführung

Neben Vorschriften über die materielle Missbräuchlichkeit einer Vertragsklausel, enthält die Richtlinie auch eine Bestimmung, die sich auf formelle Missbräuche bei der Ausgestaltung der Vertragsklauseln bezieht. Artikel 5 Satz 1 der Richtlinie bestimmt, dass schriftlich abgefasste Klauseln „stets klar und verständlich" abgefasst werden müssen. Des Weiteren bestimmt Artikel 5 in Satz 2, dass „bei Zweifeln über die Bedeutung einer Klausel die für den Verbraucher günstigste Auslegung gilt". Schließlich bestimmt Artikel 5 in Satz 3, dass diese Auslegungsregel „nicht gilt im Rahmen der in Artikel 7 Absatz II vorgesehenen Verfahren" (abstraktes Kontrollverfahren). Aus dem 20. Erwägungsgrund ergibt sich, dass es dem europäischen Gesetzgeber darum geht sicherzustellen, dass der Verbraucher „die tatsächliche Möglichkeit hat, von allen Vertragsklauseln Kenntnis zu nehmen". Dieses Erfordernis der Kenntnisnahme wird bestätigt in Verbotsklausel i) aus der Klauselliste, die Klauseln, die unwiderlegbare Zustimmungsvermutungen festlegen, verbietet, wenn es an der Möglichkeit der tatsächlichen Kenntnisnahme der Vertragsklauseln gefehlt hat. Im 20. Erwägungsgrund wird des Weiteren auch darauf hingewiesen, dass im Zweifelsfall über die Interpretation einer Klausel, die für den Verbraucher günstigste Auslegung gilt.

2. Transparenzgebot

A. Der Ursprung des Transparenzgebotes

Der europäischen Gesetzgeber nimmt mit seinem Gebot zur klaren und verständlichen Abfassung des Klauselinhalts eindeutig auf zwei Erscheinungsformen des Transparenzgebotes Bezug. Mit der Einführung des Transparenzgebotes hatte der europäische Gesetzgeber zwei Regelungsziele, nämlich den Verbraucherschutz und das Funktionieren des freien Wettbewerbs auf dem Binnenmarkt. Das Transparenzgebot dient dem Verbraucherschutz, weil es dem Verbraucher gewährleistet, bei Vertragsabschluss auf zumutbare Weise vom Vertragsinhalt, also von seinen Rechten und Pflichten, Kenntnis zu nehmen. Ein Teil der Literatur[710] be-

[710] NASSALL, Wendt, „Die Anwendung der EU-Richtlinie über mißbräuchliche Klauseln in Verbraucherverträgen", *JZ* 1995, S. 692; MICKLITZ, Hans-W., „Verbandsklage und die EG-Richtlinie über mißbräuchliche Klauseln", *ZIP* 1998, S. 941.

fürwortet, dass das Transparenzgebot nicht nur dem Verbraucherschutz dient, sondern seinen Ursprung vor allem im Wettbewerbsrecht hat. Der freie Wettbewerb erfordert, dass der Anbieter von Gütern und Dienstleistungen seine Angebote auf dem Markt zur Disposition stellt. Diese Dispositionsbereitschaft setzt voraus, dass die Verbraucher in der Lage sind, die Vertrags- und Leistungsangebote von Anbietern aus mehreren Mitgliedstaaten miteinander zu vergleichen[711]. Eine effektive Marktuntersuchung erfordert wenigstens die transparente Abfassung der *essentialia negotii* des Vertrages. Dass die Richtlinie neben dem Verbraucherschutz auch die Förderung des freien Wettbewerbs oder der Markttransparenz bezweckt, ergibt sich u. a. aus dem 5. und 6. Erwägungsgrund der Richtlinie. Des Weiteren kann Artikel 4 Absatz II der Richtlinie, der Preis- und Leistungsbeschreibungen einer Missbrauchskontrolle unterwirft, falls sie intransparent sind, als Ausdruck des wettbewerbsrechtlichen Ursprungs des Transparenzgebotes angesehen werden[712].

B. Die Adressaten des Transparenzgebotes

Das Transparenzgebot richtet sich nur an die Gewerbetreibenden und nicht an die Verbraucher, weil die Richtlinie den Schutz der Verbraucher bezweckt. Die Verbraucher können nicht vor sich selbst geschützt werden[713].

C. Der Inhalt des Transparenzgebotes

Artikel 5 nennt zwei Maßstäbe, die bei der Transparenzkontrolle zu berücksichtigen sind, einen inhaltlichen (die „Klarheit") und einen rein formellen (die „Verständlichkeit") Maßstab[714]. Eine Klausel ist „unklar", wenn der Verbraucher, beispielsweise wegen einer zweideutigen Formulierung oder wegen ihres überraschenden Charakters, die rechtliche Wirkung einer Klausel und ihre Konsequenzen beim Vertragsabschluss nicht

---

[711]NASSALL, Wendt, „Die Anwendung der EU-Richtlinie über mißbräuchliche Klauseln in Verbraucherverträgen", *JZ* 1995, S. 692.

[712]MICKLITZ, Hans-W., „Verbandsklage und die EG-Richtlinie über mißbräuchliche Klauseln", *ZIP* 1998, S. 941.

[713]WOLF, Manfred, in WOLF/HORN/LINDACHER, *AGBG-Kommentar*, 4. Auflage, 1999, RiLi Artikel 5, Rdnr. 3.

[714]FLAMÉE, Michel und TROCH, Koen, „De invloed van de EG-Richtlijn van 5 april 1993 betreffende oneerlijke bedingen in consumentenovereenkomsten op het heersend belgisch recht", *TBH* 1996, S. 50.

einschätzen kann[715]. Eine Klausel ist klar, wenn sie nicht überraschend ist und kein Grund für Missverständnisse und Zweifel besteht[716].

Als zweiten Maßstab der Transparenzkontrolle nennt Artikel 5 die „Verständlichkeit" oder die reine formelle Transparenz. Die Verständlichkeit einer Klausel setzt ihre Lesbarkeit[717] und ihre sprachliche Verständlichkeit[718] voraus. Eine verständliche Klausel ist eine Klausel, die es dem Verbraucher ermöglicht, ihren Sinn zu erfassen[719]. Die Lesbarkeit erfordert eine überschaubare drucktechnische Abfassung des Vertrages. Die AGB dürfen nicht zu klein gedruckt sein und wichtige Leistungs- oder Preisbeschreibungen dürfen nicht im Vertrag „versteckt" stehen. Die sprachliche Verständlichkeit erfordert zum Ersten, dass eine spezielle Fach- oder Berufssprache, die der durchschnittliche Vertragspartner nicht kennt, soweit wie möglich vermieden werden muss. Auch die Verwendung von juristischen Begriffen und Hinweisen auf Gesetzesvorschriften ohne Angabe ihres konkreten Inhalts, entspricht nicht dem formellen Transparenzgebot. Zum Zweiten sollen die Vertragsbedingungen auch in einer Sprache abgefasst sein, welche der Verbraucher verstehen kann. In der Literatur ist vertreten worden, dass die Klauseln in der Heimatsprache des Verbrauchers[720] oder in der an dessen Wohnsitz oder ständigem Aufenthaltsort[721] üblichen Sprache abgefasst sein sollen.

Heinrichs macht dagegen keine Aufteilung zwischen den Begriffen „Klarheit" und „Verständlichkeit". Er ist der Auffassung, dass Klarheit

---

[715]REICH, Norbert, *Europäisches Verbraucherrecht. Eine problemorientierte Einführung in das europäische Wirtschaftsrecht,* 3. Auflage, 1996, S. 346.

[716]WOLF, Manfred, in WOLF/HORN/LINDACHER, *AGBG-Kommentar*, 4. Auflage, 1999, RiLi Artikel 5, Rdnr. 6.

[717]REICH, Norbert, *Europäisches Verbraucherrecht. Eine problemorientierte Einführung in das europäische Wirtschaftsrecht,* 3. Auflage, 1996, S. 346; WOLF, Manfred, in WOLF/HORN/LINDACHER, *AGBG-Kommentar*, 4. Auflage, 1999, RiLi Artikel 5, Rdnr. 6.

[718]REICH, Norbert, *Europäisches Verbraucherrecht. Eine problemorientierte Einführung in das europäische Wirtschaftsrecht,* 3. Auflage, 1996, S. 346; WOLF, Manfred, in WOLF/HORN/LINDACHER, *AGBG-Kommentar*, 4. Auflage, 1999, RiLi Artikel 5, Rdnr. 6.

[719]WOLF, Manfred, in WOLF/HORN/LINDACHER, *AGBG-Kommentar*, 4. Auflage, 1999, RiLi Artikel 5, Rdnr. 6.

[720]WOLF, Manfred, in WOLF/HORN/LINDACHER, *AGBG-Kommentar*, 4. Auflage, 1999, RiLi Artikel 5, Rdnr. 6.

[721]BOSMANS, Marc, „Oneerlijke en onrechtmatige bedingen: zijn de artikelen 31 en volgende van de WHPC compatibel met de EEG Richtlijn 93/13 van 5 april 1993?", *DCCR* 1994, S. 695; WOLF, Manfred, in WOLF/HORN/LINDACHER, *AGBG-Kommentar*, 4. Auflage, 1999, RiLi Artikel 5, Rdnr. 6.

und Verständlichkeit Synonyme sind und deshalb keinen unterschiedlichen Inhalt haben. Der Sache nach wird es in der Praxis oft schwierig sein, beide Maßstäbe zu trennen. Andererseits ist es, wie oben angedeutet wurde, wichtig, darauf hinzuweisen, dass es sich bei der Transparenzkontrolle nicht um eine reine drucktechnische oder Lesbarkeitskontrolle, sondern um die inhaltliche Verstehbarkeit im Generellen handelt. Im Ergebnis schreibt *Heinrichs* dem Transparenzgebot der Richtlinie aber den gleichen Inhalt zu.[722]

D. Bestimmtheitsgebot und Täuschungsverbot?

Mit den Geboten der Klarheit und Verständlichkeit nimmt der europäische Gesetzgeber auf zwei Erscheinungsformen des Transparenzgebotes Bezug. In der Literatur ist angemerkt worden, dass der Richtlinie ein enges Verständnis des Transparenzgebotes zugrunde liege[723]. Denn die Richtlinie nehme ausdrücklich nur auf die Gebote der Klarheit und Verständlichkeit Bezug. Neben dem „Verständlichkeitsgebot" sind auch das „Bestimmtheitsgebot", das „Richtigkeitsgebot" und das „Täuschungsverbot" Erscheinungsformen des Transparenzgebotes[724]. Es ist aber fraglich, ob es dem europäischen Gesetzgeber nur um das Verständlichkeitsgebot geht. Zum Ersten wurde schon bei der Besprechung des Artikels 4 Absatz II darauf hingewiesen, dass die bloße klare und verständliche Abfassung der Preis- und Leistungsbeschreibungen nicht zur Kontrollfreiheit der Klauseln führen darf. Vielmehr ist bei der Auslegung der Transparenz als Schranke der Missbrauchskontrolle davon auszugehen, dass von einem erheblich weiteren Transparenzgebot auszugehen ist. Konkret wurde darauf hingewiesen, dass es nicht dem Verbraucherschutzziel entspricht, klar und verständlich abgefasste Preis- und Leistungsänderungsvorbehalte zum kontrollfreien Bereich zu zählen. Vielmehr sollen diese Klauseln aufgrund der fehlenden Konkretisierung und Bestimmtheit sogar dann, wenn sie klar und verständlich abgefasst sind, der Inhaltskon-

---

722 HEINRICHS, Helmut, „Das Transparenzgebot und die EG-Richtlinie über mißbräuchliche Klauseln in Verbraucherverträgen", in *Festschrift Reinhold Trinkner*, 1995, S. 174.

723 WOLF, Manfred, in WOLF/HORN/LINDACHER, *AGBG-Kommentar*, 4. Auflage, 1999, RiLi Artikel 5, Rdnr. 3; von HOYNINGEN-HUENE, Gerrick, „Unwirksamkeit von AGB bei bloßer Intransparenz?", in *Festschrift Reinhold Trinkner*, 1995, S. 180; HEINRICHS, Helmut, „Das Transparenzgebot und die EG-Richtlinie über mißbräuchliche Klauseln in Verbraucherverträgen", in *Festschrift Reinhold Trinkner*, 1995, S. 174.

724 Für einen Überblick der möglichen Erscheinungsformen siehe: HEINRICHS, Helmut, „Das Transparenzgebot und die EG-Richtlinie über mißbräuchliche Klauseln in Verbraucherverträgen", in *Festschrift Reinhold Trinkner*, 1995, S. 166 (168).

trolle unterliegen. Für eine weite Interpretation des Transparenzgebotes könnte zum Zweiten auch der 20. Erwägungsgrund sprechen. Daraus ergibt sich, dass es beim Transparenzgebot entscheidend auf die tatsächliche Möglichkeit zur Kenntnisnahme aller Vertragsklauseln ankommt. Die Möglichkeit zur tatsächlichen Kenntnisnahme aller Vertragsklauseln erfordert, wie bei der Besprechung des Artikels 4 Absatz II schon hervorgehoben wurde, dass die Rechtsfolgen der Klauseln zum Zeitpunkt des Vertragsabschlusses überschaubar sind. Demnach ist es vertretbar, auch die Kontrolle der Bestimmtheit der Vertragsklauseln als einen wesentlichen Bestandteil des Transparenzgebotes der Richtlinie anzusehen. Zum Dritten ist vom finnischen Autor *Wilhelmsson* die Auffassung vertreten worden, dass das Transparenzgebot aus der Richtlinie als ein Unterfall des Gebotes von Treu und Glauben anzusehen ist[725]. Aus dem Gebot von Treu und Glauben könnten aber neben den Verständlichkeits- und Klarheitspflichten auch andere Transparenzgebote oder Verbote abgeleitet werden. Deshalb könnte es zu einem weiten Interpretation des Begriffes durch den EuGH kommen. Auch *Nassall* hat angemerkt, dass das Transparenzgebot eine Konkretisierung der Generalklausel aus Artikel 3 Absatz I der Richtlinie sei. Damit stellt er, wie *Wilhelmsson,* eine Verbindung zwischen dem Gebot von Treu und Glauben und dem Transparenzgebot her. Zum Vierten weist der Autor darauf hin, dass das Transparenzgebot zu den gemeinschaftsrechtlichen Grundprinzipien des Verbraucherschutzes gehört. Er beruft sich dabei auf die Tatsache, dass die meisten anderen Verbraucherschutzrichtlinien auf bestimmte Erscheinungsformen des Transparenzgebotes, wie zum Beispiel Belehrungspflichten Bezug nehmen. Hieraus könne abgeleitet werden, dass bestimmte Erscheinungsformen des Transparenzgebotes aus anderen Verbraucherrichtlinien auch bei der Auslegung der Generalklausel oder des Transparenzgebotes der Richtlinie 93/13 herangezogen werden können.

Obenstehendes führt zu der Schlussfolgerung, dass der Einfluss des Artikels 5 der Richtlinie auf das Recht der missbräuchlichen Klauseln nur schwierig zu überschauen ist. Das Verbraucherschutzziel der Richtlinie ist eine Anweisung dafür, dass bei der Auslegung des Transparenzgebots von einem weiten Verständnis auszugehen ist. Es ist den Mitgliedstaaten zu empfehlen, das Transparenzgebot aus der Richtlinie ausdrücklich und wörtlich in ihren Gesetzgebungen aufzunehmen. Es wird die Aufgabe des EuGH sein, diese Vorschrift weiter zu konkretisieren. Viel spricht dafür, dass der EuGH aus Artikel 5 neben dem Verständlichkeitsgebot auch an-

---

[725] Zustimmend: MICKLITZ, Hans-W., „Verbandsklage und die EG-Richtlinie über mißbräuchliche Klauseln", *ZIP* 1998, S. 941.

dere Transparenzpflichten ableiten wird. Mittlerweile dürfen die Mitgliedstaaten von einer weiten Auslegung des Transparenzgebotes ausgehen. Falls das zu einem strengeren Transparenzgebot führt, ist es in jedem Fall durch Artikel 8 der Richtlinie gerechtfertigt.

E. Schriftliche Klauseln

Das Transparenzgebot aus Artikel 5 Satz 1 bezieht sich seinem Wortlaut nach nur auf schriftliche Vertragsklauseln. Dieses Gebot ist nicht nur anwendbar auf Verträge, die im Ganzen schriftlich abgefasst sind. Auch einzelne schriftliche Klauseln unterliegen dem Gebot. Der Begriff „schriftlich" ist weit auszulegen. Nicht nur handgeschriebene oder gedruckte Klauseln, sondern auch elektronisch festgelegte Texte fallen unter den Kontrollbereich[726]. Einige Autoren[727] sind der Ansicht, dass die Einschränkung auf schriftlich niedergelegte Klauseln unglücklich ist. Vielmehr gebe es gute Argumente dafür, das Transparenzgebot auch auf „mündlich wiedergegebene oder sonst akustisch abgefasste Klauseln"[728] Anwendung finden zu lassen. Zum Ersten liegt eine solche Erweiterung im Interesse des Verbraucherschutzes. Denn der Verbraucher ist auch in mündlichen Verträgen schutzbedürftig. Zu denken ist nur an einen Vertrag zwischen einem Anwalt und seinem Mandanten. Oft liegt zwischen beiden kein geschriebener Vertrag vor und deshalb können beispielsweise die Preismodalitäten für den Mandanten eine „Überraschung" sein. Deshalb ist es wichtig, auch diesen Vertrag auf seine Transparenz überprüfen zu können. Zum Zweiten sieht Artikel 4 Absatz II, der im Wesentlichen eine Konkretisierung des Artikel 5 ist, keine Einschränkung auf schriftliche Klauseln vor. Zum Dritten trägt die Einschränkung den künftigen technischen Entwicklungen nicht Rechnung[729]. Ein viertes und entscheidendes Argument ergibt sich aus dem 11. Erwägungsgrund, der klarstellt, dass der Verbraucher bei mündlichen und bei schriftlichen Verträgen den gleichen Schutz genießen muss. Außerdem hat *Ulmer*[730] angemerkt, dass die Fassung des Artikels 5 Satz 1 nicht dazu führen

---

[726]WOLF, Manfred, in WOLF/HORN/LINDACHER, *AGBG-Kommentar*, 4. Auflage, 1999, RiLi Artikel 5, Rdnr. 4.

[727]WOLF, Manfred, in WOLF/HORN/LINDACHER, *AGBG-Kommentar*, 4. Auflage, 1999, RiLi Artikel 5, Rdnr. 5; HEINRICHS, Helmut, „Das Transparenzgebot und die EG-Richtlinie über mißbräuchliche Klauseln in Verbraucherverträgen", in *Festschrift Reinhold Trinkner*, 1995, S. 173.

[728]WOLF, Manfred, in WOLF/HORN/LINDACHER, *AGBG-Kommentar*, 4. Auflage, 1999, RiLi Artikel 5, Rdnr. 5.

[729]WOLF, Manfred, in WOLF/HORN/LINDACHER, *AGBG-Kommentar*, 4. Auflage, 1999, S. 1929.

[730]ULMER, Peter, „Zur Anpassung des AGB-Gesetzes an die EG-Richtlinie über mißbräuchliche Klauseln in Verbraucherverträgen", *EuZW* 1993, S. 344, Fußnot 71.

muss, dass daraus durch Umkehrschluss abgeleitet werden kann, dass das Transparenzgebot für mündliche AGB nicht gelte. Mit anderen Worten: Artikel 5 schließt die Anwendbarkeit des Transparenzgebotes auf mündliche Klauseln nicht aus.

3. Die Auslegungsregel

Der europäische Gesetzgeber verpflichtet die Mitgliedstaaten des Weiteren in Artikel 5 Satz 2 ausdrücklich, eine Auslegungsregel vorzusehen, welche die Richter dazu verpflichtet, mehrdeutige Klauseln zum Vorteil des Verbrauchers auszulegen. Eine Besprechung dieser Auslegungsregel folgt unter Ziffer V. Zunächst geht es um die Uneinigkeit über den Inhalt der Umsetzungsverpflichtung aus Artikel 5, die Sanktionierung der Intransparenz und die zu berücksichtigenden Umstände.

II. Die Uneinigkeit über den Inhalt der Umsetzungsverpflichtung aus Artikel 5 der Richtlinie

Der Artikel 5 der Richtlinie sagt nicht klar, wie die Mitgliedstaaten intransparente Klauseln zu sanktionieren haben. Deshalb meint *Wolf*[731], dass die Mitgliedstaaten frei bestimmen dürfen, wie und in welchem Stadium sie gegen intransparente Klauseln vorgehen wollen. Das Transparenzgebot könnte danach in Wege einer Einbeziehungskontrolle, bei der Missbrauchskontrolle, bei der Auslegung oder in allen Stadien zur Geltung gebracht werden. Grundsätzlich ist zu sagen, dass die Mitgliedstaaten frei sind, die Folgen der Intransparenz selbst festzulegen. Die Richtlinie bestimmt aber in Artikel 5 Satz 2 ausdrücklich, dass die Mitgliedstaaten eine Auslegungsregel aufzunehmen haben. Insofern haben die Mitgliedstaaten keine Umsetzungsfreiheit. Fraglich ist aber, ob die Aufnahme einer Auslegungsregel genügt, um der Verpflichtung aus Artikel 5 der Richtlinie Rechnung zu tragen. Hinsichtlich dieser Frage scheint es in den Mitgliedstaaten verschiedene Auffassungen zu geben. Der schwedische Gesetzgeber[732] war der Ansicht, dass Artikel 5 der Richtlinie den Mitgliedstaaten nur die Verpflichtung auferlegt, eine Auslegungsregel einzuführen. Dem ersten Satz des Artikels 5, der den Gewerbetreibenden verpflichtet, seine Klauseln klar und verständlich abzufassen, würde nach dem Urteil des schwedischen Gesetzgebers also keine eigenständige Bedeutung zukommen. Diese Bestimmung wäre nur wie ein Ausgangspunkt für die Auslegungsregel zu verstehen. Diese ~~Auffassung entspräche~~ dem 20. Erwägungsgrund, der die

[731] WOLF, Manfred, in WOLF/HORN/LINDACHER, *AGBG-Kommentar*, 4. Auflage, 1999, RiLi Artikel 5, Rdnr. 1.

[732] Regeringens proposition, *Riksdagen 1994/95: 17*, Oskäliga avtalsvillkor m.m., S. 53.

20. Erwägungsgrund, der die Auslegungsregel wie eine Folge unklarer und unverständlicher Klauseln formuliere und der Tatsache, dass Artikel 5 Satz 1 keine anderen Sanktionen vorsehe, stützt. Der schwedische Gesetzgeber kam zu der Schlussfolgerung, dass die Aufnahme der Auslegungsregel genüge, um Artikel 5 der Richtlinie Rechnung zu tragen. Die Übernahme des Transparenzprinzips aus dem ersten Satz hat der schwedische Gesetzgeber nicht für erforderlich gehalten, weil ihm keine eigenständige Bedeutung zukomme[733]. Gegen diese Umsetzsetzungstechnik ist in der schwedischen Literatur Kritik erhoben worden. *Bernitz*[734] kritisiert die sogenannte „freie Umsetzungstechnik" des Gesetzgebers und meint, dass die Pflicht zur klaren und verständlichen Abfassung aus dem ersten Satz des Artikels 5 die Grundregel darstellt, und die Pflicht zur Einführung einer Auslegungsregel als eine Sanktion der Missachtung der Transparenz anzusehen ist, in der Hoffnung, dass der Klauselverwender in Zukunft seine Klauseln transparenter abfassen werde.

Bernitz hat zurecht angemerkt, dass es sich nach Artikel 5 der Richtlinie in erster Linie um das Gebot der transparenten Abfassung der Vertragsklauseln handelt und dass die Auslegungsregel als Sanktion anzusehen ist. Der Autor sagt aber nicht, ob der Pflicht zur transparenten Abfassung der Vertragsklauseln aus Artikel 5 Satz 1, mit der Einführung einer Auslegungsregel ausreichend genüge getan wird. Fraglich ist, ob Artikel 5 Satz 1 die Mitgliedstaaten dazu verpflichtet, neben der Einführung einer Auslegungsregel, vorzusehen, dass intransparente Klauseln einer Einbeziehungskontrolle oder Missbrauchskontrolle unterliegen. In diesem Zusammenhang ist darauf hinzuweisen, dass der geänderte Richtlinienvorschlag vom 5. März 1992[735] in seinem Artikel 5 Absatz II eine Einbeziehungskontrolle erwähnte. Diese Vorschrift sah vor, dass Klauseln, von denen der Verbraucher beim Vertragsabschluss nicht Kenntnis nehmen konnte, nicht als vom Verbraucher angenommen anzusehen sind. Da intransparent abgefasste Klauseln dem Verbraucher nicht die tatsächliche Möglichkeit geben, von dem Inhalt Kenntnis zu nehmen, wären intransparente Klauseln nach dieser Vorschrift kein Vertragsinhalt geworden. Diese Einbeziehungsregelung wurde aber in der endgültigen

---

[733]Regeringens proposition, *Riksdagen 1994/95: 17*, Oskäliga avtalsvillkor m.m., S. 53.

[734]BERNITZ, Ulf, „Svensk standardavtalsrätt och EG-direktivet om avtalsvillkor", *Svenk Juristtidning*, 1995, S. 631 (632).

[735]*ABl.EG* vom 24.03.1992, Nr. C. 73, S. 9.

Artikel 5 (2) Vertragsklauseln, die nicht im Einzelnen ausgehandelt wurden, sind unabhängig von ihrer Lauterkeit oder Unlauterkeit, nur als vom Verbraucher angenommen anzusehen, wenn dieser vor Vertragsabschluss tatsächlich die Möglichkeit hatte, davon Kenntnis zu nehmen.

Fassung nicht übernommen. Fraglich bleibt aber, ob Artikel 5 Satz 2, ungeachtet des Wegfalls dieser umfassenden Einbeziehungskontrolle, erfordert, dass die Mitgliedstaaten eine „Einbeziehungssperre" hinsichtlich intransparenter Klauseln vorzusehen haben. Des Weiteren soll untersucht werden, inwiefern die Mitgliedstaaten das Transparenzgebot als Maßstab der Missbrauchskontrolle zu berücksichtigen haben.

Die Bezugnahme auf die Erscheinungsformen der „Klarheit" und „Verständlichkeit" scheint darauf hinzuweisen, dass es dem europäischen Gesetzgeber mit Artikel 5 nicht nur um die Sanktionierung von zweideutigen Klauseln geht, sondern vielmehr auch um die Einführung eines Systems, das intransparente Klauseln im Generellen für den Verbraucher unverbindlich machen kann. Die bloße Einführung einer Auslegungsregel reicht nicht aus, die umfassende Transparenzverpflichtung aus Artikel 5 Satz 1 gewährleisten zu können.[736] Denn eine Auslegungsregel kann nur hinsichtlich Klauseln, die objektiv zwei- oder mehrdeutig sind, Bedeutung haben. Falls man sich bei der Umsetzung der Richtlinie auf die Aufnahme einer Auslegungsregel beschränken würde, würde dies bedeuten, dass intransparente, eindeutige Klauseln nicht sanktioniert werden könnten. Aus der Pflicht zur transparenten Abfassung der Vertragsklauseln aus Artikel 5 Satz 1, die sich entscheidend an der Möglichkeit zur Kenntnisnahme des Verbrauchers orientiert, ergibt sich unter anderem, dass auch sprachlich unverstehbare oder unlesbare Klauseln nicht erlaubt sein können. Außerdem kann man sich fragen, ob eine Auslegungsregel für Klauseln, die in ihren Kern inhaltlich nicht zu verstehen sind, überhaupt Zweck hat. Die deutsche Rechtspraxis hat gezeigt, dass eine Auslegungsregel nur teilweise das Transparenzgebot gewährleisten kann. Nach deutschem Recht findet die Auslegungsregel aus § 5 AGBG nur bei der Auslegung einer objektiv mehrdeutigen Klausel Anwendung. *Von Hoyningen-Huene* hat zurecht angemerkt, dass intransparente Klauseln nicht zugleich völlig unverständlich, überraschend oder mehrdeutig sein müssen[737].

Aus Obenstehenden ergibt sich, dass die Umsetzung des Artikels 5 Satz 1 der Richtlinie mehr als eine bloße Einführung einer Auslegungsregel impliziert. Diese Ansicht findet auch Bestätigung in der Literatur. Im größten Teil der deutschen Literatur scheint man davon auszugehen, dass es sich bei Artikel 5 um ein umfassendes Transparenzgebot handelt, das

---

[736]Dies ergab sich aus meinem Gespräch vom 17. März 1999 mit Yvonne Stein, GD XXIV.

[737]von HOYNINGEN-HUENE, Gerrick, „Unwirksamkeit von AGB bei bloßer Intransparenz?", in *Festschrift Reinhold Trinkner*, 1995, S. 180; von HOYNINGEN-HUENE, Gerrick, *Die Inhaltskontrolle nach § 9 AGBG*, 1991, Rdnr. 201 ff.

über die Festlegung einer Auslegungsregel hinausgeht. Das Transparenzgebot sollte danach durch eine Einbeziehungskontrolle oder eine Missbrauchskontrolle verwirklicht werden. Auch in der belgischen Literatur[738] ist insinuiert worden, dass Artikel 5 mehr als die Einführung einer Auslegungsregel erfordert. Daneben deutet auch Artikel 4 Absatz II darauf hin, dass Marktintransparenz die Missbrauchskontrolle eröffnen kann.

Wie bei der Besprechung der Generalklausel aus Artikel 3 der Richtlinie hervorgehoben wurde, ist das Transparenzgebot eines der tragenden Prinzipien des europäischen Verbraucherschutzrechts. Zu erwarten ist daher, dass der EuGH aus der Generalklausel umfassende Transparenzverpflichtungen, wie zum Beispiel Informationspflichten, ableiten wird. Vor diesen Hintergrund scheint es angebracht, auch das Transparenzgebot aus Artikel 5 so weit wie möglich auszulegen.

Da angenommen wird, dass das Transparenzgebot der Richtlinie mehr als die Einführung einer Auslegungsregel erfordert, soll geklärt werden, ob Intransparenz nur im Wege einer Einbeziehungskontrolle oder auch bei der Missbrauchskontrolle berücksichtigt werden soll.

III. Die Sanktionierung der Intransparenz durch eine Einbeziehungssperre oder bei der Missbrauchskontrolle?

Artikel 5 Satz 1 stellt nicht klar, in welchem Stadium die Transparenz einer Klausel kontrolliert werden muss und was ihre Sanktion ist. Das Transparenzgebot aus Artikel 5 nimmt nicht ausdrücklich auf die Missbrauchskontrolle Bezug. Daher könnte angenommen werden, dass die Unwirksamkeitssanktion aus Artikel 6 Absatz I der Richtlinie und das Gebot aus Artikel 7 Absatz II als wirksame Mittel, die dem Gebrauch missbräuchlicher Klauseln ein Ende machen, nicht unmittelbar anwendbar sind. Aus Artikel 4 Absatz II der Richtlinie könnte sich dagegen ergeben, dass die Intransparenz von Klauseln, welche die Hauptleistung und den Preis beschreiben, die Missbrauchskontrolle eröffnet, und die Unwirksamkeitssanktion aus Artikel 6 Absatz I und das Gebot des Artikels 7 Absatz II gilt. Dieses Fehlen der ausdrücklichen Festlegung einer Sanktion in der Richtlinie hat in der deutschen Literatur zu einer Kontroverse über die systematische Einordnung des Transparenzgebotes ge-

[738] In diesem Sinne zum Beispiel: FLAMÉE, Michel und TROCH, Koen, „De invloed van de EG-Richtlijn van 5 april 1993 betreffende oneerlijke bedingen in consumentenovereenkomsten op het heersend belgisch recht", *TBH* 1996, S. 50, Rdnr. 29: die Autoren weisen darauf hin, daß die belgische Rechtspraxis bei der Ausübung ihrer Einbeziehungskontrolle das Transparenzgebot berücksichtigt.

führt. Im größten Teil des Schrifttums[739] wird die Ansicht vertreten, dass die Mitgliedstaaten selbst bestimmen können, in welchem Stadium sie die Transparenz der Klauseln überprüfen lassen wollen und welche Sanktion sie daran knüpfen. Einige Autoren sehen die Transparenzkontrolle als einen wesentlichen Bestandteil der Missbrauchskontrolle[740]. *Heinrichs*[741] vertritt eine abweichende Auffassung und meint, dass die Transparenzkontrolle nach der Richtlinie als eine Einbeziehungskontrolle ausgestaltet werden muss.

1. Auffassung 1: Transparenzkontrolle im Rahmen einer Einbeziehungskontrolle

Heinrichs[742] vertritt die Auffassung, dass der europäische Gesetzgeber die transparente Abfassung der Klauseln als eine Einbeziehungsvoraussetzung ansieht. Falls Klauseln intransparent sind, würden sie danach nicht Vertragsinhalt werden. *Heinrichs* beruft sich auf die Systematik der Richtlinie und ihre Entstehungsgeschichte. Das Transparenzgebot stehe nach Systematik und Inhalt außerhalb der Missbrauchskontrolle. Das ergebe sich aus Artikel 6 Absatz I der Richtlinie, der die Rechtsfolgen missbräuchlicher Klauselverwendung regelt. Dabei werden Verstöße gegen Artikel 5 erfasst. Des Weiteren gäbe es in Artikel 4 Absatz I, der die bei der Klauselwürdigung zu berücksichtigenden Umstände bestimmt, keine Anhaltspunkte dafür, dass „bei der Missbrauchskontrolle auch

---

[739] BRANDNER, Hans Erich, „Neufassung des Richtlinien-Vorschlags über mißbräuchliche Klauseln in Verbraucherverträgen, *ZIP* 1992, S. 1591; ECKERT, Hans-Werner, „Die EG-Richtlinie über mißbräuchliche Klauseln in Verbraucherverträgen und ihre Auswirkungen auf das deutsche Recht", *WM* 1993, S. 1076; WOLF, Manfred, in WOLF/HORN/LINDACHER, *AGBG-Kommentar*, 4. Auflage, 1999, RiLi Artikel 5, Rdnr. 7; COESTER, Michael, „AGB-rechtliche Inhaltskontrolle im Lichte des europäischen Gemeinschaftsrechts", in *Festschrift Helmut Heinrichs*, 1998, S. 110.

[740] BUESO-GUILLÉN, *VuR*, 1994, S. 309; REICH, Norbert, „Kreditbürgschaft und Transparenz", *NJW* 1995, S. 1857; REICH, Norbert, „Zur Umsetzung der EG-Richtlinie über mißbräuchlichen Vertragsklauseln", *VuR*, 1995, S. 5; REICH, Norbert, *Europäisches Verbraucherrecht. Eine problemorientierte Einführung in das europäische Wirtschaftsrecht*, 3. Auflage, 1996, S. 346, Rdnr. 156l; COESTER, Michael, „AGB-rechtliche Inhaltskontrolle im Lichte des europäischen Gemeinschaftsrechts", in *Festschrift Helmut Heinrichs*, 1998, S. 110 (111).

[741] HEINRICHS, Helmut, „Das Transparenzgebot und die EG-Richtlinie über mißbräuchliche Klauseln in Verbraucherverträgen", in *Festschrift Reinhold Trinkner*, 1995, S. 172; auch so von WESTPHALEN, *EWS* 1993, S. 165.

[742] HEINRICHS,. Helmut, „Das Transparenzgebot und die EG-Richtlinie über mißbräuchliche Klauseln in Verbraucherverträgen", in *Festschrift Reinhold Trinkner*, 1995, S. 175 (176).

Transparenzgesichtspunkte zu berücksichtigen sind"[743]. Außerdem deute auch keines der im Klauselanhang aufgelisteten Klauselverbote darauf hin, dass fehlende Transparenz Maßstab der Missbrauchskontrolle sein solle. Vielmehr sei das Transparenzgebot als der Rest einer nicht verwirklichten umfassenden Einbeziehungsregelung zu sehen. Eine solche Einbeziehungsregelung wurde in einem früheren Entwurf vorgeschlagen[744] und in der Richtlinie nicht übernommen. Auch aus Artikel 4 Absatz II, der die Kontrollfreiheit von transparenten Preis- und Hauptleistungsbeschreibungen festlegt, könne nicht abgeleitet werden, dass das Transparenzgebot einen Maßstab der Missbrauchskontrolle bilde[745]. Falls eine unklare oder unverständliche Klausel die Festlegung des Entgelts oder der Hauptleistung regele, würde sie „bereits wegen Intransparenz nicht Vertragsinhalt" werden. Demnach könne und brauche die Frage, ob die Klausel einen Missbrauch im Sinne des Artikels 3 Absatz I verursache, nicht geprüft zu werden[746]. Insgesamt ist *Heinrichs* der Ansicht, dass Transparenz nach der Richtlinie als eine Einbeziehungsvoraussetzung anzusehen ist. Als Sanktion der Intransparenz nennt der Autor den „ersatzlosen Wegfall" der intransparenten Klauseln.

2. Auffassung 2: Freiheit der Ausgestaltung des Transparenzgebotes. Berücksichtigung des Transparenzgebotes als Maßstab bei der Missbrauchskontrolle

Anders als *Heinrichs* sind einige Autoren der Ansicht, dass die Intransparenz die Möglichkeit einer Missbrauchskontrolle eröffnet. Im Anschluss von *Bueso-Guillén*[747] befürwortet vor allem *Reich*[748], dass der Missbrauchsbegriff aus Artikeln 3-5 der Richtlinie zwei Komponenten enthalte. Zu differenzieren sei zwischen materiellen und formellen Missbräuchen. Falls ein Verstoß gegen das Transparenzgebot als eine formel-

---

[743]HEINRICHS, Helmut, „Das Transparenzgebot und die EG-Richtlinie über mißbräuchliche Klauseln in Verbraucherverträgen", in *Festschrift Reinhold Trinkner*, 1995, S. 172.

[744]„Geänderter Vorschlag für eine Richtlinie des Rates über mißbräuchliche Klauseln in Verbraucherverträgen" vom 5. März 1992, *ABlEG*, C 73, S. 7.

[745]HEINRICHS, Helmut, „Das Transparenzgebot und die EG-Richtlinie über mißbräuchliche Klauseln in Verbraucherverträgen", in *Festschrift Reinhold Trinkner*, 1995, S. 175.

[746]HEINRICHS, Helmut, „Das Transparenzgebot und die EG-Richtlinie über mißbräuchliche Klauseln in Verbraucherverträgen", in *Festschrift Reinhold Trinkner*, 1995, S. 175 (176).

[747]BUESO-GUILLÉN, *VuR*, 1994, S. 309.

[748]Zuletzt in REICH, Norbert, *Europäisches Verbraucherrecht. Eine problemorientierte Einführung in das europäische Wirtschaftsrecht*, 3. Auflage, Nomos, Baden Baden, 1996, S. 346, Rdnr. 1561.

le Missbräuchlichkeit angesehen werden kann, seien die Artikel 6 und 7 der Richtlinie anwendbar. Danach könnten intransparente Klauseln für unwirksam erklärt werden. Dass Intransparenz die Missbrauchskontrolle eröffnen kann, könne auch aus dem Wortlaut des Artikels 4 Absatz II der Richtlinie abgeleitet werden, der als ein Unterfall[749] des Artikels 5 angesehen wird. Eine intransparente Abfassung der Hauptleistungsbeschreibungen und Preisbestimmungen eröffnet nach Artikel 4 Absatz II die Missbrauchskontrolle im Sinne einer Transparenzkontrolle[750]. Es ist aber nicht ersichtlich, warum dies nur bei den Hauptleistungsbeschreibungen und Preisbestimmungen gelten soll[751].

Kritisiert hat *Coester*[752] die Auffassung von *Heinrichs*, dass die Intransparenz nach der Richtlinie nur im Wege einer Einbeziehungskontrolle zu prüfen sei. Der Verfasser meint, dass dem Transparenzgebot im Gemeinschaftsrecht ein zentrales Gewicht zukomme. Es könne bei der Inhaltskontrolle nicht außer Betracht bleiben. Des Weiteren meint der Autor, dass die Konkretisierung der Generalklausel sich nicht auf Artikel 3 Absatz II und III und Artikel 4 beschränke. Auch Artikel 5 könne als Maßstab der Missbräuchlichkeit dienen. Außerdem weist *Coester* darauf hin, dass es in der Verbotsliste im Anhang Klauselverbote gibt, welche auf das Transparenzkriterium Bezug nehmen. Es handelt sich dabei um die Buchstaben i (Zustimmungsfiktion), j (einseitige Vertragsänderung), k (einseitige Leistungsänderung) und m (einseitige Preisfestsetzung). Des Weiteren merkt der Autor an, dass die deutsche Praxis gezeigt hat, dass eine scharfe Trennlinie zwischen Einbeziehungs- und Inhaltskontrolle nicht immer zu ziehen ist. Schließlich wirft *Coester Heinrichs* vor, dass er bei der Auslegung der Transparenzverpflichtung der Richtlinie zu sehr von dem deutschen Rechtsdenken ausgehe. Denn nicht alle europäischen Mitgliedstaaten kennten ein eigenständiges Konzept der Einbeziehungskontrolle. Allein schon deshalb sollte es den Mitgliedstaaten gestattet sein, das Transparenzgebot im Wege einer Missbrauchskontrolle auszugestalten.

---

[749]WOLF, Manfred, in WOLF/HORN/LINDACHER, *AGBG-Kommentar*, 4. Auflage, 1999, RiLi Artikel 4, Rdnr. 21.
[750]WOLF, Manfred, in WOLF/HORN/LINDACHER, *AGBG-Kommentar*, 4. Auflage, 1999, RiLi Artikel 4, Rdnr. 15.
[751]COESTER, Michael, „AGB-rechtliche Inhaltskontrolle im Lichte des europäischen Gemeinschaftsrechts", in *Festschrift Helmut Heinrichs*, 1998, S. 111.
[752]COESTER, Michael, „AGB-rechtliche Inhaltskontrolle im Lichte des europäischen Gemeinschaftsrechts", in *Festschrift Helmut Heinrichs*, München, Beck Verlag, 1998, S. 110 (111).

3. Würdigung

Ein großer Teil der Literatur scheint der Auffassung zu sein, dass das Transparenzgebot aus Artikel 5 mehr als die Einführung einer Auslegungsregel erfordert. Zweifel bestehen aber darüber, ob die Überprüfung der Transparenz im Wege einer Einbeziehungskontrolle oder als Kriterium der Missbrauchskontrolle nach der Generalklausel zu berücksichtigen ist. Die Auffassung, welche es den Mitgliedstaaten überlässt, das Transparenzgebot nicht nur als Einbeziehungsvoraussetzung, sondern auch als Maßstab der Missbrauchskontrolle zu berücksichtigen, ist die richtigere. Auf keinem Fall verpflichtet die Richtlinie die Mitgliedstaaten, eine Einbeziehungskontrolle einzuführen. Im Gegenteil, denn die Vorschriften über die Einführung einer Einbeziehungskontrolle in dem geänderten Richtlinienvorschlag vom 5. März 1992 wurden aus der endgültigen Fassung der Richtlinie gestrichen. Entscheidend ist, dass die Mitgliedstaaten ein System vorsehen, nach dem die Möglichkeit besteht, intransparente Klauseln zu überprüfen und, wenn erforderlich, für unwirksam zu erklären. *Coester* hat zurecht angemerkt, dass die Berücksichtigung des Transparenzgebotes im Wege einer Einbeziehungskontrolle ein typisch deutsches Konzept ist und sich nicht aus der Richtlinie ergibt. Einige Mitgliedstaaten kennen keine gesetzlich festgelegte Einbeziehungskontrolle, sondern berücksichtigen das Transparenzgebot als Maßstab bei der Inhaltskontrolle. Das niederländische Bürgerliche Gesetzbuch zum Beispiel enthält in Artikel 233 eine Generalklausel mit zwei Nichtigkeitsgründen: Eine AGB ist danach nichtig, „a. wenn sie gemessen an der Art und dem übrigen Inhalt des Vertrages, der Art und Weise, wie die Bedingungen zustande gekommen sind, den beiderseits erkennbaren Interessen der Parteien und den übrigen Umständen des Falls *unangemessen nachteilig* für die andere Partei sind"; oder „b. wenn der Verwender der anderen Vertragspartei keine angemessene Möglichkeit geboten hat, die allgemeinen Bedingungen zur *Kenntnis zu nehmen*". Aus dieser Vorschrift ergibt sich, dass nach niederländischem Recht sowohl inhaltliche Unangemessenheit (a) als auch die fehlende Möglichkeit der Kenntnisnahme (b) (formelle Missbräuchlichkeit) für den Vertragspartner zur Nichtigkeit der Klausel führen kann. Die Möglichkeit zur Kenntnisnahme setzt eine transparente Abfassung der Vertragsklauseln voraus. Obenstehendes bedeutet, dass das Transparenzgebot in den Niederlanden als Maßstab bei der Inhaltskontrolle Berücksichtigung findet. Anzunehmen ist, dass das niederländische BGB den Erfordernissen aus Artikel 5 der Richtlinie im Wege der Inhaltskontrolle hinreichend Rechnung trägt und die Einführung einer Einbeziehungskontrolle überflüssig ist.

Fraglich ist aber, ob die Berücksichtigung der Transparenz als Einbeziehungsvoraussetzung den Anforderungen aus Artikel 5 hinreichend entspricht. *Heinrichs* beantwortet diese Frage positiv. Wie schon bei der Besprechung des Artikels 4 Absatz II hervorgehoben wurde, geht der Autor aber von einer engen Auslegung der Transparenzverpflichtung der Richtlinie aus. Soweit *Heinrichs* meint, dass es der Richtlinie nur darum geht, das Verständlichkeitsgebot zu regeln, ist ihm zuzustimmen, dass eine Berücksichtigung der Klarheit und Verständlichkeit im Wege der Einbeziehungskontrolle ausreicht. In dieser Arbeit wird aber von einer weiten teleologischen Interpretation des Transparenzgebotes ausgegangen. Die Mitgliedstaaten sollen danach neben dem Klarheitsgebot auch die anderen Erscheinungsformen des Transparenzgebotes in ihrem Recht der missbräuchlichen Klauseln berücksichtigen. Nicht alle Erscheinungsformen von Intransparenz scheitern an der Einbeziehungssperre einer Einbeziehungskontrolle[753]. Klar und verständlich abgefasste Preis- oder Leistungsänderungsvorbehalte, werden grundsätzlich in den Vertrag einbezogen. Dennoch sind sie oft nicht genügend konkret oder bestimmt, sodass sie gegen das Bestimmtheitsgebot verstoßen können. Die gleichen Überlegungen können hinsichtlich des Täuschungs- oder Irreführungsverbots angestellt werden. Im deutschen Recht werden diese Erscheinungsformen des Transparenzgebotes als Maßstab bei der Inhaltskontrolle berücksichtigt. Wenn man dagegen annimmt, dass die Transparenzverpflichtung der Richtlinie über eine Verständlichkeitskontrolle hinausgeht, drängt sich eine Berücksichtigung der Transparenz als Maßstab der Missbrauchskontrolle im Sinne des Artikels 3 Absatz I der Richtlinie auf.

Es ist nicht ganz unwahrscheinlich, dass der EuGH aus Artikel 5 oder aus der Generalklausel des Artikels 3 diese zusätzlichen Transparenzverpflichtungen ableiten wird.

IV. Die Beurteilung der Intransparenz im Wege einer Missbrauchskontrolle: Klauselkontrolle oder Umstandskontrolle? Die Rolle der mündlichen Erläuterungen. Das Leitbild des europäischen Verbrauchers

1. Klauselkontrolle oder Umstandskontrolle? Die Rolle der mündlichen Erläuterungen

Unklarheit gibt es des Weiteren darüber, wie bei der Beurteilung der Transparenz einer Klausel in der Praxis vorgegangen werden soll. Handelt es sich bei der Transparenzkontrolle nach der Richtlinie um eine rei-

---

[753]Auch so Heinrichs für das deutsche Recht: HEINRICHS, Helmut, „Das Transparenzgebot und die EG-Richtlinie über mißbräuchliche Klauseln in Verbraucherverträgen", in *Festschrift Reinhold Trinkner*, 1995, S. 167.

ne Klauselkontrolle oder soll daneben auf die konkret-individuellen Umstände des Vertragsabschlusses Rücksicht genommen werden? Ob der Transparenzbeurteilung ein abstrakt-genereller oder ein individuell-konkreter Maßstab zugrunde liegt, ist vor allem wichtig für die Beantwortung der Frage, ob bei der Würdigung der Transparenz einer Klausel auch auf eventuelle mündliche Erläuterungen des Klauselverwenders Rücksicht genommen werden kann. Können Hinweise des Klauselverwenders am Inhalt einer intransparenten Klausel bei Vertragsabschluss diese Klausel retten? Viel spricht dafür, dass bei der Beurteilung des Transparenzgebots grundsätzlich von einem objektiven Kriterium auszugehen ist[754]. Bei der Transparenzkontrolle einer Klausel ist vom Verständnis der durchschnittlichen Kunden für einen bestimmten Vertragstyp auszugehen. Ein objektiv-typisierender Maßstab entspricht aber nicht der Konkretisierung in Artikel 4 Absatz I, der besagt,dass die Missbräuchlichkeit einer Klausel unter Berücksichtigung aller den Vertragsabschluss begleitenden Umstände zu beurteilen ist. Nach dieser Vorschrift geht es bei der Missbrauchskontrolle (wenigstens auch) um eine Umstandsberücksichtigung. Gegen eine solche Berücksichtigung der konkret-individuellen Umstände bei der Beurteilung der Transparenz spricht aber Artikel 5, wonach schriftlich niedergelegte Klauseln stets klar und verständlich abgefasst sein müssen[755]. Diese Vorschrift erfordert die transparente Abfassung der schriftlich niedergelegten Klauseln. Anzunehmen ist damit, dass mündliche Erläuterungen nicht ausreichend sind, um diese Intransparenz auszugleichen. Außerdem hat *Nassall*[756] angemerkt, dass es sich nach Artikel 5 nicht nur um den Verbraucherschutz handelt, sondern dass die Richtlinie auch die Gewährleistung des gemeinsamen Binnenmarktes bezweckt. Nur eine transparente Abfassung der Klauseln versetze die Verbraucher in die Lage, die Vertragsangebote auf dem Markt miteinander vergleichen zu können. Markttransparenz setze voraus, dass die Klauseln an sich klar und verständlich abgefasst seien. Mündliche Erläuterungen beim Vertragsabschluss könnten diese Marktintransparenz deshalb nicht heilen.

---

[754]So zum Beispiel: BOSMANS, Marc, „Oneerlijke en onrechtmatige bedingen: zijn de artikelen 31 en volgende van de WHPC compatibel met de EEG Richtlijn 93/13 van 5 april 1993?", *DCCR* 1994, S. 694.

[755]NASSALL, Wendt, „Die Anwendung der EU-Richtlinie über mißbräuchliche Klauseln in Verbraucherverträgen", *JZ* 1995, S. 692 (693).

[756]NASSALL, Wendt, „Die Anwendung der EU-Richtlinie über mißbräuchliche Klauseln in Verbraucherverträgen", *JZ* 1995, S. 692.

2. Das Leitbild des europäischen Verbrauchers: spezielle Informationspflichten?

Die Richtlinie geht aus vom Leitbild des durchschnittlichen europäischen Verbrauchers, der auf dem europäischen Binnenmarkt tätig ist. Das mitgliedstaatliche Verbraucherbild orientiert sich dagegen grundsätzlich am Erwerb von Produkten und Dienstleistungen auf dem nationalen Markt. Im größten Teil der Literatur wird die Ansicht vertreten, dass das europäische Verbraucherleitbild auf die mitgliedstaatliche Rechtspraxis Einfluss ausüben wird. Erwartet wird, dass der EuGH bei der Auslegung des Transparenzgebotes aus der Richtlinie auf dieses europäische Leitbild Bezug nehmen wird. Das könnte dazu führen, dass der EuGH aus dem Transparenzgebot umfassende spezielle Informationspflichten ableitet. Denn der europäische Verbraucher, der auf dem Binnenmarkt Produkte und Dienstleistungen erwirbt, hat in der Regel nicht die erforderlichen Sprachkenntnisse, die Vertragsklauseln verstehen zu können. Außerdem fehlt ihm auch die notwendige juristische Kenntnis des ausländischen Rechtssystems, den Vertragsinhalt durchschauen zu können. Verweisungen auf bestimmte nationale Rechtsvorschriften, ohne sie in den Text aufzunehmen, sind für den ausländischen Verbraucher nicht zu verstehen. Die sprachliche und juristische Unkenntnis des Verbrauchers, hindert ihn daran, das Vertragsprodukt und seine Ausgestaltungen zu verstehen. Daher könnte davon ausgegangen werden, dass der Vertragsinhalt für den Verbraucher unklar und unverständlich ist. Demnach stellt sich die Frage, ob der Verbraucher sich auf das Transparenzgebot aus Artikel 5 der Richtlinie berufen kann.

In der Literatur ist darüber spekuliert worden, dass der EuGH aus dem Transparenzgebot zusätzliche Informationspflichten für die Gewerbetreibenden in ihren Beziehungen zu EU-Ausländern ableiten wird. Dabei handelt es sich um sprachliche und juristische Hinweise. Hinsichtlich des Problems der sprachlichen Verständlichkeit wird in der Literatur zwischen Aktivitäten der Gewerbetreibenden auf anderssprachigen Märkten zum einen und Kontakten zwischen dem Gewerbetreibenden und EU-Ausländer auf dem eigenen nationalen Markt zum anderen unterschieden. Insofern ein Gewerbetreibender auf einem anderssprachigen Markt aktiv wird, ist die Literatur der Ansicht, dass der Gewerbetreibende seine Geschäftsbedingungen in die Sprache des Marktes, auf dem er aktiv wird, zu übersetzen hat. *Micklitz*[757] sieht dabei eine Verpflichtung der Parteien „die Standardverträge von dem unnötigen Ballast zu befreien (Ausputzerfunktion)". Unklar bleibt, welche Anforderungen an das euro-

---

[757]MICKLITZ, Hans-W., „Verbandsklage und die EG-Richtlinie über mißbräuchliche Klauseln", *ZIP* 1998, S. 942.

päischen Transparenzgebot gestellt werden müssen, wenn der Gewerbetreibende mit einem EU-Ausländer im eigenen Land einen Vertrag schließt. In der Literatur wird zwischen Verbrauchern, welche die Sprache des Gastlandes kennen, und jener, welche die Sprache nicht kennen, unterschieden. Falls der Verbraucher die Sprache, in der die Geschäftsbedingungen abgefasst sind, versteht, und vom Vertragsinhalt Kenntnis nehmen kann (Kriterium aus den 20. Erwägungsgrund), ist anzunehmen, dass der Gewerbetreibende keine spezielle Informationspflichten hat. Der Gewerbetreibende wird sich aber darüber zu vergewissern haben, ob der Verbraucher der Sprache hinreichend mächtig ist[758]. Wenn der Verbraucher die Sprache, in der die Geschäftsbedingungen abgefasst sind, nicht verstehen kann, ist anzunehmen, dass der Gewerbetreibende wenigstens in einer für den Verbraucher verständlichen Sprache über den Vertragsinhalt aufzuklären hat[759]. Wie umfassend die Informationspflichten sind, wird von dem Gewicht und der Tragweite des Vertrages abhängen[760]. Auf jeden Fall existiert eine Informationspflicht des Gewerbetreibenden bei wichtigen Verträgen von großer Tragweite[761]. *Coester*[762] befürwortet eine generelle Verpflichtung zur Beseitigung der Verständnisschwierigkeiten durch „Individualerklärungen". Der EuGH wird des Weiteren auch die Frage zu beantworten haben, ob die Gewerbetreibenden die Vertragsklauseln in einer Sprache abzufassen haben, die der Verbraucher verstehen kann. Unklar bleibt, ob die englische Sprache dabei ausreicht[763] oder ob die Gewerbetreibenden Übersetzungen ihrer Geschäftsbedingungen in alle EU-Sprachen vorsehen müssen. Die meisten Autoren

---

[758]MICKLITZ, Hans-W., „Verbandsklage und die EG-Richtlinie über mißbräuchliche Klauseln", *ZIP* 1998, S. 942.

[759]COESTER, Michael, „AGB-rechtliche Inhaltskontrolle im Lichte des europäischen Gemeinschaftsrechts", in *Festschrift Helmut Heinrichs*, 1998, S. 112 (113).

[760]HEINRICHS, Helmut, „Das Gesetz zur Änderung des AGB-Gesetzes. Umsetzung der EG-Richtlinie über mißbräuchliche Klauseln in Verbraucherverträgen durch den Bundesgesetzgeber", *NJW* 1996, S. 2197; COESTER, Michael, „AGB-rechtliche Inhaltskontrolle im Lichte des europäischen Gemeinschaftsrechts", in *Festschrift Helmut Heinrichs*, 1998, S. 112.

[761]HEINRICHS, Helmut, „Das Gesetz zur Änderung des AGB-Gesetzes. Umsetzung der EG-Richtlinie über mißbräuchliche Klauseln in Verbraucherverträgen durch den Bundesgesetzgeber", *NJW* 1996, S. 2197; REICH, Norbert, „Kreditbürgschaft und Transparenz", *NJW* 1995, S. 1860.

[762]COESTER, Michael, „AGB-rechtliche Inhaltskontrolle im Lichte des europäischen Gemeinschaftsrechts", in *Festschrift Helmut Heinrichs*, 1998, S. 112 (113).

[763]verneinend WILHELMSSON, Thomas, „Public Interest Litigation on Unfait Terms, in REICH/MICKLITZ, Public Interest Litigation before European Courts, Schriftenreiche des VIEW, Bd. 2, 1996, S. 387; Verweisung in MICKLITZ, Hans-W., „Verbandsklage und die EG-Richtlinie über mißbräuchliche Klauseln", *ZIP* 1998, S. 942.

sind der Ansicht, dass von den Gewerbetreibenden nicht erwartet werden kann, ihre Geschäftsbedingungen in allen EU-Sprachen zur Verfügung zu stellen[764]. *Wolf* und *Bosmans* sind anderer Auffassung. Nach *Wolf*[765] sollen die Klauseln in der Heimatsprache des Verbrauchers abgefasst sein. *Bosmans*[766] plädiert für eine Übersetzung in die Sprache des Wohnsitzes oder ständigen Aufenthalts des Kunden.

Coester hat darauf hingewiesen, dass das Leitbild des europäischen Verbrauchers nicht nur sprachliche, sondern auch juristische Informationspflichten des Gewerbetreibenden hervorrufen könne. Der Autor ist der Ansicht, dass aus dem Transparenzgebot die Verpflichtung abgeleitet werden könnte, dem Verbraucher Rechtserläuterungen zu geben. Er weist aber darauf hin, dass der Gewerbetreibende sich dabei auf die „unerlässlichen, transparenzerhöhenden Erläuterungen" beschränken kann[767]. Auf jeden Fall soll vermieden werden, dass der Vertrag durch die Erläuterungen transparenzfeindlich erweitert wird. Für den internationalen Rechtsverkehr empfiehlt *Coester* den Gewerbetreibenden, ihre Geschäftsbedingungen ohne Bezug auf ein rechtliches System abzufassen. Denn Geschäftsbedingungen dürfen nicht die Kenntnis eines fremden Rechtssystems voraussetzen.

Die Sanktion des Verstoßes gegen die Informationsprinzipien, die sich aus dem Transparenzgebots ergeben, sollte nach *Heinrichs* Schadensersatz wegen *culpa in contrahendo* sein[768].

V. Die Auslegungsregel

1. Prinzip

Die Richtlinie 93/13 enthält in Artikel 5 Satz 2 die ausdrückliche Pflicht in das mitgliedstaatliche Recht eine Auslegungsregel aufzunehmen. „Bei

---

[764] HEINRICHS, Helmut, „Das Gesetz zur Änderung des AGB-Gesetzes. Umsetzung der EG-Richtlinie über mißbräuchliche Klauseln in Verbraucherverträgen durch den Bundesgesetzgeber", *NJW* 1996, S. 2197.

[765] WOLF, Manfred in WOLF/HORN/LINDACHER, *AGB-Kommentar*, 4. Auflage, 1999, RiLi Artikel 5, Rdnr. 6.

[766] BOSMANS, Marc, „Oneerlijke en onrechtmatige bedingen: zijn de artikelen 31 en volgende van de W.H.P.C. compatibel met de EEG Richtlijn 93/13 van 5 april 1993 ?", *DCCR* 1994, S. 695.

[767] COESTER, Michael, „AGB-rechtliche Inhaltskontrolle im Lichte des europäischen Gemeinschaftsrechts", in *Festschrift Helmut Heinrichs*, 1998, S. 113.

[768] HEINRICHS, Helmut, „Das Gesetz zur Änderung des AGB-Gesetzes. Umsetzung der EG-Richtlinie über mißbräuchliche Klauseln in Verbraucherverträgen durch den Bundesgesetzgeber", *NJW* 1996, S. 2197.

Zweifeln über die Bedeutung einer Klausel gilt die für den Verbraucher günstigste Auslegung". Satz 3 des Artikels bestimmt anschließend, dass „diese Auslegungsregel nicht im Rahmen des in Artikel 7 Absatz 2 vorgesehenes Verfahren gilt".

2. Die Auslegungsregel als unmittelbare Sanktion für Intransparenz

Die Auslegungsregel der Richtlinie 93/13 hat große Ähnlichkeit mit den schon bestehenden Auslegungsregelungen in einigen Mitgliedstaaten.[769] Die Europäische Kommission ist aber der Ansicht, dass der Regel aus Artikel 5 Satz 2 eine andere Bedeutung als bestimmten mitgliedstaatlichen Auslegungsregeln zukommt. In einer Stellungnahme gegenüber Belgien hat die Europäische Kommission ausdrücklich erklärt, dass die Sanktion aus Artikel 5 Satz 2 gegenüber intransparenten Klauseln unmittelbar gilt[770]. Die Unklarheitsregeln in verschiedenen Mitgliedstaaten können dagegen erst Anwendung finden, wenn nach Ausschöpfung der allgemeinen Auslegungsvorschriften die Klausel unklar bleibt. Diesen mitgliedstaatlichen Unklarheitsregeln kommt danach nur eine sekundäre Bedeutung zu. Die Kommission ist sich bewusst, dass das Ergebnis häufig das gleiche sein wird, aber sie fordert dennoch, dass die Mitgliedstaaten eine Auslegungsregel schaffen, die keine Ausschöpfung der allgemeinen Auslegungsregeln vorsieht. Der Verbraucher hat also nicht nachzuweisen, dass nach den allgemeinen Auslegungsvorschriften keine Klarheit über die Klausel zu erreichen war.

3. Die Ermittlung der verbrauchergünstigsten Auslegung

Artikel 5 Satz 2 sagt nichts darüber aus, wie die verbrauchergünstigste Auslegung zu ermitteln ist. Man könnte annehmen, dass die Auslegung, die am wahrscheinlichsten zur Unwirksamkeit nach der Generalklausel führt, die für den Verbraucher günstigste ist. Die günstigste Auslegung könnte deshalb die scheinbar ungünstigste Auslegung der Klausel sein. Falls der Verbraucher Interesse daran hat, dass die Klausel aus dem Vertrag entfernt wird, ist also die ungünstigste Auslegung die günstigste. Denn sie wird am wahrscheinlichsten zur Unwirksamkeit der Klausel führen. Eine andere Situation liegt vor, wenn keine der Alternativen zu der Feststellung einer Missbräuchlichkeit führen kann. In diesem Fall soll die günstigste Auslegung gelten, d. h. die für den Verbraucher beste Alternative.

---

[769]Zum Beispiel. § 5 AGBG, Artikel 1162 des belgischen BGB.

[770]Met redenen omkleed advies aan het koninkrijk België / Avis motivé au Royaume de Belgique, *Gedr. St. Kamer*, 1997-1998, Beilage 2, S. 27.

4. Die Bedeutung der Auslegungsregel für das abstrakte Kontrollverfahren

Satz 3 des Artikels 5 bestimmt, dass die Auslegungsregel in dem in Artikel 7 Absatz II genannten abstrakten Kontrollverfahren keine Anwendung findet. Die Europäische Kommission erklärte, dass der europäische Gesetzgeber mit Satz 3 die Beseitigung einer Hürde für die Unterlassungsklage bezwecke. Der Verbraucher soll der Kommission nach die Möglichkeit haben, gegen die Verwendung von Klauseln, die nach Anwendung der Unklarheitsregel nicht notwendig als missbräuchlich anzusehen sind, mit einer Unterlassungsklage vorzugehen.[771] Der Verbraucher soll die Gewissheit haben, dass er immer mit einer Unterlassungsklage gegen die Verwendung einer vermeintlich missbräuchlichen Klausel vorgehen kann.

Wolf[772] ist der Ansicht, dass es sich bei Artikel 5 Satz 3 um eine unglückliche Formulierung handelt. Er meint, dass der europäische Gesetzgeber vermeiden wollte, dass eine günstige Auslegung der Klausel eine erfolgreiche Unterlassungsklage verhindere. Artikel 5 Satz 3 verhindere aber nicht, dass im abstrakten Kontrollverfahren von einer unterschiedlichen Auslegung ausgegangen wurde. Denn je ungünstiger die Klausel ausgelegt werde, desto größer sei die Chance, dass sie gegen die Anforderungen der Generalklausel verstoße.

VI. Würdigung

Unklar bleibt, welche Verpflichtungen sich aus Artikel 5 der Richtlinie ergeben. Unklarheit besteht über den genauen Inhalt des Transparenzgebotes und über die Sanktionierung. Intransparenz des Artikels 5 kann minimalistisch oder maximalistisch interpretiert werden. Der schwedische Gesetzgeber ist bei der Umsetzung des Artikels 5 von einer minimalistischen Umsetzung ausgegangen. Er war der Ansicht, dass sich aus der Bestimmung nur eine Pflicht zur Einführung einer Auslegungsregel ergebe. Diese minimalistische Auffassung steht im Widerspruch zu den Auffassungen in der deutschen und belgischen Literatur, die Artikel 5 als Festlegung eines generellen Transparenzprinzips ansehen. Danach verpflichtet die Richtlinie den Klauselverwender, seine Klauseln in Verbraucherverträgen klar und verständlich abzufassen. In diesem Kapitel wurde das Gebot aus Artikel 5 maximalistisch interpretiert. Eine teleologische Interpretation des Artikels 5 zwingt zu einem weiten Ver-

---

[771] Met redenen omkleed advies aan het Koninkrijk België / Avis motivé au Royaume de Belgique, *Gedr. St. Kamer*, 1997-1998, Beilage 2 S. 27.

[772] WOLF, Manfred in WOLF/HORN/LINDACHER, *AGB-Kommentar*, 4. Auflage, 1999, RiLi Artikel 5, Rdnr. 9.

ständnis. Die einfache, klare und verständliche Abfassung der Vertragsklauseln genügt danach nicht. Vielmehr müssen die Mitgliedstaaten bei der Klauselwürdigung auch auf andere Erscheinungsformen des Transparenzgebotes Rücksicht nehmen. Für eine maximalistische Auslegung des Transparenzgebotes spricht vieles. Zum Ersten ergibt sich aus einer Analyse der anderen Verbraucherschutzrichtlinien, dass das Transparenzgebot eines der tragenden Prinzipien des europäischen Verbraucherschutzrechts ist. Der EuGH hat aus dem Transparenzgebot umfassende Informationspflichten abgeleitet. Auch die deutsche Rechtsprechung tendiert zu einer umfassenden Transparenzkontrolle als Schutzinstrument des Klauselgegners. Im Kontext dieser Entwicklung scheint es angebracht, auch das Gebot aus Artikel 5 weit auszulegen. Zum Zweiten geht die Richtlinie von einem hohen Verbraucherschutzniveau aus. Eine weite Auslegung des Transparenzgebotes würde diesem Ziel dienen. Zum Dritten dient ein umfassendes Transparenzgebot auch der Markttransparenz. Das gute Funktionieren des freien Wettbewerbs ist, neben dem Verbraucherschutz, eines der wichtigsten Ziele der Richtlinie. Die Vertragsprodukte sollen transparent abgefasst sein, so dass sie auf dem Markt zur Disposition stehen können. Zu dieser Transparenzpflicht gehört nicht nur die klare und verständliche Abfassung, sondern auch die Verpflichtung, die Vertragsklauseln ausreichend zu konkretisieren oder zu bestimmen (Bestimmtheitsgebot).

Vor allem in der deutschen Literatur ist darüber diskutiert worden, ob die Einhaltung des Transparenzgebots bei der Einbeziehungskontrolle Berücksichtigung finden soll oder auch ein Maßstab der Missbrauchskontrolle nach der Generalklausel sein kann. *Heinrichs* gehört zu denjenigen, die meinen, dass das Gebot aus Artikel 5 im Wege einer Einbeziehungskontrolle zu berücksichtigen ist. Diese Auffassung ist begründet, wenn man mit *Heinrichs* von einem engen Verständnis der Transparenzverpflichtung aus Artikel 5 ausgeht. Falls man eine maximinalistische Interpretation der Transparenzverpflichtung für geboten hält, ist aber die Einbeziehungssperre nicht immer das geeignete Sanktionierungsinstrument[773]. Daher wurde in diesem Kapitel die Ansicht vertreten, dass das Transparenzgebot auch als Maßstab der Missbrauchskontrolle nach der Generalklausel aus Artikel 3 Absatz I zu berücksichtigen ist. Demnach hat das Transparenzgebot nicht nur seine Grundlage in Artikel 5, sondern auch in der Generalklausel. Das Zusammenlesen der Artikel 3 Absatz I und 5 der Richtlinie kann nur dazu führen, dass nach der Richtlinie von einem umfassenden Transparenzgebot auszugehen ist. Man könnte sogar

---

[773]So auch HEINRICHS in der deutschen Diskussion, in der von einem umfassenden Transparenzgebot ausgegangen wird.

meinen, dass Artikel 5 keine eigenständige Bedeutung hat, sondern die Transparenzverpflichtung, welche sich schon aus der Generalklausel ergibt, konkretisiert. Fraglich ist, ob bei einer Transparenzkontrolle aufgrund der Generalklausel gefordert wird, dass die Intransparenz „ein erhebliches und ungerechtfertigtes Missverhältnis der vertraglichen Rechte und Pflichten der Vertragspartner verursacht" oder ob die formelle Feststellung, dass eine Intransparenz vorliegt, ausreicht, die Klausel für unwirksam zu erklären. Interessant in diesem Kontext ist die Auffassung von *Wilhelmsson*, der das Transparenzgebot als einen Unterfall von Treu und Glauben ansieht.

Kapitel IX: Die Rechtsfolgen der Missbräuchlichkeit und die Verhinderung der Verwendung von missbräuchlichen Klauseln durch eine Unterlassungsklage

Die Richtlinie bestimmt, dass missbräuchliche Klauseln für den Verbraucher unverbindlich sind, und sie verlangt von den Mitgliedstaaten, dass sie dazu die Bedingungen festlegen (Artikel 6 Absatz I). Des Weiteren werden die Mitgliedstaaten dazu verpflichtet, angemessene und wirksame Mittel vorzusehen, so dass der Verwendung von missbräuchlichen Klauseln ein Ende gesetzt werden kann (Artikel 7 Absatz I). Insbesondere sollen die Mitgliedstaaten ein abstraktes Kontrollverfahren einrichten (Artikel 7 Absatz II).

I. Die Rechtsfolgen der Missbräuchlichkeit

In der Europäische Union gibt es keine zentrale Verbraucherschutzbehörde, welche die Verbraucherschutzvorschriften aus der Richtlinie 93/13 durchsetzen kann. Deshalb verpflichtet die Richtlinie 93/13 in Artikel 6 Absatz I die Mitgliedstaaten dazu, die Durchsetzung der Vorschriften zu gewährleisten.

1. Unverbindlichkeit der missbräuchlichen Klausel

Nach Artikel 6 Absatz I haben die Mitgliedstaaten zu gewährleisten, dass missbräuchliche Klauseln in Verbraucherverträgen für den Verbraucher unverbindlich sind. Dabei können die Mitgliedstaaten frei darüber entscheiden, wie sie die Rechtsfolgen ausgestalten. Entscheidend ist aber, dass die für den Verbraucher belastenden Rechtsfolgen einer missbräuchlichen Klausel nicht durchsetzbar sind[774].

Unklarheit besteht darüber, ob die Rechtsfolge der Unverbindlichkeit aus Artikel 6 Absatz I dazu führen soll, dass die missbräuchlichen Klauseln vollständig entfallen, oder ob es genügt, dass der missbräuchliche Inhalt beseitigt wird und der angemessene Kerngehalt erhalten bleibt. Konkret handelt es sich dabei um die Frage, ob die Praxis der geltungserhaltenden Reduktion und Klauselanpassung aus den nordischen Staaten mit Artikel 6 Absatz I der Richtlinie 93/13 zu vereinbaren ist. Der schwedische Gesetzgeber[775] hat diese Frage ausführlich diskutiert und ist zu dem Schluss

---

[774]WOLF, Manfred, in WOLF/HORN/LINDACHER, *AGBG-Kommentar*, 4. Auflage, 1999, RiLi Artikel 6, Rdnr. 4.

[775]Regeringens proposition, *Riksdagen 1994/95: 17*, Oskäliga avtalsvillkor m.m., S. 55.

gekommen, dass die Richtlinie 93/13 den totalen Wegfall der missbräuchlichen Klausel nicht erfordert. Es würde danach ausreichen, dass eine missbräuchliche Klausel *ihrem Inhalt nach* gegenüber dem Verbraucher nicht maßgebend bleibt. Eine Reduktion oder Anpassung des Inhalts wäre damit genügend. Gegen diese Auslegung könnte sprechen, dass Artikel 6 Absatz I bestimmt, dass der Restvertrag für beide Parteien auf derselben Grundlage bindend bleibt, wenn er *ohne* die missbräuchlichen Klauseln bestehen kann.[776] Dieses könnte darauf hindeuten, dass die missbräuchliche Klausel, wie im deutschen und belgischen Recht, im Ganzen entfernt werden soll. Die Möglichkeit zur Reduktion oder Anpassung birgt daneben auch die Gefahr in sich, dass der Richter zu tief in die Vertragsgestaltungsfreiheit eingreift. Demnach wäre es besser, die Klausel im Ganzen entfallen zu lassen und die Lücke mit den dispositiven Rechtsvorschriften oder vertragsergänzender Auslegung zu schließen. Die Anknüpfung an das dispositive Recht und den Vertragszweck bietet erheblich mehr Rechtssicherheit als eine freie Abänderungskompetenz der Richter.

2. Teilunwirksamkeit - Aufrechterhaltung des Restvertrages – Lückenfüllung

Artikel 6 Absatz I bestimmt ausdrücklich, dass nur die missbräuchliche Klausel unverbindlich sein soll. In Richtlinie 93/13 geht es deshalb um eine Teilunwirksamkeit. Das ist zu begrüßen, weil der Verbraucher oft keinen Vorteil davon hat, dass der Vertrag im Ganzen nichtig ist. Der Restvertrag soll nach Artikel 6 Absatz I auf derselben Grundlage aufrechterhalten bleiben, „wenn er ohne die missbräuchlichen Klauseln bestehen kann". Ob der Restvertrag ohne die missbräuchlichen Klauseln bestehen kann, hängt aber davon ab, was an die Stelle der missbräuchlichen Klauseln tritt[777]. Die Richtlinie 93/13 enthält jedoch keine Vorschriften darüber, welche Regelung an die Stelle der missbräuchlichen Klauseln tritt. Deshalb sind die Mitgliedstaaten frei, selbst eine Lückenfüllung vorzusehen[778]. Dabei können das dispositive Recht und der Grundsatz der vertragsergänzenden Auslegung herangezogen werden.

---

[776]Regeringens proposition, *Riksdagen 1994/95: 17*, Oskäliga avtalsvillkor m.m., S. 54.

[777]WOLF, Manfred, in WOLF/HORN/LINDACHER, *AGBG-Kommentar*, 4. Auflage, 1999, RiLi Artikel 6, Rdnr. 6.

[778]ECKERT, Hans-Werner, „Die EG-Richtlinie über mißbräuchliche Klauseln in Verbraucherverträgen und ihre Auswirkungen auf das deutsche Recht", *WM* 1993, S. 1077; WOLF, Manfred, in WOLF/HORN/LINDACHER, *AGBG-Kommentar*, 4. Auflage, 1999, RiLi Artikel 6, Rdnr. 7.

Artikel 6 Absatz I bestimmt, dass der Restvertrag auf *derselben Grundlage* bindend bleibt. Danach sollen die wirksamen Klauseln unverändert bestehen bleiben[779]. Fraglich ist, ob die schwedische Praxis, die im Wege der Lückenergänzung auch eine Modifizierung des Restvertrages zulässt, aufrechterhalten bleiben kann. Der schwedische Gesetzgeber hat anerkannt, dass die Richtlinie 93/13 keine Änderung des Restvertrages zulässt. Des Weiteren weist er darauf hin, dass das schwedische System flexibler ist und zu mehr Gleichgewicht zwischen den Rechten und Verpflichtungen der Vertragsparteien führt. Die Aufrechterhaltung des Restvertrages ohne Modifikationen könnte zu großen Vorteilen zugunsten des Verbrauchers führen und dem Klauselverwender schwere Lasten auferlegen. Andererseits hat der schwedische Gesetzgeber angemerkt, dass eine Missbräuchlichkeit nach der Richtlinie 93/13 ein *erhebliches* Missverhältnis der vertraglichen Rechte und Pflichten, das gegen die Gebote von Treu und Glauben verstößt, voraussetzt. Da es sich nach der Richtlinie 93/13 um erhebliche Verstöße handelt, ist der schwedische Gesetzgeber der Ansicht, dass der Klauselverwender durch die Aufrechterhaltung des Restvertrages schwere Lasten tragen muss.[780] Der schwedische Gesetzgeber hat das schwedische Recht der missbräuchlichen Klauseln in diesem Punkt angepasst. Sind die Lasten für den Klauselverwender aber unzumutbar hart, so kann sich ergeben, dass der Vertrag nicht weiter bestehen kann. Die Gesamtunwirksamkeit darf, wegen des Ziels des Verbraucherschutzes, aber nicht zu schnell angenommen werden[781].

Der Restvertrag bleibt nach Artikel 6 Absatz I der Richtlinie aber nur aufrechterhalten, wenn er ohne die missbräuchliche Klausel bestehen kann. Kann der Vertrag ohne die missbräuchlichen Klauseln nicht bestehen, tritt Gesamtunwirksamkeit ein. Der Restvertrag kann zunächst nicht weiter bestehen, wenn der Vertrag wegen der fehlenden Möglichkeit zur Lückenfüllung unbestimmbar ist. Des Weiteren kann der Restvertrag nicht aufrechterhalten bleiben, wenn sein Inhalt nicht mit den wesentlichen Vertragszwecken zu vereinbaren ist. Schließlich könnte der Rest-

---

[779]WOLF, Manfred, in WOLF/HORN/LINDACHER, *AGBG-Kommentar*, 4. Auflage, 1999, RiLi Artikel 6, Rdnr. 8.

[780]Regeringens proposition, *Riksdagen 1994/95: 17*, Oskäliga avtalsvillkor m.m., S. 55.

[781]WOLF, Manfred, in WOLF/HORN/LINDACHER, *AGBG-Kommentar*, 4. Auflage, 1999, RiLi Artikel 6, Rdnr. 9; anders wohl: ECKERT, Hans-Werner, „Die EG-Richtlinie über mißbräuchliche Klauseln in Verbraucherverträgen und ihre Auswirkungen auf das deutsche Recht", *WM* 1993, S. 1077.

vertrag, wie oben erwähnt wurde, wegen unzumutbarer Härte für eine der Vertragsparteien als unwirksam angesehen werden[782].

II. Die Verhinderung der Verwendung von missbräuchlichen Klauseln - das abstrakte Kontrollverfahren

1. Die Pflicht der Mitgliedstaaten, der Verwendung missbräuchlicher Klauseln durch einen Gewerbetreibenden ein Ende zu setzen

Artikel 7 der Richtlinie verpflichtet die Mitgliedstaaten, „dafür zu sorgen, dass im Interesse der Verbraucher und der gewerbetreibenden Wettbewerber angemessene und wirksame Mittel vorhanden sind, damit der Verwendung missbräuchlicher Klauseln durch einen Gewerbetreibenden in den Verträgen, die er mit Verbrauchern schließt, ein Ende gesetzt wird".

Diese Vorschrift verpflichtet die Mitgliedstaaten dazu, ein System einzurichten, das die zukünftige Verwendung von missbräuchlichen Klauseln verhindert. Artikel 7 Absatz II lässt bei der Ausgestaltung dieses Systems für die Mitgliedstaaten einen Spielraum. Wichtig ist aber, dass die vorhandenen Mittel „angemessen und wirksam sind". Das bedeutet einerseits, dass die Mittel für den Gewerbetreibenden einen sicheren Abschreckungseffekt, d.h. eine sichere Effizienz haben sollen. Andererseits ergibt sich aus dem Angemessenheitserfordernis, dass die Maßnahmen geeignet und verhältnismäßig sein sollen. Die „angemessenen und wirksamen Mittel" können, wegen des von Artikel 7 Absatz I vorgesehenen Spielraums, unterschiedliche Formen annehmen. *Wolf*[783] teilt die Abwehrmaßnahmen in drei Gruppen auf: zivilrechtliche, öffentlichrechtliche und strafrechtliche Abwehrmaßnahmen. Unter die Kategorie der zivilrechtlichen Maßnahmen fallen zum Beispiel die Unterlassungsansprüche[784]. Zu den öffentlich-rechtlichen Maßnahmen gehören Ermächtigungsnormen für behördliche Verbotsverfügungen und generelle Verbote mit Genehmigungsvorbehalt[785]. Des Weiteren können auch Strafbestimmungen eine präventive Wirkung haben.

---

[782] WOLF, Manfred, in WOLF/HORN/LINDACHER, *AGBG-Kommentar*, 4. Auflage, 1999, RiLi Artikel 6, Rdnr. 9.

[783] WOLF, Manfred, in WOLF/HORN/LINDACHER, *AGBG-Kommentar*, 4. Auflage, 1999, RiLi Artikel 7, Rdnr. 3.

[784] WOLF, Manfred, in WOLF/HORN/LINDACHER, *AGBG-Kommentar*, 4. Auflage, 1999, RiLi Artikel 7, Rdnr. 3.

[785] WOLF, Manfred, in WOLF/HORN/LINDACHER, *AGBG-Kommentar*, 4. Auflage, 1999, RiLi Artikel 7, Rdnr. 3.

Die Verpflichtung aus Artikel 7 Absatz I bezieht sich grundsätzlich auf alle Arten von Klauseln. *Wolf* hat aber zurecht angemerkt, dass eine Bereitstellung von angemessenen und wirksamen Abwehrmaßnahmen bei den Individualklauseln nicht einfach ist[786]. Denn Individualklauseln betreffen den Einzelfall und ihre zukünftige Verwendung ist deshalb schwierig vorhersehbar. Deshalb befürwortet *Wolf*, dass die fehlende Durchsetzbarkeit im Sinne des Artikels 6 grundsätzlich als ausreichender Abschreckungseffekt angesehen werden kann[787].

Schließlich sollen die Maßnahmen „im Interesse des Verbrauchers und der gewerbetreibende Wettbewerber sein". Diese Bestimmung scheint logisch, weil es die Verbraucher und die Konkurrenten des Gewerbetreibenden sind, welche die Nachteile einer Verwendung missbräuchlicher Klauseln tragen müssen. Artikel 7 Absatz I erfordert aber kein eigenes Klagerecht für die Verbraucher und gewerbetreibenden Wettbewerber.

2. Die Pflicht zur Einführung eines abstrakten Kontrollverfahrens

Nach Artikel 7 Absatz I sind die Mitgliedstaaten bei ihrer Wahl der Abwehrmaßnahmen frei. Aus Absatz II des Artikels 7 ergibt sich aber, dass „die in Absatz I genannten Mittel auch Rechtsvorschriften einschließen müssen, wonach Personen oder Organisationen, die nach dem innerstaatlichen Recht ein berechtigtes Interesse am Schutz der Verbraucher haben, im Einklang mit den einzelstaatlichen Rechtsvorschriften die Gerichte oder die zuständigen Verwaltungsbehörden anrufen können, damit diese darüber entscheiden, ob Vertragsklauseln, die im Hinblick auf eine allgemeine Verwendung abgefasst wurden, missbräuchlich sind, und angemessene und wirksame Mittel anwenden, um der Verwendung solcher Klauseln ein Ende zu setzen". Artikel 7 Absatz II enthält eine Konkretisierung der Verpflichtung aus Absatz I. Die Abwehrmaßnahmen sollen wenigstens ein abstraktes Kontrollverfahren enthalten. Diese Vorschrift verpflichtet die Mitgliedstaaten dazu, ein Klagerecht gegen die Verwendung missbräuchlicher AGB zugunsten bestimmter Personen oder Organisationen vorzusehen. *Wolf* hat zurecht angemerkt, dass es sich dabei in der Regel um ein nachgeordnetes Verbotsverfahren handeln muss, d.h. ein Verfahren nach Aufstellung der AGB. Ein präventives Kontrollverfahren wäre mit dem Antragsrecht der interessierten Personen und Orga-

---

[786]WOLF, Manfred, in WOLF/HORN/LINDACHER, *AGBG-Kommentar*, 4. Auflage, 1999, RiLi Artikel 7, Rdnr. 3.
[787]WOLF, Manfred, in WOLF/HORN/LINDACHER, *AGBG-Kommentar*, 4. Auflage, 1999, RiLi Artikel 7, Rdnr. 3.

nisationen nur schwer zu vereinbaren[788]. Denn bei einem präventiven Kontrollverfahren ist es im Normalfall der Klauselverwender, der seine Klauseln zur Genehmigung vorlegt. Außerdem ist eine Vorabkontrolle nach dem 23. Erwägungsgrund ausdrücklich nicht gestattet[789]. Das Klagerecht kann in einem gerichtlichen oder in einem behördlichen Verfahren organisiert werden. Die Antragsberechtigten sind „Personen oder Organisationen, die nach dem innerstaatlichen Recht ein berechtigtes Interesse am Schutz der Verbraucher haben". Dazu gehören alle natürliche Personen, die berechtigte Interessen der Verbraucher als ein kollektives Interesse wahrnehmen, wie zum Beispiel ein Ombudsmann[790], und alle Organisationen, die ein berechtigtes Interesse am Schutz der Verbraucher haben. Das nordische Modell, nach dem der Verbraucherombudsmann die Interessen des Verbrauchers wahrnimmt, kann deshalb aufrechterhalten bleiben[791]. Daneben entspricht auch das Klagerecht der Verbraucherverbände, das in einigen mitgliedstaatlichen Rechtsordnungen anzutreffen ist, der Pflicht zur Einführung eines abstrakten Kontrollverfahrens. *Wolf* hat angemerkt, dass das Interesse eines einzelnen Verbrauchers nicht ausreicht, um von einem berechtigten Interesse am Schutz der Verbraucher zu reden. Denn ihren Interessen kann besser in einem normalen Zivilprozess durch eine Nichtigerklärung der missbräuchlichen Klausel Rechnung getragen werden. Beim abstrakten Kontrollverfahren handelt es sich deshalb um ein kollektives Verbraucherinteresse. Dass es sich um ein kollektives Interesse handelt, spiegelt sich auch im Kontrollmaßstab wider. Es handelt sich bei den „abstrakten" Kontrollverfahren um eine reine Inhaltskontrolle. Der Maßstab der AGB-Kontrolle ist typisierend-generell. Das ist logisch, weil bei einer abstrakten Kontrolle keine individuellen Umstände vorliegen. Absatz III des Artikels 7 nennt die möglichen Antraggegner eines abstrakten Kontrollverfahrens. Das abstrakte Kontrollverfahren kann sich „getrennt oder gemeinsam gegen mehrere Gewerbetreibende desselben Wirtschaftssektors oder ihre Verbände richten, die gleiche allgemeine Vertragsklauseln oder ähnliche Klauseln verwenden oder deren Verwendung empfehlen". Nach Artikel 7 Absatz III sind die Mitgliedstaaten frei, neben einem Verfahren gegen

---

[788]WOLF, Manfred, in WOLF/HORN/LINDACHER, *AGBG-Kommentar*, 4. Auflage, 1999, RiLi Artikel 7, Rdnr. 6.
[789]„...Diese Möglichkeit bedeutet jedoch keine Vorabkontrolle der in einem beliebigen Wirtschaftssektor verwendeten allgemeinen Bedingungen".
[790]WOLF, Manfred, in WOLF/HORN/LINDACHER, *AGBG-Kommentar*, 4. Auflage, 1999, RiLi Artikel 7, Rdnr. 8.
[791]BERNITZ, Ulf, „Svensk standardavtalsrätt och EG-direktivet om avtalsvillkor", *Svenk Juristtidning*, 1995, S. 637.

den verwendenden Gewerbetreibenden auch ein Verfahren gegen mehrere Gewerbetreibende oder ihre Verbänden einzurichten[792].

3. Der Einfluss der Richtlinie 98/27/EG vom 19. Mai 1998 über Unterlassungsklagen zum Schutz der Verbraucherinteressen

Nicht nur die Richtlinie 93/13, sondern auch andere Verbraucherschutzrichtlinien verpflichten die Mitgliedstaaten zur Einführung von Mechanismen zum Schutz der Kollektivinteressen der Verbraucher[793]. Einige Richtlinien enthalten spezifische Bestimmungen über Unterlassungsklagen[794]. Der europäische Gesetzgeber hat, mit der Erlassung der Richtlinie 98/27/EG über Unterlassungsklagen zum Schutz der Verbraucherinteressen[795], anerkannt, dass „die einzelstaatlichen als auch auf Gemeinschaftsebene bestehenden Mechanismen zur Gewährleistung der Einhaltung" bestimmter Verbraucherrichtlinien es nicht immer ermöglichen, Verstöße gegen die Kollektivinteressen der Verbraucher rechtzeitig abzustellen[796]. Bestimmte einzelstaatliche Maßnahmen zur Durchsetzung von Kollektivinteressen des Verbrauchers, die der Umsetzung bestimmter Verbraucherschutzrichtlinien dienen, können vom Vertragspartner der Verbraucher im grenzüberschreitenden Verkehr umgangen werden. Denn die er-

---

[792]REICH, Norbert, *Europäisches Verbraucherrecht. Eine problemorientierte Einführung in das europäische Wirtschaftsrecht,* 3. Auflage, 1996, S. 352.

[793]Der Anhang der Richtlinie 98/27 enthält folgende Liste:

1. Richtlinie 84/450/EWG zur Angleichung der Rechts- und Verwaltungsvorschriften der Mitgliedstaaten über irreführende Werbung;
2. Richtlinie 85/577/EWG betreffend den Verbraucherschutz im Fall von außerhalb von Geschäftsräumen geschlossenen Verträgen;
3. Richtlinie 87/102/EWG zur Angleichung der Rechts- und Verwaltungsvorschriften der Mitgliedstaaten über den Verbraucherkredit, zuletzt geändert durch die Richtlinie 98/7/EG;
4. Richtlinie 89/552/EWG zur Koordinierung bestimmter Rechts- und Verwaltungsvorschriften der Mitgliedstaaten über die Ausübung der Fernsehtätigkeit, geändert durch die Richtlinie 97/36/EG;
5. Richtlinie 90/314/EWG über Pauschalreisen;
6. Richtlinie 92/28/EWG über die Werbung für Humanarzneimittel;
7. Richtlinie 93/13 über mißbräuchliche Klauseln in Verbraucherverträgen;
8. Richtlinie 94/47/EG des Europäischen Parlaments und des Rates vom 26. Oktober 1994 zum Schutz der Erwerber im Hinblick auf bestimmte Aspekte von Verträgen über den Erwerb von Teilzeitnutzungsrechten an Immobilien;
9. Richtlinie 97/7/EG über den Verbraucherschutz bei Vertragsabschlüssen im Fernabsatz.

[794]Die oben unter 1, 6, 7 und 9 aufgeführten Richtlinien.

[795]Richtlinie 98/27/EG des Europäischen Parlaments und des Rates vom 19. Mai 1998 über Unterlassungsklagen zum Schutz der Verbraucherinteressen, *ABl.* Nr. L. vom 11. Juni 1998, S. 51 (55).

[796]Erwägungsgrund 2 der Richtlinie 98/27.

wähnten Umsetzungsmaßnahmen können „in ihrer Wirksamkeit beeinträchtigt werden", wenn Verhaltensweisen, die verboten sind, sich in einem anderen Mitgliedstaat anders auswirken als in dem, in dem sie ihren Ursprung haben[797]. Mit der Verlegung einer unerlaubten Verhaltensweise in einen anderen Staat könnte der Vertragspartner sich also vor jeglicher Durchsetzungsmaßnahme schützen[798]. Das könnte zu Wettbewerbsverzerrungen führen. Denn die fehlende Durchsetzung der Kollektivinteressen im grenzüberschreitenden Rechtsverkehr beeinträchtigt das Vertrauen der Verbraucher in den Binnenmarkt und beschränkt den Handlungsrahmen für die Verbraucherorganisationen oder die unabhängigen öffentlichen Stellen, welche die Verbraucherinteressen wahrnehmen[799]. Die Richtlinie 89/27/EG bezweckt eine Annäherung der einzelstaatlichen Vorschriften über Unterlassungsklagen, welche die kollektiven Interessen der Verbraucher wahren, unabhängig davon, in welchem Land sich die Verstöße ausgewirkt haben[800]. Dabei steht der Grundsatz der gegenseitigen Anerkennung im Mittelpunkt[801]. Danach wird jeder Mitgliedstaat verpflichtet, die erforderlichen Maßnahmen zu treffen, „damit im Fall eines Verstoßes, dessen Ursprung in seinem Hoheitsgebiet liegt, jede qualifizierte Einrichtung eines anderen Mitgliedstaats, in dem die von dieser qualifizierten Einrichtung geschützten Interessen durch den Verstoß beeinträchtigt werden" das zuständige Gericht oder die Verwaltungsbehörde anrufen kann (Artikel 4 (1) Richtlinie 98/27). Mit dem Ausdruck „qualifizierte Einrichtung" ist jede Stelle oder Organisation gemeint, die nach dem Recht eines Mitgliedstaats ordnungsgemäß errichtet wurde und ein berechtigtes Interesse daran hat, die Einhaltung der Kollektivinteressen der Verbraucher zu wahren (Artikel 3 Richtlinie 98/27). Dabei sieht die Richtlinie 98/27 zwei Optionen vor[802]. Zu den qualifizierten Einrichtungen gehören zum Ersten die öffentlichen Stellen, die speziell für den Schutz der Verbraucherinteressen zuständig sind (Artikel 3 a). Damit wird auf die nordische Praxis des Verbraucherombudsmanns Bezug genommen. Zum Zweiten sind auch Organisationen, welche die Kollektivinteressen der Verbraucher wahren, qualifizierte Einrichtungen im Sinne der Richtlinie 98/27 (Artikel 3 b). Beispiele sind die deutschen und belgischen Verbraucherschutzverbände. Die Richtlinie 98/27 nimmt deshalb auf die beiden in Europa existierenden kollektiven Verbraucherschutzsysteme Bezug. Artikel 4 der Richtlinie 98/27 bestimmt des Weiteren, dass „die Gerichte oder Verwaltungsbehörden die-

---

[797]Erwägungsgrund 3 der Richtlinie 98/27.
[798]Erwägungsgrund 4 der Richtlinie 98/27.
[799]Erwägungsgrund 5 der Richtlinie 98/27.
[800] Artikel 1, (1) der Richtlinie 98/27 und Erwägungsgrund 6 der Richtlinie 98/27.
[801]Erwägungsgrund 11 der Richtlinie 98/27.
[802]Erwägungsgrund 9 der Richtlinie 98/27 und Artikel 3 der Richtlinie 98/27.

ses Verzeichnis (d.h. die beiden Optionen) als Nachweis der Berechtigung der qualifizierten Einrichtung zur Klageerhebung akzeptieren" sollen. Zu diesem Zweck werden die Mitgliedstaaten verpflichtet, der Kommission Namen und Zweck der qualifizierten Einrichtungen mitzuteilen (Artikel 4 (2) Richtlinie 98/27). Die Europäische Kommission erstellt ein Verzeichnis der qualifizierten Einrichtungen und publiziert sie im Amtsblatt der Europäischen Gemeinschaften (Artikel 4 (3) Richtlinie 98/27), so dass die ausländischen Gerichte und Verwaltungsbehörden feststellen können, welche ausländischen Instanzen eine Unterlassungsklage einreichen können. Die Richtlinie 98/27 lässt den Mitgliedstaaten des Weiteren eine große Freiheit bei der Ausgestaltung der Unterlassungsklage. Es ist den Mitgliedstaaten überlassen, eine vorherige Konsultation zwischen der beklagten Partei und der qualifizierten Einrichtung vorzusehen. Danach kann die Unterlassungsklage erst eingeleitet werden, wenn die qualifizierte Einrichtung versucht hat, die Einstellung des Verstoßes mit Hilfe von Konsultationen zu erreichen (Artikel 5 Richtlinie 98/27). Damit wird eindeutig auf den im Teil I erwähnten schwedischen Verbraucherombudsmann Bezug genommen. Die Richtlinie lässt des Weiteren die Vorschriften des internationalen Privatrechts und des internationalen Zivilprozessrechts hinsichtlich des anzuwendenden Rechts unberührt (Artikel 2 (2) Richtlinie 98/27). Schließlich bestimmt die Richtlinie in Artikel 7 ausdrücklich, dass es sich um eine Mindestharmonisierung handelt[803].

Die genannte Richtlinie bezieht sich auch ausdrücklich auf die Richtlinie 93/13 und die in Artikel 7 Absatz II festgelegte Verpflichtung zur Einführung eines abstrakten Kontrollverfahrens. Die Richtlinie 98/27 bestätigt, dass die Mitgliedstaaten eine Unterlassungsklage vorzusehen haben. Im übrigen sind die Mitgliedstaaten bei der Ausgestaltung der Unterlassungsklage frei. Wichtig ist aber, dass sie das Klagerecht der ausländischen qualifizierten Einrichtungen anerkennen.

III. Würdigung

1. Die Rechtsfolgen der Missbräuchlichkeit

Bei der Analyse des Artikels 6 Absatz I hat sich herausgestellt, dass die Umsetzung dieser Vorschrift auf viele Auslegungsfragen stößt. Zum Ers-

---

[803] Artikel 7
Weitergehende Handlungsbefugnisse der Mitgliedstaaten: Diese Richtlinie hindert die Mitgliedstaaten nicht daran, Bestimmungen zu erlassen oder beizubehalten, die den qualifizierten Einrichtungen sowie sonstigen betroffenen Personen auf nationaler Ebene weitergehende Rechte zur Klageerhebung einräumen.

ten bleibt unklar, inwieweit eine missbräuchliche Klausel unverbindlich ist. Soll die Klausel vollständig wegfallen oder lässt die Richtlinie 93/13 eine geltungserhaltende Reduktion und eine Klauselanpassung zu? In der Arbeit wurde aus Gründen der Rechtssicherheit für einen totalen Wegfall der missbräuchlichen Klauseln plädiert. Die Richtlinie 93/13 lässt offen, welche Regelung an die Stelle der missbräuchlichen Klauseln treten soll. Auch in diesem Punkt scheint die Richtlinie den Mitgliedstaaten Spielraum zu lassen. Des Weiteren bleibt unklar, unter welchen Voraussetzungen der Vertrag auf derselben Grundlage ohne die missbräuchliche Klausel bestehen kann. Speziell die Antwort auf die Frage, ob der Vertrag wegen einer unzumutbaren Härte für den Klauselverwender zur Gesamtunwirksamkeit führen kann, bleibt unklar.

Die oben stehenden Unklarheiten könnten dazu führen, dass es zwischen den verschiedenen mitgliedstaatlichen Systemen große Unterschiede geben wird. In der Literatur wurde darauf hingewiesen, dass dies zu Wettbewerbsverzerrungen führen könnte. Daher hat *Wolf* dafür plädiert, die Rechtsfolgen der Missbräuchlichkeit zu harmonisieren[804]. Daneben könnte auch der EuGH zu der einheitlichen Ausgestaltung des Rechtsfolgensystems einen Beitrag liefern.

2. Die Unterlassungsklage

Es ist zu begrüßen, dass die Richtlinie 93/13 die Mitgliedstaaten verpflichtet, neben einer Individualprüfung auch ein abstraktes Kontrollverfahren einzuführen. Die Mitgliedstaaten sollen wenigstens ein Klagerecht zugunsten von Personen oder Organisationen, die nach dem innerstaatlichen Recht ein berechtigtes Interesse am Schutz der Verbraucher haben, vorsehen. Schon in seiner Formulierung deutet Artikel 7 Absatz I darauf hin, dass die Mitgliedstaaten bei der Ausgestaltung des Kollektivschutzes der Verbraucher frei sind. Sowohl der schwedische und finnische Verbraucherombudsmann als auch die deutschen Verbraucherverbände sind Personen bzw. Organisationen, die den Schutz der Verbraucher wahren können. Die Richtlinie 93/13 beabsichtigt keine Angleichung beider Systeme. Auch die Richtlinie 98/27 nimmt auf beide Optionen Rücksicht. Die Richtlinie 98/27 verpflichtet die Mitgliedstaaten zu gegenseitiger Anerkennung der kollektiven Schutzsysteme.

Die Richtlinie 93/13 verpflichtet nicht zur Einführung von Strafbestimmungen. Auch die Auferlegung eines Zwangsgeldes bei Nichtbefolgung

---

[804] WOLF, Manfred, in WOLF/HORN/LINDACHER, *AGBG-Kommentar*, 4. Auflage, 1999, RiLi Artikel 6, Rdnr. 5.

des Verwendungsverbots wird nicht gefordert. Auch eine Veröffentlichung der Entscheidung ist nicht erforderlich. Aus Artikel 2 der Richtlinie 98/27 ergibt sich aber, dass ein Zwangsgeld oder eine Veröffentlichung der Entscheidung zugelassen ist. Außerdem verpflichtet die Richtlinie 93/13 auch nicht dazu, ein Verfahren der einstweiligen Verfügung einzuführen. Dennoch ist entscheidend, dass die von den Mitgliedstaaten ergriffenen Maßnahmen angemessen und wirksam sind. Das Kontrollverfahren soll sein *effet utile* erreichen, d.h. einen vorbeugenden und schnellen Rechtsschutz gewährleisten[805].

Die Richtlinie 93/13 enthält keinen speziellen Kontrollmaßstab für die Durchführung des abstrakten Kontrollverfahrens. Demnach ist, wie im Individualprozess, eine Inhaltskontrolle auf der Grundlage des Artikels 3 der Richtlinie durchzuführen. Selbstverständlich kann in einem abstakten Kontrollverfahren nicht auf die Besonderheiten des Einzelfalles Rücksicht genommen werden. Daher bestimmt Artikel 4 Absatz I ausdrücklich, dass die dort erwähnten Umstände bei Vertragsabschluss beim abstrakten Kontrollverfahren nicht berücksichtigt werden sollen. Die vorliegende Klausel soll nach abstrakt-generellen Kriterien beurteilt werden. Der Sache nach bezieht sich eine Unterlassungsklage nur auf vielfach verwendete Klauseln. In dieser Arbeit wurde vertreten, dass bei Standardverträgen ohnehin nur ein abstrakt-genereller Kontrollmaßstab von Bedeutung ist. Denn die individuellen Umstände geben für die Beurteilung einer AGB in der Regel nichts her.

[805] MICKLITZ, Hans-W., „Verbandsklage und die EG-Richtlinie über mißbräuchliche Klauseln", *ZIP* 1998, S. 942.

Kapitel X: Die Rechtswahlklauseln - Kollisionsrecht

I. Inhalt und Ziel des Artikels 6 Absatz II der Richtlinie 93/13

Die Richtlinie enthält keine allgemeinen Kollisionsregeln zur Bestimmung des auf den Vertrag anzuwendenden Rechts. Grundsätzlich wird das anwendbare Vertragsrecht anhand der mitgliedstaatlichen Kollisionsnormen und insbesondere der aus dem Übereinkommen über das auf vertragliche Schuldverhältnisse anzuwendende Recht (EVÜ) vom 19. Juni 1980 ermittelt. Die Richtlinie 93/13 enthält in Artikel 6 Absatz II lediglich ein Verbot bestimmter Rechtswahlklauseln. Die Vorschrift lautet wie folgt: "Die Mitgliedstaaten treffen die erforderlichen Maßnahmen, damit der Verbraucher den durch diese Richtlinie gewährten Schutz nicht verliert, wenn das Recht eines Drittlandes als das auf den Vertrag anzuwendende Recht gewählt wurde und der Vertrag einen engen Zusammenhang mit dem Gebiet der Mitgliedstaaten aufweist".

Mit dieser Vorschrift erstrebt der europäische Gesetzgeber nicht die Harmonisierung der nationalen Kollisionsnormen, sondern möchte lediglich vermeiden, dass diese Vorschriften zum Nachteil des Verbrauchers mit Hilfe einer Rechtswahlklausel durch die Vorschriften eines Drittlandes ersetzt werden[806].

Die Vorschrift umfasst kein generelles Verbot der Verwendung von Rechtswahlklauseln. Die Parteien erhalten auch in Zukunft grundsätzlich die Freiheit, Vereinbarungen über das auf den Vertrag anwendbare Recht zu treffen. Die Verwendung von Rechtswahlklauseln als Konkretisierung der Vertragsfreiheit wird aber durch Artikel 6 Absatz II aus Gründen des Verbraucherschutzes eingeschränkt. Der europäische Gesetzgeber möchte sicherstellen, dass der Verbraucher den durch die Richtlinie 93/13 gebotenen Schutz durch die Verwendung einer Rechtswahlklausel nicht verliert. Konkret geht es in Artikel 6 Absatz II um die Verstärkung des schon von Artikeln 5 und 7 des EVÜ gebotenen Schutzes[807].

Artikel 6 Absatz II greift nach seinem Wortlaut nur, wenn zum Ersten das Recht eines Drittlandes gewählt wurde, zum Zweiten der Verbraucher den Schutz der Richtlinie verliert und zum Dritten der Vertrag einen engen Zusammenhang mit dem Gebiet der Mitgliedstaaten aufweist. Für diesen Fall sind die Mitgliedstaaten gehalten, die erforderlichen Maß-

---

[806] TENREIRO, Mario, „Les clauses abusives dans les contracts conclus avec les consommateurs", *Europe* 1993, S. 3.

[807] Met redenen omkleed advies aan het Koninkrijk België / Avis motivé au Royaume de Belgique, *Gedr.St. kamer*, 1997-1998, Beilage 2, S. 28.

nahmen gegen die Verwendung von Rechtswahlklauseln zu treffen. Außerdem kann man sagen, dass Artikel 6 Absatz II nur anwendbar ist, soweit die Rechtswahlklauseln nicht im Einzelnen ausgehandelt wurden.

II. Anwendungsvoraussetzungen

1. Die Wahl des Rechts eines Drittlandes

Artikel 6 Absatz II der Richtlinie schützt den Verbraucher nur vor Rechtswahlklauseln, die zu der Anwendung des Rechts eines Drittlandes führen. Wenn in einer Rechtswahlklausel das Recht eines Mitgliedstaates verwendet wurde, ist der Verbraucher in der Regel nicht schutzbedürftig. Denn sobald die Mitgliedstaaten die Richtlinie 93/13 ordnungsgemäß umgesetzt haben, gibt es in allen Mitgliedstaaten ein gleichartiges Mindestschutzniveau. Wenn das Recht eines Mitgliedstaates, der die Richtlinie nicht ordnungsgemäß umgesetzt hat, gewählt wird und auch eine richtlinienkonforme Auslegung des mitgliedstaatlichen Rechts nicht möglich ist, ist nach *Wolf*[808] die Rechtswahlklausel nach Artikel 3 der Richtlinie auf ihre Missbräuchlichkeit zu überprüfen.

In Artikel 6 Absatz II geht es um den Schutz vor missbräuchlicher Rechtswahlklauseln. Die Vorschrift bezweckt aber nicht den Schutz vor den allgemeinen Kollisionsnormen[809]. Die Richtlinie bietet keinen Schutz vor der Anwendbarkeit des Rechts eines Drittlandes, das nach den Kollisionsnormen gilt. Die Vorschriften des internationalen Privatrechts werden durch Artikel 6 Absatz II nicht beeinträchtigt. In diesem Zusammenhang tritt die Frage auf, ob Artikel 6 Absatz II denn Fall regelt, in dem kollisionsrechtlich auch ohne die Verwendung einer Rechtswahlklausel das Recht eines Drittlandes anwendbar ist.

2. Der Verlust des Schutzes der Richtlinie

Artikel 6 Absatz II erfordert des Weiteren, dass der Verbraucher durch die Rechtswahlklausel den Schutz der Richtlinie verliert. Aus diesem Erfordernis des „Verlustes“ des Schutzes könnte man ableiten, dass Artikel 6 Absatz II nicht den Fall regelt, in dem auch beim Wegfall der Rechtswahlklausel das Recht eines Drittstaates anwendbar ist. Denn der Verbraucher verliert durch die Verwendung einer Rechtswahlklausel nicht den von der Richtlinie gewährten Schutz, wenn auch nach den all-

---

[808] WOLF, Manfred, in WOLF/HORN/LINDACHER, *AGBG-Kommentar*, 4. Auflage, 1999, RiLi Artikel, 6, Rdnr. 11.

[809] WOLF, Manfred, in WOLF/HORN/LINDACHER, *AGBG-Kommentar*, 4. Auflage, 1999, RiLi Artikel 6, Rdnr. 1; in diesem Sinne auch der schwedische Gesetzgeber: Regeringens proposition, *Riksdagen 1994/95: 17*, Oskäliga avtalsvillkor m.m., S. 58.

gemeinen Kollisionsnormen das Recht eines Drittlandes anwendbar ist. Demnach hat Artikel 6 Absatz II nur Bedeutung für den Fall, dass ohne die Rechtswahlklausel das Recht eines Mitgliedstaates Anwendung finden würde[810].

Ungeklärt bleibt die Frage, ob Artikel 6 Absatz II auch eingreift, wenn der Schutz im Drittland mit dem aus der Richtlinie vergleichbar oder umfassender ist. Auch diese Frage ist unter Berücksichtigung des Ziels der Vorschrift zu beantworten. Sofern das Schutzniveau des Rechts der missbräuchlichen Klauseln des Drittlandes mit dieser aus der Richtlinie 93/13 vergleichbar oder umfassender ist, gibt es keine Gründe dafür, den Verbraucher vor der Umgehung der Vorschriften in den Mitgliedstaaten zu schützen. Die Rechtswahlklausel bleibt also wirksam.

3. *Der enge Zusammenhang mit dem Gebiet der Mitgliedstaaten*

Artikel 6 Absatz II bezieht sich nur auf Verträge, die einen engen Zusammenhang mit dem Gebiet der Mitgliedstaaten aufweisen. Der Zusammenhang mit einem der Mitgliedstaaten genügt dabei. Unklar bleibt aber, unter welchen Voraussetzungen ein enger Zusammenhang mit dem Gebiet der Mitgliedstaaten vorliegt. Der Wortlaut des Artikels 6 Absatz II scheint darauf hinzudeuten, dass es sich nicht um die engste Verbindung im Sinne des EVÜ handelt, sondern dass jede enge Verbindung genügt. Dieser Wortlaut ist aber nicht mit dem Ziel der Vorschrift zu vereinbaren[811]. Oben wurde die Ansicht vertreten, dass Artikel 6 Absatz II nur Anwendung findet, wenn ohne Rechtswahlklausel das Recht eines Mitgliedstaates anwendbar wäre. Das Vertragsstatut wird in den Mitgliedstaaten der EU durch das Übereinkommen über das auf vertragliche Schuldverhältnisse anzuwendende Recht geregelt. Nach den Artikeln 4 und 5 des EVÜ führt nicht jede enge Verbindung, sondern nur die engste Verbindung zum Gebiet der Mitgliedstaat zur Anwendung der mitgliedstaatlichen Vorschriften. Wenn also der Vertrag eine enge, aber nicht die engste Verbindung zum Gebiet eines Mitgliedstaates aufweist, kommt Artikel 6 Absatz II der Richtlinie keine Bedeutung zu. Denn der Verbraucher kann in diesem Fall durch die Rechtswahlklausel den Schutz der Richtlinie nicht verlieren. An dieser Stelle ist nochmals darauf

---

[810]BOGDAN, Michael, „Om konsten att implementera konsumentavtalsvillkorsdirektivets artikel 6 (2)", *SvJT*, 1996, S. 37; in diesem Sinne auch der schwedische Gesetzgeber: Regeringens proposition, *Riksdagen 1994/95: 17*, Oskäliga avtalsvillkor m.m., S. 59 und der belgische Gesetzgeber: Memorie van Toelichting, *Gedr. St. Kamer*, 715/1, S. 9.

[811]BOGDAN, Michael, „Om konsten att implementera konsumentavtalsvillkorsdirektivets artikel 6 (2)" ,*SvJT*, 1996, S. 37.

hinzuweisen, dass mit Artikel 6 Absatz II keine Änderung der mitgliedstaatlichen Kollisionsregeln beabsichtigt wurde.

Zusammenfassend kann man damit sagen: Artikel 6 Absatz II bezieht sich nicht auf Rechtswahlklauseln in Verträgen, die eng mit dem Gebiet der Mitgliedstaaten verbunden sind. Erforderlich ist vielmehr die engste Verbindung im Sinne des EVÜ. Insoweit ist der Begriff „eng" in Artikel 6 Absatz II irreführend.

4. Nicht im Einzelnen ausgehandelt

Es bleibt unklar, ob der Schutz vor Rechtswahlklauseln aus Artikel 6 Absatz II sich, wie die materielle Vorschriften der Richtlinie, auf nicht im Einzelnen ausgehandelte Klauseln beschränkt. Da der Richtlinienschutz, und deshalb auch der Schutz vor Rechtswahlklauseln, sich nicht auf im Einzelnen ausgehandelte Klauseln bezieht, könnte man die Ansicht vertreten, dass der Vorschrift für im Einzelnen ausgehandelte Klauseln keine Bedeutung zukommt. Außerdem kann der Verbraucher den Schutz der Richtlinie nicht verlieren, weil der Schutz vor missbräuchlichen Klauseln, die im Einzelnen ausgehandelt wurden, durch die Richtlinie nicht geregelt wird. Demnach würden im Einzelnen ausgehandelte Rechtswahlklauseln hinsichtlich im Einzelnen ausgehandelter Klauseln ihre Wirkung behalten. Dies hätte zur Folge, dass auf im Einzelnen ausgehandelte Klauseln und auf nicht im Einzelnen ausgehandelte Klauseln andere Missbrauchsvorschriften anwendbar wären, nämlich das gewählte Recht nach der Rechtswahlklausel bzw. das nach den Umsetzungsregeln des Artikels 6 Absatz II anwendbare Recht. Genau gegen diese Aufspaltung der anwendbaren Missbrauchsvorschriften hat die schwedische Regierung[812] bei der Umsetzung der Richtlinie Bedenken erhoben. Denn die genannte Aufspaltung würde zu Anwendungsschwierigkeiten führen. Der schwedische Gesetzgeber bestimmte daher, dass die Umsetzungsvorschriften, die den Schutz vor Rechtswahlklauseln regeln, gewährleisten sollen, dass nur die Vorschriften über missbräuchliche Klauseln eines Staates auf den Vertrag anwendbar sind[813]. Dieser Auffassung der schwedischen Regierung ist zuzustimmen.

---

[812]Regeringens proposition, *Riksdagen 1994/95: 17*, Oskäliga avtalsvillkor m.m., S. 60.
[813]Regeringens proposition, *Riksdagen 1994/95: 17*, Oskäliga avtalsvillkor m.m., S. 60.

III. Erforderliche Maßnahmen

1. Das freie Ermessen

Die Richtlinie schreibt nicht explizit vor, wie die Mitgliedstaaten die Anwendung der Schutzvorschriften der Richtlinie gewährleisten sollen. Nach dem Wortlaut der Richtlinie besteht für die Mitgliedstaaten insoweit Umsetzungsfreiheit. Entscheidend ist allein, dass die Rechtswahlklauseln beim Vorliegen der oben erwähnten Anwendungsvoraussetzungen gegenüber dem Verbraucher nicht durchsetzbar sind und die Vorschriften der Richtlinie an die Stelle des gewählten Rechts treten. In der Literatur wird die Auffassung vertreten, dass der Schutz im Sinne des Artikels 6 Absatz II auch im Rahmen der Missbrauchskontrolle gemäß Artikel 3 gewährt werden kann[814]. Es würde aber der Rechtsklarheit dienen, wenn eine ausdrückliche Unwirksamkeitssanktion in das Umsetzungsgesetz aufgenommen würde.

2. Die Wirkung der Undurchsetzbarkeit der Rechtswahlklauseln

Es bleibt unklar, ob die Undurchsetzbarkeit der Rechtswahlklauseln hinsichtlich des ganzen Vertragsstatuts gilt oder sich nur auf die Rechtsvorschriften über missbräuchliche Klauseln bezieht. Da die Richtlinie nur das Recht der missbräuchlichen Klauseln regelt, ist anzunehmen, dass die Einschränkung der Durchsetzbarkeit von Rechtswahlklauseln aus Artikel 6 Absatz II sich nicht auf das übrige Vertragsstatut erstreckt. Danach wäre es möglich, dass das Recht der missbräuchlichen Klauseln, das auf den Vertrag anwendbar ist, ein anderes ist als das Recht, welches das übrige Vertragsstatut beherrscht.

3. Die Bedeutung der Vorschriften aus dem EVÜ

Es ist zu bedauern, dass die Richtlinie nicht ausdrücklich auf das EVÜ aus dem Jahre 1980 verweist. Denn auch dieses Übereinkommen enthält schon einen sicheren Schutz vor Rechtswahlklauseln. Außerdem geht es in Artikel 6 Absatz II um die Verstärkung der schon von Artikeln 5 und 7 des EVÜ gebotenen Schutzes. Eine Koordinierung der Vorschriften des EVÜ mit Artikel 6 Absatz II der Richtlinie hätte deshalb mehr Rechtsklarheit herstellen können. Die für die Rechtswahl relevanten Vorschriften aus dem EVÜ sind die Artikel 3, 5 und 7. Artikel 3 legt den Grundsatz der freien Rechtswahl fest. Andererseits enthält die Vorschrift in ihrem Absatz III auch eine Einschränkung des Grundsatzes der freien

---

[814] WOLF, Manfred, in WOLF/HORN/LINDACHER, *AGBG-Kommentar*, 4. Auflage, 1999, RiLi Artikel 6, Rdnr. 13.

Rechtswahl für den Fall, dass ein Vertrag keine Auslandsberührung hat. Artikel 3 Absatz II lautet: „Sind alle anderen Teile des Sachverhaltes im Zeitpunkt der Rechtswahl in ein und demselben Staat belegen, so kann die Wahl eines ausländischen Rechts durch die Parteien die Bestimmungen nicht berühren, von denen nach dem Recht jenes Staates durch Vertrag nicht abgewichen werden kann und die nachstehend „zwingende Bestimmungen" genannt werden". Inwiefern Artikel 7 EVÜ für die Umsetzung der Richtlinie Bedeutung zukommt, bleibt unklar. Anzunehmen ist, dass Artikel 7 EVÜ für die Umsetzung des Artikels 6 Absatz II der Richtlinie nur wenig Bedeutung zukommt. Denn ausländische zwingende Bestimmungen greifen nur, wenn es eine enge Verbindung mit dem Staat gibt und es sich um den Schutz gewichtiger Gemeinwohlinteressen handelt, die so bedeutsam sind, dass sie unabhängig vom Vertragsstatut anwendbar sind. Das Recht der missbräuchlichen Klauseln bezweckt aber nicht den Schutz des Gemeinwohlinteresses, sondern der individuellen Interessen[815]. Artikel 4 EVÜ enthält eine Kollisionsnorm, die das mangels Rechtswahl anzuwendende Recht bestimmt. Im Mittelpunkt steht dabei die engste Verbindung. Die Absätze II und III des Artikels 4 enthalten zwei Vermutungen, die nach Absatz V durch eine noch engere Verbindung widerlegt werden können. Nach Absatz II wird vermutet, "dass der Vertrag die engste Verbindung mit dem Staat aufweist, in dem die Partei, welche die charakteristische Leistung zu erbringen hat, zum Zeitpunkt des Vertragsabschlusses ihren gewöhnlichen Aufenthalt hat". Nach Absatz III wird, „soweit der Vertrag ein dingliches Recht an einem Grundstück oder ein Recht zur Nutzung eines Grundstücks zum Gegenstand hat, vermutet, dass der Vertrag die engsten Verbindungen zu dem Staat aufweist, in dem das Grundstück belegen ist". Artikel 5 enthält aber eine Spezialvorschrift für bestimmte Verbraucherverträge. Da die Richtlinie 93/13 sich genau auf Verbraucherverträge bezieht, hat diese Vorschrift für diese Untersuchung besondere Bedeutung. Artikel 5 Absatz III bestimmt, dass „abweichend von Artikel 4 und mangels einer Rechtswahl nach Artikel 3", für die in Absatz II genannten Verbraucherverträge, „das Recht des Staates maßgebend ist in dem der Verbraucher seinen gewöhnlichen Aufenthalt hat". Diese spezielle Kollisionsnorm bezieht sich, wie schon angedeutet wurde, nicht auf alle Verbraucherverträge, sondern nur auf die, die den Einschränkungen der Absätze I, II und IV des Artikels 5 entsprechen. Aus Absatz I ergibt sich, dass Artikel 5 nur gilt „für Verträge über die Lieferung beweglicher Sachen oder die Erbringung von Dienstleistungen an eine Person, den Verbraucher, zu einem Zweck, der

---

[815] KRETSCHMAR, Christian, *Die Richtlinie 93/13 EWG des Rates vom 05.04.1993 über mißbräuchliche Klauseln in Verbraucherverträgen und das deutsche AGB-Recht*, Dissertation, 1998, S. 267.

nicht der beruflichen oder gewerblichen Tätigkeit des Verbrauchers zugerechnet werden kann, sowie für Verträge zur Finanzierung eines solchen Geschäfts". Demnach unterliegen Immobiliengeschäfte nicht der Vorschrift. Des Weiteren erstreckt Artikel 5 sich nur auf die drei in Absatz II bezeichneten Fälle. Es handelt sich dabei um die Fälle, in denen dem Vertragsabschluss ein ausdrückliches Angebot oder eine Werbung in dem Staat, in dem der Verbraucher seinen gewöhnlichen Aufenthaltsort hat, vorausgegangen ist und der Verbraucher in diesem Staat die zum Abschluss des Vertrages erforderlichen Rechtshandlungen vorgenommen hat (erste Fallgestaltung) oder der Vertragspartner des Verbrauchers oder sein Vertreter die Bestellung des Verbrauchers in diesem Staat entgegengenommen hat (zweite Fallgestaltung) oder, wenn der Vertrag den Verkauf von Waren betrifft und der Verbraucher von diesem Staat ins Ausland gereist ist und dort seine Bestellung aufgegeben hat, sofern diese Reise vom Verkäufer mit dem Ziel herbeigeführt worden ist, den Verbraucher zum Vertragsabschluss zu veranlassen (dritte Fallgestaltung).

Wichtiger ist aber, dass Artikel 5 Absatz II EVÜ schon eine Einschränkung des Gebrauchs von Rechtswahlklauseln hinsichtlich der erwähnten Fallgestaltungen enthält. Danach kann die Rechtswahl der Parteien nicht dazu führen, dass der Verbraucher den Schutz durch die zwingenden Bestimmungen des Rechts des Staates, in dem er seinen gewöhnlichen Aufenthaltsort hat, verliert. Zu diesen zwingenden Bestimmungen gehören auch die Vorschriften über missbräuchliche Klauseln.

Der Schutz vor Rechtswahlklauseln aus Artikeln 3 Absatz III und 5 Absatz II EVÜ deckt aber nicht alle Fallgestaltungen der Verbraucherverträge, bei denen der Schutz der Richtlinie umgangen werden könnte. Die Regelung in Artikel 3 Absatz III EVÜ bezieht sich nur auf Verträge ohne Auslandsbezug. Falls ein Auslandsbezug vorliegt, bleibt die Rechtswahl nach Artikel 3 auch hinsichtlich zwingender Bestimmungen bestehen. Auch Artikel 5 Absatz II lässt Schutzlücken. Denn er bezieht sich nicht auf Rechtswahlklauseln in allen Verbraucherverträgen. Das Verbot, bei Rechtswahlklausen von den zwingenden Bestimmungen des Rechts des Staates, in dem der Verbraucher seinen gewöhnlichen Aufenthaltsort hat, abzuweichen, gilt nach Artikel 5 Absatz IV ausdrücklich nicht für: a. Beförderungsverträge, b. Verträge über die Erbringung von Dienstleistungen, wenn die dem Verbraucher geschuldeten Dienstleistungen ausschließlich in einem anderen als dem Staat erbracht werden müssen, in dem der Verbraucher seinen gewöhnlichen Aufenthaltsort hat. Aus Artikel 5 Absatz I ergibt sich des Weiteren, dass die Vorschrift nur für Lieferungen beweglicher Sachen oder die Erbringung von Dienstleistungen gilt. Deshalb bezieht die Vorschrift sich nicht auf Immobiliengeschäfte, Leasing und Mietverträge. Außerdem regelt Artikel 5 nur die in Absatz II genannten drei Fallgestaltungen.

Schließlich könnte man sagen, dass die Schutzvorschriften gegen Rechtswahlklauseln im EVÜ und in Artikel 6 Absatz II der Richtlinie auch räumlich voneinander abweichen. Denn nach Artikel 5 Absatz III EVÜ gilt die Einschränkung der Durchsetzbarkeit der Rechtswahlklausel nur, wenn nach den Kollisionsvorschriften das Recht des Staates, in dem der Verbraucher seinen gewöhnlichen Aufenthaltsort hat, maßgebend ist. Artikel 6 Absatz II der Richtlinie könnte dagegen so verstanden werden, als reiche es, dass es zwischen dem Vertrag und dem ganzen Gebiet der EU einen engen Zusammenhang gibt. Nach Artikel 6 Absatz II könnte der belgische Tourist im Schwarzwald, der aufgrund von Werbung in Deutschland eine Kaffeefahrt in die Schweiz macht, auch vor Rechtswahlklauseln, die schweizerisches Recht für anwendbar erklären, geschützt sein. Denn die Werbung in Deutschland deutet auf eine enge Verbindung mit den Mitgliedstaaten hin. Die Anwendungsvoraussetzungen des Artikels 5 Absatz II EVÜ sind dagegen nicht erfüllt, weil diese Vorschrift die enge Verbindung mit dem Staat des gewöhnlichen Aufenthaltsortes des Verbrauchers, in diesem Fall Belgien, voraussetzt. In diesem Punkt könnte man die Ansicht vertreten, dass eine Anpassung des Kollisionsrecht erforderlich wäre. Eine enge Verbindung mit dem Gebiet eines der Mitgliedstaaten würde danach ausreichen. In dieser Arbeit wird aber die Auffassung vertreten, dass mit Artikel 6 Absatz II keine Anpassung des Kollisionsrechts erstrebt wird. Außerdem verliert der Verbraucher in dem erwähnten Fall nicht wegen der Rechtswahlklausel den Schutz der Richtlinie, sondern weil das Kollisionsrecht ihn nicht schützt.

Zusammenfassend kann man sagen: Die Mitgliedstaaten haben „erforderliche Maßnahmen" für die Fälle zu treffen, in denen eine Rechtswahlklausel die Anwendbarkeit des Rechts eines Drittlandes vorschreibt und es zwischen dem Verbrauchervertrag und dem Gebiet der Mitgliedstaaten einen engen Zusammenhang gibt. Hinsichtlich der in Artikel 5 Absatz II EVÜ erwähnten Verbraucherverträge liegt ein enger Zusammenhang mit dem Gebiet eines Mitgliedstaates vor, wenn der Verbraucher in diesem Mitgliedstaat seinen gewöhnlichen Aufenthalt hat. Soweit ein Verbrauchervertrag nicht durch Artikel 5 EVÜ geregelt wird, ist Artikel 4 EVÜ anwendbar. Danach liegt ein enger Zusammenhang mit einem Mitgliedstaat vor, wenn der gewöhnliche Aufenthaltsort der Vertragspartei, welche die charakteristische Leistung zu erbringen hat, in dem Mitgliedstaat liegt oder wenn, bei Immobiliengeschäften, das Grundstück in dem Mitgliedstaat liegt. Wenn das Kollisionsrecht nicht zu der Anwendung des

Rechts eines Mitgliedstaates führt, liegt kein „enger Zusammenhang" im Sinne der Richtlinie vor und es bleibt die Rechtswahlklausel wirksam. Der schon durch Artikel 3 Absatz III und 5 Absatz III gebotene Schutz deckt aber nicht alle durch die Richtlinie 93/13 geregelten Verbraucherverträge ab. Insofern besteht für die Mitgliedstaaten Ergänzungsbedarf.

ZUSAMMENFASSUNG

I. Aufbau und Konzeption des Richtlinienschutzes

Die Feststellung und die Beanstandung von missbräuchlichen Klauseln beruht nach der Richtlinie 93/13 auf der Zusammenarbeit zwischen verschiedenen Instanzen, nämlich zwischen den Gesetzgebern, den Richtern und den Verbraucherorganisationen. *De lege lata* besteht das Schutzsystem der Richtlinie 93/13 aus einer nicht verbindlichen Liste von Verbotsklauseln und einer Generalklausel. Die Richter haben die Aufgabe, die gesetzlichen Vorschriften richtlinienkonform anzuwenden. Dabei handelt es sich um die Konkretisierung der Generalklausel. Es ist anzunehmen, dass den Verbotsklauseln bei dieser Konkretisierung eine wichtige Bedeutung zukommt. Auch die Verbraucherorganisationen haben eine wichtige Aufgabe. Sie haben die Möglichkeit, Klagen gegen die Verwendung bestimmter Klauseln einzureichen, um ihre künftige Verwendung verbieten zu lassen. Des Weiteren können sie mit den Klauselverwendern oder deren Verbänden über den Inhalt der Verträge verhandeln.

Aus der Untersuchung hat sich ergeben, dass die Schutzkonzeption der Richtlinie 93/13 personenbezogen ist. Denn sie beschränkt sich auf den Schutz des Endverbrauchers. Anders als bei der situativen Anknüpfung, wie sie bisher im deutschen AGB-Gesetz gekannt war, beschränkt eine personenbezogene Anknüpfung sich nicht nur auf die Reglementierung der AGB-Problematik, sondern gewährleistet einen generellen Schutz vor missbräuchlichen Klauseln, die nicht im Einzelnen ausgehandelt wurden. Die verbraucherschutzbezogene Schutzkonzeption hat nach der in dieser Abhandlung vertretenen Auffassung keinen erheblichen Einfluss auf die Beurteilungskriterien der Generalklausel. Die personenbezogene Schutzkonzeption der Richtlinie führt nicht zu einer besonders gewichtigen Berücksichtigung der konkret-individuellen Umstände des Vertragsabschlusses oder zu einer Rücksichtnahme auf das konkrete Kräfteverhältnis zwischen den Vertragsparteien. Konkret-individuelle Umstände wie zum Beispiel Drohung, Täuschung oder Ausnutzung eines Machtgefälles können im Wege einer Einbeziehungskontrolle oder mit Hilfe angemessener Mittel des allgemeinen Zivilrechts berücksichtigt werden. Die Schutzkonzeption der Richtlinie geht aus Gründen der Rechtssicherheit im Schwerpunkt von einer klauselorientierten Missbrauchsbeurteilung aus.

Mit der Inhaltskontrolle von Vertragsklauseln wird eine Korrektur der zentralen Prinzipien der Vertragsautonomie und des Grundsatzes *pacta sunt servanda* aus dem Zivilrecht erzielt. Daher wäre es vorzuziehen, das

Recht der missbräuchlichen Klauseln generell im Bürgerlichen Gesetzbuch und nicht nur hinsichtlich bestimmter Personengruppen zu regeln. Vor allem in der deutschen Literatur gibt es viel Kritik an den Sondervorschriften für Verbraucher. Die Einheit des Vertragsrechts sollte, wenn möglich, aufrechterhalten bleiben. Es sollte also vermieden werden, dass ein Spezialstatut für Verbraucher zu Autonomieverlusten führt oder eine Zweiteilung des Privatrechts zur Folge hat. Die Richtlinie 93/13 verpflichtet die Mitgliedstaaten nicht dazu, ein Sonderprivatrecht einzuführen. Die Einschränkung des persönlichen Anwendungsbereichs der Richtlinie auf die Verbraucherproblematik hängt vielmehr mit der Zuständigkeit des Rates und den derzeitigen Harmonisierungsmöglichkeiten zusammen. Die Beschränkung der gesetzlichen Regelung des Rechts der missbräuchlichen Klauseln auf die Verbraucherproblematik ist zu verwerfen, weil die Problematik nicht nur Verbraucher betrifft. Außerdem führt sie zu analoger Anwendung der Verbraucherschutzvorschriften auf Nicht-Verbraucherverträge und deshalb zu Rechtsunsicherheit. Des Weiteren ist eine Sonderregelung nur gerechtfertigt, wenn die Verbraucherschutzvorschriften die Grundsätze des allgemeinen Privatrechts hinreichend respektieren. Die Grundsätze der Privatautonomie und des *pacta sunt servanda* dürfen nicht ausgehöhlt werden. Außerdem ist ein zu großer Schutz auch nicht mit dem Europarecht zu vereinbaren, wenn der Verbraucher bei seiner Suche auf dem freien Markt durch überflüssige Schutzvorschriften behindert wird. Vor allem die Möglichkeit, die Inhaltskontrolle auch bei im Einzelnen ausgehandelten Klauseln weiterhin eingreifen zu lassen, wird in einigen Mitgliedstaaten eine weitere Diskussion erfordern.

II. Der persönliche Anwendungsbereich

Die Richtlinie 93/13 bezweckt den Schutz des Verbrauchers vor Klauseln, die von einem professionellen Anbieter verwendet werden. In der Arbeit ist erwähnt worden, dass der Begriff „Gewerbetreibender“ aus der deutschen Fassung des Richtlinientextes unglücklich gewählt worden ist. Nicht nur gewerblich, sondern auch freiberuflich tätige Personen können Gewerbetreibende im Sinne der Richtlinie sein. Statt des Begriffes „Gewerbetreibender“ wäre der in der französischen Fassung verwendete Begriff „Professional“ oder „Unternehmen“ angebracht gewesen. Im Vergleich mit dem Terminus Gewerbetreibender, hat der Unternehmerbegriff den Vorteil, dass er neutraler ist und sich nicht auf gewerbliche Tätigkeiten beschränkt. Der Richtlinienschutz betrifft den Endverbraucher. Dabei wird nicht an die konkreten Eigenschaften der Person, sondern an eine bestimmte Rolle auf dem Markt angeknüpft. Es wird von der Vermutung ausgegangen, dass jede natürliche Person, die zu privaten

Zwecken handelt, dem professionellen Anbieter unterlegen und deshalb schutzbedürftig ist. In der Arbeit sind gegen das Kriterium praktische und inhaltliche Einwände erhoben worden. Die praktischen Probleme liegen darin, dass das Kriterium nicht immer schlüssig ist. Der rollenbezogene Unterlegenenschutz und das damit verbundene Abgrenzungskriterium der Zweckbestimmung kann aber auch inhaltlich nicht überzeugen. Statt an eine Rolle auf dem Markt sollten die Verbraucherschutzregelungen vielmehr an die objektiven Eigenschaften der Vertragsparteien anknüpfen. Als Alternative wird das Modell der relativen professionellen Überlegenheit vorgeschlagen. Dabei wird nicht von der Vermutung ausgegangen, dass Personen, die in einer bestimmten Rolle handeln, unterlegen sind. Statt dessen wird auf die typischen Eigenschaften der Vertragsparteien Bezug genommen. Danach könnten auch kleine Unternehmen sich gegenüber ihren Lieferanten auf den Schutz berufen, selbst wenn sie zu gewerblichen oder beruflichen Zwecken handeln.

Das oben genannte Kriterium der relativen professionellen Überlegenheit ist eine Alternative zum Kriterium der Zweckbestimmung aus der Richtlinie. In der Arbeit ist mehrmals darauf hingewiesen worden, dass eine personenbezogene Anknüpfung keine Selbstverständlichkeit ist. Ihre Unzulänglichkeit liegt darin, dass sie die Problematik der missbräuchlichen Klauseln nur hinsichtlich bestimmter Personengruppen, in diesem Fall der Verbraucher, regelt. Es werden aber nicht nur in Verbraucherverträgen missbräuchliche Klauseln verwendet.

Ein Sonderproblem betrifft die Anwendbarkeit der Schutzvorschriften in Verträgen zwischen der erwerbswirtschaftlich tätigen öffentlichen Hand und den Verbrauchern. Die Richtlinie 93/13 enthält kein eindeutiges Konzept. Gesetzesvorschriften werden ausdrücklich von der Klauselkontrolle ausgenommen. Die Untersuchung des INC empfiehlt eine Änderung des Artikels 1 Absatz II. Danach sollte klargestellt werden, dass Klauseln, die auf Gesetzesvorschriften beruhen, nur kontrollfrei sind, wenn die gesetzliche Regelung die Interessen beider Vertragsparteien hinreichend berücksichtigt. Die einseitige Ausgestaltung der Vertragsbedingungen durch die öffentliche Hand, mit Hilfe von Gesetzesvorschriften, birgt die Gefahr, dass auf die Interessen des anderen Teils nicht hinreichend Rücksicht genommen wird. Daher sollten sie einer gerichtlichen Überprüfung unterliegen können. Nur wenn die gesetzlichen Vorschriften zwischen Vertretern der öffentlichen Hand und ihren Benutzern in einem neutralen Organ ausgehandelt wurden, sind sie kontrollfrei. Diese Vorschläge der Untersuchungsinstitute sind zu begrüßen. Es ist also die Initiative der Kommission abzuwarten.

III. Der sachliche Anwendungsbereich

Die Schutzvorschriften der Richtlinie 93/13 beziehen sich nach ihrem Wortlaut auf *Vertrags*klauseln. Demnach sind die Schutzvorschriften auf einseitige Rechtsgeschäfte nicht anwendbar. Nur wenn man annehmen würde, dass eine teleologische Auslegung der Richtlinie zu einer Kontrolle von Klauseln in einseitigen Rechtsgeschäften verpflichten würde, wäre eine Anpassung der mitgliedstaatlichen Regelungen in diesem Sinne erforderlich. Im größten Teil der Literatur wird bezweifelt, dass die Richtlinie 93/13 zu einer Kontrolle von Klauseln in einseitigen Rechtsgeschäften verpflichtet. Der Wortlaut der Richtlinie deutet eher darauf hin, dass nur die Beanstandung der Missbräuchlichkeit von Klauseln in Verbraucherverträgen geregelt wurde. Es ist abzuwarten, ob der EuGH den Anwendungsbereich auf Klauseln in einseitigen Rechtsgeschäften erweitern wird. Bis zur Klärung durch den EuGH bleibt die Frage offen. Falls das mitgliedstaatliche Recht der missbräuchlichen Klauseln auf einseitige Rechtsgeschäfte des Verbrauchers entsprechend angewendet wird, kann diese Praxis wegen Artikel 8 der Richtlinie aufrechterhalten bleiben.

Die Richtlinie bezieht sich nicht nur auf schriftlich abgefasste, sondern auch auf mündliche Klauseln. Ob ihr insoweit in der Praxis große Bedeutung zukommt, ist fraglich. Klauseln in Erb-, Familien-, Arbeits- und Gesellschaftsverträgen werden von den Schutzvorschriften der Richtlinie nicht erfasst Das ergibt sich aus dem Verbraucherschutzkonzept. In den erwähnten Verträgen liegt typischerweise keine Verbrauchereigenschaft vor. Ob die Richtlinie 93/13 die Mitgliedstaaten verpflichtet, auch die Überprüfung der Kaufverträge über Grundstücke vorzusehen, ist umstritten. Einerseits erfordert die Richtlinie im Gegensatz zum deutschen AGB-Gesetz nicht, dass die Klauseln vom Verwender gestellt sind. Danach könnten auch Drittbedingungen und insbesondere Klauseln in notariellen Verträgen der Missbrauchskontrolle unterliegen. Andererseits deutet der Wortlaut des Artikels 4 Absätze I und II der Richtlinie darauf hin, dass es der Richtlinie nur um die Kontrolle von Klauseln in Verträgen über Güter und Dienstleistungen geht. In einer Stellungnahme der Europäischen Kommission zur Umsetzung der Richtlinie 93/13 durch Belgien wurde darauf hingewiesen, dass die Richtlinie 93/13 sich auf alle Verträge zwischen Verbrauchern und Verkäufern erstreckt. Daraus hat der belgische Gesetzgeber die Verpflichtung abgeleitet, den Anwendungsbereich des GHPV auf Kaufverträge über Grundstücke zu erweitern. Ob die Richtlinie 93/13 tatsächlich zu einer Kontrolle von Kaufverträgen über Grundstücke verpflichtet, bleibt bis zur Klärung durch den EuGH unklar. Falls der sachliche Anwendungsbereich der mitgliedstaatlichen Vorschriften über den der Richtlinie hinausgeht, ist das mit Artikel 8 der Richtlinie zu rechtfertigen. Denn die Überprüfung von Klauseln in Kaufverträgen über Grundstücke führt zu einer Verbesserung des Schutzes des Verbrauchers. Die Schutzbedürftigkeit des Verbrauchers und die praktische Relevanz ergeben sich schon aus der deutschen Rechtsprechung zu den von einem Notar vorgeschlagenen Freizeichnungsklauseln in Grundstückkaufverträgen über neue Gebäude. Aus dem Anhang der Richtlinie ist zu entnehmen, dass die Richtlinie 93/13 sich auch auf Klauseln in Verträgen über Wertpapiere und anderen Finanzmittel erstreckt. Der Richtlinienschutz ist kein Jedermannschutz, denn er knüpft an die Eigenschaft des Endverbrauchers an. Demnach unterliegen nur Vertragsklauseln in Verbraucherverträgen den Schutzvorschriften. Dennoch bleibt es den Mitgliedstaaten überlassen, die Problematik der missbräuchlichen Klauseln generell zu regeln. Denn die Kompetenz zur Regelung des Schutzes anderer Vertragspartner liegt weiterhin bei den Mitgliedstaaten. In der ursprünglichen Fassung der Richtlinie 93/13 erstrebte die Europäische Kommission eine Kontrolle sämtlicher Vertragsklauseln in Verbraucherverträgen. Unter Einfluss der Kritik aus der Bundesrepublik Deutschland und dem EP wurde in der endgültigen Fassung der Richtlinie das Konzept der generellen Missbrauchskontrolle verlassen. Die verbraucherschutzbezogene Schutzkonzeption blieb erhalten, wurde aber mit dem materiellen Einstiegskriterium des fehlenden Aushandelns kombiniert. Damit wurde zurecht an die fehlende Wirkung der Vertragsmechanismen und ihre Richtigkeitsgewähr angeknüpft. Nur wenn der Verbraucher seine Interessen nicht selbstverantwortlich wahren kann, ist er schutzbedürftig. Des Weiteren wurde auch das Preis-/Leistungsverhältnis, insofern es transparent ist, ausdrücklich von der Missbrauchskontrolle ausgenommen. Wenn das Vertragsprodukt transparent ist, kann der Verbraucher seine Interessen selbst wahren: insoweit bedarf er also keines Schutzes. Die Kontrolle von im Einzelnen ausgehandelten Klauseln, wie sie in einigen Mitgliedstaaten durchgeführt wird, ist wegen fehlender Schutzbedürftigkeit des Verbrauchers, nicht zu rechtfertigen. Überreglementierung höhlt nicht nur die Vertragsfreiheit des Verbrauchers aus, sondern führt auch zu Wettbewerbsverzerrungen und zu einer Beeinträchtigung der freien Entscheidung des Verbrauchers. Das europäische Verbraucherleitbild geht davon aus, dass der aufgeklärte Verbraucher seine Interessen selbstverantwortlich wahren kann. Zwar wird ein Aushandeln wegen fehlender Kenntnisse des Verbrauchers nicht oft nachweisbar sein. Dennoch darf die Schutzbedürftigkeit der Verbraucher nicht pauschalisiert werden; dem Klauselverwender muss vielmehr die Möglichkeit gelassen werden nachzuweisen, dass der Verbraucher wegen seiner ökonomischen oder intellektuellen Fähigkeiten nicht schutzbedürftig ist. Die in der Arbeit vertretene Auffassung der Kontrollfreiheit ausgehandelter Klauseln trifft aber nur dann zu, wenn an das

Aushandeln strenge Anforderungen gestellt werden. Wenn nämlich das „Aushandeln“ zu extensiv ausgelegt wird, besteht die Gefahr, dass Scheinverhandlungen geführt und die Schutzvorschriften dadurch umgangen werden. Dann wäre eine Überprüfung von „ausgehandelten” Klauseln erforderlich. In der Arbeit wurde aber von einem restriktiven Verständnis des Aushandelns ausgegangen. Genau die Auslegung des Merkmals des Aushandelns aus der Richtlinie 93/13 hat sich in der Literatur als problematisch erwiesen. Unklar bleibt, welche Anforderungen an das Erfordernis des „Einfluss nehmen können“ aus Artikel 3 Absatz II, Satz 1 der Richtlinie zu stellen sind. Entgegen dem größten Teil der Literatur wurde in dieser Arbeit vertreten, dass das Aushandeln im Sinne der Richtlinie nicht zu schnell angenommen werden darf. Denn wenn ein Aushandeln schon bei der rein theoretischen Einflussmöglichkeit angenommen wird, wird der kontrollfähige Bereich erheblich ausgehöhlt. Die Richtlinie 93/13 erreicht ihren *„effet utile“* nur, wenn von einer restriktiven Auslegung des Aushandelns ausgegangen wird. Danach hat die Annahme eines Aushandelns drei kumulative Voraussetzungen: die Dispositionsbereitschaft des Gewerbetreibenden, die Erkennbarkeit (Transparenz) und die damit verbundene zurechenbare Änderungsfähigkeit des Verbrauchers und der Nachweis, dass der Verbraucher aktiv verhandelte oder sich ausdrücklich mit dem Klauselinhalt einverstanden erklärte. Es ist also in jedem Einzelfall zu prüfen, ob ein Aushandeln vorliegt. Dieses Verständnis des Aushandelns lehnt sich an die deutsche Rechtsprechung zu § 1 Absatz II AGBG an. Dem EuGH wird aber bei der Frage, welche Anforderungen an das Aushandeln im Sinne des Artikels 3 Absatz II Satz 1 zu stellen sind, das letzte Wort zukommen. Zugunsten des Verbrauchers sieht die Richtlinie hinsichtlich AGB eine Umkehrung der Beweislast vor. Bei Individualverträgen ist es aber der Verbraucher, der nachzuweisen hat, dass die vorliegende Klausel nicht im Einzelnen ausgehandelt wurde. Unklar bleibt schließlich, ob auch nicht-vorformulierte Klauseln vom Anwendungsbereich der Richtlinie erfasst werden. Der größte Teil der Literatur ist der Ansicht, dass die Richtlinie sich nur auf vorformulierte Klauseln bezieht. In der Arbeit wurde dagegen die Auffassung vertreten, dass die Richtlinie keine Einschränkung auf vorformulierte Klauseln enthält. Demnach können auch nicht im Einzelnen ausgehandelte Klauseln, die nicht vorformuliert wurden, der Missbrauchskontrolle unterzogen werden. Denn das fehlende Aushandeln kann sich aus anderen Umständen als der Vorformulierung ergeben. Dennoch ist darauf hingewiesen worden, dass die interne Missbrauchskontrolle nur eingreift, wenn Missbräuche des Klauselverwenders nicht schon durch die Vorschriften der externen Missbrauchskontrolle sanktioniert werden können. Der Einbeziehung nicht-vorformulierter Klauseln in den Anwendungsbereich kommt vor allem bei Klauseln, die während der Vertragsverhandlungen spontan formuliert wurden, Bedeutung zu. Bis zur Klärung durch den EuGH bleibt unklar, ob auch nicht-vorformulierte Klauseln der Missbrauchskontrolle der Richtlinie 93/13 unterliegen können.

IV. Die Liste von Verbotsklauseln

Die Richtlinie enthält im Anhang eine als Hinweis dienende, nicht erschöpfende Liste von Klauselverboten. Diese Liste ist für die Richter nicht verbindlich, sie hat nur einen Beispielcharakter. Dem Richter bleibt die Möglichkeit zu beurteilen, ob die vorliegende Klausel nach Artikeln 3 Absatz I und 4 wirksam ist. Dennoch ist die Europäische Kommission der Ansicht, dass die Liste durch die mitgliedstaatlichen Gesetzgeber in das nationale Recht übernommen werden soll. Die Aufnahme der Richtlinienliste als schwarze Liste ist aber nach Artikel 8 der Richtlinie und wegen das Umstandes, dass die Liste im ursprünglichen Richtlinienvorschlag schwarz war, zugelassen. Fraglich ist aber, ob es dem europäischen Verbraucherleitbild entspricht, dass Klauseln, die der Liste entsprechen auch unwirksam sind, wenn sie im Einzelnen ausgehandelt wurden.

V. Der Maßstab der Inhaltskontrolle

Die Generalklausel aus der Richtlinie 93/13 besteht aus einer Reihe von abstrakten Beurteilungskriterien. In der Arbeit wurde untersucht, welche inhaltlichen Maßstäbe bei der Klauselkontrolle herangezogen werden können. Die Richtlinie 93/13 konkretisiert nicht, unter welchen Voraussetzungen ein „erhebliches und ungerechtfertigtes Missverhältnis", das gegen Treu und Glauben verstößt, anzunehmen ist. Sie enthält im Anhang lediglich eine Liste mit Verbotsklauseln, die als Konkretisierung der Generalklausel angesehen werden können. Aus Zwecken der Rechtsharmonisierung hat der EuGH die wichtige Aufgabe, die Generalklausel des Artikels 3 Absatz I der Richtlinie auszulegen und darüber zu wachen, dass sie in den Mitgliedstaaten einheitlich angewendet wird. Die nationalen Gerichte haben ihre Generalklauseln einheitlich auszulegen. In der Arbeit wurde der Auffassung von *Coester* zugestimmt, der befürwortet, dass bei der Rechtsanwendung von einem „zweistufigen Prüfungsverfahren" auszugehen ist. Wenn eine Klausel schon nach mitgliedstaatlichem Recht unwirksam ist, ist eine richtlinienkonforme Auslegung nicht mehr entscheidungserheblich. Falls die nationale Rechtsordnung dabei von einem höheren Schutzniveau ausgeht, ist dies durch Artikel 8 der Richtlinie zu rechtfertigen. Wenn eine Klausel nach mitgliedstaatlichem Recht wirksam ist, bleibt noch zu untersuchen, ob sie nach der Richtlinie zu beanstanden ist. Bei der Beurteilung der Missbräuchlichkeit einer Klausel haben die Richter gemäß Artikel 4 Absatz I auf alle den Vertragsabschluss begleitenden Umstände Rücksicht zu nehmen. Bei der Überprüfung von AGB werden aber die Umstände des Vertragsabschlusses nicht viel hergeben. Da die Richtlinie 93/13 sich neben der AGB-Problematik auch auf Individualklauseln oder Individualverträge bezieht, könnten die Umstände des Vertragsabschlusses bei der Beurteilung der Missbräuchlichkeit relevant sein, weil tatsächlich individuell vorgegangen wurde. Die Pflicht zur Berücksichtigung aller den Vertragsabschluss begleitenden Umstände aus Artikel 4 Absatz I der Richtlinie lässt ungeklärt, ob dabei auf die typisch-generellen oder auf die konkret-individuellen Umstände des Einzelfalls Rücksicht zu nehmen ist. In der Arbeit wurde die Auffassung vertreten, dass eine Berücksichtigung der konkret-individuellen Umstände bei der Würdigung von AGB nicht wünschenswert ist. Die Umstandsberücksichtigung ist aber hinsichtlich Individualklauseln und Individualverträgen relevant. Aber auch bei ihnen kommt der Umstandsberücksichtigung nur eine beschränkte Bedeutung zu. Es sprechen vor allem praktische Gründe gegen eine übermäßige Berücksichtigung der Einzelumstände. Denn eine solche Praxis könnte zu Rechtsunsicherheit führen. In der Arbeit wurde daher für eine klauselorientierte Beurteilung der Missbräuchlichkeitsfrage plädiert. Nur wenn eine Klausel schon nach objektiven Kriterien bedenklich ist und die konkreten Umstände diese Bedenken verstärken, könnte die Berücksichtigung der individuellen Umstände ausschlaggebend sein. Bis zur Klärung durch den EuGH bleibt die Bedeutung der Umstandskontrolle zweifelhaft.

Artikel 4 Absatz II der Richtlinie 93/13 nimmt das Preis-/Leistungsverhältnis ausdrücklich von seinem Anwendungsbereich aus. Diese Ausnahme ist vor allem durch die Kritik der Bundesrepublik in die Richtlinie aufgenommen worden. Die Begriffe Preis und Leistung sind aber auslegungsbedürftig. In der Arbeit wurde darauf hingewiesen, dass diese Begriffe unter Bezugnahme auf den Regelungszweck dieser Ausnahme auszulegen sind. Bei der Untersuchung des Regelungszweckes des Artikels 4 Absatz II hat sich ergeben, dass es in der Richtlinie 93/13 mit der Kontrollfreiheit des Preis-/Leistungsverhältnisses darum geht, die Ergebnisse der Wirkung den Mechanismen des freien Marktes zu überlassen und den damit verbundenen Kern der Vertragsautonomie zu wahren. Bei der Abgrenzung zwischen dem kontrollfähigen und kontrollfreien Bereich kommt es entscheidend darauf an, ob die Leistungs- und Preisbeschreibung tatsächlich zur marktwirtschaftlichen Disposition gestanden haben. Besondere Bedeutung hat dabei, nach dem Wortlaut des Artikels 4 Absatz II, die transparente Abfassung der Leistungs- und Preisbeschreibungen.

Inwieweit der EuGH sich an der Konkretisierung der Generalklauseln der Richtlinie beteiligen wird, steht bislang dahin. In der Arbeit wurde darauf hingewiesen, dass sich der EuGH wegen des Artikels 177 EGV und des Subsidiaritätsprinzips nur eingeschränkt an der Konkretisierung der Generalklausel beteiligen darf. Der EuGH kann sich nur zu Rechtsfragen äußern. Wegen des Fehlens europäischer Rechtsgrundsätze und wegen des Standes der Privatrechtsangleichung wird es für den EuGH schwierig sein, die Generalklausel einheitlich zu konkretisieren. Es ist zu erwarten, dass die Konkretisierung der Generalklausel vor allem eine mitgliedstaatliche Angelegenheit bleiben wird. Fraglich ist daher, ob das Harmonisierungsziel der Richtlinie 93/13 erreicht wird.

VI. Das Transparenzgebot und die Auslegungsregel

In der Abhandlung wurde festgestellt, dass die Richtlinie 93/13 nicht nur Vorschriften über materielle Missbräuche enthält, sondern auch formelle Anforderungen an die Abfassung des Klauselinhalts stellt. Artikel 5 der Richtlinie verpflichtet die Klauselverwender, die Vertragsklauseln klar und verständlich abzufassen. Der europäische Gesetzgeber bezweckt damit, die Position des Verbrauchers bei der Ausübung der Vertragsfreiheit zu verstärken. Das gilt vor allem hinsichtlich des Vertragsproduktes. Denn falls der Inhalt des Vertragsproduktes klar und verständlich abgefasst ist, hat der Verbraucher die Möglichkeit eine Marktuntersuchung durchzuführen und auf ein anderes, besseres Produkt auszuweichen. Die Pflicht zur transparenten Abfassung der Klauseln als solche reicht nicht immer aus, den Schutz der Verbraucher vor missbräuchlichen Klauseln zu gewährleisten. Denn oft hat der Verbraucher nicht die zumutbare Möglichkeit über den Vertragsinhalt zu verhandeln oder er ist vom Vertragsabschluss abhängig. Die Pflicht zur transparenten Abfassung des Vertragsinhaltes dient daneben auch den Richtern, die eine Klausel zu beurteilen haben. Wenn die Klausel nicht klar und verständlich abgefasst ist, ist sie nach der in der Arbeit vertretenen Auffassung missbräuchlich, sodass der Richter sie nicht weiter inhaltlich zu beurteilen hat. Wenn die Klausel transparent abgefasst ist, ist es für den Richter auch einfacher zu beurteilen, ob sie einem der Klauselverbote aus dem Anhang entspricht.

Über den genauen Inhalt des Artikels 5 gibt es unterschiedliche Auffassungen. In dieser Abhandlung wurde von einem maximalistischen Verständnis dieser Vorschrift ausgegangen und zwar in zweierlei Hinsicht. Zum Ersten wird die Ansicht vertreten, dass die Richtlinie nicht nur zur Einführung einer Auslegungsregel verpflichtet, sondern den Mitgliedstaaten auch auferlegt, eine generelle Transparenzverpflichtung für schriftliche Klauseln in Verbraucherverträgen einzuführen. Denn das

Transparenzgebot ist eines der tragenden Prinzipien des europäischen Verbraucherschutzes und es ist zu erwarten, dass der EuGH aus Artikel 5 umfassende Transparenzverpflichtungen ableiten wird. Außerdem entspricht die Einführung eines generellen Transparenzgebots auch dem europäischem Verbraucherleitbild. Danach wird von einem verständlichen aufgeklärten oder aufklärbaren Verbraucher ausgegangen. Dieses Leitbild setzt voraus, dass der Verbraucher, der hinreichend aufgeklärt wurde, seine Interessen so weit wie nötig selbst wahren kann. Die Pflicht zur transparenten Abfassung der Vertragsklauseln verstärkt die Möglichkeit des Verbrauchers, selbstverantwortlich auf dem Markt zu handeln. Ein Mitgliedstaat, der keine ausdrückliche Verpflichtung zur transparenten Abfassung der Vertragsklauseln in Verbraucherverträgen in das mitgliedstaatliche Recht aufnimmt, verstößt also gegen den Geist des Artikels 5 der Richtlinie. Abgelehnt wurde in der Arbeit die Ansicht, dass die Mitgliedstaaten dazu verpflichtet sind, eine Einbeziehungskontrolle einzuführen. Da die Einbeziehungskontrolle ein typisch deutsches Schutzinstrument ist, das nicht in allen 15 Mitgliedstaaten bekannt ist, ist anzunehmen, dass Intransparenz auch als Maßstab bei der Inhaltskontrolle berücksichtigt werden kann. Eine Berücksichtigung der Intransparenz bei der Inhaltskontrolle bietet außerdem mehr Möglichkeiten für die Richter, das Transparenzgebot weiterzuentwickeln.

Zum Zweiten wird in dieser Abhandlung auch inhaltlich von einem weiten Verständnis des Transparenzgebots ausgegangen. Bei der Besprechung der Ausnahme des Artikels 4 Absatz II hinsichtlich des Preis-/Leistungsverhältnisses wurde darauf hingewiesen, dass es dem europäischen Gesetzgeber nicht nur um die klare und verständliche Abfassung der Vertragsklauseln geht. Auch das Bestimmtheitsgebot und das Täuschungsverbot sind Erscheinungsformen des Transparenzgebots, die bei der Klauselwürdigung zu berücksichtigen sind. Die tatsächliche Kenntnisnahme im Sinne des 20. Erwägungsgrundes der Richtlinie erfordert, dass die Rechtsfolgen der Klauseln zum Zeitpunkt des Vertragsabschlusses überschaubar sind und andernfalls einer Überprüfung durch die Gerichte unterliegen.

Wie bei der Inhaltskontrolle wird auch bei der Transparenzkontrolle die Ansicht vertreten, dass eine Klauselkontrolle und nicht eine Umstandkontrolle im Mittelpunkt stehen soll. Demnach können mündliche Erläuterungen des Klauselverwenders beim Vertragsabschluss intransparente Klauseln nicht „heilen". Eine Klausel soll an sich objektiv transparent sein. Welche objektive Anforderungen an das Transparenzgebot gestellt werden, kann aber je nach Art des Vertrages oder Art des Verbrauchers unterschiedlich sein. In der Arbeit wurde die Frage aufgeworfen, ob die

Tatsache, dass die Richtlinie vom Leitbild und Schutz des europäischen Verbrauchers ausgeht, zu speziellen Informationspflichten oder Transparenzanforderungen führt. Diese Frage könnte dem EuGH vorgelegt werden.

Artikel 5 Satz 2 verpflichtet die Mitgliedstaaten ausdrücklich, eine Auslegungsregel einzuführen. Dabei handelt es sich um eine Auslegungsregel, die eine unmittelbare Sanktion für Intransparenz ist. Danach soll eine intransparente Klausel verbrauchergünstig ausgelegt werden. Diese Auslegungsregel greift unmittelbar ein und nicht nur, wenn andere Auslegungsregeln ausgeschöpft wurden.

Fraglich ist des Weiteren, wie nach der Richtlinie die verbrauchergünstigste Auslegung ermittelt werden soll. Es ist zum Beispiel unklar, ob die bisherige deutsche Praxis der kundenfeindlichsten Auslegung mit dem europäischen Verbraucherleitbild zu vereinbaren ist. Auch diese Frage könnte dem EuGH vorgelegt werden.

Artikel 5 Satz 3 bestimmt schließlich, dass die Auslegungsregel nicht hinsichtlich des abstrakten Kontrollverfahrens im Sinne des Artikels 7 Absatz II gilt. Damit möchte der europäische Gesetzgeber eine Hürde für die Unterlassungsklage beseitigen.

VII. Die Rechtsfolgen der Missbräuchlichkeit - Unterlassungsklage

Die Richtlinie verpflichtet die Mitgliedstaaten zu gewährleisten, dass missbräuchliche Klauseln nicht durchsetzbar sind. Die Mitgliedstaaten verfügen über eine gewisse Freiheit, wie sie die Rechtsfolgen ausgestalten. Unklar bleibt aber, ob die Richtlinie eine geltungserhaltende Reduktion des Vertraginhaltes zulässt und welche Regel an die Stelle einer missbräuchlichen Klausel tritt.

Die Richtlinie 93/13 und auch die Richtlinie 98/24 verpflichten die Mitgliedstaaten, ein abstraktes Kontrollverfahren in der Form einer Unterlassungsklage einzuführen um die künftige Verwendung von missbräuchlichen Klauseln zu verhindern. Die Mitgliedstaaten sollen wenigstens ein Klagerecht gegen die Verwendung von missbräuchlichen Klauseln zugunsten bestimmter Personen oder Organisationen, die ein berechtigtes Interesse am Schutz der Verbraucher haben, vorsehen.

VIII. Die Zulässigkeit von Rechtswahlklauseln

1. Die Undurchsetzbarkeit bestimmter Rechtswahlklauseln als Einschränkung der Vertragsfreiheit

Artikel 6 Absatz II der Richtlinie 93/13 enthält eine Einschränkung des Prinzips der freien Rechtswahl. Diese Einschränkung ist aber durch das Ziel des Verbraucherschutzes zu rechtfertigen. Denn es soll dem Klauselverwender nicht ermöglicht werden, durch die Aufnahme einer Rechtswahlklausel in die AGB oder andere nicht ausgehandelte Klauseln die Anwendbarkeit des Rechts eines Drittlandes zu bedingen und dadurch die Anwendung der Schutzvorschriften der Richtlinie 93/13 zu umgehen. Diese Einschränkung der Durchsetzbarkeit von Rechtswahlklauseln gilt nach dem Wortlaut der Vorschrift nur, wenn „der Verbraucher den durch diese Richtlinie gewährten Schutz verliert" und „der Vertrag einen engen Zusammenhang mit dem Gebiet der Mitgliedstaaten aufweist". Hinzu kommt, dass die Anwendbarkeit des Rechts eines Drittlandes bedungen wurde, denn der Verbraucher ist nicht schutzbedürftig, wenn das Recht eines der Mitgliedstaaten anwendbar ist. Aus dem Erfordernis des „Verlustes" des durch die Richtlinie gewährten Schutzes wurde die Folgerung gezogen, dass nicht jede enge Verbindung mit dem Gebiet der Mitgliedstaaten ausreicht, sondern dass es sich um die *engste* Verbindung im Sinne des EVÜ handelt. Nur wenn ohne die Rechtswahlklausel nach den objektiven Kollisionsvorschriften des EVÜ das Recht eines der Mitgliedstaaten anwendbar wäre, kann der Schutz der Richtlinie 93/13 verloren gehen und der Verbraucher ist schutzbedürftig. Demnach dient Artikel 6 Absatz II der Richtlinie die Einhaltung der Kollisionsvorschriften aus dem EVÜ.

2. Das Verhältnis zwischen Artikel 6 Absatz II und Artikeln 3 Absatz III in Verbindung mit Artikel 7 und 5 Absatz II EVÜ

In der Arbeit wurde darauf hingewiesen, dass die Artikel 3 Absatz III und 5 Absatz II des EVÜ schon einen sicheren Schutz vor Rechtswahlklauseln enthalten. Leider hat der europäische Gesetzgeber die Bestimmung aus Artikel 6 Absatz II der Richtlinie 93/13 nicht mit den schon bestehenden Vorschriften aus dem EVÜ koordiniert. Das hat die Rechtsklarheit nicht gefördert. Des Weiteren stellte sich heraus, dass die Vorschriften im EVÜ über die Rechtswahl Schutzlücken lassen. Insofern besteht für die Mitgliedstaaten Handlungsbedarf.

IX. Schlussbemerkung

1. Die Rolle der Rechtsprechung bei der Rechtsanwendung

Die Richtlinie umfasst einige Bestimmungen, die nicht völlig transparent sind und zu Problemen bei der Rechtanwendung führen können. Dabei handelt es sich um Artikel 5 (Transparenzgebot), die genaue Abgrenzung des Preis-/Leistungsverhältnisses und die Frage unter welchen Voraussetzungen eine Klausel als (nicht) im Einzelnen ausgehandelt gilt. Eine der wichtigsten Fragen wird ferner sein, inwieweit mitgliedstaatliche Vorschriften, die über das Schutzniveau der Richtlinie hinausgehe, durch Artikel 8 der Richtlinie gedeckt sind.

Des Weiteren ist auch die Generalklausel der Richtlinie konkretisierungsbedürftig. Die Frage, ob ein erhebliches Ungleichgewicht zwischen den Rechten und Pflichten der Vertragsparteien zum Nachteil des Verbrauchers vorliegt, wird wegen des Standes der Privatrechtsangleichung vor allem eine mitgliedstaatliche Angelegenheit bleiben. Der EuGH hat aber die Möglichkeit, sich an der Konkretisierung der Generalklausel zu beteiligen. Zu erwarten ist, dass der EuGH mit Hilfe einiger gemeinschaftsrechtlicher Prinzipien die Generalklausel konkretisieren wird.

Die mitgliedstaatlichen Gerichte haben die nationalen Vorschriften richtlinienkonform auszulegen. Neben dem EuGH haben sie eine große Verantwortung für die einheitliche Anwendung der Richtlinienvorschriften. Da einer der entscheidenden Maßstäbe der Inhaltskontrolle die mitgliedstaatlichen dispositiven Gesetzesvorschriften sind und diese Vorschriften nicht angeglichen sind, könnte sich bei der Beurteilung, ob eine unangemessene Klausel vorliegt, zwischen den mitgliedstaatlichen Praxen Unterschiede ergeben. Der Erfolg der Harmonisierung der Inhaltskontrolle ist deshalb unmittelbar mit dem Stand der Privatrechtsangleichung verbunden. Die Europäische Kommission hat schon die Entwicklung eines einheitlichen europäischen Grundsatzes von Treu und Glauben angesprochen und in diesem Zusammenhang eine gegenseitige Beeinflussung der mitgliedstaatlichen Praxen und einen Import von ausländischen Grundsätzen und dispositivem Recht verlangt. Fraglich ist, ob die Erarbeitung eines einheitlichen europäischen Grundsatzes von Treu und Glauben realistisch ist. Die Harmonisierung der Inhaltskontrolle scheint vielmehr eine gesetzliche Harmonisierung des Privatrechts zu erfordern.

2. Das Richtlinienziel: die Gewährleistung eines internen Marktes für Verbraucher

In der Richtlinie geht es zunächst um die Harmonisierung der Vorschriften über missbräuchliche Klauseln. Diese Harmonisierung wirke der Unkenntnis der Verbraucher über ausländische Schutzvorschriften entgegen. Damit bezweckt der Europäische Gesetzgeber, einen freien Markt für Verbraucher zu gewährleisten. Des Weiteren wird mit der Richtlinie die Gewährleistung eines sicheren Schutzniveaus in den Mitgliedstaaten angestrebt. Fraglich ist, ob dieses Ziel mit der Richtlinie erreicht wird. Das Prinzip der Mindestharmonisierung als Erscheinungsform des Subsidiaritätsprinzips hat zur Folge gehabt, dass die Bedeutung der Richtlinie für die Rechtsvereinheitlichung nur gering geblieben ist. Artikel 8 ermöglicht weiterhin Unterschiede des mitgliedstaatlichen Rechts, sodass es für den Verbraucher weiterhin schwierig bleibt, seine Rechte zu kennen. Das Schutzniveau bleibt außerdem auch schon wegen der fehlenden Privatrechtsangleichung verschieden. Welche Klauseln nach Artikel 3 als missbräuchlich anzusehen sind, kann in den Mitgliedstaaten weiterhin unterschiedlich beurteilt werden. Die Tatsache aber, dass mitgliedstaatliche Schutzvorschriften, die über das Schutzniveau der Richtlinie hinausgehen, nicht gegen das Europarecht verstoßen dürfen, bedeutet schon eine gewichtige Einschränkung der mitgliedstaatlichen Gestaltungsfreiheit. Die richtige Gewährleistung eines internen Marktes für Verbraucher kann aber nur durch ein einheitliches Kontrollsystem und letztendlich durch eine Harmonisierung des Vertragsrechts erreicht werden. Bis dahin ist es aber noch ein langer Weg.

Literaturverzeichnis

BALATE, Eric, „Le contrôle des clauses abusives: juge gardien du Code civil ressuscité ou juge entraîneur", *TBH* 1996, S. 947 (955)

BALATE, Eric, „Normes de loyauté: pertinence et contradictions", in BALATE/STUYCK; *Collection Droit et Consommation, Pratiques du commerce et Information du consommateur, Droit et consommation*, Story Scientia Verlag, Bruxelles, 1988, S. 173 (225)

BALATE, Eric und BOURGOIGNY, Thierry, „Le traitement des clauses abusives en droit belge: examen critique au regard du projet 826 sur les pratiques du commerce et sur l'information et la protection du consommateur", *TBH* 1989, S. 651 (695)

BALLON, Gabriel Luc, „Enkele belangrijke nieuwigheden in de wet betreffende de handelspraktijken en de voorlichting en de bescherming van de verbruiker", *DAOR* 1992, Nr. 22, S. 59 (95)

BAUMANN, Horst, „Zur Inhaltskontrolle von Produktbestimmungen in Allgemeinen Geschäfts- und Versicherungsbedingungen", *VersR* 1991, 490 (497)

BERGER-WALLISER, Gerlinde, „Mißbräuchliche Klauseln in Verbraucher-verträgen nach Inkrafttreten des code de la consommation und Umsetzung der EG-Richtlinie 93/13 in Frankreich", *RIW* 1993, S. 459 (463)

BERNITZ, Ulf, „Konsumentskydd", in *Publica EU*, Heft 31, Verlag Nordstedts Juridik AB, Stockholm, 1996

BERNITZ, Ulf, *Standarsavtalsrätt*, 6. Auflage, Stockholm, Marknadsrättförlaget, 1993

BERNITZ, Ulf, „Svensk standardavtalsrätt och EG-direktivet om avtalsvillkor, *Svensk Juristtidning* 1995, S. 625 (642)

BERNITZ, Ulf, „Utvecklingen mot en standardavtalsrätt", *Svensk Juristtidning* 1972

BÖRNER, Andreas, „Die „Heilung" von AGB durch die Berücksichtigung vertragsabschlußbegleitender Umstände nach § 24a Nr. 3 AGBG", *JZ* 1997, S. 595 (601)

BOSMANS, Marc, „Oneerlijke en onrechtmatige bedingen: zijn de artikelen 31 en volgende van de W.H.P.C. compatibel met de EEG Richtlijn 93/13 van 5 april 1993 ?", *DCCR* 1994, S. 678 (713)

BOSMANS, Marc, „Standaardbedingen", *TPR* 1984, S. 33 (94)

BRANDNER, Hans-Erich in ULMER/BRANDNER/HENSEN, *AGBG*, 7. Auflage, 1993

BRANDNER, Hans Erich, in ULMER/BRANDNER/HENSEN, *AGB-Gesetz, Kommentar zum Gesetz zur Regelung des Rechts der Allgemeinen Geschäftsbedingungen*, 6. Auflage, 1990, Köln, Verlag. Dr. Otto Schmidt KG

BRANDNER, Hans-Erich, „Neufassung des Richtlinien-Vorschlags über mißbräuchliche Klauseln in Verbräucherverträgen", *ZIP* 1992, S. 1590 (1994)

BRANDNER, Hans Erich, „Schranken der Inhaltskontrolle, Zur Kontrollfähigkeit der Leistungsbeschreibungen in AGB", in *Festschrift Fritz Haus*, Karlsruhe, Verlag Versicherungswirtschaft e.V., 1978

BRANDNER, Hans Erich und ULMER, Peter, „EG-Richtlinie über mißbräuchliche Klauseln in Verbraucherverträgen. Kritische Bemerkungen zum Vorschlag der EG-Kommission", *BB* 1991, S. 701 (709)

BROX, Hans, *Allgemeiner Teil des BGB*, 23. Auflage, Köln, Carl Heymanns Verlag, 1999

BUESO-GUILLÉN, „Die Kriterien der Missbräuchlichkeit in der EG-Richtlinie über missbräuchliche Klauseln in Verbraucherverträgen",*VuR* 1994, S. 309 (323).

BULTMANN, Fritz A., „Änderungen des AGBG aufgrund der Richtlinie über mißbräuchliche Klauseln?", *VuR* 1994, S. 137 (145)

COESTER, Michael, „AGB-rechtliche Inhaltskontrolle im Lichte des europäischen Gemeinschaftsrechts", in *Festschrift Helmut Heinrichs*, 1998, München, S. 99 (114)

COESTER-WALTJEN, Dagmar, „Die Inhaltskontrolle von Verträgen außerhalb des AGBG", *AcP* 190 (1990), S. 1 (33)

CORNELIS, Ludo, „Rechterlijke toetsing van onrechtmatige bedingen", in *Liber amicorum Paul de Vroede*, Antwerpen, 1994, S.313 (332)

DAMM, Reinhard, „Europäisches Verbrauchervertragsrecht und AGB-Recht. Zur Umsetzung der EG-Richtlinie über mißbräuchliche Klauseln in Verbraucherverträgen", *JZ* 1994, S. 162 (178)

DE BESAQUES, M., „La lésion qualifiée et sa sanction", *RCJB* 1977, S. 10 (37)

DE BONDT, W., *De leer van de gekwalificeerde benadeling*, Antwerpen, 1985

DE CALUWÉ, A., „Clauses abusives, Conditions générales de vente et de service, Règlement générale d'operations bancaires et polices d'assurances", in *CDVA*, 21-22 Januar 1993

DE CALUWÉ,DELCORDE und LEURQUIN, "Titre VIII Clauses abusives dans les contracts avec les professions libérales", in *Les pratiques du commerce*, 1997, Nr. 47.9.

DE LY; Filip, „Het gelijkheidsbeginsel in het contractenrecht", *RW* 1991-1992, S. 1142 (1160)

DEMUYNCK, Inge, „De onrechtmatige bedingen", *AJT-Dossier* 1995-1996, S. 1 (28)

De PAGE, H., *Traité élémentaire de droit civil belge*, t. I, compl. Nr. 231

DE VROEDE, Paul, „De wet betreffende de handelspraktijken en de voorlichting en de bescherming van de consument", *RW* 1991-1992, S. 793 (803)

DE VROEDE, Paul, "Handelspraktijken", in *Het nieuwe in de wet van 14 juli 1991 betreffende de handelspraktijken en de voorlichting en bescherming van de consument*, Brugge, Verlag die Keure, 1992

DIRIX, Eric, „De bezwarende bedingen on de W. H. P.", *RW* 1991-1992, S. 562 (572)

DREHER, Meinrad, „Der Verbraucher - Das Phantom in den opera des europäischen und deutschen Rechts", *JZ* 1997, S. 167 (178)

ECKERT, Hans-Werner, „Der Referentenentwurf zur Umsetzung der EG-Richtlinie über mißbräuchliche Klauseln in Verbraucherverträgen", *ZIP* 1994, S. 1986 (1991)

ECKERT, Hans-Werner, „Die EG-Richtlinie über mißbräuchliche Klauseln in Verbraucherverträgen und ihre Auswirkungen auf das deutsche Recht", *WM*, 1993, S. 1070 (1078)

ECKERT, Hans-Werner, „Regierungsentwurf zur Änderung des AGB-Gesetzes", *ZIP*, 1995, S. 1460 (1463)

FAGNART, J.L., „Concurrence et consommation: convergence ou divergence?", in *Les pratiques du commerce et la protection et l'information du consommateur*, Editions du Jeune barreau de Bruxelles, 1991, S. 7 (37)

FLAMÉE, Michel, „Onrechtmatige bedingen", *TBH*, 1993, S. 630-649

FLAMÉE, Michel und TROCH, Koen, „De invloed van de EG-Richtlijn van 5 april 1993 betreffende oneerlijke bedingen in consumentenovereenkomsten op het heersend belgisch recht", *RDC*, 1996, S. 28 (57)

FREY, Kaspar, „Wie ändert sich das AGB-Gesetz? ", *ZIP*, 1993, S. 572 (580)

GIELENS, S., „Betekenis en toepassing van de nieuwe Wet Handelspraktijke voor de non-profitsector", *Zonder Winstoogmerk*, 1992, S. 98 (106)

HABERSACK, Mathias, KLEINDIEK, Detlef und WIEDENMANN, Kai-Udo, „Die EG-Richtlinie über mißbräuchliche Klauseln in Verbraucherverträgen und das künftige AGB-Gesetz", *ZIP* 1993, S. 1670 (1675)

HALL, Harriet und TIXADOR, Claire, „Rapport sur l'application de la directive 93/13/CEE du conseil du 5 avril 1993 concernant les clauses abusives dans les contracts conclus avec les consommateurs aux prestations de services publics, Rapport final" November 1997, veröffentlicht am 26. Mai 1998; *http://europa.eu.int/comm/dg24/policy/developments/*

HEINRICHS, Helmut, „Das Gesetz zur Änderung des AGB-Gesetzes. Umsetzung der EG-Richtlinie über mißbräuchliche Klauseln in Verbraucherverträgen durch den Bundesgesetzgeber" *NJW* 1996, S. 2190 (2197)

HEINRICHS, Helmut, „Das Transparenzgebot und die EG-Richtlinie über mißbräuchliche Klauseln in Verbraucherverträgen", in *Festschrift Reinhold Trinkner,* Heidelberg, Verlag Recht und Wirtschaft, 1995, S. 157 (177)

HEINRICHS, Helmut, „Die EG-Richtlinie über mißbräuchliche Klauseln in Verbraucherverträgen", *NJW* 1993, S. 1817 (1822)

HEINRICHS, Helmut, „Die Entwicklung des Rechts der Allgemeinen Geschäftsbedingungen im Jahre 1995, *NJW* 1996, S. 1381 (1390)

HEINRICHS, Helmut, „Die Entwicklung des Rechts der Allgemeinen Geschäftsbedingungen im Jahre 1996, *NJW* 1997, S. 1381 (1390)

HEINRICHS, Helmut, „Die Entwicklung des Rechts der Allgemeinen Geschäftsbedingungen im Jahre 1997, *NJW* 1998, S. 1447 (1462)

HEINRICHS, Helmut, „Umsetzung der EG-Richtlinie über mißbräuchliche Klauseln in Verbraucherverträgen durch Auslegung", *NJW* 1995, S. 153 (159)

HENSEN, Horst-Diether, „20 Jahre AGBG im Spiegel der Rechtsprechung des BGH", in *Festschrift Brandner*, 1996

HERBOTS, Jaques, „De codificatie in het privatrecht", in *Liber memoralis Fr. Laurent,* Brussel, 1989

HOMMELHOFF, Peter und WIEDENMANN, Kai-Udo, „Allgemeine Geschäftsbedingungen gegenüber Kaufleuten und unausgehandelte Klauseln in Verbraucherverträge", *ZIP* 1993, S. 562 (572)

HONDIUS; Ewoud, H., „Oskäliga Avtalsvillkor. Konsument ska vara vakthund mot dåliga avtalsvillkor", *K&E* 1988, Nr. 6

HORN, Norbert, in WOLF/HORN/LINDACHER, *AGB-Kommentar*, 3. Auflage, 1994, München

von HOYNINGEN-HUENE, Gerrick, *Die Inhaltskontrolle nach § 9 AGBG*, 1991

von HOYNINGEN-HUENE, Gerrick, „Unwirksamkeit von AGB bei bloßer Intransparenz?", in *Festschrift Reinhold Trinkner*, Heidelberg, Verlag Recht und Wirtschaft, 1995, S. 179 (191)

JONGENEEL, R.H.C., „Een richtlijn die weinig schade aanricht", *Tijdschrift voor consumentenrecht*, S. 117 (130)

JONGENEEL, R.H.C. und WESSELS, B., „Onredelijke bedingen in consumentenovereenkomsten", *NJB*, 1993, S. 897 (898)

KAPPUS, Andreas, „EG-Richtlinie über mißbräuchliche Vertragsklauseln und notarielle Verträge-Steht den deutschen Notaren ihr gemeinschaftsrechtliches Waterloo bevor?", *NJW*, 1994, S. 1847 (1849)
KLAAS, Christoph, „Zur EG-Richtlinie über mißbräuchliche Klauseln in Verbrauchervertägen, „Stellen" von AGB, insbesondere Inhaltskontrolle notarieller Verbraucherverträge?", in *Festschrift Brandner*, 1996

KOENIG, Christian und HARATSCH, Andreas, *Einführung in das Europarecht*, Tübingen, 1996

KÖTZ, *Münchener Kommentar*, 3. Auflage, Einleitung AGBG

KRAMER, „Nicht ausgehandelter Individualvertrag, notariell beurkundeter Vertrag und AGB", *ZH*, 146 (1982)

KRUITHOF, R., MOOND,. H. und PAULUS, C. „Overzicht van rechtspraak (1965-1973), Verbintenissen" *TPR* 1975

LÖWE, Walter, in LÖWE/Graf von WESTPHALEN/TRINKNER, *Großkommentar zum AGB-Gesetz: Gesetz zur Regelung des Rechts der Allgemeinen Geschäftsbedingungen*, 1977

LYNGE ANDERSEN, Lennart, NØRGAARD, Jørgen, *Aftaleloven med kommentarer*, 1990, S. 171 ff.

MEEUSEN, Johan, „De aanknopingspunten van de nieuwe wet handelspraktijken", *TPR*, 1994, S. 103 (164)

MICKLITZ, Hans-W., „AGB-Gesetz und die EG-Richtlinie über mißbräuchliche Vertragsklauseln in Verbraucherverträgen", *ZEuP*, 1993, S. 522 (535)

MICKLITZ, Hans-W., „Verbandsklage und die EG-Richtlinie über mißbräuchliche Klauseln", *ZIP*, 1998, S.937 (944)

MÜLLER-GRAFF, Peter-Christian „Gemeinsames Privatrecht in der Europäischen Gemeinschaft. Ebenen und gemeinschaftsprivatrechterliche Grundfragen", in *Festschrift Börner*, 1992

NASSALL, Wendt, „Die Anwendung der EU-Richtlinie über mißbräuchliche Klauseln in Verbraucherverträgen", *JZ* 1995, S. 689 (694)

PALANDT und HEINRICHS, *BGB,* 60 Auflage, 2001

RAISER, Ludwig, *Das Recht der Allgemeinen Geschäftsbedingungen*, 1935

REICH, Norbert, *Europäisches Verbraucherschutzrecht. Binnenmarkt und Verbraucherinteresse*, 2. Auflage, 1993

REICH, Norbert, *Europäisches Verbraucherschutzrecht. Eine Problemorientierte Einführung in das europäische Wirtschaftsrecht,* 3. Auflage, Baden Baden, 1996

REICH, Norbert, „Kreditbürgschaft und Transparenz", *NJW* 1995, S. 1857 (1861)

REICH, Norbert, „Zur Theorie des Europäischen Verbraucherrechtes", *ZEuP* 1994, S. 381 (407)

REICH, Norbert, „Zur Umsetzung der EG-Richtlinie über mißbräuchlichen Vertragsklauseln", *VuR*, 1995, S.1 (7)

REICH, Norbert und MICKLITZ, Hans-W., *Verbraucherschutz in der Bundesrepublik,* 1980, S. 333

REMIEN, Oliver, „AGB-Gesetz und Richtlinie über mißbräuchliche Verbraucherverträgsklauseln in ihrem europäischen Umfeld", *ZEuP*, 1994, S. 35 (66)

REMIEN, Oliver, „Grenzen der gerichtlichen Privatrechtsangleichung mittels der Grundfreiheiten des EG-Vertrages", *JZ*, 1994, S. 349 (353)

RENAULD, J, „Rapport sur les notions d'égalité et de discrimination en droit civil belge", *Travaux de l'association Henri Capitant,* Teil XIV, Paris, Dalloz, 1965, 134

RÖMER, Wolfgang, „Schranken der Inhaltskontrolle von Versicherungsbedingungen in der Rechtsprechung nach § 8 AGB-Gesetz", in *Festschrift Egon Lorenz,* 1994, S. 449 (472)

RONSE, J., „Marginale Toesing in het Privaatrecht", *TPR* 1977, 207 (220)

SCHAMP, Jan und VAN DEN ABBEELE, Michel, „La nouvelle réglementation des clauses abusives: champ d´application et problèmes de droit transitoire", *JT* 1992, S. 585 (599)

SCHEJA, Katharina, *Der Mittelstandsschutz im belgischen Gesetz über die Handelspraktiken*, Frankfurt am Main, 1994

SCHLECHTRIEM, Peter, „Die sogenannte Unklarheitenregel des § 5 AGBG" in *Festschrift Heinrichs*, München, 1998

SCHLECHTRIEM, Peter, *Schuldrecht Allgemeiner Teil*, 3. Auflage, Tübingen, 1994

SCHMIDT, H., in ULMER/BRANDNER/HENSEN, *AGBG*, 7. Auflage, 1993

SCHMIDT-RIMPLER, Walter, „Grundlagen einer Erneuerung des Vetregsrechts", *AcP*, 147 (1941), S. 130

SCHMIDT-SALZER, Joachim, „Leistungsbeschreibungen insbesondere in Versicherungsverträgen und Schranken der Inhaltskontrolle", in *Festschrift Brandner*, 1996, S. 259 (278)

SCHMIDT-SALZER, Joachim, „Recht der AGB und der mißbräuchliche Klauseln: Grundfragen", *JZ* 1995, S. 223 (231)

SIEG, Karl, „Die Bedeutung der EG-Richtlinie über mißbräuchliche Klauseln in Verbraucherverträgen für die AVB", *VersR*, 1993, S. 1305 (1310)

STRAETMANS, Gerhard, *Consument en markt: onderzoek naar de rechtspositie van de consument op de Europese interne Markt. Met de financiële sector als toetssteen*, Dissertation KULeuven, den 8. Juli 1997

STRAETMANS, Gert, „Naar een Europees consumentenbegrip?", *Jura Falconis* 1992, Nr. 4, S. 11 (41)

STUYCK, Jules, „De wet van 14 juli 1991 betreffende de handelspraktijken en de voorlichting en bescherming van de consument, Algemene inleiding en toepassingsgebied", in STUYCK/WYTINCK, *De nieuwe wet handelspraktijken*, Brussel, 1992

STUYCK, Jules, „Handelspraktijken", in *Beginselen van belgisch privaatrecht*, Bd. XIII, Teil 2 A, 1. Auflage, Gent, 1985

STUYCK, Jules und STRAETMANS, Gerhard, *Financiele Diensten en de consument*, Antwerpen, 1994

SWENNEN, H., *Handelspraktijken, Dienstmerken, Ambulante handel*, Antwerpen, Kluwer, 1989

TENREIRO, Mario, "Les clauses abusives dans les contracts conclus avec les consommateurs, *Europe,* 1993, S. 1
TENREIRO, Mario, "The Community Directive on Unfair Terms and National Legal System", *European Review of Private Laws,* 1995, S. 275

THILLY, Aline, „La protection des intérêts économiques des consommateurs, Les clauses abusives", in *Guide juridique de l'entreprise*, Titre XI, Livre 109, Kluwer éditions juridiques, 1996

ULMER, Peter in ULMER/BRANDNER/HENSEN, *AGBG*, 8. Auflage, 1997

ULMER, Peter, „Notarielle Verbraucherverträge und § 24a AGBG - Verbraucherschutz contra Rechtssicherheit-, in *Festschrift Helmut Heinrichs*, 1998, München, S. 555 (571)

ULMER, Peter, „Zur Anpassung des AGB-Gesetzes an die EG-Richtlinie über mißbräuchliche Klauseln in Verbraucherverträgen", *EuZW* 1993, S. 337 (347)

VAN DEN BERG, Roger, DIRIX, Eric en VANHEES, Hendrik, *Handels- en economisch recht in hoofdlijnen*, Antwerpen-Groningen, Intersentia Rechtswetenschappen, 1997

VAN GERVEN, Walter, *Beginselen van Belgisch Privaatrecht*, deel I, Algemeen Deel, Antwerpen, 1969

VAN GERVEN, Walter, „Schets van een belgisch economisch grondslagenrecht", *SEW* 1971, 1971, S. 404 (428)

VAN GOMPEL, Hans, Not unter Urteil des Friedengerichts Antwerpen, *TBH* 1995, S. 325 (337)

VAN KEER, Ann, „Onrechtmatige bedingen in consumentenovereenkomsten. Vergelijking van artikel 31 e.v. W.H.P.C. met de EG-Richtlijn van 5 april 1993", *Jura Falconis* 1996, S. 287 (307)

WELLENHOFER-KLEIN, Marina, „Strukturell ungleiche Verhandlungsmacht und Inhaltskontrolle von Verträgen", *ZIP* 1997, S. 774 (781)

VEROUGSTRAETE, I., „Praktijken strijdig met de eerlijke gebruiken", in *De Nieuwe Wet Handelspraktijken*, 1992, Kluwer Verlag

Graf von WESTPHALEN, Friedrich, „Die Novelle zum AGB-Gesetz", *BB* 1996, S. 2101 (2106)

Graf von WESTPHALEN, Friedrich, in *Vertragsrecht und AGB-Klauselwerke*, 1993

WILHELMSSON, Thomas, „Control of Unfair Contract Terms and Social Values: EC and Nordic Approaches", Journal of Consumer Policy, 1993, S. 435 (452)

WILHELMSSON, Thomas, „Public Interest Litigation on Unfait Terms, in REICH/MICKLITZ, *Public Interest Litigation before European Courts*, Schriftenreiche des VIEW, Bd. 2, 1996

WILHELMSSON; Thomas, *Standardavtal. Om avtalsbundenhet och oskäliga avtalsvillkor,* 1995, Juristförbundets Förlag, Helsinki, 1993

WOLF, Manfred in WOLF/HORN/LINDACHER, *AGB-Kommentar*, 4. Auflage, 1999, München

WOLF, Manfred und UNGEHEUER, Christina, „Zum Recht der allgemeinen Geschäftsbedingungen-Teil 1", *JZ* 1995, S. 77 (85)

WOLF, Manfred und UNGEHEUER, Christina, „Zum Recht der allgemeinen Geschäftsbedingungen-Teil 2", *JZ* 1995, S. 176 (188)

WOLFCARIUS, Pascale, „La protection du consommateur en matière contractuelle: La réglementation des clauses abusives dans la nouvelle loi du 14 juillet 1991 sur les pratiques de commerce et l'information et la protection du consommateur", in *Les pratiques du commerce et la protection et l'information du consommateur depuis la loi du 14 juillet 1991*, Editions du Jeune Barreau de Bruxelles, 1991, S. 259 (340)

WYTINCK, Peter, „Het toepassingsgebied van de WHPC", in STUYCK/WYTINCK u.a, *Handelspraktijken anno 1996*, Antwerpen, 1996

Peter Lang · Europäischer Verlag der Wissenschaften

Janko Büßer

Das Widerrufsrecht des Verbrauchers

Das verbraucherschützende Vertragslösungsrecht im europäischen Vertragsrecht

Frankfurt/M., Berlin, Bern, Bruxelles, New York, Oxford, Wien, 2001. XLVIII, 256 S.
Europäische Hochschulschriften: Reihe 2, Rechtswissenschaft. Bd. 3179
ISBN 3-631-38042-9 · br. € 45.50 *

Die Arbeit beschäftigt sich mit der Vereinheitlichung des europäischen Vertragsrechts im Allgemeinen und der Entwicklung eines einheitlichen Vertragslösungsrechts für Verbraucher im Besonderen. Es wird der Stand der Harmonisierung des Vertragsrechts dargestellt und gezeigt, dass auf diesem Weg Störungen für den Binnenmarkt nicht beseitigt werden können. Hierfür bedarf es vielmehr der Vereinheitlichung des Vertragsrechts. Eine Grundlage bildet dabei das bisher erlassene Verbraucherrecht. In dessen Mittelpunkt steht das Recht des Verbrauchers, sich innerhalb einer bestimmten Frist ohne Angabe von Gründen vom Vertrag zu lösen. Es werden Voraussetzungen, dogmatische Einordnung und Rechtsfolgen dieses Vertragslösungsrechts untersucht. Den Abschluss der Arbeit bildet ein Vorschlag für eine Verordnung über das verbraucherschützende Vertragslösungsrecht.

Aus dem Inhalt: Europäisches Verbrauchervertragsrecht · Vereinheitlichung des europäischen Vertragsrechts · Verbraucherschützende Vertragslösungsrechte · Einordnung, Voraussetzung und Rechtsfolgen eines einheitlichen Vertragslösungsrechts · Vorschlag für eine Verordnung über das verbraucherschützende Vertragslösungsrecht

Kolibri 360 GmbH
Ferdinand-Jühlke-Straße 7
99095 Erfurt, Deutschland
produktsicherheit@kolibri360.de

Druck:
CPI Druckdienstleistungen GmbH
im Auftrag der
Kolibri 360 GmbH
Ferdinand-Jühlke-Str. 7
99095 Erfurt